Arthur James Mason, Gregory of Nazianzus

The Five Theological Orations of Gregory of Nazionzus

Arthur James Mason, Gregory of Nazianzus

The Five Theological Orations of Gregory of Nazionzus

ISBN/EAN: 9783337021825

Printed in Europe, USA, Canada, Australia, Japan

Cover: Foto ©Lupo / pixelio.de

More available books at **www.hansebooks.com**

# Cambridge Patristic Texts.

GENERAL EDITOR:—A. J. MASON, D.D.
LADY MARGARET'S READER IN DIVINITY AND FELLOW OF
JESUS COLLEGE, CAMBRIDGE.

THE FIVE

THEOLOGICAL ORATIONS

OF

GREGORY OF NAZIANZUS.

London: C. J. CLAY AND SONS,
CAMBRIDGE UNIVERSITY PRESS WAREHOUSE,
AVE MARIA LANE.
Glasgow: 263, ARGYLE STREET.

Leipzig: F. A. BROCKHAUS.
New York: THE MACMILLAN COMPANY.
Bombay: E. SEYMOUR HALE.

THE FIVE

THEOLOGICAL ORATIONS

OF

GREGORY OF NAZIANZUS

EDITED

FOR THE SYNDICS OF THE UNIVERSITY PRESS

BY

ARTHUR JAMES MASON, D.D.
LADY MARGARET'S READER IN DIVINITY AND FELLOW OF
JESUS COLLEGE, CAMBRIDGE.

CAMBRIDGE:
AT THE UNIVERSITY PRESS.
1899

Cambridge:
PRINTED BY J. AND C. F. CLAY,
AT THE UNIVERSITY PRESS.

PREFATORY NOTE.

THE Syndics of the Cambridge University Press have arranged for the issue of a series of Patristic Texts for Theological Students, of which the present volume is the first instalment. Other volumes are in course of preparation.

The series will include not only complete treatises, but also parts of larger works, which will be treated as complete in themselves, and selections of letters and sermons. The present book may be taken as a sample of the size of the volumes.

The object is to give to Theological Students the same kind of assistance in reading Patristic works, which is so abundantly given to students of the Classical authors. Regard will be had to the needs of those who have not many books of reference at hand.

The main part of the work in each case will consist of the actual Text, based on the best editions, with a collation of MSS. where possible, together with a digest of important various readings, and with explanatory notes. Brief Introductions will deal with the place of the work in the history of the Christian Church, and give information with regard to the MSS., editions, and literature of the subject. Copious Indices will follow, of Subjects, of Scripture Texts, and of Words.

The Indices to the present volume have been drawn up by the Rev. W. J. Foxell, M.A., Minor Canon of Canterbury Cathedral.

A. J. M.

October, 1899.

CONTENTS.

		PAGE
INTRODUCTION		
I.	The Theological Orations	ix
II.	The Text	xix
ORATION I.		1
ORATION II.		21
ORATION III.		73
ORATION IV.		108
ORATION V.		145
INDICES		
I.	Subjects	191
II.	Scripture Texts	195
III.	Greek Words	202

INTRODUCTION.

I. THE THEOLOGICAL ORATIONS.

THE five Orations here presented contain no exact indication of their date, but there can be no doubt that they were delivered during the time when their author was in charge of the Church of Constantinople. Discourses uttered at Nazianzus or Caesarea would have been more likely to be coloured by special allusions than those uttered in the capital, which assume an universal character. The first of the Orations appears to reflect the busy and varied life of a great city, with its theatres and exhibitions, its markets and its social gatherings. At Constantinople Gregory was more directly called upon than elsewhere to preach dogmatic sermons. The very purpose for which he was summoned to that city was to revive the almost extinct cause of Catholicism there. We may well believe that we have in these Orations the supreme effort of Gregory's public teaching at Constantinople.

Accordingly the date must be in one of the three years 379—381. It was at the end of 378 or early in 379 that Gregory entered Constantinople[1], and he quitted it during the General Council of 381.

[1] Tillemont IX note xxiii.

It is possible, however, to come a little closer. The twenty-second and twenty-third Orations were certainly delivered at Constantinople about the middle of the year 379. At the end of the latter of those two Orations, Gregory promises to crush the serpent eggs of heresy by "a stiff and solid argument." There can be little doubt that he regarded his "Theological Orations" as the fulfilment of this promise. And in Oration XLII, in which Gregory took leave of Constantinople and the Council, he speaks of having already carefully dealt with the Scriptural texts around which the current controversies raged;—a description which would well suit the Theological Orations, especially the fourth. Everything therefore points to the correctness of the conclusion that the Five Orations were delivered—and probably published in writing—in the year 380.

The first four are directed against the Eunomian heresy. Eunomius, whom Ullmann describes as "one of the most interesting heretics of the fourth century[1]," was a Cappadocian, like Gregory himself[2]. He had been a disciple of Aetius, the real successor of Arius in the leadership of the heresy. Eunomius, who in 360 became Bishop of Cyzicus near Constantinople, infused an altogether new vigour into the Arian party, though at the cost of its disruption. He took up boldly the assertion of Arius, which prudence had allowed to be forgotten, that the Son of God was so far from being "of one substance" with the Father, that He was not even "of like substance." The Eunomian party assumed for its rallying cry the word ἀνόμοιος. The more mode-

---

[1] *Gregorius von Nazianz* p. 318.
[2] Gwatkin *Studies of Arianism* p. 241 describes Cappadocia as "the most Arian province of the Empire," and gives a list of well-known Arians who sprang from it.

rate Arians, who confessed that our Lord was ὅμοιος to the Father, were thrown into the arms of the Nicene school by the excessive zeal with which the Eunomians pushed their view. Eunomius and his adherents prided themselves on the strictly logical method of their teaching. Nothing was allowed to be taken for granted; nothing accepted on faith. They taught that God, as being absolutely simple, must be perfectly comprehensible to the human intellect. Everything of a mysterious nature disappeared from their system. They were unwilling to use any language about God which conveyed its meaning after a symbolical or metaphorical manner. Their arguments implied that such terms as "generation," if applicable to Him at all, must be held to connote that all the circumstances of generation, as known to the created world, have their counterpart in the divine life also.

These doctrines they taught with the utmost assiduity. Gregory, in the third Theological Oration, shews[1] that they used a regular method of instruction, with short text-books for beginners, in which the main arguments were skilfully marshalled in a form which made them easy to remember. The whole atmosphere of Constantinople was full of their disputations, pressed upon all hearers, Christian and not Christian, without reserve. "Every market-place," Gregory says, "resounds with their words; every dinner-party is spoiled by their ill-bred talkativeness; as for festivals and funerals,—all festivity is banished from the one, the other become cheerful things in comparison with the misfortune of having to listen to their arguments; even the women's apartments, the natural abode of what is simple and unaffected, are all made wretched, and robbed of the

[1] § 1.

flower of their modesty, by haste to speak. Our 'great mystery' is in danger of becoming a matter of mincing technical terms[1]."

It was in these circumstances that Gregory intervened. In his first Oration, he reproved the contentiousness which he saw around him, letting his censure fall upon the orthodox as well as upon the Eunomian party. He shewed what preparation was required both in the speaker and in the hearer before religious subjects could be rightly treated of. He laid stress upon the harm done when the sacred language of Christianity was dragged out before the heathen, and subjected to irreverent criticism. He exhorted the disputants to turn their attention to other subjects of controversy.

In the second Oration, Gregory shewed that the nature of God is beyond the power of man to understand. We may assuredly know by the study of the world around us that God is, but we cannot find out what He is. We can arrive at negative truths concerning Him, that He is incorporeal and the like, but not at any adequate positive conception. We are compelled to use figurative and anthropomorphic language concerning Him, and it is hard to recognise constantly that such language is only figurative. Idolatry is the result of failure to recognise it. The saints of the Old Testament, privileged as they were,—nay the Apostles themselves,—knew God only in part. Even the works of God transcend our powers of intelligence and of wonder; how much more the God who created them.

The third Oration begins with the statement of our belief in a God who is One, but in Three Persons. Gregory shews that such a Sonship as we acknowledge in the Godhead is not to be interpreted by the phenomena of carnal generation, and that it implies no priority of existence on the part of the Father. He deals with the various questions of a more or less captious nature raised by the Eunomians, prior to the study of the Scriptural evidence, such as the following:—Did the Father beget the Son by an act of will, or not? Did the Son exist before He was begotten, or not? If the Son is begotten and the Father unbegotten, how can They be said to be of the same nature? If the Father is acknowledged to be greater than the Son, inasmuch as He is the cause of His being, and if it is His very nature to be the cause, how is He not greater by nature than the Son? Gregory then falls back upon the authority of Scripture, and shews that the Godhead of the Son is clearly implied, even where not explicitly stated, and that the passages which speak of Him in less exalted terms must be interpreted with reference to His assumption of our created nature in the Incarnation. The way of faith is a better way than that of argument.

In his next Oration Gregory deals *seriatim* with the stock texts which Arians adduced against the Godhead of the Son, applying to them the canon of interpretation which he had laid down in the fourth. He then discusses the names by which God is spoken of in Scripture, and especially those of the Son, both as God and as Man.

The fifth Oration is on the subject of the Holy Spirit; and here Gregory is confronted not only by his Eunomian opponents[1], but by many also of those who shrank from the language of extreme Arianism concerning the Son. They were the party known as Mace-

---

[1] This accounts for Jerome's description of these Orations: 'aduersus Eunomium liber unus; de Spiritu Sancto liber unus' (*Script. Eccl.* cxvii).

donians, from a former Bishop of Constantinople who had espoused their views. These men, in their wish to avoid controvertible terms, objected to the statement that the Holy Ghost is God, on the same ground on which the insertion of the ὁμοούσιον in the Creed had been objected to. They said, with some show of reason, that it was going beyond the words of Scripture. After dealing with some difficulties, raised by the more determined antagonists of the Catholic doctrine, Gregory defends himself against the charge of Tritheism which even more moderate opponents did not hesitate to level against it, and then proceeds to examine the testimony of Scripture. In an interesting passage, he gives what he believes to be the reason for the reticence of Scripture with regard to the deity of the Holy Spirit, shewing that there is a gradual development of the divine revelation to suit the advancing capacities of those to whom it is given.

The doctrine of Gregory is of course not novel. Ullmann[1] rightly declares that his want of originality in this respect is one of his chief merits. The Orations of Athanasius against the Arians were, in particular, well known to him, and he frequently makes use of them, especially in clearing up objections drawn from Scripture. He was also familiar with the works of his friend Basil on the same subjects; though the Theological Orations owe a more direct debt to Basil's *Hexaemeron* than to his more dogmatic compositions. From the *Hexaemeron* Gregory derives much of the fine description of the wonders of nature which occupies the latter part of the second Oration.

The exegesis of Holy Scripture was considered in his own time to be one of Gregory's strongest points.

---

[1] p. 304.

Jerome speaks of him as 'praeceptor meus, a quo Scripturas explanante didici[1].' 'Gregorium Nazianzenum,' he says, 'et Didymum in Scripturis sanctis catechistas habui[2].' He speaks of having written a work at Constantinople 'cum...apud uirum eloquentissimum Gregorium Nazianzenum, tunc eiusdem urbis episcopum, sanctarum Scripturarum studiis erudirer[3].' From the modern point of view, however, Gregory cannot be said to rank in this respect as high as some of his contemporaries. He had not the critical instinct of Basil. Basil, for instance, in arguing upon Prov. viii 22[4], dwells upon the facts that the expression "the Lord created Me," if attributed to our Saviour, would stand alone in Scripture; that the book in which it occurs is a book of enigmatical sayings, and not of theological statements; that the Hebrew word probably means "possessed" rather than "created"; that "created" is often used in other senses than that which the Eunomians here affirmed[5], and the like. Gregory, on the other hand, only discounts to a certain extent the authority of Solomon, mentions, but to reject it, Basil's view that the speaker in the passage is not the Eternal Word, but a personification of wisdom[6], and then argues (after Athanasius) that the creation spoken of is the creation of the human nature which the Word assumed. There are other passages where Gregory shews both acumen and candour in his interpretations; but he does not often rise above the exegetical methods of his age.

It is in his lucid expositions of the doctrine of the Trinity that Gregory chiefly excels. By these it was

---

[1] *Script. Eccl.* cxvii.
[2] *Ep.* xxxii *ad Domn.*
[3] *in Isai.* vi.
[4] *adv. Eun.* ii 20.
[5] *Ibid.* iv p. 293.
[6] See note on iv 2 (p. 110).

that he won the title of "the Theologian." In simple and reverent language, without presumptuous over-definition, he enuntiates the traditional belief, as championed by Athanasius, in a way which became the law for future theologians. Sentence after sentence from Gregory is incorporated in the *de Orthodoxa Fide* of John of Damascus. Indeed the doctrine of the Trinity could not be better expressed than in such passages as iii 2, and v 9 and 10.

There is, however, one point in which Gregory's teaching requires to be read with caution. If his language were taken according to its strict grammatical sense, it might sometimes be pressed to mean that in the Incarnate Saviour a human person coexisted with the Eternal Word who had come down into our flesh, or had in some way been substituted for Him. The principal passages to which this caution refers are the following:

iii 18 τὰ μὲν ὑψηλότερα πρόσαγε τῇ θεότητι καὶ τῇ κρείττονι φύσει παθῶν καὶ σώματος, τὰ δὲ ταπεινότερα τῷ συνθέτῳ, καὶ τῷ διὰ σὲ κενωθέντι καὶ σαρκωθέντι, οὐδὲν δὲ χεῖρον εἰπεῖν, καὶ ἀνθρωπισθέντι.

Here indeed the danger is not great. No one could doubt that ὁ κενωθείς, ὁ ἀνθρωπισθείς, is the same person to whom belongs the θεότης. But the contrast drawn is not exact. Gr. ought in strictness to have said τὰ δὲ ταπεινότερα τῇ σαρκί, or τῇ ἀνθρωπότητι, or the like. The effect of the contrast actually drawn is to suggest that in the process of incarnation the personality was changed, or that a new personality was set up. The true doctrine of the unchanged personality could not, however, be more clearly stated than in the words which commence the section following.

iii 19 [ἄνθρωπος, ὁ κάτω θεός,] συνανεκράθη θεῷ, καὶ γέγονεν εἷς, τοῦ κρείττονος ἐκνικήσαντος, ἵνα γένωμαι τοσοῦτον θεός, ὅσον ἐκεῖνος ἄνθρωπος.

Here Gr. must be understood to mean that man, i.e. humanity, was united to God (i.e. to the Divine Son), and became One Person with Him. But the absence of an expressed subject to the verb συνανεκράθη makes it at first appear as if a personal subject were to be understood ("*he* was united to God"), which would be false. Τοῦ κρείττονος must be taken as neut., not masc., the method of the union being that the superior nature triumphed over the inferior. The last phrase has a danger of its own.

iv 1 τὰς μὲν ὑψηλοτέρας καὶ θεοπρεπεστέρας φωνὰς προσνείμαντες τῇ θεότητι, τὰς δὲ ταπεινοτέρας καὶ ἀνθρωπικωτέρας τῷ νέῳ δι' ἡμᾶς Ἀδὰμ καὶ θεῷ παθητῷ κατὰ τῆς ἁμαρτίας.

Here, as in iii 18, the suggestion is that of a change of personality in the Incarnation. The phrase suits Gr.'s poetical instinct, and no one could really mistake his meaning.

iv 2 ὧν ἕνεκεν ἐχρίσθη θεότητι· χρίσις γὰρ αὕτη τῆς ἀνθρωπότητος.

It would, of course, be inexact to speak of our Lord as being "anointed with Godhead." Probably Gr. intended ἡ ἀνθρωπότης to be the actual subject of ἐχρίσθη. This would be quite correct. But as he appears to make that ἀνθρωπότης itself speak, the effect is to erect the ἀνθρωπότης into a personal subject. The language implies that His humanity had an existence prior to the anointing, and that it was in fact the true seat of His personality. The same is implied in—

iv 3 τί δὲ μεῖζον ἀνθρώπου ταπεινότητι ἢ θεῷ πλακῆναι, καὶ γενέσθαι θεὸν ἐκ τῆς μίξεως.

iv 7 τὸ γὰρ δὴ λέγειν ὅτι τοῦ κατὰ τὸν ἄνθρωπον νοουμένου μείζων [ὁ πατήρ] ἀληθὲς μέν, οὐ μέγα δέ.

This seems to indicate that "He who is conceived of in accordance with the man" (i.e. with the human nature which He assumed) is a different person from Him who is conceived of in accordance with the Word, or with God. So in

iv 8 οὐ τοῦ λόγου, τοῦ ὁρωμένου δέ...οὐ τοῦ ὁρωμένου, τοῦ λόγου δέ.

Here τοῦ ὁρωμένου is evidently masc., and it implies (though Gr. certainly did not intend it to do so) that ὁ ὁρώμενος is one person, and ὁ λόγος another.

iv 9 καὶ τοῦτο τῆς ἀνθρωπότητος· εἰ δὲ καὶ τῷ θεῷ δοίης, οὐκ ἄτοπον.

Whatever is predicated of the humanity of Christ is predicated of "the God" in Him, for there is no human personality of which it can be predicated. The true contrast would have been to say εἰ τῇ θεότητι δοίης.

iv 10 εἴτε ὁ σωματικῶς ὁρώμενος...εἴτε ὁ ὡς λόγος νοούμενος.

The presence of the definite articles causes some confusion, as if "He that was seen in bodily wise" were a different person from "Him that is conceived of as the Word."

iv 12 εἰ μὲν οὖν μὴ παρὰ τοῦ κατεληλυθότος αὐτοῦ ταῦτα ἐλέγετο, εἴπομεν ἂν ὡς παρὰ τοῦ ἀνθρώπου τυποῦσθαι τὸν λόγον, οὐ τοῦ κατὰ τὸν σωτῆρα νοουμένου—τὸ γὰρ ἐκείνου θέλειν οὐδὲ ὑπεναντίον θεῷ, θεωθὲν ὅλον—ἀλλὰ τοῦ καθ' ἡμᾶς [νοουμένου].

Here, besides the difficulty of the last clause, which makes ὁ κατὰ τὸν σωτῆρα νοούμενος to appear to be a different person from ὁ καθ' ἡμᾶς, we have the contrast between τὸ κατεληλυθός (i.e. the Godhead, or rather the Divine Person) and ὁ ἄνθρωπος. The contrast is made all the more marked by the ἐκείνου in the parenthetical clause, and indeed by the whole of that clause, which sets "Him who is conceived of according to the Saviour," and His "wholly deified" will, over against "the man" and (it is implied) "the man's" will which was for the moment in conflict with God's. It is clear from the context that Gr. did not hold the theory of two persons in Christ, but only of two natures and two wills; but the language is inexact.

iv 13 κατὰ κοινοῦ τῆς θεότητος ἦν ὁ λόγος.

Gr. says that the saying "to know Thee, the only true God," is addressed by Jesus Christ to "the Godhead in general," including, that is, the Son Himself. It would be hard to think of Christ addressing words of worship to the Eternal Son without supposing Christ to be one person and the Eternal Son another.

iv 21 ἧς ἔργον ἄνθρωπον ἀκοῦσαι τὸ χρίον, καὶ ποιῆσαι θεὸν τὸ χριόμενον.

It is not exactly true to say that "the anointing element" in Christ comes to be called man. The Blessed Person who may be said to anoint the humanity which He assumed is rightly called man, but His divine nature never became man, nor did the human nature which He "anointed" become God.

It cannot be denied that such passages indicate a want of clearness in Gregory's conception of the one person of Christ in two natures. He does indeed, as has been observed, sometimes state admirably the Catholic doctrine on the point; at other times his language thus wavers. It must be said on Gregory's behalf that the same ambiguities are to be found in other Catholic fathers,—for instance in Athanasius. And Gregory lived before the rise of the Nestorian heresy, which compelled the Church to arrive at a more conscious and definite belief with regard to the unity of Christ's person, and the impersonality of His human nature apart from the divine [1].

II. THE TEXT.

The present volume does not profess to offer a complete critical edition of the Five Orations. According to our scheme, the texts in the series to which it belongs are to be based upon the best printed editions, though, where possible, recourse is to be had to the original MSS., and the chief various readings are to be noted.

---

[1] The tendency towards Nestorianism in Gr., as in Athanasius likewise, is observed by Dorner *Person of Christ* div. I vol. ii p. 384 (Engl. Transl.).

In this case, however, the best printed edition, that is to say the Benedictine edition (1778—1842), proved to be so unsatisfactory, not only in regard to minor matters, such as accents and punctuation, but in regard both to the readings adopted, and to the critical notes, that I was compelled to form what is practically a fresh text. For this purpose, on a brief visit to Paris last year, I made a fresh collation, in part, of the two most important of the MSS. used by the Benedictines, denoted in the present edition by the letters "a" and "b". Owing to the shortness of the time at my disposal, I was not able to make the collation quite complete,—in some parts only taking note of the evidence of these MSS. in places where the Benedictine editors indicated that there were divergences of reading. I collated in the same way the MS. in the Library of Trinity College, Cambridge, here denoted by the letter "g", which has not been collated before. I further obtained, through the kind offices of Herr S. Riezler, a complete collation of the Munich MS. "c" by the hand of Dr C. Gleye. The MS. has not been used before for any edition of Gregory. From the Rev. H. N. Bate, Fellow of Magdalen College, Oxford, and the Rev. K. Lake, Fellow of Lincoln College, I obtained complete collations of the various MSS. of any value preserved at Oxford. The readings of these MSS. had been to a certain extent recorded by Montagu in the 17th century, but Montagu's method renders his work useless for purposes of accurate criticism.

The MSS., therefore, upon which the present text is based are the following.

a. The Medicean MS. 510 in the *Bibliothèque Nationale* at Paris. (Omont i p. 66.) This fine codex is described in the Benedictine edition Vol. I. p. xi. It is written in uncial characters, on parchment, with a number of full-page pictures and well executed initials. It is denoted in the Benedictine edition by the letters "bm", which stand for Basil the Macedonian, because it contains a picture of that Emperor, represented as still reigning. As Basil died in the year 886, this gives us approximately the date of the MS. It contains all the Theological Orations, together with all Gregory's other Orations, except that the last few lines of our Or. ii, and the first five chapters and a half of v, as well as the end of v, are missing.

b = Coislin LI, in the *Bibliothèque Nationale* at Paris (see Montfaucon's *Bibliotheca Coisliniana* p. 118). It is a folio MS. of the 10th century, presenting a text markedly different from that of "a". In the Benedictine edition it is "Coisl. I."

c = Munich Cod. CCCCXLVIII. "Membranaceus,...in folio, sine titulis miniatis, litteris minutis et nitidissimis, cum marginalibus minutissimis alterius manus,...atramento flavescente, saec. x,...optime conservatus et inscriptus." (Hardt's *Catalogus Codd. MSS. Graec. Bibl. Reg. Bavaricae* tom. iv p. 394.) It contains all five Orations.

d. I have used this letter to denote two different MSS. in the Bodleian Library. The first is Barocc. 218 which contains, of these Orations, only ii. It is described in Coxe's Catalogue as "Codex membranaceus, in 4to, saec. xi optime, minuto tamen charactere, exaratus." The other, which contains the three last, is Barocc. 181; "Codex membranaceus, in folio, saec. forsan xi, binis columnis, optime exaratus."

e = Magdalen College, Oxford, (Greek) Codex V.—a parchment MS. in quarto of the 11th century (Coxe's *Catalogus Codd. MSS. qui in Collegiis Aulisque Oxon. adservantur* vol. ii p. 3).

f = Lincoln College, Oxford, (Greek) Codex XX.—a parchment folio, "saec. forsan xi exeuntis" (Coxe *ibid.* vol. i p. 12).

g = Trinity College, Cambridge, B. 9. 13. The book is lettered on the back as a volume of Chrysostom, but is really of Gregory. It is one of Bentley's MSS., brought from the monastery of Pantocrator on Mount Athos. It is written in a good clear hand, apparently of the beginning of the 11th century. The first 44 pp. contain our Orations iii, iv and v.

Many other existing MSS. contain these Orations, and ought to be examined with a view to obtaining the proper data for a critical edition. In the *Bibliothèque Nationale* alone there are eleven or twelve more MSS. containing them, besides "a" and "b", dating from the 10th and 11th centuries, not to speak of later ones. In the Vatican there are seven from the same period, besides a fragment of the vth Oration which is not later than the 9th. These have not been used by any editors, although the Benedictines profess on their title page to have used them. The Laurentian Library at Florence contains two uncollated MSS. of the 10th century, the Library of the Escorial contains another, in which these Orations, in whole or in part, appear. Had I known how long my edition would be delayed, I should have endeavoured to obtain collations of at any rate the most important of these. With regard to the Basel MS., upon which I presume that the editions of Hervagius and Leuvenklaius were based, Dr Bernoulli kindly informs me that it is only of the 13th century.

The *de fide Orthodoxa* of St John Damascene contains many passages from these Theological Orations, but

I have not observed any instance in which that work throws light upon a doubtful text of Gregory.

The commentaries of Elias of Crete are valuable, not only from an exegetical point of view, but as shewing what was the current text of his time. Extracts from his commentaries, with notes by A. Jahn, are printed in Migne's edition of Gregory (*Patr. Graec.* t. xxxvi). Jahn has successfully shewn that this Elias is not to be confounded with his namesake and fellow-countryman who attended the Second Council of Nicaea A.D. 787, but that he wrote in the middle of the 11th century.

The chief printed editions of Gregory's works—there is no separate edition, so far as I am aware, of the five Theological Orations—are those of Hervagius of Basel in 1550, of De Billy (Prunaeus) at Paris in 1569 and subsequent years accompanied by a Latin translation, of Leuvenklaius at Basel in 1571, containing selections from the commentaries of Elias and others, of Morel at Paris in 1630, and of the Benedictines of St Maur, of which the first volume, containing the Orations, was published in 1778. This last is reprinted in Migne's *Patrologia*, with the addition of Jahn's notes upon Elias. It is, perhaps, unnecessary to refer to French and German translations of Gregory. The scholarship of the only English translation with which I am acquainted, in Wace and Schaff *Nicene and Post-Nicene Fathers*, is unfortunately far below the level of that of Cyril in the same volume, and the student will do well to avoid a work which is only misleading.

In my *apparatus criticus* I have given in inverted commas the critical notes of the Benedictine edition, such as they are. Thus on p. 5, ἐξικνεῖται bd 'Or. 1 etc.' means that my own collations shew ἐξικνεῖται to be the reading of b and d, and that the Benedictine editors say that the same is the reading of 'Oratoire 1' and of other MSS. which they leave unspecified.

When passages in these Orations themselves are referred to in the notes, they are given simply thus—ii 21, v 8; or, when another section of the same Oration is referred to, thus—§ 10. When the reference is to some other Oration of Gregory's, the number is given as in the Benedictine edition, with the word *Oration* (*Or.*) prefixed. Thus "*Or.* ii 23" does not refer to the second of these five Orations, but to that which stands second in the Benedictine edition of Gregory's whole works.

ΘΕΟΛΟΓΙΚΟΣ ΠΡΩΤΟΣ.

ΠΡΟΣ ΕΥΝΟΜΙΑΝΟΥΣ

προδιάλεξις.

1. Πρὸς τοὺς ἐν λόγῳ κομψοὺς ὁ λόγος. καὶ ἵνα ἀπὸ τῆς γραφῆς ἄρξωμαι· Ἰδοὺ ἐγὼ ἐπὶ σὲ τὴν ὑβρίστριαν. εἰσὶ γάρ, εἰσί τινες, οἱ τὴν ἀκοὴν προσκνώμενοι καὶ τὴν γλῶσσαν, ἤδη δέ, ὡς ὁρῶ, καὶ τὴν χεῖρα, τοῖς ἡμετέροις λόγοις, καὶ χαίροντες ταῖς βεβήλοις κενοφωνίαις, καὶ 5 ἀντιθέσεσι τῆς ψευδωνύμου γνώσεως, καὶ ταῖς εἰς οὐδὲν χρήσιμον φερούσαις λογομαχίαις. οὕτω γὰρ ὁ Παῦλος

1. 2 υβριστριαν] + και παιδευσιν και ακοην και διανοιαν bEl || 4 om τοις ημ...χαιροντες acd

1. Gr. complains of the verbosity and contentiousness of his opponents, unlike the brevity of St Paul. He wishes they would turn their attention to practice.

1. πρὸς τοὺς ἐν λόγῳ κομψοὺς ὁ λόγος] The Eunomians prided themselves on their dialectical skill. Πρὸς is not 'against,' but 'addressed to'; 'My argument is addressed to those who are smart in argument.' There is a shade of sinister suggestion in the word κομψός.

ib. ἀπὸ τῆς γρ.] It is not Gr.'s usual custom to take a text.

2. ἰδοὺ κτλ.] Jer. l 31 (LXX. xxvii 31). The words added in b and by Elias appear to be an interpretative addition. But the omission of words clearly required by the sense a little below throws some doubt on the authority of acd when they omit these here. If genuine, the accusatives express the departments in which the Eunomians display their ὕβρις: 'O thou most proud—in training, and hearing, and disposition.' The ἀκοὴν anticipates the following reference to St Paul's words.

3. τ. ἀκ. προσκνώμενοι] 2 Tim. iv 3. St Paul's word is κνηθόμενοι. Gr. instinctively substitutes προσκν. to prepare more easily for τοῖς ἡμ. λόγοις, 'itching for our words.' Of course they 'itch' for them in a different sense from those of whom St P. speaks.

4. τ. χεῖρα] They are prepared to fight. Elias understands it of itching to write against Gr.

5. βεβ. κενοφ. κτλ.] 1 Tim. vi 20; 2 Tim. ii 16; cf. 1 Tim. vi 4 and 2 Tim. ii 14.

καλεῖ πᾶν τὸ ἐν λόγῳ περιττὸν καὶ περίεργον, ὁ τοῦ συντετμημένου λόγου κῆρυξ καὶ βεβαιωτής, ὁ τῶν ἁλιέων μαθητὴς καὶ διδάσκαλος. οὗτοι δέ, περὶ ὧν ὁ λόγος, εἴθε μέν, ὥσπερ τὴν γλῶσσαν εὔστροφον ἔχουσι καὶ δεινὴν
5 ἐπιθέσθαι λόγοις εὐγενεστέροις τε καὶ δοκιμωτέροις, οὕτω τι καὶ περὶ τὰς πράξεις ἠσχολοῦντο μικρὸν γοῦν, καὶ ἴσως ἧττον ἂν ἦσαν σοφισταὶ καὶ κυβισταὶ λόγων ἄτοποι καὶ παράδοξοι, ἵν' εἴπω τι καὶ γελοίως περὶ γελοίου πράγματος.

2. Ἐπεὶ δὲ πᾶσαν εὐσεβείας ὁδὸν καταλύσαντες πρὸς
10 ἓν τοῦτο βλέπουσι μόνον, ὅ τι δήσουσιν ἢ λύσουσι τῶν

6 γοῦν] οὖν d ∥ 7 κυβισταί] 'in nonnullis κυβευταί.' **2.** 10 δησωσιν η λυσωσι bd

1. περιττὸν κ. περίεργον] perhaps 'excessive in volume, and over-subtle in character.' But the two words are practically synonymous; cf. 1 Tim. v 13 φλύαροι κ. περίεργοι.
ib. τοῦ συντετμ. λόγου] Rom. ix 28; cf. Is. xxviii 22 (LXX.).

2. ὁ τῶν ἁλ. μαθητὴς κ. διδάσκαλος] as distinguished from the professional training of the Eunomian disputants. It is a bold thing, in the face of Gal. i 12, to call St P. 'the fishermen's disciple': probably it is for that reason that Gr. adds 'and master.' He appears to have in view such incidents as Gal. ii 14; perhaps also the Pauline influence discernible in St Peter's Epistles.

4. δεινὴν ἐπιθ. κτλ.] 'clever at the employment of noble and choice words.' This way of using the comparative is familiar; it almost = nobilissimis quibusque uerbis.

5. οὕτω τι καί] biting irony. Even a little attention to conduct would make a great difference. Ἀσχολεῖσθαι = 'to occupy oneself.'

6. καὶ ἴσως] The phrase means (continuing the irony) that in that case the chances would not be very remote.

7. κυβισταὶ λόγων] 'word-tumblers.' Κυβιστής (more usually κυβιστητήρ) is one who stands on his head, or turns head over heels, or (according to Elias) a diver. The reading κυβευταί 'dicers,' or 'sharpers' (cf. Eph. iv 14), would not suggest the 'ridiculous' image which Gr. half apologizes for using.

ib. ἄτοποι κ. παράδοξοι] 'strange and astonishing.' Ἄτοπος does not seem to be used here, as it often is, either in the sense of 'absurd,' i.e. unreasonable, or in that of 'monstrous,' i.e. wicked. Gr. only emphasizes the surprising nature of the feats which the Eunomians perform.

2. *No part of society is free from their importunate wrangling; Christianity is in danger of becoming a matter of pettifogging logic. The opponents must give a fatherly heart leave to express its concern. If they are not moved by what he says, they will at least have the satisfaction of rejecting and deriding it. He does not intend to adopt their style.*

9. καταλύσαντες] 'having destroyed' or 'broken up'; both for themselves and for their disciples. Εὐσέβεια is here practical piety.

10. ὅ τι δήσ. ἢ λύσ. τ. προβ.] 'They care for nothing but the opportunity of tying or untying some knotty proposition.'

προβαλλομένων,—καθάπερ ἐν τοῖς θεάτροις οἱ τὰ παλαίσματα δημοσιεύοντες, καὶ τῶν παλαισμάτων οὐχ ὅσα πρὸς νίκην φέρει κατὰ νόμους ἀθλήσεως, ἀλλ' ὅσα τὴν ὄψιν κλέπτει τῶν ἀμαθῶν τὰ τοιαῦτα καὶ συναρπάζει τὸν ἐπαινέτην,—καὶ δεῖ πᾶσαν μὲν ἀγορὰν περιβομβεῖσθαι τοῖς τούτων λόγοις, πᾶν δὲ συμπόσιον ἀποκναίεσθαι φλυαρίᾳ καὶ ἀηδίᾳ, πᾶσαν δὲ ἑορτὴν καὶ πένθος ἅπαν, τὴν μὲν ἀνέορτον εἶναι καὶ μεστὴν κατηφείας, τὸ δὲ παραμυθεῖσθαι συμφορᾷ μείζονι τοῖς ζητήμασι, πᾶσαν δὲ διοχλεῖσθαι γυναικωνῖτιν, ἁπλότητι σύντροφον, καὶ τὸ τῆς αἰδοῦς ἄνθος ἀποσυλᾶσθαι τῇ περὶ λόγον ταχύτητι· ἐπειδὴ ταῦτα οὕτω, καὶ τὸ κακὸν ἄσχετον καὶ ἀφόρητον, καὶ κινδυνεύει τεχνύδριον εἶναι τὸ μέγα ἡμῶν μυστήριον· φέρε, τοσοῦτον γοῦν ἡμῶν ἀνασχέσθωσαν οἱ κατάσκοποι σπλάγχνοις πατρικοῖς κινουμένων καί, ὅ φησιν ὁ θεῖος Ἰερεμίας, σπαρασσομένων τὰ αἰσθητήρια, ὅσον μὴ τραχέως τὸν περὶ τούτων δέξασθαι

2. καὶ τῶν παλ.] 'And that too, not such wrestling matches as,' etc.

4. κλέπτει] 'takes unfair possession of the eye,' as opposed to the legitimate skill in wrestling.

ib. τὰ τοιαῦτα] acc. after ἀμαθῶν, 'not versed in things of the sort.'

ib. συναρπ. τ. ἐπαιν.] an extension of the metaphor of κλέπτει. 'Extorts applause,' lit. 'the applauder.'

5. περιβομβεῖσθαι] Βόμβος, orig. the humming of bees, comes to be used of any insistent and continuous noise.

6. ἀποκναίεσθαι] 'to be disturbed,' or 'made tedious.' Demosthenes (564. 12) has the expression ἀποκναίει ἀηδίᾳ καὶ ἀναισθησίᾳ καθ' ἑκάστην ἐκκλησίαν ταῦτα λέγων, which Gr. perhaps has in mind.

8. παραμυθεῖσθαι συμφ. μ. τοῖς ζητήμασι] De Billy and others understand παραμ. = βαρύνεσθαι, comparing Job xvi. 2 παρακλήτορας κακῶν, which they take to mean 'abettors of my afflictions.' But this seems an unnatural sense to put upon the verb, and it would be hard to find a parallel example. Gr. prob. means that the worse calamity of their disputations relieves the lesser calamity of sorrow. The 'comfort' in Ezek. xiv 22, 23 is by some interpreted in this fashion.

10. ἁπλ. σύντροφον] 'associated with simplicity,' 'used to' it; a frequent use of the word.

11. ἀποσυλ. τ. π. λόγον ταχύτητι] cf. James i 19. To rush into argument is, in Gr.'s view, a desecration of the flower of womanly modesty. It is best to take ἄνθος as the object of ἀποσυλ., γυναικ. being the subject.

12. τεχνύδριον] a diminutive of τέχνη, like λογύδριον, χερύδριον, βιβλύδριον, 'a little finicking profession.'

13. τὸ μέγα ἡ. μυστήριον] 1 Tim. iii 16.

14. κατάσκοποι] usually thought to be used instead of ἐπίσκοποι. But there is no indication that Gr. was chiefly thinking of heretical bishops.

15. σπαρ. τὰ αἰσθ.] Jer. iv 19 (LXX).

λόγον, καὶ τὴν γλῶσσαν μικρὸν ἐπισχόντες, ἂν ἄρα καὶ
δύνωνται, τὴν ἀκοὴν ἡμῖν ὑποθέτωσαν. πάντως δὲ οὐδὲν
ζημιωθήσεσθε. ἢ γὰρ εἰς ὦτα ἐλαλήσαμεν ἀκουόντων, καί
τινα καρπὸν ἔσχεν ὁ λόγος, τὴν ὠφέλειαν τὴν ὑμετέραν,—
5 ἐπειδὴ σπείρει μὲν ὁ σπείρων τὸν λόγον ἐπὶ πᾶσαν διάνοιαν,
καρποφορεῖ δὲ ἡ καλή τε καὶ γόνιμος,—ἢ ἀπήλθετε καὶ
τοῦτο ἡμῶν διαπτύσαντες, καὶ πλείονα λαβόντες ὕλην
ἀντιλογίας τε καὶ τῆς καθ' ἡμῶν λοιδορίας, ἵνα καὶ μᾶλλον
ὑμᾶς αὐτοὺς ἑστιάσητε. μὴ θαυμάσητε δέ, εἰ παράδοξον
10 ἐρῶ λόγον, καὶ παρὰ τὸν ὑμέτερον νόμον, οἳ πάντα εἰδέναι
τε καὶ διδάσκειν ὑπισχνεῖσθε λίαν νεανικῶς καὶ γενναίως,
ἵνα μὴ λυπῶ λέγων ἀμαθῶς καὶ θρασέως.

3. Οὐ παντός, ὦ οὗτοι, τὸ περὶ θεοῦ φιλοσοφεῖν, οὐ
παντός· οὐχ οὕτω τὸ πρᾶγμα εὔωνον καὶ τῶν χαμαὶ
15 ἐρχομένων. προσθήσω δέ, οὐδὲ πάντοτε, οὐδὲ πᾶσιν, οὐδὲ
πάντα, ἀλλ' ἔστιν ὅτε, καὶ οἷς, καὶ ἐφ' ὅσον. οὐ πάντων
μέν, ὅτι τῶν ἐξητασμένων καὶ διαβεβηκότων ἐν θεωρίᾳ,
καὶ πρὸ τούτων καὶ ψυχὴν καὶ σῶμα κεκαθαρμένων, ἢ
καθαιρομένων, τὸ μετριώτατον. μὴ καθαρῷ γὰρ ἅπτεσθαι

1 αρα και] om και bcd ‖ 10 νομον τον υμετερον c.   3. 16 και οις] και
εφ οις b ‖ εφ οσον] -ων b

3. ἐλαλήσαμεν...ἔσχεν] Gr. assumes that what he asks has been done, and looks back upon the result. The words are a quotation from Ecclus. xxv 9.
5. ὁ σπείρων τ. λ.] Mk iv 14.
6. καὶ τοῦτο ἡμ. διαπτύσαντες] Cp. Orat. xxv § 18 διάπτυέ μοι τὰς ἐνστάσεις. '*Pouring contempt upon this utterance as you have done upon others of ours.*' If they fail to get good, Gr. ironically says they will at least have the advantage of indulging in increased contempt for their opponents.
9. παράδοξον] i.e. what the Eunomians will consider to be such.
11. νεανικῶς] '*audaciously*'; cp. iii 1. On Gr.'s lips of course it has an ironical meaning.

3. *To speak on theological subjects belongs only to men prepared by deep study and by moral self-purification. It should be done only in seasons of calmness, before serious hearers; and the subjects should be such as the ordinary intelligence can grasp.*
14. εὔωνον] '*so cheaply acquired.*'
ib. τ. χαμαὶ ἐρχομ.] '*nor is it the property of those who go along upon the ground*'; a common expression from Homer downwards.
17. διαβεβηκότων] Διαβεβηκώς is one who stands firmly planted upon both feet. Elias paraphrases by ἡδραιωμένων, though he gives an alternative explanation.
19. τὸ μετριώτατον] '*to say the least of it.*' For the thought, cp. Athan. *de Inc.* § 57.

καθαροῦ τυχὸν οὐδὲ ἀσφαλές, ὥσπερ οὐδὲ ὄψει σαθρᾷ ἡλιακῆς ἀκτῖνος. ὅτε δέ; ἡνίκα ἂν σχολὴν ἄγωμεν ἀπὸ τῆς ἔξωθεν ἰλύος καὶ ταραχῆς, καὶ μὴ τὸ ἡγεμονικὸν ἡμῶν συγχέηται τοῖς μοχθηροῖς τύποις καὶ πλανωμένοις, οἷον γράμμασι πονηροῖς ἀναμιγνύντων κάλλη γραμμάτων, ἢ βορβόρῳ μύρων εὐωδίαν. δεῖ γὰρ τῷ ὄντι σχολάσαι, καὶ γνῶναι θεόν· καὶ ὅταν λάβωμεν καιρόν, κρίνειν θεολογίας εὐθύτητα. τίσι δέ; οἷς τὸ πρᾶγμα διὰ σπουδῆς, καὶ οὐχ ὡς ἕν τι τῶν ἄλλων καὶ τοῦτο φλυαρεῖται ἡδέως, μετὰ τοὺς ἱππικούς, καὶ τὰ θέατρα, καὶ τὰ ᾄσματα, καὶ τὴν γαστέρα, καὶ τὰ ὑπὸ γαστέρα· οἷς καὶ τοῦτο μέρος τρυφῆς, ἡ περὶ ταῦτα ἐρεσχελία καὶ κομψεία τῶν ἀντιθέσεων. τίνα δὲ φιλοσοφητέον, καὶ ἐπὶ πόσον; ὅσα ἡμῖν ἐφικτά, καὶ ἐφ' ὅσον ἡ τοῦ ἀκούοντος ἕξις ἐφικνεῖται καὶ δύναμις·

14 ἐξικνειται bd 'Or. 1 etc.'

1. τυχόν] '*perhaps not even free from danger.*' The words are based upon Plato *Phaed.* p. 67 μὴ καθαρῷ γὰρ καθαροῦ ἐφάπτεσθαι μὴ οὐ θεμιτὸν ᾖ.

ib. σαθρᾷ] properly = σαπρᾷ '*decayed*,' '*corrupt*,' but used in the sense of '*weak*,' '*feeble*.' Cp. § 5 and iii 6, where it is contrasted with ἰσχύν, ἰσχυροῖς. Hesych. σαθρά· ἀσθενῆ, κεκλασμένα.

3. ἰλύος] lit. '*mud*'; esp. in solution, the impurities which hinder a liquid from being clear. By τῆς ἔξ. ἰ. κ. ταραχῆς Gr. seems to mean the confusions and agitations of secular life.

ib. τὸ ἡγεμονικόν] '*the commanding faculty*,' a technical word from philosophy, esp. Stoic philosophy, descriptive of the reason. See Plutarch *de Plac. Phil.* 898 E and 903 B; also Cic. *de Nat. Deor.* II xi 29.

4. τύποις] '*impressions*,' or '*images*.' Μοχθηρὸς is a word of many shades of meaning. Here it appears to mean, not '*vicious*,' nor '*unhappy*,' but (like πονηροῖς just below) '*poor*,' '*worthless*,'—'*worthless and roving imaginations.*'

5. κάλλη γραμμάτων] So Plut. speaks of κάλλη οἰκοδομημάτων = καλὰ οἰκοδομήματα.

6. σχολάσαι κ. γν. θεόν] Psalm xlv (our xlvi) 10. The καὶ γνῶναι has the force of '*and so to know*,' '*in order to know*.'

7. ὅταν λάβ. καιρόν] Psalm lxxiv 3 (lxxv 2). Not at all times, but only when we 'receive the opportunity,' can we 'judge according unto right' in matters of theology.

8. διὰ σπουδῆς] sc. ἐστί. '*To whom it is a serious thing, and who do not make this also, like other things, a subject of light conversation.*'

10. τοὺς ἱππικούς] sc. ἀγῶνας, or perh. δρόμους.

12. ἐρεσχελία] '*disputing for fun*,' esp. with a view to provoking, as distinguished from 'talking in earnest.'

13. τίνα] neut. plur.; '*on what subjects?*'

ib. ἐφικτά] '*within our reach.*'

14. ἕξις] appears to mean '*skill*,' '*acquired power.*'

ἵνα μὴ καθάπερ αἱ ὑπερβάλλουσαι τῶν φωνῶν, ἢ τῶν τροφῶν, τὴν ἀκοὴν βλάπτουσιν ἢ τὰ σώματα,—εἰ βούλει δέ, τῶν φορτίων τὰ ὑπὲρ δύναμιν τοὺς ὑποβαίνοντας, ἢ τὴν γῆν τῶν ὑετῶν οἱ σφοδρότεροι,—οὕτω δὴ καὶ οὗτοι τοῖς
5 στερροῖς, ἵν' οὕτως εἴπω, τῶν λόγων καταπιεσθέντες καὶ βαρυνθέντες ζημιωθεῖεν καὶ εἰς τὴν ἀρχαίαν δύναμιν.

4. Καὶ οὐ λέγω τοῦτο μὴ δεῖν πάντοτε μεμνῆσθαι θεοῦ. μὴ πάλιν ἐπιφυέσθωσαν ἡμῖν οἱ πάντα εὔκολοι καὶ ταχεῖς. μνημονευτέον γὰρ θεοῦ μᾶλλον ἢ ἀναπνευστέον·
10 καί, εἰ οἷόν τε τοῦτο εἰπεῖν, μηδὲ ἄλλο τι ἢ τοῦτο πρακτέον. κἀγὼ τῶν ἐπαινούντων εἰμὶ τὸν λόγον, ὃς μελετᾶν ἡμέρας καὶ νυκτὸς διακελεύεται, καὶ ἑσπέρας καὶ πρωὶ καὶ μεσημβρίας διηγεῖσθαι, καὶ εὐλογεῖν τὸν κύριον ἐν παντὶ καιρῷ· εἰ δεῖ καὶ τὸ Μωυσέως εἰπεῖν, κοιταζόμενον, διανιστάμενον,
15 ὁδοιποροῦντα, ὅ τι οὖν ἄλλο πράττοντα, καὶ τῇ μνήμῃ

2 βλαπτωσιν bc ‖ 3 υπερβαινοντας a ‖ 4 δη] δε cd ‖ 6 βαρηθεντες c
4. 7 om τουτο a ‖ 11 λογον] νομον bd

4. τοῖς στερροῖς τῶν λόγων] Though Gr. is fond of the partitive gen. (οἱ στερροὶ τῶν λόγων = οἱ λόγοι οἱ στερροί), it seems best here to suppose τοῖς στ. to be neut., 'the solid qualities of our discourses.' Perh. Gr. is still using the metaphor or simile of food. It would seem to suit καταπιεσθέντες κ. βαρυνθέντες as well as τοῖς στερροῖς. Cf. Heb. v 12 (στερεὰ τροφή).

6. ζημ. καὶ εἰς τ. ἀ. δ.] The εἰς does not denote the *extent* of the damage, but the quarter in which it is felt. Over-strong meat not only fails to increase the vital forces of those to whom it is administered; it even impairs those which they possessed. Cp. v 26.

4. *It is always right to think of God; but not always suitable to discourse of Him.*

8. ἐπιφυέσθωσαν] ἐπιφύειν is 'to plant upon'; hence in pass. '*to fasten upon and cling to,*' like hounds upon a quarry. Plutarch frequently uses the word in this way; e.g. Lucull.§ 1 ἐπιφυομένους, ὥσπερ θηρίοις εὐγενεῖς σκύλακας. Gr. uses it again in v 11.

ib. οἱ π. εὔκολοι] '*who are always* (lit. *in all points*) *so agile and quick.*' Εὔκολος (cp. δύσκολος), from κόλον, '*diet,*' means originally one whose food agrees with him. Hence it comes to be used for facility in any direction. Plato *Legg.* 942 D uses the substantive in the sense of bodily activity, which (metaphorically applied) is the sense here.

9. μνήμον. κτλ.] '*It is more necessary to remember God than to breathe.*'

11. τῶν ἐπ. εἰμί] '*am one of those who approve.*'

ib. μελετᾶν ἡμ. κ. νυκτός] Psalm i 2 (Josh. i 8).

12. ἑσπέρας κτλ.] Psalm liv 18 (lv 17).

13. εὐλογεῖν κτλ.] Psalm xxxiii 2 (xxxiv 1).

14. κοιταζόμενον κτλ.] Deut. vi 7 (cp. xi 19).

τυποῦσθαι πρὸς καθαρότητα. ὥστε οὐ τὸ μεμνῆσθαι διηνεκῶς κωλύω, τὸ θεολογεῖν δέ· οὐδὲ τὴν θεολογίαν, ὥσπερ ἀσεβές, ἀλλὰ τὴν ἀκαιρίαν· οὐδὲ τὴν διδασκαλίαν, ἀλλὰ τὴν ἀμετρίαν. ἢ μέλιτος μὲν πλησμονὴ καὶ κόρος ἔμετον ἐργάζεται, καίπερ ὄντος μέλιτος, καὶ καιρὸς τῷ παντὶ πράγματι, ὡς Σολομῶντι κἀμοὶ δοκεῖ, καὶ τὸ καλὸν οὐ καλόν, ὅταν μὴ καλῶς γίνηται, ὥσπερ ἄνθος ἐν χειμῶνι παντελῶς ἄωρον, καὶ γυναιξὶ κόσμος ἀνδρεῖος, ἢ γυναικεῖος ἀνδράσι, καὶ πένθει γεωμετρία, καὶ πότῳ δάκρυον, ἐνταῦθα δὲ μόνον τὸν καιρὸν ἀτιμάσομεν, οὗ μάλιστα τιμητέον τὸ εὔκαιρον;

5. Μηδαμῶς, ὦ φίλοι καὶ ἀδελφοί· ἀδελφοὺς γὰρ ὑμᾶς ἔτι καλῶ, καίπερ οὐκ ἀδελφικῶς ἔχοντας· μὴ οὕτω διανοώμεθα, μηδὲ καθάπερ ἵπποι θερμοὶ καὶ δυσκάθεκτοι, τὸν ἐπιβάτην λογισμὸν ἀπορρίψαντες, καὶ τὴν καλῶς

3 ευσεβες acd 'duo Colb. Coisl. 3 Or. 1'

2. θεολογεῖν] = τὸ περὶ θεοῦ φιλοσοφεῖν (*supra*), '*to discuss theology.*'
ib. ὥσπερ ἀσεβές] '*as though it were wrong in itself.*' The reading εὐσεβές, though well attested, appears to be the result of misunderstanding. It would mean, 'nor do I forbid theology, if done in a godly manner.'
4. τὴν ἀμετρίαν] '*Nor is it the function of a teacher that I object to, but want of judgment in the exercise of it.*'
ib. ἢ μέλιτος κτλ.] Prov. xxv 16. καίπερ ὄντος μ., '*honey though it be,*' i.e. the best of things in itself.
5. καιρὸς τῷ π. π.] Eccl. iii 1; ὡς Σ. κἀμοὶ δ., '*There is a time...as Solomon and I think.*'
6. τὸ καλὸν οὐ κ.] The saying is quoted as a proverbial one (ὅ φασιν) in the Clementine *Epitome* § 18.
7. ἄνθος ἐν χ.] rather a curious instance to choose,—as if people would *object* to flowers in winter.
9. πένθει γεωμ.] Geometry was, so Maximus suggests, a recreation and a joy. Indeed, according to him, it formed part of the musical curriculum, and as such is included in the warning of Ecclus. xxii 6. After this suggestion Max. gives up the enquiry into Gr.'s meaning. Perhaps it was not necessary to go so far into it. Gr. is only taking examples of irksome incongruity.
ib. ἐνταῦθα δέ] '*And shall we in this case alone disregard* "*the time*"?'
5. *We should not discuss theology before the heathen. They turn our dissensions into a defence of heathenism, and come down upon our weaknesses like flies upon a sore. They would themselves rather die than divulge their mysteries. We must learn the decencies of speech.*
13. οὐκ ἀδελφικῶς ἔχ.] '*although so unbrotherly disposed.*' Cp. Aug. *Serm.* ccclvii 4, Quiduis dicas, quantumlibet oderis, ut placuerit detesteris, frater meus es.
14. θερμοὶ κ. δυσκάθεκτοι] θ. is '*wild,*' '*excited*'; δυσκ. (from κατέχειν), '*hard to hold in.*' Xenophon uses it in the same sense.
15. ἐπιβάτην] more usually signifies '*a rider*'; but here the metaphor

ἄγχουσαν εὐλάβειαν ἀποπτύσαντες, πόρρω τῆς νύσσης
θέωμεν· ἀλλ' εἴσω τῶν ἡμετέρων ὅρων φιλοσοφῶμεν, καὶ
μὴ εἰς Αἴγυπτον ἐκφερώμεθα, μηδὲ εἰς Ἀσσυρίους κατασυ-
ρώμεθα, μηδὲ ᾄδωμεν τὴν ᾠδὴν κυρίου ἐπὶ γῆς ἀλλοτρίας,
5 πάσης ἀκοῆς λέγω, ξένης τε καὶ ἡμετέρας, ἐχθρᾶς καὶ
φιλίας, εὐγνώμονος καὶ ἀγνώμονος, ἣ λίαν ἐπιμελῶς τηρεῖ
τὰ ἡμέτερα, καὶ βούλοιτο ἂν τὸν σπινθῆρα τῶν ἐν ἡμῖν
κακῶν γενέσθαι φλόγα, ἐξάπτει τε καὶ ἀναρριπίζει καὶ εἰς
οὐρανὸν αἴρει ταῖς παρ' ἑαυτῆς αὔραις λανθάνουσα, καὶ
10 ποιεῖ τῆς Βαβυλωνίας φλογὸς τὰ κύκλῳ καταφλεγούσης
ὑψηλοτέραν. ἐπειδὴ γὰρ οὐκ ἐν τοῖς ἑαυτῶν δόγμασιν
ἔχουσι τὴν ἰσχύν, ἐν τοῖς ἡμετέροις σαθροῖς ταύτην θη-
ρεύουσι, καὶ διὰ τοῦτο, ὥσπερ αἱ μυῖαι τοῖς τραύμασιν,

is probably taken from a chariot race, and ἐπιβ. will mean 'the man in the chariot,' i.e. the driver. The word is elsewhere used in a more restricted sense, of the man who *fights* in a chariot, *not* the driver; but it is evidently not so intended here.

1. ἄγχουσαν] lit. '*throttling*,' '*strangling*'; here '*restraining*.'

ib. ἀποπτύσαντες] lit. '*spitting out*,' i.e. '*getting the bit out of our mouths*.' It is used by other authors of the same action.

ib. πόρρω τῆς νύσσης θέωμεν] '*dash wide of the turning-post*.' Νύσσα (Lat. *meta*) is the καμπτήρ, or post, round which the chariot turns to do the second lap of the δίαυλος. Naturally, it ought to be barely *euitata rotis*.

2. εἴσω τ. ἡμ. ὅρων] The metaphor begins to change; and Gr. means, as the following words shew, '*within the Holy Land*,' i.e. within the Church. The Egypt and Assyria are the heathen world,—not, as Elias and others take it, heretical Christians.

3. ἐκφερώμεθα...κατασυρώμεθα] The metaphor of the runaway chariot seems not to have wholly disappeared. There is, of course, a reference to such passages as Hos. ix 3.

4. τὴν ᾠδὴν κ.] Psalm cxxxvi (cxxxvii) 4.

5. πάσης ἀκοῆς λέγω] '*I mean any and every hearing*.' Ἀκοῆς is grammatically in apposition to γῆς.

6. εὐγνώμονος κ. ἀγν.] '*sympathetic or unsympathetic*.' This seems from the context to be the intended meaning; but it would be equally in accordance with the usage of the words to understand (as Elias does) '*sensible and senseless*.'

ib. ἣ] very naturally refers only to the ἀκοὴ ἀγνώμων, or the γῆ ἀλλοτρία.

7. τὰ ἡμέτερα...τῶν ἐν ἡμ. κακῶν] The heathen and unconverted keep a watch upon Christians, and make the most of anything among them that is wrong; '*would like the spark ...to become a flame*.'

8. ἀναρριπίζει] '*fans it up*'; from ῥιπίς, '*a fan*.'

9. λανθάνουσα] i.e. without our seeing what they are about.

10. τῆς Βαβ. φλογός] Dan. iii 23 (LXX.).

11. δόγμασιν] '*received opinions*'; used of heathen beliefs in general,— possibly of the doctrines of heathen philosophers in particular.

οὕτω τοῖς ἡμετέροις ἐπιτίθενται—εἴτε ἀτυχήμασι χρὴ
λέγειν, εἴτε ἁμαρτήμασιν. ἀλλ' ἡμεῖς γε μὴ ἐπὶ πλεῖον
ἡμᾶς αὐτοὺς ἀγνοήσωμεν, μηδὲ τὸ περὶ ταῦτα κόσμιον
ἀτιμάσωμεν· ἀλλ' εἰ μὴ τὴν ἔχθραν καταλύσασθαι δυνα-
τόν, ἐκεῖνό γε συμβῶμεν ἀλλήλοις, μυστικῶς τὰ μυστικὰ 5
φθέγγεσθαι, καὶ ἁγίως τὰ ἅγια, καὶ μὴ ῥίπτειν εἰς βεβήλους
ἀκοὰς τὰ μὴ ἔκφορα, μηδὲ σεμνοτέρους ἡμῶν ἀποφαίνωμεν
τοὺς προσκυνοῦντας τοῖς δαιμονίοις καὶ τῶν αἰσχρῶν
μύθων καὶ πραγμάτων θεραπευτάς, οἳ θᾶττον ἂν τοῦ
αἵματος ἢ λόγων ἔστιν ὧν μεταδοῖεν τοῖς ἀμυήτοις. ἀλλ' 10
εἰδῶμεν, ὥσπερ ἐσθῆτος καὶ διαίτης καὶ γέλωτος καὶ
βαδίσματος οὖσάν τινα κοσμιότητα, οὕτω καὶ λόγου καὶ
σιωπῆς, ὅτι καὶ λόγον πρεσβεύομεν μετὰ τῶν ἄλλων τοῦ
θεοῦ προσηγοριῶν καὶ δυνάμεων. ἔστω καὶ τὸ φιλόνεικον
ἡμῶν ἔννομον. 15

5. 3 om ημας a ‖ 5 εκεινω d ‖ 14 φιλονεικειν b

1. οὕτω τοῖς ἡμετέροις] agrees with ἀτυχήμασι, ἁμαρτήμασι,—the sentence being interrupted for rhetorical effect: '*to our—am I to call them misfortunes or mistakes?*'

2. μὴ ἐπὶ πλεῖον ἡμ. αὐ. ἀγν.] '*any further be ignorant of our own selves.*' Our enemies know us, while we do not know ourselves, or see the consequences of what we are doing.

3. τὸ περὶ ταῦτα κ. ἀτιμ.] '*disregard what is seemly in these questions,*' i.e. by disputing before the world. Cp. τὸν καιρὸν ἀτιμ. *supra*.

4. τὴν ἔχθραν] not that of the common enemy, of whom Gr. has been speaking, but that of Christians among themselves.

5. μυστικῶς τὰ μυστικά] We have unfortunately lost in English the primary meaning of a 'mystery,' so that the words can only be paraphrased;—'*to utter what concerns the secrets of religion in religious secrecy.*' Μυστικῶς is used in liturgical Greek for ' in a whisper.'

6. μὴ ῥίπτειν κτλ.] Cp. Matt. vii 6.

7. ἀποφαίνωμεν] Ἀποφαίνειν in late Greek often = '*to make.*' But here '*to prove*' would give an equally suitable meaning.

8. προσκυν. τοῖς δ.] προσκ. in the later Greek governs dat. or acc. indifferently; e.g. John iv 23 πρ. τῷ πατρί...τοὺς προσκυνοῦντας αὐτόν. Just below we have πρ. τὰ πάθη.

10. λόγων ἔστιν ὧν] = ἐνίων, '*to impart some words.*'

11. ἐσθῆτος κτλ.] Cp. Ecclus. xix 30.

13. λόγον πρεσβεύομεν] '*We rank, or honour, Word among the appellations and powers of God Himself.*'

14. τὸ φιλόνεικον] 'let our very contention be subject to law.' The whole of Gr.'s *Or.* xxxii is on Moderation in Discussion.

6. *The heathen world, with its base mythology, is not in a position to understand the niceties of Christian theology. It must inevitably attach*

6. Τί γέννησιν ἀκούει θεοῦ καὶ κτίσιν, καὶ θεὸν ἐξ οὐκ ὄντων, καὶ τομὴν καὶ διαίρεσιν καὶ ἀνάλυσιν, ὁ πικρὸς τῶν λεγομένων ἀκροατής; τί δικαστὰς τοὺς κατηγόρους καθίζομεν; τί τὰ ξίφη τοῖς ἐχθροῖς ἐγχειρίζομεν; πῶς, οἴει, δέξεται τὸν περὶ τούτων λόγον, ἢ μεθ' οἵας τῆς διανοίας, ὁ τὰς μοιχείας ἐπαινῶν καὶ τὰς παιδοφθορίας, καὶ προσκυνῶν τὰ πάθη, καὶ μηδὲν ὑπὲρ τὸ σῶμα διανοηθῆναι δυνάμενος, ὁ χθὲς καὶ πρώην ἑαυτῷ στήσας θεούς, καὶ τούτους ἐπὶ τοῖς αἰσχίστοις γνωριζομένους; οὐχ ὑλικῶς; οὐκ αἰσχρῶς; οὐκ ἀμαθῶς; οὐχ ὡς εἴωθεν; οὐ συνήγορον τῶν οἰκείων θεῶν καὶ παθῶν τὴν σὴν θεολογίαν ποιήσεται; εἰ γὰρ αὐτοὶ ταῖς φωναῖς ταύταις ἐπηρεάζομεν, σχολῇ γ' ἂν ἐκείνους πείσαιμεν φιλοσοφεῖν ἐν τοῖς ἡμετέροις· καὶ εἰ

6. 3 ακροατης] εξεταστης b

unworthy meanings to the phraseology which it hears us use.

1. γέννησιν...κ. κτίσιν] The one is an orthodox word and the other a heretical one; but Gr. deprecates the using of both alike before a promiscuous public.

ib. θεὸν ἐξ οὐκ ὄντων] The Arians affirmed that the Son ἐξ οὐκ ὄντων ἐγένετο, but of course denied that He was in the full sense θεός. Gr., however, is speaking of the effect produced upon the heathen by the varying language of professing Christians.

2. τομὴν κ. διαίρεσιν κ. ἀνάλυσιν] These are not to be taken (as Elias and others take them) as technical terms of theology; nor are they strictly parallel to the first three accusatives after ἀκούει. The ἀκροατής hears *of* 'begetting' and 'creation'; he *hears* 'dissection and division and analysis.'

4. καθίζομεν] as in 1 Cor. v 4.
6. ἐπαινῶν] inasmuch as he attributes such actions to the gods.
8. ὁ χθὲς κτλ.] Gr. does not mean that he no longer worships those gods, but rather that he has not worshipped them very long. The heathen is accustomed to making new gods.

9. οὐχ ὑλικῶς] He cannot but put a material construction upon such language. Ἀμαθῶς will mean '*grossly*.'

10. συνήγορον] He will turn what you say about God into an advocacy of his own deified passions.

12. ταῖς φωναῖς τ. ἐπηρεάζομεν] The Eunomians 'maltreated these expressions,' by maintaining that, because the Son is begotten, the Father must have existed before Him. At the same time Gr. does not acquit his own party of a similar misuse of terms, as is seen by what follows, though in their case the misuse lay in a different direction.

13. φιλ. ἐν τοῖς ἡμετέροις] τοῖς ἡμ. is prob. neuter, '*in our quarters*,' '*in our school*'; but it may be masc., '*among our adherents*.' In either case, of course, it means, '*to adopt and use our system of thought*.' The term φιλοσοφία was early applied to Christianity. See Melito *ap*. Eus. *Hist. Eccl.* IV xxvi 7 ἡ καθ' ἡμᾶς φιλοσοφία.

παρ' ἑαυτῶν εἰσὶν ἐφευρεταὶ κακῶν, πότε ἂν τῶν διδομένων ἀπόσχοιντο; ταῦτα ἡμῖν ὁ πρὸς ἀλλήλους πόλεμος. ταῦτα οἱ πλεῖον ὑπὲρ τοῦ Λόγου μαχόμενοι, ἢ ὅσον ἀρέσκει τῷ Λόγῳ, καὶ ταὐτὸν πάσχοντες τοῖς μαινομένοις, οἳ τοὺς ἰδίους οἴκους ἀνάπτουσιν, ἢ τοὺς παῖδας σπαράττουσιν, ἢ τοὺς γονέας περιωθοῦσιν, ὡς ἀλλοτρίους νομίζοντες.

7. Ἐπεὶ δὲ ἀπεσκευασάμεθα τοῦ λόγου τὸ ἀλλότριον, καὶ εἰς τὴν ἀγέλην τῶν χοίρων ἀπεπεμψάμεθα τὸν πολὺν λεγεῶνα κατὰ βυθῶν χωρήσαντα, ὃ δεύτερόν ἐστι, πρὸς ἡμᾶς αὐτοὺς ἴδωμεν, καὶ ξέσωμεν εἰς κάλλος, ὥσπερ ἀνδριάντα, τὸν θεολόγον. ἐκεῖνο δὲ πρῶτον λογισώμεθα, τίς ἡ τοσαύτη περὶ τὸν λόγον φιλοτιμία καὶ γλωσσαλγία; τίς

7. 9 βυθων] -θου b ‖ χωρησαντα] -σοντα a ‖ εστι]+τουτο ποιησωμεν b
11 πρωτον] προτερον a

1. ἐφευρεταὶ κακῶν] Rom. i 30.
ib. τῶν διδομένων] 'the evil things that we give them.' Gr. means, no doubt, disrelish for divine truth, which Christians set forth so unattractively.
2. ταῦτα] sc. ἐστίν. 'This is what our war of Christian against Christian comes to,' 'this is what comes of it.'
3. ὑπὲρ τ. Λ.] Catholics were to blame, in Gr.'s estimation, as well as heretics.
4. ταὐτὸν πάσχοντες τ. μ.] The idiomatic use of πάσχειν, 'to be in a given frame of mind'; almost = 'behaving like.'
5. ἀνάπτουσιν] like ἐξάπτει above, 'to set on fire.'
6. περιωθεῖν] 'to push about,' i.e. to treat with violence and indignity. So in Or. in Jul. 1 Gr. says τοὺς ἐμμένοντας τῇ ὁμολογίᾳ περιωθῶν.
7. Why should we contend as we do? There are plenty of other things to occupy our thoughts, the exercises of philanthropy, and devotion, and self-discipline. But we not only neglect these ourselves; we give other men license to sin, if by that means we can get their support in our party warfare.
7. τὸ ἀλλότριον] Gr. does not say τοὺς ἀλλοτρίους, i.e. the heathen. He means the false and heathenish element which had been introduced into Christian language. Τοῦ λόγου, however, depends on ἀπεσκ., not on τὸ ἀλλ.
8. εἰς τὴν ἀγ. τ. χ.] Mark v 9 foll. By the 'Legion' Gr. means the gross and unworthy spirit which had instigated the contentions which he has been deploring.
ib. ἀπεπ....κατὰ βυθῶν χωρήσαντα] 'We have sent it away and it has gone.' Κατὰ βυθῶν answers to the κατὰ τοῦ κρημνοῦ of the Gospels; but it appears to be influenced by the remembrance of εἰς τὴν ἄβυσσον of Luke viii 31.
9. ὃ δεύτερόν ἐστι, πρός] The relative looks on to what follows: 'the next thing is, to.'
10. ὥσπερ ἀνδριάντα] Cp. Plat. Rep. II § 5 ὡς ἐρρωμένως ἑκάτερον, ὥσπερ ἀνδριάντα, ἐκκαθαίρεις.
12. γλωσσαλγία] A classical word for 'talkativeness,' much used by Gr.

ἡ καινὴ νόσος αὕτη καὶ ἀπληστία; τί τὰς χεῖρας δήσαντες
τὰς γλώσσας ὡπλίσαμεν; οὐ φιλοξενίαν ἐπαινοῦμεν; οὐ
φιλαδελφίαν, οὐ φιλανδρίαν, οὐ παρθενίαν, οὐ πτωχοτρο-
φίαν θαυμάζομεν; οὐ ψαλμῳδίαν, οὐ πάννυχον στάσιν, οὐ
5 δάκρυον; οὐ τὸ σῶμα νηστείαις ὑποπιέζομεν; οὐ δι' εὐχῆς
πρὸς θεὸν ἐκδημοῦμεν; οὐ τῷ κρείττονι τὸ χεῖρον ὑπο-
ζεύγνυμεν, τὸν χοῦν λέγω τῷ πνεύματι, ὡς ἂν οἱ τῷ κράματι
δικαίως δικάζοντες; οὐ μελέτην θανάτου τὸν βίον ποιού-
μεθα; οὐ τῶν παθῶν δεσπόται καθιστάμεθα, μεμνημένοι
10 τῆς ἄνωθεν εὐγενείας; οὐ θυμὸν τιθασσεύομεν ἐξοιδοῦντα
καὶ ἀγριαίνοντα; οὐκ ἔπαρσιν καταβάλλουσαν, οὐ λύπην
ἀλόγιστον, οὐχ ἡδονὴν ἀπαίδευτον, οὐ γέλωτα πορνικόν,
οὐκ ὄψιν ἄτακτον, οὐκ ἀκοὴν ἄπληστον, οὐ λόγον ἄμετρον,
οὐ διάνοιαν ἔκτοπον, οὐχ ὅσα παρ' ἡμῶν ὁ πονηρὸς καθ'
15 ἡμῶν λαμβάνει, τὸν διὰ τῶν θυρίδων, ὡς ἡ γραφή φησιν,

5 υποπιεζομεν] υπωπιαζομεν d

1. τὰς χ. δήσαντες] 'though our hands are tied.'

2. οὐ φιλοξ. ἐπαινοῦμεν;] The string of questions which follows is intended to shew the inconsistency of this γλωσσαλγία with the occupations which it is assumed that Christians are following.

3. πτωχοτροφίαν] Gr.'s *Or.* XIV is περὶ φιλοπτωχίας. The zeal of his friend Basil in that direction is well known: see De Broglie *L'Église et l'Empire* t. v p. 186 (3rd ed.).

4. πάννυχον στάσιν] Cp. *Or.* xlii 26 χαίρετε, Ναζαραίων χοροστασίαι, ψαλμῳδιῶν ἁρμονίαι, στάσεις πάννυχοι. The word στάσις appears to correspond to Lat. *statio*, in the sense of '*a service*.' It is derived from the custom of *standing* for prayer.

5. ὑποπιέζομεν] 'crush down,' 'suppress.'

6. πρ. θεὸν ἐκδημοῦμεν] Cp. 2 Cor. v 6 foll.,—'*leave the world behind and sojourn with God.*'

7. τὸν χοῦν] 1 Cor. xv 47; Gen. ii 7.

ib. οἱ τῷ κράματι δ. δικάζοντες] The κρᾶμα is the human compound of soul and body, or 'dust' and 'spirit.' Upon this, i.e. upon the rival claims of the constituent elements, man has to pass judgment.

10. τῆς ἄνωθεν εὐγενείας] Perh. with reference to John iii 3.

ib. τιθασσεύομεν] '*to tame*,' from τίθασσος '*tame*'; opp. to ἄγριος '*wild.*' 'Εξοιδεῖν '*swell up.*'

11. ἔπαρσιν καταβάλλουσαν] sc. τιθασσεύομεν. Cp. Prov. xvi 18 and similar passages.

14. διάνοιαν ἔκτοπον] ἔκτ. seems to be used as practically = ἄτοπος, '*improper*,' '*unseemly*.'

ib. παρ' ἡμῶν...καθ' ἡμῶν] i.e. finds in us and uses against us.

15. διὰ τῶν θυρίδων] Jer. ix 21. The same interpretation is given by Greg. Nyss. *de Dom. Orat.* v, by Ambrose *de Fuga Saec.* § 3 and *in Psalm. cxviii Exp.* vi § 20, and by Jerome *adv. Jovin.* II p. 202 (Mart.). It became the traditional interpretation. Cp. Greg. *Moral.* xxi 2; Bern. *in Cant.* 24.

εἴτουν αἰσθητηρίων, εἰσάγων θάνατον; πᾶν μὲν οὖν τοὐναντίον, καὶ τοῖς ἄλλων πάθεσιν ἐλευθερίαν δεδώκαμεν, ὥσπερ οἱ βασιλεῖς τὰς ἐπινικίους ἀφέσεις, μόνον ἂν πρὸς ἡμᾶς νεύωσι, καὶ κατὰ θεοῦ φέρωνται θρασύτερον· καὶ κακὸν οὐ καλοῦ πράγματος μισθὸν ἀντιδίδομεν, τῆς ἀσεβείας τὴν παρρησίαν. 5

8. Καίτοιγε, ὦ διαλεκτικὲ καὶ λάλε, ἐρωτήσω σέ τι μικρόν· Σὺ δὲ ἀπόκριναί, φησι τῷ Ἰὼβ ὁ διὰ λαίλαπος καὶ νεφῶν χρηματίζων. πότερον πολλαὶ μοναὶ παρὰ τῷ Θεῷ, ὅπερ ἀκούεις, ἢ μία; πολλαί, δώσεις δηλαδή, καὶ οὐ μία. 10 πότερον δὲ πληρωθῆναι δεῖ πάσας, ἢ τὰς μέν, τὰς δὲ οὔ, ὡς εἶναι κενὰς καὶ μάτην ἡτοιμασμένας; ναὶ πάσας· οὐδὲν γὰρ εἰκῇ τῶν παρὰ θεοῦ γενομένων. ταύτην δὲ ὅ τί ποτε θήσεις τὴν μονήν, ἔχοις ἂν εἰπεῖν; ἆρα τὴν ἐκεῖθεν

3 βασιλεις] βασιλικοι b ‖ 4 νευωσι] -σωσι d ‖ θεου] του θεου b ‖ θρασυτερον]+η ευσεβεστερον b 8. 14 ποτε]+εστι c ‖ θησεις] -ση d

1. εἴτουν] i.e. εἴτε οὖν, in late Greek = *sive*, and is used for '*that is to say.*'
ib. μὲν οὖν] = *immo*, 'nay.' So far from ruling our own passions, Gr. says, we give license to those of others.
3. ἐπινικίους ἀφέσεις] Elias understands it of the manumission of slaves; but a more usual form of celebrating a triumph was to release prisoners, and that is prob. the comparison here.
ib. μόνον ἄν] This is the sole condition of the release, that they should tend to promote our cause. Gr. is prob. referring to the way in which, in his time as in other times, the sins of powerful patrons were treated with complaisance. Of course he has the Arians chiefly in view. They laid themselves open to the charge; and it is of them esp. that Gr. uses the expression κατὰ θεοῦ φέρ., 'to rush against God.'
5. τῆς ἀσεβείας τὴν παρρησίαν] ἀσεβ. is in apposition to οὐ καλοῦ πρ., τὴν παρρ. to μισθόν. In exchange for their serviceable impiety, they are allowed to sin unrebuked.
8. There are '*many mansions*' above, and they are reached by many ways, though in one sense the many ways are the one strait and narrow way. Why should we leave all the other ways for the way of controversy?
8. σὺ δὲ ἀπόκριναι] Job xxxviii 3.
9. χρηματίζων] '*to answer*' when consulted, esp. as an oracle. It is not the word used in Job xxxviii 1 (LXX.), but it occurs in the similar passage xl 3 (8).
ib. πολλαὶ μοναί] John xiv 2. Ἀκούεις = '*you are taught.*'
10. δώσεις] '*you will grant.*'
13. ὅ τί ποτε θήσεις] like δίδωμι, used in a logical sense; '*what you will affirm this "mansion" to be.*' Ταύτην τὴν μονήν is a somewhat curious use of the singular. It is a kind of attraction for τοῦτο τὸ μονήν, i.e. 'the word μονήν in this connexion.'
14. ἐκεῖθεν] '*on yonder side.*'

ἀνάπαυσίν τε καὶ δόξαν τὴν ἀποκειμένην τοῖς μακαρίοις, ἢ ἄλλο τι; οὐκ ἄλλο ἢ τοῦτο. ἐπειδὴ τοῦτο ὡμολογήσαμεν, κἀκεῖνο προσεξετάσωμεν. ἔστι τι τὸ ταύτας προξενοῦν τὰς μονάς, ὡς ὁ ἐμὸς λόγος, ἢ οὐδέν; ἔστι
5 πάντως. τί τοῦτο; τὸ διαφόρους εἶναι πολιτείας καὶ προαιρέσεις, καὶ ἄλλην ἀλλαχοῦ φέρειν κατὰ τὴν ἀναλογίαν τῆς πίστεως, ὅπερ καὶ ὁδοὺς ὀνομάζομεν. πάσας οὖν ὁδευτέον, ἢ τινὰς τῶν ὁδῶν τούτων; εἰ μὲν οἷόν τε τὸν αὐτόν, ἁπάσας· εἰ δὲ μή, ὅτι πλείστας· εἰ δὲ μή, τινάς·
10 εἰ δὲ μηδὲ τοῦτο, μέγα κἂν εἰ μίαν διαφερόντως, ὥς γέ μοι φαίνεται. ὀρθῶς τοῦτο ὑπολαμβάνεις. τί οὖν; ὅταν ἀκούσῃς μίαν ὁδὸν εἶναι, καὶ ταύτην στενήν, τί σοι φαίνεται δηλοῦν ὁ λόγος; μίαν μὲν διὰ τὴν ἀρετήν· μία γάρ, κἂν εἰς πολλὰ σχίζηται· στενὴν δὲ διὰ τοὺς ἱδρῶτας καὶ τὸ

2 ουκ αλλο]+τι d ‖ επειδη τουτο] επει δε κακεινο b: επει δε τουτο c ‖ 8 τον αυτον] των αυτων b ‖ 9 απασας] πασας d

4. προξενοῦν] quite classical in the derived sense of '*to provide*,' '*procure*.' Here the plural, as the reply shews, is emphatic; '*these different mansions*.'
ib. ὡς ὁ ἐμὸς λόγος] '*as I maintain*.'
5. τὸ διαφόρους κτλ.] The 'mansions' vary as the lives which men live (πολιτείας) and the aims which they set before themselves (προαιρέσεις). It is somewhat tempting, in the context, to understand προαιρέσεις of 'schools of thought.' Lucian (*Demon.* § 4) speaks of αἱ ἐν φιλοσοφίᾳ προαιρέσεις. (Cp. the use of αἵρεσις.) But the other is perh. the simpler.
6. κατὰ τὴν ἀναλογίαν τ. π.] Rom. xii 6. These various types of life and pursuits are like so many roads. They do not lead to the same place. The places to which they lead differ '*according to the proportion of faith*,' i.e. are suited to the various degrees and forms of religious principle by which men come to them.

8. εἰ μὲν οἷόν τε τὸν αὐτόν] The man under examination replies that, if it were possible, it would be well for the individual to follow all the roads, i.e. to combine in himself all characteristic pursuits and moral activities which lead to the various 'mansions'; failing this, to combine as many as he can; but excellence in any one of them is a great achievement.
12. μίαν ὁδόν...στενήν] Matt. vii 13.
13. διὰ τὴν ἀρετήν] because it is the way of virtue; for the way of virtue is one, although it has many branches.
14. διὰ τοὺς ἱδρ. κτλ.] because of the effort it demands, and because few are found able to tread it, in comparison of the great number who take the contrary direction, and who walk in the way of vice. The καί couples the antecedent of ὅσοι to τῶν ἐναντίων.

μὴ πολλοῖς εἶναι βατήν, ὡς πρὸς τὸ πλῆθος τῶν ἐναντίων καὶ ὅσοι διὰ τῆς κακίας ὁδεύουσιν. οὕτω κἀμοὶ δοκεῖ. τί οὖν, ὦ βέλτιστε, εἴπερ τοῦτο οὕτως ἔχει, ὥσπερ τινὰ πενίαν καταγνόντες τοῦ ἡμετέρου λόγου, πάσας τὰς ἄλλας ὁδοὺς ἀφέντες, πρὸς μίαν ταύτην φέρεσθε καὶ ὠθεῖσθε τὴν 5 διὰ λόγου καὶ θεωρίας, ὡς μὲν αὐτοὶ οἴεσθε, ὡς δὲ ἐγώ φημι, ἀδολεσχίας καὶ τερατείας; ἐπιτιμάτω Παῦλος ὑμῖν, τοῦτο πικρῶς ὀνειδίζων μετὰ τὴν ἀπαρίθμησιν τῶν χαρισμάτων, ἐν οἷς φησί· Μὴ πάντες ἀπόστολοι; μὴ πάντες προφῆται; καὶ τὰ ἑξῆς. 10

9. Ἔστω δέ· ὑψηλὸς σύ, καὶ ὑψηλῶν πέρα, καὶ ὑπὲρ τὰς νεφέλας, εἰ βούλει, ὁ τῶν ἀθεάτων θεατής, ὁ τῶν

6 om ως μὲν αυτοι οιεσθε a 'duo Reg.': om μὲν d

3. ὥσπερ τ. πενίαν καταγν. τ. ἡμ. λόγου] καταγ. τί τινος is to find something to somebody's disadvantage: 'why do you profess to have found our principles poor?'

5. πρὸς μίαν ταύτην] not, of course, the μία ὁδὸς στενή spoken of above—which included πάσας τὰς ἄλλας ὁδούς,—but a single branch of that road. Gr. grants that the road of the διαλεκτικὸς is not a bad road, if it were properly pursued; but it is, as he has compelled the opponent to admit, a loss to follow that one road to the exclusion of all others, and so to forfeit the 'many,' and perh. the better, mansions. This is indeed to incur a πενία, unknown to the faithful followers τοῦ ἡμετέρου λόγου. Gr.'s conception of the 'many mansions,' all attainable to the individual, not successively, but by walking simultaneously along many roads which lead to them, is a conception difficult to grasp, but suggestive of a noble fulness of living energy.

ib. ὠθεῖσθε] 'crowd along,' 'force your way in a herd'; Theocr. xv 73 ὠθεῖσθ' ὥσπερ ὕες.

7. ἀδολ. κ. τερατείας] Ἀδολεσχία is 'idle chattering': Elias explains τερατεία by τὸ πλάττειν ἄτοπά τε καὶ ἀλλόκοτα, 'saying extraordinary things to electrify people.' Cp. Ar. Nub. 418. The verb τερατεύεσθαι comes below in § 10.

8. ἀπαρίθμησιν] 'enumeration.' I Cor. xii 29. It is a little strange that Gr. should select a passage where St Paul is insisting on the limitation of spiritual gifts, and their assignment to the various members of the Church, instead of being accumulated upon each. But prob. Gr. does not concern himself with the context of the passage, and intends the 'rebuke' to apply to the διαλεκτικὸς inasmuch as he gives himself the airs of an 'apostle' or a 'prophet.'

9. ἐν οἷς φησί] 'where he says.' It seems best not to make χαρισμάτων the antecedent of οἷς.

9. *However exalted you may be yourself, you cannot make other people theologians suddenly. That, however, is what you profess to do, and then you crowd Councils with the conceited rabble that you have collected.*

11. ἔστω δέ· ὑ. σύ] Assuming that you have the gifts which you imagine, why do you make such a bad use of them? In ὑψ. πέρα it is

ἀρρήτων ἀκροατής, ὁ μετὰ Ἠλίαν μετάρσιος, καὶ ὁ μετὰ
Μωυσέα θεοφανείας ἠξιωμένος, καὶ μετὰ Παῦλον οὐράνιος·
τί καὶ τοὺς ἄλλους αὐθήμερον πλάττεις ἁγίους, καὶ χειρο-
τονεῖς θεολόγους, καὶ οἷον ἐμπνεῖς τὴν παίδευσιν, καὶ
5 πεποίηκας λογίων ἀμαθῶν πολλὰ συνέδρια; τί τοῖς ἀραχ-
νίοις ὑφάσμασιν ἐνδεσμεῖς τοὺς ἀσθενεστέρους, ὡς δή τι
σοφὸν καὶ μέγα; τί σφηκιὰς ἐγείρεις κατὰ τῆς πίστεως;
τί σχεδιάζεις ἡμῖν διαλεκτικῶν ἀνάδοσιν, ὥσπερ οἱ μῦθοι

9. 1 και ο μετα] και μετα c ‖ 6 om υφασμασιν ad 'duo Reg. duo Colb. Or. 1'

doubtful whether ὑψ. is neut. or masc., '*beyond the heights*,' or '*beyond the high ones*.'

1. ἀρρήτων] 2 Cor. xii 4. Cp. μετὰ Π. οὐράνιος below.

ib. μ.Ἠλίαν μ.] 4 (2) Kings ii 11.

ib. μ. Μωυσέα θ. ἠξ.] Ex. xxxiv 6.

3. αὐθήμερον πλ. ἁγίους] It is assumed, from their setting up as theologians, that they have passed through the moral discipline which Gr. requires before so doing (p. 4 *supra*); but the discipline must have been hurried through 'all in a day.'

ib. χειροτονεῖς θ....ἐμπνεῖς τ. π.] The same thought carried on. These men's theology has come to them, not by long study and careful training, but by a touch or a breath. Χειρ. prob. alludes to the act of laying on of hands in Ordination, though Gr. does not necessarily imply that the men had been actually ordained. The word, however, may perh. only mean '*elect*,' '*appoint*.' In either case the process is characterized as both arbitrary and sudden.

4. ἐμπνεῖς] Elias supposes a ref. to such passages as Gen. ii 7 or Job xxvii 3. If the allusion to ordination in χειρ. were secure, it would be natural to connect ἐμπν. with John xx 22 (ἐνεφύσησεν). There is no evidence, however, that any ceremony of breathing was used in Gr.'s time in ordaining; and it seems simpler to regard the word as denoting only a quick and miraculous way of imparting the knowledge of divine things.

5. π. συνέδρια] So equipped, the theologians pass to those '*multitudinous councils*' which were the chief feature of Church History in the fourth century. Gr., as is well known, had no high opinion of councils at the best (Stanley *Eastern Church* p. 74). Λογίων points both to the assurance with which these men spoke, and to the source of their inspiration (ἐμπνεῖς).

6. ἐνδεσμεῖς] a rare word; '*to put in bonds*.' The 'spider's webs' are of course the dogmatic subtleties by which they entangle weak opponents. Cp. *Orat.* xxv § 18.

7. σφηκιάς] He does not seem to refer again to the heathen; it is the heretics themselves who swarm out against the faith,—the same who are described in the next sentence as διαλ. ἀνάδοσιν.

8. σχεδιάζεις] The verb denotes what is hastily prepared out of the first materials that come to hand, '*to improvise*.' It thus returns to the accusation that Gr.'s opponents had had no proper training.

ib. δ. ἀνάδοσιν] Ἀναδίδωμι is to 'yield,' as the earth yields a crop, or the spring a volume of water. Thuc. iii 88 uses it of Aetna, πῦρ κ. καπνὸν ἀναδ. So ἀνάδοσις is an '*output*' or '*outburst*.' Διαλεκτικῶν of course is masc., '*dialecticians*.'

ib. οἱ μ....τ. γίγαντας] A con-

πάλαι τοὺς γίγαντας; τί τῶν ἀνδρῶν ὅσον κοῦφον καὶ
ἄνανδρον, ὥσπερ τινὰ συρφετόν, εἰς μίαν χαράδραν συνα-
γαγών, καὶ κολακείᾳ πλέον θηλύνας, καινὸν ἀσεβείας ἐρ-
γαστήριον ἐδημιούργησας, οὐκ ἀσόφως τὴν ἄνοιαν αὐτῶν
ἐκκαρπούμενος; 5

Ἀντιλέγεις καὶ τούτοις; καὶ οὐδαμοῦ σοι τἆλλα; καὶ
τὴν γλῶσσαν δεῖ δυναστεύειν πάντως, καὶ οὐ κατέχεις τὴν
ὠδῖνα τοῦ λόγου; ἔχεις καὶ ἄλλας ὑποθέσεις πολλάς τε
καὶ φιλοτίμους. ἐκεῖ τρέψον μετὰ τοῦ χρησίμου τὴν νόσον.
10. βάλλε μοι Πυθαγόρου τὴν σιωπήν, καὶ τοὺς κυάμους 10

1 om τι των ανδρων...εκκαρπουμενος acd

tracted expression; '*as the old fables did with the giants*,' meaning, '*as the old fables said that the Earth brought forth the giants.*' It explains the metaphor of ἀνάδοσιν. The giants, however, are referred to not only because they sprang out of the Earth, but because they waged war upon the gods.

1. τῶν ἀνδρῶν ὅσον κ.] '*everything that is worthless in the shape of men.*'

2. συρφετόν] like περίψημα, '*offscourings*,' '*sweepings.*'

ib. χαράδραν] may be either the '*torrent*' itself, or the '*channel*,' natural or artificial, down which it pours. Here perh. the former is the simplest; the '*offscourings' form* a '*torrent*'; but the metaphors are somewhat entangled.

3. κολακείᾳ] They were ἄνανδροι to begin with; and the flattery which they receive from their leaders makes them worse.

ib. καιν. ἀσεβ. ἐργαστ. ἐδημ.] '*you have created a strange kind of manufactory.*' The heretical leaders have set up in business, as it were; their plant and factory consisting of their dupes. The stress of the sentence does not lie on the products of the ἐργ. (i.e. ἀσεβείας), but on the fact that the leaders make a living by it.

5. ἐκκαρπούμενος] '*profiting by.*'

10. *If you cannot be silent, turn* your argumentative powers to use by refuting the various schools of heathen philosophy, the absurdities of heathen worship and magic. Or if you prefer something more original and constructive, give us a philosophy of your own, or speak of points of Christian doctrine where there is no great harm done if a mistake is made.

6. καὶ τούτοις] i.e. as you oppose everything else that we say. Cp. the beginning of the sermon.

ib. οὐδαμοῦ σ. τἆλλα] '*Do you care for nothing else?*,' i.e. than talking, and talking controversially.

7. δυναστεύειν] not here over others, but over the man himself. His tongue is his tyrant.

ib. τὴν ὠδῖνα τ. λ.] Cp. the somewhat similar image in Job xxxii 18 foll.

8. ὑποθέσεις] '*subjects*,' '*themes*'; Lat. *argumenta*.

9. φιλοτίμους] We too transfer the epithet '*ambitious*' to the subject from the man who deals with it. But the usage does not occur commonly in Greek.

10. βάλλε] '*strike.*' The unsympathetic attitude here assumed towards the schools of Greek philosophy does not represent the whole mind of Gr. and his friends. It is only assumed for a rhetorical purpose.

ib. τὴν σιωπήν] "The Pythagorean

τοὺς Ὀρφικούς, καὶ τὴν περὶ τὸ Αὐτὸς ἔφα καινοτέραν
ἀλαζονείαν. βάλλε μοι Πλάτωνος τὰς ἰδέας, καὶ τὰς
μετενσωματώσεις καὶ περιόδους τῶν ἡμετέρων ψυχῶν, καὶ
τὰς ἀναμνήσεις, καὶ τοὺς οὐ καλοὺς διὰ τῶν καλῶν σωμάτων
5 ἐπὶ ψυχὴν ἔρωτας· Ἐπικούρου τὴν ἀθεΐαν, καὶ τὰς

school is represented to us not merely as a scientific association, but also, and principally, as a religious and political society. Entrance into it was only to be obtained by a strict probation, and on condition of several years' silence." "The duration of the silent noviciate is variously given." Zeller *Pre-Socratic Philosophy* I p. 342 (Engl. Transl.), where this ref. of Gr. may be added to those given by Zeller.

1. τοὺς κυάμους τ. Ὀρφικούς] "According to later accounts, the Pythagoreans of the higher grade [lived] in obedience to a minutely prescribed rule of life...This...enjoined...entire abstinence from... animal food, from beans and some other kinds of nourishment." Zeller *op. cit.* p. 343 f. "Whether these ordinances," he adds, "originated with the Italian Pythagoreans, or only belong to the later Orphics of Pythagorean tendencies; whether consequently they arose from Pythagoreanism or from the Orphic mysteries, we do not certainly know." Zeller speaks of "the early connexion of Pythagoreanism with the Bacchic Orphic mysteries" (p. 347, first note).

ib. Αὐτὸς ἔφα] "They rigorously maintained the doctrine of their master, and silenced all opposition with the famous dictum αὐτὸς ἔφα": Zeller p. 350. Gr. calls this κ. ἀλαζ. '*an extraordinary piece of swagger.*'

2. τὰς ἰδέας] "Plato...defines the Idea as that which is common to the Many of like name...This Universal he conceives as separate from the world of Phenomena,—as absolutely existing Substance...The Ideas stand as the eternal prototypes of Being—all other things are copied from them"; "archetypes, according to which Divine Reason fashioned the world": Zeller *Plato and the Older Academy* pp. 239 foll., 244.

3. μετενσωματώσεις κ. περιόδους] '*his transincorporations and circulations of our souls.*' See Zeller *op. cit.* ch. ix. "At their first birth, all [souls]...are implanted in human, and male, bodies; only their lots vary according to their merit. After death, all are judged, and placed for a thousand years, some as a punishment under the earth, some as a reward in heaven. This period having elapsed, they have again to choose,—the evil as well as the good, —a new kind of life; and in this choice, human souls pass into beasts, or from beasts back into human bodies" (p. 393).

4. ἀναμνήσεις] Plato taught that our souls bring with them into their earthly existence knowledge acquired in a previous state of existence. "If ...concepts and cognitions [of an universal kind] are given us before any presentation has been appropriated, we cannot have acquired them in this life, but must have brought them with us from a previous life. The facts of learning and of conceptual knowledge are only to be explained by the pre-existence of the soul." Zeller p. 395.

5. ἐπὶ ψυχήν] '*directed to,*' '*reaching as far as,*' and so '*concerned with the soul,*' i.e. of the beloved, although it may profess to be unconcerned with the body. "Love...is realised in a graduated series of different forms. The first is the love of beautiful shapes,—of one, and then of all: a higher step is the love of beautiful

ἀτόμους, καὶ τὴν ἀφιλόσοφον ἡδονήν· Ἀριστοτέλους τὴν μικρολόγον πρόνοιαν, καὶ τὸ ἔντεχνον, καὶ τοὺς θνητοὺς περὶ ψυχῆς λόγους, καὶ τὸ ἀνθρωπικὸν τῶν δογμάτων· τῆς Στοᾶς τὴν ὀφρύν, τῶν Κυνῶν τὸ λίχνον τε καὶ ἀγοραῖον. βάλλε μοι τὸ κενόν, τὸ πλῆρες τῶν ληρημάτων, ὅσα περὶ 5 θεῶν ἢ θυσιῶν, περὶ εἰδώλων, περὶ δαιμόνων ἀγαθῶν τε καὶ κακοποιῶν, ὅσα περὶ μαντείας, θεαγωγίας, ψυχαγωγίας,

10. 6 θεων η]+περι b: θεων και 'Or. 1' || αγαθων] αγαθοποιων d

souls, which operates in moral words and efforts, in works of education, art, and legislation: a third is the love of beautiful sciences," etc.: Zeller p. 194; cp. p. 507.

ib. ἀθείαν] = ἀθεότητα. The atheism of Epicurus was of a practical, rather than theoretical, nature. He did not deny the existence of gods, but their interference in the affairs of men. See Zeller *Stoics, Epicureans, and Sceptics* p. 464 foll.

1. ἀτόμους] Epicurus, whose view of the universe was purely materialistic, taught the eternal existence of those "primary component parts of things" which he called 'atoms.' See Zeller *op. cit.* p. 439 foll.

ib. ἡδονήν] "The only unconditional good, according to Epicurus, is pleasure; the only unconditional evil is pain": Zeller p. 473. By ἀφιλόσοφον Gr. means 'unworthy of a philosopher.' On the character of 'pleasure' as understood by Epicurus, see Zeller p. 476 foll.

2. τ. μικρολόγον πρόνοιαν] "Aristotle's philosophy excludes the conception of God's immediate interference in the course of the universe; and it would be illegitimate to attribute to Aristotle the popular belief in Providence": Zeller *Aristotle and the Earlier Peripatetics* I p. 422 (cp. p. 403 and II p. 328). The epithet μικρολόγον would more naturally apply to a providence concerned with petty details; Gr. seems to intend it in a kind of passive sense,

'*of which mean things are said.*' Cp. θνητοὺς λόγους just below.

ib. ἔντεχνον] '*the artificial character of his system.*' Gr., as a master of rhetoric, prob. has chiefly in view Aristotle's work on Rhetoric, at the beginning of which the word ἔντεχνος frequently occurs.

ib. θνητοὺς π. ψ. λόγους] '*his mortal language about the soul.*' "It is impossible to say that Aristotle taught a doctrine of personal immortality. He taught merely the continued existence of thinking spirit, denying to it all the attributes of personality": Zeller *op. cit.* II p. 134.

3. ἀνθρωπικόν] hardly distinguishable here from ἀνθρώπινον: '*the purely human character of his determinations,*' i.e. the absence of anything divine in his teaching.

4. ὀφρύν] Lat. *supercilium,* '*haughtiness.*'

ib. Κυνῶν] applied to the Cynics as early as Arist. *Rhet.* III x 7.

ib. τὸ λίχνον κ. ἀγοραῖον] '*the greed and coarseness.*' Zeller *Eclecticism* p. 290 speaks of the "coarse and rude behaviour" of the later Cynics, "their extortions and impositions, and, despite their beggarly life...their covetousness." Ἀγοραῖον, cf. Acts xvii 5.

5. τὸ κενόν, τὸ πλ. τ. ληρ.] oxymoron; '*emptiness, full of absurdities.*'

7. θεαγωγίας, ψυχ.] '*the calling up of gods, and of souls.*'

ἄστρων δυνάμεως, τερατεύονται. εἰ δὲ σὺ ταῦτα μὲν ἀπαξιοῖς λόγου, ὡς μικρά τε καὶ πολλάκις ἐληλεγμένα, περὶ δὲ τὰ σὰ στρέφῃ, καὶ ζητεῖς τὸ ἐν τούτοις φιλότιμον· ἐγώ σοι κἀνταῦθα παρέξομαι πλατείας ὁδούς. φιλοσόφει
5 μοι περὶ κόσμου ἢ κόσμων, περὶ ὕλης, περὶ ψυχῆς, περὶ λογικῶν φύσεων βελτιόνων τε καὶ χειρόνων, περὶ ἀναστάσεως, κρίσεως, ἀνταποδόσεως, Χριστοῦ παθημάτων. ἐν τούτοις γὰρ καὶ τὸ ἐπιτυγχάνειν οὐκ ἄχρηστον, καὶ τὸ διαμαρτάνειν ἀκίνδυνον. θεῷ δὲ ἐντευξόμεθα, νῦν μὲν
10 ὀλίγα, μικρὸν δὲ ὕστερον ἴσως τελεώτερον, ἐν αὐτῷ Χριστῷ Ἰησοῦ τῷ κυρίῳ ἡμῶν, ᾧ ἡ δόξα εἰς τοὺς αἰῶνας· ἀμήν.

1 αστρων δυναμεως] αστρων, δυναμεων b || 3 τουτοις] λογοις 'Or. 1' || 4 κανταυθα] κantευθεν a || παρεξομαι] -ξω c

1. τερατεύονται] Cp. τερατεία above, p. 15.
2. ἀπαξιοῖς λ.] '*think unworthy of treatment.*'
ib. ἐληλεγμένα] from ἐλέγχω.
3. τὰ σά] It is difficult to see why the subjects which Gr. classes under this head should be so described any more than many of the foregoing. It does not seem to mean 'Christian subjects,' rather than heathen; which would more naturally have been called τὰ ἡμέτερα; and besides, such a subject as ὕλη has nothing distinctively Christian in it. Prob. Gr. means '*stick to a line of your own,*' as distinguished from being guided by the movements of an adversary.
ib. τὸ ἐν τ. φιλότιμον] '*an ambitious subject in that line*': cf. above p. 17.
5. κόσμου ἢ κόσμων] '*the world or worlds.*' Gr. seems to have entertained the notion of a 'plurality of worlds.'
ib. ὕλης] '*matter*'; no doubt Gr. means concerning its nature, origin, and the like.
6. λογικῶν φύσεων β. τε κ. χ.] Elias rightly understands Gr. to mean good and bad angels.
8. ἐπιτυγχ...διαμαρτ.] '*to hit,*' '*to miss.*' It certainly seems strange that Gr. should consider it almost a matter of indifference whether a man were right or wrong upon such matters as the last four which he has mentioned. But this is evidently the sense which is required. Prob. he supposed that it was not possible to go far wrong on such subjects. Any interpretation of 'recompense,' for instance, which was not really a *denial* of recompense, would be harmless in comparison with the teaching upon the nature of Christ to which Gr. was accustomed from the Eunomians.
9. ἐντευξόμεθα] used with a reference to ἐπιτυγχ. just before. Even if we make a few mistakes on points of subordinate importance, '*we shall meet* and *converse with God.*'
10. ὀλίγα] does not seem to be often used in the plur. in this adverbial sense. It appears to suggest the various occasions on which a little of such intercourse is vouchsafed. In the contrasted clause, μικρόν qualifies ὕστερον, and ἴσως qualifies τελεώτ., '*soon after,*' '*perhaps more perfectly,*'—the ἴσως suggesting a modest doubt concerning our share in the great revelation.

ΘΕΟΛΟΓΙΚΟΣ ΔΕΥΤΕΡΟΣ.

ΠΕΡΙ ΘΕΟΛΟΓΙΑΣ.

1. Ἐπειδὴ ἀνεκαθήραμεν τῷ λόγῳ τὸν θεολόγον, οἷόν τε εἶναι χρὴ διελθόντες, καὶ οἷστισι φιλοσοφητέον, καὶ ἡνίκα, καὶ ὅσον·—ὅτι ὡς οἷόν τε καθαροῖς, ἵνα φωτὶ καταλαμβάνηται φῶς· καὶ τοῖς ἐπιμελεστέροις, ἵνα μὴ ἄγονος ᾖ εἰς ἄγονον χώραν ἐμπίπτων ὁ λόγος· καὶ ὅταν γαλήνην ἔχωμεν ἔνδον ἀπὸ τῆς ἔξω περιφορᾶς, ὥστε μή, καθάπερ οἱ λυττῶντες, τῷ πνεύματι διακόπτεσθαι· καὶ ὅσον ἐχωρήσαμεν, ἢ χωρούμεθα·—ἐπειδὴ ταῦτα οὕτω, καὶ ἐνεώσαμεν ἑαυτοῖς θεῖα νεώματα, ὥστε μὴ σπείρειν ἐπ' ἀκάνθαις, καὶ τὸ πρόσωπον τῆς γῆς ὡμαλίσαμεν, τῇ γραφῇ τυπωθέντες τε καὶ τυπώσαντες· φέρε, τοῖς τῆς θεολογίας ἤδη προσβῶμεν λόγοις, προστησάμενοι τοῦ λόγου τὸν πατέρα, καὶ

1. 1 επειδη] επει δε be 'Or. 1' ‖ 3 καθαροις] -ον d¹ ‖ 7 λυττωντες] λυσσωντες bc : λυζοντες d² ‖ 8 επειδη] επει δε ef ‖ 11 τοις της θεολ.] om της d : om της θεολ. c¹

1. *Having spoken of the conditions under which theological subjects should be treated, we proceed to our theological enquiry itself, invoking the assistance of the Trinity.*
1. ἀνεκαθήραμεν] lit. 'cleaned up'; a ref. to the passage of Plato quoted above p. 11.
3. φωτὶ καταλαμβάνηται φῶς] cf. John i 5; but Gr.'s interpretation of his text is a very doubtful one.
4. ἐπιμελεστέροις] 'among thoughtful men.' Ἄγονος = ἄκαρπος Mark iv 19.
6. περιφορᾶς] cf. *Orat. in Jul.* I § 100 πλοῦτον, εὐγένειαν, εὔκλειαν, δυναστείαν, ἃ τῆς κάτω περιφορᾶς ἐστὶ καὶ ὀνειρώδους τέρψεως. Hesych. renders the word by ἡ κατὰ κύκλον κίνησις—'whirl.' Cp. Plat. *Rep.* 10 p. 616; Eccl. ii 2.
7. τῷ πνεύμ. διακόπτεσθαι] 'be stopped for want of breath.'
ib. ἐχωρήσαμεν, ἢ χωρούμεθα] Our limits are fixed by our own capacity and by that of those whom we address.
8. ἐνεώσαμεν...ἀκάνθαις] Jer. iv 3.
10. τὸ πρόσ. τ. γ. ὡμαλίσαμεν] Is. xxviii 25.
12. προστησάμενοι τ. λ.] 'making God the προστάτης, or patron, of the discourse';—a favourite expression of Gr.'s.

τὸν υἱόν, καὶ τὸ πνεῦμα τὸ ἅγιον, περὶ ὧν ὁ λόγος, ὥστε
τὸν μὲν εὐδοκεῖν, τὸν δὲ συνεργεῖν, τὸ δὲ ἐμπνεῖν· μᾶλλον
δὲ μίαν ἐκ τῆς μιᾶς θεότητος γενέσθαι τὴν ἔλλαμψιν
ἑνικῶς διαιρουμένην, καὶ συναπτομένην διαιρέτως, ὃ καὶ
παράδοξον.

2. Ἀνιόντι δέ μοι προθύμως ἐπὶ τὸ ὄρος, ἢ τό γε
ἀληθέστερον εἰπεῖν, προθυμουμένῳ τε ἅμα καὶ ἀγωνιῶντι,
τὸ μὲν διὰ τὴν ἐλπίδα, τὸ δὲ διὰ τὴν ἀσθένειαν, ἵνα τῆς
νεφέλης εἴσω γένωμαι, καὶ θεῷ συγγένωμαι (τοῦτο γὰρ
κελεύει θεός), εἰ μέν τις Ἀαρών, συνανίτω καὶ στηκέτω
πλησίον, κἂν ἔξω μένειν τῆς νεφέλης δέῃ, τοῦτο δεχόμενος.
εἰ δέ τις Ναδάβ, ἢ Ἀβιούδ, ἢ τῆς γερουσίας, ἀνίτω μέν,
ἀλλὰ στηκέτω πόρρωθεν, κατὰ τὴν ἀξίαν τῆς καθάρσεως.
εἰ δέ τις τῶν πολλῶν καὶ ἀναξίων ὕψους τοιούτου καὶ
θεωρίας, εἰ μὲν ἄναγνος πάντῃ, μηδὲ προσίτω, οὐ γὰρ
ἀσφαλές· εἰ δὲ πρόσκαιρα γοῦν ἡγνισμένος, κάτω μενέτω,
καὶ μόνης ἀκουέτω τῆς φωνῆς καὶ τῆς σάλπιγγος, τῶν
ψιλῶν τῆς εὐσεβείας ῥημάτων· καπνιζόμενόν τε τὸ ὄρος
βλεπέτω καὶ καταστραπτόμενον, ἀπειλήν τε ὁμοῦ καὶ
θαῦμα τοῖς ἀνιέναι μὴ δυναμένοις. εἰ δέ τις θηρίον ἐστὶ

3 της μιας] μιας της d   2. 8 ασθενειαν] αληθειαν cd 'Or. 1¹' ‖
15 προσιτω ου γαρ] προσιτετω ουδε γαρ 'Or. 1' ‖ 18 καπνιζομενον τε] και
καπν. c: om τε e ‖ 19 βλεπετω] 'in nonnullis βλεπων'

4. ἑνικῶς διαιρ. κτλ.] 'an illumination which, though one, comes in three different modes, and which, though coming in different modes, is united.'

2. Like Moses, Gr. is called up into the mountain to converse with God. He invites his hearers to join him as far as may be permitted, like Aaron or the elders. 'Beasts' are warned away.

6. ἀνιόντι] Ex. xix 3 foll.

7. ἀγωνιῶντι] 'filled with anxious fear.'

8. ἵνα] depends upon ἀνιόντι. Τῆς νεφέλης Ex. xxiv 18.

10. Ἀαρών] Ex. xix 24.

11. τοῦτο] sc. ἔξω μένειν. Gr. not infrequently uses δέχεσθαι in the sense of 'accepting' a situation, i.e. not rebelling against it.

12. Ναδάβ κτλ.] Ex. xxiv 1.

13. κ. τ. ἀξίαν τ. καθάρσεως] 'according to the degree of his purification.' Cp. Ex. xix 22.

16. πρόσκαιρα γ. ἡγν.] Ex. xix 14, 15.

18. τ. ψιλῶν τ. εὐσ. ῥημάτων] Cp. Deut. iv 12 (Heb. xii 19). They are to hear τὰ ψιλὰ ῥ. as distinguished from attempting to understand the depths of their meaning.

20. θηρίον] Ex. xix 13. Cp. Greg. Moral. vi 27 'bestia montem tangit,

πονηρὸν καὶ ἀνήμερον καὶ ἀνεπίδεκτον πάντη λόγων
θεωρίας καὶ θεολογίας, μὴ ἐμφωλευέτω ταῖς ὕλαις κακούρ-
γως καὶ κακοηθῶς, ἵνα τινὸς λάβηται δόγματος ἢ ῥήματος,
ἀθρόως προσπηδῆσαν, καὶ σπαράξῃ τοὺς ὑγιαίνοντας λόγους
ταῖς ἐπηρείαις, ἀλλ' ἔτι πόρρωθεν στηκέτω, καὶ ἀποχωρείτω
τοῦ ὄρους, ἢ λιθοβοληθήσεται, καὶ συντριβήσεται, καὶ
ἀπολεῖται κακῶς κακός· λίθοι γὰρ τοῖς θηριώδεσιν οἱ
ἀληθεῖς λόγοι καὶ στερροί. εἴτε πάρδαλις εἴη, συναπο-
θνησκέτω τοῖς ποικίλμασιν· εἴτε λέων ἁρπάζων καὶ ὠρυό-
μενος καὶ ζητῶν ἥντινα βρῶσιν ποιήσεται τῶν ἡμετέρων
ψυχῶν ἢ λέξεων· εἴτε σῦς καταπατῶν τοὺς καλούς τε καὶ
διαυγεῖς μαργαρίτας τῆς ἀληθείας· εἴτε λύκος Ἀραβικὸς
καὶ ἀλλόφυλος, ἢ καὶ τούτων ὀξύτερος τοῖς σοφίσμασιν·
εἴτε ἀλώπηξ, δολερά τις ψυχὴ καὶ ἄπιστος, καὶ ἄλλοτε
ἄλλη, τοῖς καιροῖς καὶ ταῖς χρείαις συμμορφουμένη, ἣν
νεκρὰ τρέφει καὶ ὀδωδότα σώματα, ἢ ἀμπελῶνες μικροί,

1 om ανημερον και e ‖ 3 ρηματος η δογματος f ‖ 7 κακος κακως c ‖
10 ποιησεται] -σηται d

cum mens irrationabilibus desideriis subdita ad contemplationis alta se erigit: sed lapidibus percutitur, quia summa non sustinens ipsis superni ponderis ictibus necatur.'

1. ἀνεπίδεκτον π. λόγων θ. κ. θ.] 'altogether incapable of taking in the words of contemplation and theology.'

2. μὴ ἐμφωλευέτω] from φωλεός 'a den'; 'let him not lurk in the woods,' which Gr. imagines to clothe the base of the hill.

4. ἀθρόως] 'all at once'; explained by Suid. = ταχέως: otherwise it would be in accordance with the etymology to understand it of the animal gathering itself up for the spring. Cp. § 21.

ib. τ. ὑγιαιν. λόγους] 1 Tim. vi 3, 2 Tim. i 13.

5. ταῖς ἐπηρείαις] 'abuse'; cp. ἐπηρέαζομεν above i 6.

ib. ἔτι πόρρωθεν] a kind of comparative = πορρωτέρω. Cp. v 5 μικρὸν ἄνωθεν.

8. στερροί] Cp. above i 3.
9. τοῖς ποικίλμασιν] Jer. xiii 23.
ib. λέων...ὠρυόμενος] 1 Pet. v 8.
11. σῦς καταπατῶν] Matt. vii 6.
12. λύκος Ἀραβικός] Hab. i 8 (LXX.); cp. Zeph. iii 3. The words κ. ἀλλόφυλος (i.e. 'or Philistine') seem to be added to emphasize the mystic interpretation of Ἀραβικός.

15. τοῖς καιροῖς κ. τ. χρείαις συμμ.] 'shifting shape according to opportunities and necessities.'

16. ἀμπελῶνες μ.] Cant. ii 15 ἀλώπεκας μικροὺς ἀφανίζοντας ἀμπελῶνας. Gr. joins μικρούς with ἀμπ. instead of ἀλώπ., understanding the sentence to denote the meanness of the 'foxes' (i.e. jackals), which did not venture to attack the large vineyards, and spoiled the small ones instead.

τῶν μεγάλων διαπεφευγότων· εἴτε τι ἄλλο τῶν ὠμοβόρων, καὶ ἀποβλήτων τῷ νόμῳ, καὶ οὐ καθαρῶν εἰς βρῶσίν τε καὶ ἀπόλαυσιν. βούλεται γὰρ τούτων ἀποχωρήσας ὁ λόγος οὕτω πλαξὶ στερραῖς καὶ λιθίναις ἐγγράφεσθαι, καὶ
5 ταύταις ἀμφοτέρωθεν, διά τε τὸ φαινόμενον τοῦ νόμου καὶ τὸ κρυπτόμενον· τὸ μὲν τοῖς πολλοῖς καὶ κάτω μένουσι, τὸ δὲ τοῖς ὀλίγοις καὶ ἄνω φθάνουσιν.

3. Τί τοῦτο ἔπαθον, ὦ φίλοι καὶ μύσται καὶ τῆς ἀληθείας συνερασταί; ἔτρεχον μὲν ὡς θεὸν καταληψό-
10 μενος, καὶ οὕτως ἀνῆλθον ἐπὶ τὸ ὄρος, καὶ τὴν νεφέλην διέσχον, εἴσω γενόμενος ἀπὸ τῆς ὕλης καὶ τῶν ὑλικῶν, καὶ εἰς ἐμαυτὸν ὡς οἷόν τε συστραφείς. ἐπεὶ δὲ προσέβλεψα, μόλις εἶδον θεοῦ τὰ ὀπίσθια· καὶ τοῦτο τῇ πέτρᾳ σκεπασθείς,

3. 8 om μυσται και d ‖ 9 ετρεχον] ειχον ac 'Reg. a tres Colb. Or. 1' ‖ 10 ανηλθον] απηλθον e

1. ὠμοβόρων] = ὠμηστής '*devouring raw flesh*.' The Law does not expressly forbid the eating of such animals on that ground; but it appears to be the reason for the prohibition of most of the birds enumerated in Lev. xi, Deut. xiv.

4. οὕτω] resumes the preceding clause—like *sic demum*; 'not until it has got rid of these.'

ib. πλαξὶ...λιθίναις] Ex. xxiv 12. A somewhat difficult turn in the application of the narrative. Gr., or rather his λόγος as identified with him, has ascended the mountain, with a view to having impressed upon him, or upon it, the teaching of God, as the Commandments were upon the tables of stone. The epithets στερραῖς κ. θ. are intended to convey the thought of something lasting,—no transient impression.

5. ἀμφοτέρωθεν] Ex. xxxii 15. Again a somewhat fantastic application. One side of the tables is seen—one part of the λόγος is understood—by every one; but there is a reverse which only few can read, viz. those who succeed in reaching the mountain top (φθάνουσιν). This use of φθάνειν is familiar in the N. T.

3. *When he has reached the appointed spot, he can only see the 'back parts' of God.*

8. μύσται] Those who are initiated into the mysteries.

9. καταληψόμενος] '*as if I were about to apprehend God.*'

11. διέσχον] '*penetrated*': cf. Hom. *Il.* v 99 ἀντικρὺ δὲ διέσχε. Gr. uses it § 31 of penetrating through the veil of the Tabernacle.

ib. ὕλης] '*matter.*'

12. συστραφείς] '*having gathered myself up*': cp. Plat. *Rep.* 1 p. 336 συστρέψας ἑαυτὸν ὥσπερ θηρίον ἧκεν ἐφ' ἡμᾶς.

13. τὰ ὀπίσθια] Ex. xxxiii 23.

ib. τῇ πέτρᾳ σκεπασθείς] Ex. xxxiii 23 σκ. τῇ χειρί μου. This interpretation of the 'cleft in the rock,' made familiar to Englishmen by Toplady's hymn, is very ancient. Cp. Iren. IV xx 9 'uidebit...in altitudine petrae, hoc est, in eo qui est secundum hominem eius aduentu.' The Incarnation gives an assured

τῷ σαρκωθέντι δι' ἡμᾶς θεῷ Λόγῳ· καὶ μικρὸν διακύψας, οὐ τὴν πρώτην τε καὶ ἀκήρατον φύσιν, καὶ ἑαυτῇ, λέγω δὴ τῇ τριάδι, γινωσκομένην, καὶ ὅση τοῦ πρώτου καταπετάσματος εἴσω μένει καὶ ὑπὸ τῶν χερουβὶμ συγκαλύπτεται, ἀλλ' ὅση τελευταία καὶ εἰς ἡμᾶς φθάνουσα. ἡ δέ ἐστιν, 5 ὅσα ἐμὲ γινώσκειν, ἡ ἐν τοῖς κτίσμασι καὶ τοῖς ὑπ' αὐτοῦ προβεβλημένοις καὶ διοικουμένοις μεγαλειότης, ἥ, ὡς ὁ θεῖος Δαβὶδ ὀνομάζει, μεγαλοπρέπεια. ταῦτα γὰρ θεοῦ τὰ ὀπίσθια, ὅσα μετ' ἐκεῖνον ἐκείνου γνωρίσματα, ὥσπερ αἱ καθ' ὑδάτων ἡλίου σκιαὶ καὶ εἰκόνες ταῖς σαθραῖς ὄψεσι 10

1 om θεω acd ‖ 6 οσα] ως 'Reg. a'

point from which we may observe and study God, without being overwhelmed by the greatness of the revelation. The glories of the Divine Nature are tempered for us, as it were, by the Human Life which encompasses us as we look out from it to the Divine. By the Incarnation, our field of contemplation is at once restricted and made clear.

1. διακύψας] '*peering through the aperture.*' Εἶδον must be supplied again before φύσιν.

2. τὴν πρώτην] In ref. to Ex. xxxiii 20 οὐ δυνήσῃ ἰδεῖν μου τὸ πρόσωπον. Ἀκήρατος practically, if not etymologically, = ἀκέραιος '*pure*,' '*unmixed.*' Cp. Arist. *de Mundo* ii 5 στοιχεῖον ἀκ. τε καὶ θεῖον. Gr. adds λ. δ. τῇ τριάδι lest he should suggest the Sabellian notion of a self-conscious Nature distinct from the Persons in whom it resides.

3. τ. πρώτου καταπ.] i.e. as reckoned from the seat of the Divine Presence, not as in Heb. ix 3 in the order of human approach.

4. ὑ. τ. χερουβὶμ συγκ.] It seems more natural to suppose that Gr. refers to the Cherubim covering the Mercy Seat (Ex. xxv 20 [19]), than to the decoration of the veil (Ex. xxvi 31). Cp. Ezek. xxviii 14, 16, where, however, there is nothing in most texts of the LXX. to represent 'covering.'

5. τελευταία] to recall τὰ ὀπίσθια. Φθάνουσα as above.

ib. ἡ δέ] Gr. does not of course mean to distinguish sharply between the πρώτη and τελευταία φύσις, as if they were separate natures. He means the expressed and unexpressed parts or aspects of the same nature. The danger of misunderstanding is not felt in Greek, where words like πρῶτος, μέσος, and the like, are commonly used in a partitive sense; e.g. ὁ πρῶτος ποῦς 'the front of the foot.'

6. ὅσα ἐμὲ γινώσκειν] sc. πάρεστι.

ib. ὑπ' αὐτοῦ] sc. τοῦ θεοῦ, to be supplied from θεοῦ τὰ ὀπίσθια above.

8. μεγαλοπρέπεια] used of God nine times in the Pss.; μεγαλειότης is not. Prob. Gr. refers esp. to Ps. viii 2 (1), ciii (civ) 1 (in some texts), cx (cxi) 3, or cxliv (cxlv) 5, 12, where the word is used in connexion with God's *works*. Gr. prefers the word because it expresses not the abstract quality, like μεγαλειότης, but the impression produced by its manifestation.

9. ὅσα μετ' ἐκεῖνον ἐκ. γνωρ.] '*all the indications of Himself which He has left behind Him.*' Elias compares Wisd. xiii 5.

10. σαθραῖς ὄψεσι] Cp. i 3.

παραδεικνῦσαι τὸν ἥλιον, ἐπεὶ μὴ αὐτὸν προσβλέπειν οἷόν
τε, τῷ ἀκραιφνεῖ τοῦ φωτὸς νικῶντα τὴν αἴσθησιν. οὕτως
οὖν θεολογήσεις, κἂν ᾖς Μωυσῆς καὶ Φαραὼ θεός, κἂν
μέχρι τρίτου κατὰ τὸν Παῦλον οὐρανοῦ φθάσῃς, καὶ
5 ἀκούσῃς ἄρρητα ῥήματα· κἂν ὑπὲρ ἐκεῖνον γένῃ, ἀγγελικῆς
τινὸς ἢ ἀρχαγγελικῆς στάσεώς τε καὶ τάξεως ἠξιωμένος.
κἂν γὰρ οὐράνιον ἅπαν, κἂν ὑπερουράνιόν τι, καὶ πολὺ τὴν
φύσιν ὑψηλότερον ἡμῶν ᾖ, καὶ ἐγγυτέρω θεοῦ, πλέον
ἀπέχει θεοῦ καὶ τῆς τελείας καταλήψεως, ἢ ὅσον ἡμῶν
10 ὑπεραίρει τοῦ συνθέτου καὶ ταπεινοῦ καὶ κάτω βρίθοντος
κράματος.

4. Ἀρκτέον οὖν οὕτω πάλιν. θεὸν νοῆσαι μὲν
χαλεπόν· φράσαι δὲ ἀδύνατον, ὥς τις τῶν παρ' Ἕλλησι
θεολόγων ἐφιλοσόφησεν,—οὐκ ἀτέχνως ἐμοὶ δοκεῖν, ἵνα καὶ
15 κατειληφέναι δόξῃ τῷ χαλεπὸν εἰπεῖν, καὶ διαφύγῃ τῷ
ἀνεκφράστῳ τὸν ἔλεγχον. ἀλλὰ φράσαι μὲν ἀδύνατον, ὡς
ὁ ἐμὸς λόγος, νοῆσαι δὲ ἀδυνατώτερον. τὸ μὲν γὰρ νοηθὲν

1 προσβλεπειν] βλεπειν 'Reg. a' ‖ 3 Φαραω] του Φ. bdef ‖ 4 ουρανου κατα τον Παυλον bef ‖ 5 εκεινον] -νους bef ‖ 6 om ηξιωμενος ac ‖ 7 καν γαρ] om γαρ a ‖ om τι e ‖ 8 om ημων d ‖ η και] ᾖ om και f 4. 14 ινα και] ινα το b ‖ 15 τω χαλεπον] το χαλ. bd: τω suprascr. c ‖ 16 om μεν c

2. ἀκραιφνεῖ]=ἀκεραίῳ 'unmitigated,' 'untempered.'
3. Φαραὼ θεός] Ex. vii 1.
4. κατὰ τὸν Παῦλον] 2 Cor. xii 2. Φθάσῃς as above.
10. ὑπεραίρει] used intransitively from Aristotle downwards.
ib. κάτω βρίθοντος κρ.] Wisd. ix 15. For κράματος see i 7.
4. *To form an adequate conception of God is even more impossible than to express it when formed. It is doubtful whether even angels can do it.*
12. ἀρκτέον] from ἄρχεσθαι: 'we must begin again.' The hopes with which he had begun at first (ὡς θεὸν καταληψόμενος) have proved fallacious.
13. ὥς τις τῶν παρ'Ἕ. θεολόγων]

The reference appears to be to Plato *Timaeus* 28 E τὸν μὲν οὖν ποιητὴν καὶ πατέρα τοῦ παντὸς εὑρεῖν τὸ ἔργον, καὶ εὑρόντα εἰς πάντας ἀδύνατον λέγειν. No approval is conveyed by the expression θεολόγων τις. Cp. v 16.
14. οὐκ ἀτέχνως] Plato thus artfully insinuates, in Gr.'s opinion, that he has himself apprehended what he says is so difficult to apprehend, and at the same time escapes exposure by saying that it is inexpressible (τῷ ἀνεκφρ.).
17. ἀδυνατώτερον] because if only the conception could be formed, expression would be comparatively easy. Cp. Novatian *de Trin.* § 4 nomen Dei edici non potest, quoniam non potest nec concipi.

τάχα ἂν λόγος δηλώσειεν, εἰ καὶ μὴ μετρίως, ἀλλ' ἀμυδρῶς γε, τῷ μὴ πάντη τὰ ὦτα διεφθαρμένῳ καὶ νωθρῷ τὴν διάνοιαν. τὸ δὲ τοσοῦτον πρᾶγμα τῇ διανοίᾳ περιλαβεῖν πάντως ἀδύνατον καὶ ἀμήχανον, μὴ ὅτι τοῖς καταβεβλακευμένοις καὶ κάτω νεύουσιν, ἀλλὰ καὶ τοῖς λίαν ὑψηλοῖς τε καὶ φιλοθέοις, καὶ ὁμοίως πάσῃ γεννητῇ φύσει, καὶ οἷς ὁ ζόφος οὗτος ἐπιπροσθεῖ καὶ τὸ παχὺ τοῦτο σαρκίον πρὸς τὴν τοῦ ἀληθοῦς κατανόησιν. οὐκ οἶδα δέ, εἰ μὴ καὶ ταῖς ἀνωτέρω καὶ νοεραῖς φύσεσιν, αἳ διὰ τὸ πλησίον εἶναι θεοῦ, καὶ ὅλῳ τῷ φωτὶ καταλάμπεσθαι, τυχὸν ἂν καὶ τρανοῖντο, εἰ καὶ μὴ πάντῃ, ἀλλ' ἡμῶν γε τελεώτερόν τε καὶ ἐκτυπώτερον, καὶ ἄλλων ἄλλαι πλεῖον ἢ ἔλαττον, κατὰ τὴν ἀναλογίαν τῆς τάξεως.

5. Τοῦτο μὲν οὖν ἐνταῦθα κείσθω· τὸ δὲ ἡμέτερον,

1 ταχα αν] + και e ‖ 4 καταβεβλακευμενοις] κατεβλ. acf 'duo Colb. Or. 1' 6 γεννητῇ] γενητη abc ‖ 11 om τε c

1. εἰ καὶ μὴ μ., ἀλλ' ἀμ. γε] μετρίως is here a word of approbation, '*if not satisfactorily, yet dimly at any rate.*'

4. μὴ ὅτι] 'not to speak of,' cp. § 11. Καταβεβλ. from βλάξ, which is thought to be a collateral form of μαλακός, '*slack*,' '*enfeebled*,' '*enervated*.'

6. γεννητῇ] not = γενητῇ '*created*,' for Gr. goes on to speak of the higher created intelligences as a separate class afterwards; but strictly '*begotten*' or '*born*,' i.e. existing under physical conditions, the effect of which is described in the following clause.

7. ἐπιπροσθεῖ] The verb is formed from the adv. ἐπίπροσθεν: '*to be in front of*,' so '*get in the way of*.' Wyttenbach collects many instances of its use in his note on Plut. *de Recta Aud. Ratione* p. 41 C.

ib. σαρκίον] the diminutive expresses depreciation.

8. πρός] '*in reference to*,' '*when it comes to a matter of*.'

ib. οὐκ οἶδα δέ, εἰ μή] of course indicates Gr.'s opinion that it is impossible. This was the general opinion. Cp. Chrys. *Hom. de Incomprehensibili* iii 1 τὸν ἀνεξιχνίαστον ἀγγέλοις, τὸν ἀνεξερεύνητον ἀρχαγγέλοις, τὸν ἀθέατον τοῖς σεραφίμ, τὸν ἀκατανόητον τοῖς χερουβίμ, τὸν ἀόρατον ἀρχαῖς καὶ ἐξουσίαις καὶ δυνάμεσι καὶ ἁπλῶς πάσῃ τῇ κτίσει.

10. τυχὸν ἂν καὶ τρανοῖντο] Τρανόω, a favourite word of Gr.'s, usually = '*to make plain*' (e.g. § 20). But as τρανός is sometimes used in the more active sense of '*clear*,' i.e. of penetrating intelligence (e.g. Wisd. vii 22), it seems best to understand τρανοῖντο here in that way, 'gifted with insight and intelligence.'

12. ἐκτυπώτερον] 'more expressly,' 'distinctly.'

5. *The works of God are beyond our present comprehension, much more Himself; we can only affirm for certain that He exists.*

14. κείσθω] '*be dropped*.' He does not wish to pursue the question with regard to the superior intelligences: τὸ δὲ ἡμ. '*but as concerning us*.'

οὐχ ἡ εἰρήνη τοῦ θεοῦ μόνον ὑπερέχει πάντα νοῦν καὶ κατάληψιν, οὐδὲ ὅσα τοῖς δικαίοις ἐστὶν ἐν ἐπαγγελίαις ἀποκείμενα, τὰ μήτε ὀφθαλμοῖς ὁρατά, μήτε ὠσὶν ἀκουστά, μήτε διανοίᾳ θεωρητά, κατὰ μικρὸν γοῦν, οὐδὲ ἡ τῆς κτίσεως ἀκριβὴς κατανόησις· καὶ γὰρ καὶ ταύτης πείσθητι τὰς σκιὰς ἔχειν μόνον, ὅταν ἀκούσῃς· "Ὄψομαι τοὺς οὐρανούς, ἔργα τῶν δακτύλων σου, σελήνην καὶ ἀστέρας, καὶ τὸν ἐν αὐτοῖς πάγιον λόγον· ὡς οὐχὶ νῦν ὁρῶν, ὀψόμενος δὲ ἔστιν ὅτε· ἀλλὰ πολὺ πρὸ τούτων ἡ ὑπὲρ ταῦτα, καὶ ἐξ ἧς ταῦτα, φύσις ἄληπτός τε καὶ ἀπερίληπτος· λέγω δέ, οὐχ ὅτι ἔστιν, ἀλλ' ἥτις ἐστίν. οὐ γὰρ κενὸν τὸ κήρυγμα ἡμῶν, οὐδὲ ματαία ἡ πίστις ἡμῶν, οὐδὲ τοῦτό ἐστιν ὃ δογματίζομεν· μὴ πάλιν τὴν εὐγνωμοσύνην ἡμῶν ἀθείας λάβῃς ἀρχὴν καὶ συκοφαντίας, καὶ κατεπαρθῇς ὡς ὁμολο-

5. 2 εν επαγγελιαις εστιν d ‖ 8 παγιον] παναγιον e ‖ 10 om ταυτα φυσις ...λεγω δε d

1. ὑπερέχει π. νοῦν] Phil. iv 7.
3. μήτε ὀφθ. ὁρατά κτλ.] 1 Cor. ii 9. Gr. forgets, as most people do, that St Paul adds ἡμῶν γὰρ ἀπεκάλυψεν ὁ θ. διὰ τοῦ πνεύματος.
4. κατὰ μικρὸν γοῦν] Γοῦν corrects, but limits the concession; 'not contemplated by the mind—well, only to a small extent.'
6. τὰς σκιάς] 'the outlines.'
ib. ὄψομαι κτλ.] Ps. viii 4 (3).
8. τ. ἐν αὐτ. πάγιον λόγον] πάγιος from the root of πήγνυμι, 'firm,' 'fixed'; 'the well established order that prevails among them.' The words are a paraphrase of 'which thou hast ordained.'
ib. ὀψόμενος δὲ ἔστιν ὅτε] Gr. calls attention to the fact that the Ps. uses the future, not the present.
9. ἡ ὑπὲρ τ....φύσις] ὑπερέχει πάντα νοῦν. It is a little odd to say, "not only the peace of God, but God Himself, passeth understanding." We might have expected, "If the peace of God passeth understanding, much more God Himself."

10. ἄληπτός τε κ. ἀπερίλ.] 'inapprehensible as it is and incomprehensible.'
11. οὐχ ὅτι ἔστιν, ἀλλ' ἥτις ἐστίν] may be taken either with ἄληπτος κ. ἀπερίληπτος, or with the main verb ὑπερέχει π. νοῦν. Perh. the latter is the more forcible: 'I do not mean that the fact of its existence passes understanding, but the nature of it.'
ib. οὐ γὰρ κενόν κτλ.] 1 Cor. xv 14, 17. The γὰρ implies that it would be 'vain' if we were unable truly to apprehend the fact of God's existence.
13. ὃ δογματίζομεν] 'nor is that the doctrine which I am laying down.'
ib. εὐγνωμοσύνην] Cp. εὐγνώμονος above, i 5. It resembles ἐπιείκεια, 'reasonableness.' Μὴ πάλιν, cp. i 4 μὴ πάλιν ἐπιφυέσθωσαν.
14. κατεπαρθῇς] 'exalt yourself against me.' Cp. Cyr. Al. c. Jul. i p. 6.

γούντων τὴν ἄγνοιαν. πλεῖστον γὰρ διαφέρει τοῦ εἶναί τι πεπεῖσθαι τὸ τί ποτέ ἐστι τοῦτο εἰδέναι.

6. Τοῦ μὲν γὰρ εἶναι θεόν, καὶ τὴν πάντων ποιητικήν τε καὶ συνεκτικὴν αἰτίαν, καὶ ὄψις διδάσκαλος, καὶ ὁ φυσικὸς νόμος· ἡ μὲν τοῖς ὁρωμένοις προσβάλλουσα, καὶ πεπηγόσι καλῶς καὶ ὁδεύουσι, καὶ ἀκινήτως, ἵνα οὕτως εἴπω, κινουμένοις καὶ φερομένοις· ὁ δὲ διὰ τῶν ὁρωμένων καὶ τεταγμένων τὸν ἀρχηγὸν τούτων συλλογιζόμενος. πῶς γὰρ ἂν καὶ ὑπέστη τόδε τὸ πᾶν, ἢ συνέστη, μὴ θεοῦ τὰ πάντα καὶ οὐσιώσαντος καὶ συνέχοντος; οὐδὲ γὰρ κιθάραν τις ὁρῶν κάλλιστα ἠσκημένην καὶ τὴν ταύτης εὐαρμοστίαν καὶ εὐταξίαν, ἢ τῆς κιθαρῳδίας αὐτῆς ἀκούων, ἄλλο τι ἢ τὸν τῆς κιθάρας δημιουργὸν καὶ τὸν κιθαρῳδὸν ἐννοήσει, καὶ πρὸς αὐτὸν ἀναδραμεῖται τῇ διανοίᾳ, κἂν ἀγνοῶν τύχῃ ταῖς ὄψεσιν. οὕτω καὶ ἡμῖν τὸ ποιητικὸν

6. 4 αιτιαν] ουσιαν f || 6 οδευουσι] -σα e

6. *Of His existence the order of nature assures us. We are forced to think of a Creator when we look upon Creation, as the sight of a lyre makes us think of the lyre-maker. But beyond that, we have no certainty.*

4. συνεκτικήν] from συνέχειν, 'to maintain in harmony': cp. Col. i 17 τὰ πάντα ἐν αὐτῷ συνέστηκεν. So Xen. *Cyrop.* 8 p. 140 [οἱ θεοὶ] τὴν τῶν ὅλων τήνδε τάξιν συνέχουσιν ἀτριβῆ. For the construction, τὴν π. π. αἰτίαν is strictly (with θεόν) the subject of εἶναι. The def. art. is used in the same way as in participial sentences like εἰσὶν...οἱ τ. ἀκ. προσκνώμενοι (above, p. 1); where our idiom rather puts 'a' than 'the'; 'that there is a God and a creative cause.'

5. ὁ φυσικὸς νόμος] Gr. does not here mean 'natural law' in our modern sense, although such an use might readily be paralleled. The explanatory clause below shews that he does not mean 'the law which we observe in the natural order around us,' but the natural consequence upon ourselves of the observations which we make. Cp. below ταῖς φυσικαῖς ἀποδείξεσιν.

ib. προσβάλλουσα] '*lighting upon.*'

6. κ. πεπηγόσι] πέπηγα (from πήγνυμι) has the intrans. sense, '*to be fixed.*' Κ. πεπ. κ. ὁδ. κ. κιν. κ. φερ. are predicates of τοῖς ὁρ.; 'seeing them fixed' etc.

8. συλλογιζόμενος] When we see the order in nature the natural result upon ourselves is to infer the existence of an ἀρχηγός i.e. '*author.*'

10. οὐσιώσαντος] οὐσιόω = 'to give οὐσία,' 'bring into being.'

11. κιθάραν...κάλλιστα ἠσκημένην] Cp. Paley's famous argument about the watch. Ἀσκεῖν like ἐξασκεῖν, = *exornare*; see Hom. *Od.* i 439: '*beautifully and elaborately made.*'

15. ταῖς ὄψεσιν] contrasted with τῇ διανοίᾳ: '*he will pass* (ἀναδ. because higher up, further back, in the order of thought or causation) *to him in thought, although he may*

δῆλον, καὶ τὸ κινοῦν καὶ τηροῦν τὰ πεποιημένα, κἂν μὴ διανοίᾳ περιλαμβάνηται· καὶ λίαν ἀγνώμων ὁ μὴ μέχρι τούτων προιὼν ἑκουσίως καὶ ταῖς φυσικαῖς ἑπόμενος ἀποδείξεσιν. ἀλλ᾽ οὐδὲ τοῦτο εἶναι θεόν, ὅπερ ἐφαντάσθημεν,
5 ἢ ἀνετυπωσάμεθα, ἢ λόγος ὑπέγραψεν. εἰ δέ τις ἐν περινοίᾳ τούτου ποτὲ κἂν ἐπὶ ποσὸν ἐγένετο, τίς ἡ ἀπόδειξις; τίς οὕτως εἰς ἔσχατον σοφίας ἀφίκετο; τίς τοσούτου χαρίσματος ἠξιώθη ποτέ; τίς οὕτω τὸ στόμα τῆς διανοίας

6 om ποτε 'Or. 1'

not be acquainted with him by sight.' The unusual pl. ταῖς ὄψ. might mean either 'by his (the player's) looks,' or 'by his (the hearer's) sight.' The latter makes the best parallel to διαν.; it is also used in this sense by Herodian 6 (9, 10) ὡς ἐν ὄψεσιν ἦν 'when he came in sight.'

1. τὸ ποιητ. δῆλον] 'the creating power is plain.'

2. ἀγνώμων] here 'unreasonable,' 'deficient in sense.'

3. κ. ταῖς φ. ἐπ. ἀποδ.] The καὶ joins ἑπόμενος to ἑκουσίως, not to προιών.

4. ἀλλ᾽ οὐδὲ τοῦτο] a very difficult passage. The usual interpretation makes ἀλλὰ answer to the μὴ in μὴ προιών, 'who will not go as far as this, but (says) that not even this, which we have imagined, is God.' But it is harsh to supply the necessary φάσκων or ὁμολογῶν in order to make the clause grammatical; and a comparison with the sentence in § 12, where Gr. resumes his thread after a long digression, seems to shew that we must assign an entirely different meaning to the present sentence,—and one which will accord better with grammatical requirements. In § 12 Gr. says that the proposition from which he had started was τὸ μὴ ληπτὸν εἶναι ἀνθρωπίνῃ διανοίᾳ τὸ θεῖον, μηδὲ ὅλον ὅσον ἐστὶ φαντάζεσθαι. Here, accordingly, we must suppose, that it is Gr. himself, and not the λίαν ἀγνώμων, who denies εἶναι θεὸν ὅπερ ἐφαντ. It is, he says, very unreasonable not to accept the natural proofs of God's existence, and in following them we are compelled to form certain great outlines of a conception of God (e.g. creative power, rational method, etc.), which we cannot doubt to be correct. But even this is not the same thing as to identify (εἶναι ὅπερ) God with what we have imagined, or figured to ourselves, or what our reason has delineated. Τοῦτο is the subject of ἐστὶν understood, of which εἶναι θ. κτλ. is the predicate. While we have ἀποδείξεις for the one belief, we have none for the other.

5. ὑπέγραψεν] Cp. 1 Pet. ii 21 ὑπογραμμόν 'a sketch,' 'outline.'

6. ἐν περινοίᾳ τ....ἐγένετο] Gr. uses the same expression in Or. xlv § 11: οὐ γὰρ οἷόν τε ἄλλως ἐν περινοίᾳ θεοῦ γενέσθαι σώματος ὑλικοῦ καὶ δεσμίου νοῦ πάχος μὴ βοηθούμενον. The rare word περίνοια appears to denote an embracing in thought, a mental taking in of the subject. Τούτου sc. θεοῦ 'If ever anyone in any degree has attained to an understanding of Him, what proof is there of the fact?'

8. τὸ στόμα...πνεῦμα] Ps. cxviii (cxix) 131. The ἵνα almost=ὥστε, following as it does upon the οὕτως and the τοσούτου.

ἤνοιξε καὶ εἵλκυσε πνεῦμα, ἵνα τῷ τὰ πάντα ἐρευνῶντι
καὶ γινώσκοντι καὶ τὰ βάθη τοῦ θεοῦ πνεύματι θεὸν
καταλάβῃ, καὶ μηκέτι τοῦ πρόσω δέηται, τὸ ἔσχατον
ὀρεκτὸν ἔχων ἤδη, καὶ εἰς ὃ πᾶσα σπεύδει καὶ πολιτεία
τοῦ ὑψηλοῦ καὶ διάνοια; 5

7. Τί γάρ ποτε ὑπολήψῃ τὸ θεῖον, εἴπερ ὅλαις ταῖς
λογικαῖς πιστεύεις ἐφόδοις; ἢ πρὸς τί σε ὁ λόγος ἀνάξει
βασανιζόμενος, ὦ φιλοσοφώτατε σὺ καὶ θεολογικώτατε
καὶ καυχώμενε εἰς τὰ ἄμετρα; πότερον σῶμα; καὶ πῶς
τὸ ἄπειρον, καὶ ἀόριστον, καὶ ἀσχημάτιστον, καὶ ἀναφές, 10
καὶ ἀόρατον; ἢ καὶ ταῦτα σώματα; τῆς ἐξουσίας· οὐ
γὰρ αὕτη φύσις σωμάτων. ἢ σῶμα μέν, οὐχὶ ταῦτα δέ;
τῆς παχύτητος· ἵνα μηδὲν πλέον ἡμῶν ἔχῃ τὸ θεῖον.
πῶς γὰρ σεπτόν, εἰ περιγραπτόν; ἢ πῶς φεύξεται τὸ ἐκ
στοιχείων συγκεῖσθαι καὶ εἰς αὐτὰ πάλιν ἀναλύεσθαι, ἢ 15

4 ορεκτον] -των e **7.** 6 ολαις] ολως abde 'Coisl. 3 Or. 1' ‖ 7 εφοδοις] 'Coisl. 1 ορμαις' (perperam) ‖ 11 σωματα]+ω f ‖ 12 αυτη] αὐτή ut vid cef ‖ ταυτα δε]+ω f ‖ 15 om η cdef

1. τῷ τ. π. ἐρευνῶντι κτλ.] 1 Cor. ii 10.
3. τοῦ πρόσω] '*no longer needs to advance.*'
ib. τὸ ἔσχ. ὀρεκτόν] '*the ultimate object of desire.*' The phrase comes originally from Arist. *Metaph.* xii 7.
4. πολιτεία τ. ὑψηλοῦ] '*all a high-minded man's life.*'
7. *To begin with, God cannot be corporeal; which would involve being dissoluble.*
6. ὅλαις τ. λογ....ἐφόδοις] The reading ὅλως ('*if you rely at all*') would not make so strong an argument against Eunomian self-confidence. Ἔφοδος practically = '*method.*'
8. βασανιζόμενος] a logical parallel to ὅλαις;—'*however much you rack it.*'
9. καυχ. εἰς τὰ ἄμετρα] '*boasting of your command of the infinite.*'
ib. σῶμα] of course, a very unlikely alternative for the Eunomians to choose; and it must be admitted that Gr. somewhat begs the question, as against them, in the next clause.
ib. καὶ πῶς] sc. σῶμά ἐστιν (or ἂν εἴη).
11. ἢ καὶ ταῦτα σ.] '*Are bodies to be so described?*'
ib. τ. ἐξουσίας] '*a stretch of power,*' to confer such properties upon a body!
12. σῶμα μέν, οὐχὶ τ. δέ] 'Will you make Him a body and drop these attributes?' This Gr. characterizes as '*gross.*' For παχύτητος cp. § 4 τὸ παχὺ τοῦτο σαρκίον.
13. ἵνα...ἔχῃ] a good example of that not 'final' use of ἵνα which is familiar in the N.T.
14. σεπτόν] from σέβεσθαι. '*an object of devotion.*' Gr. does not mean that the fact of being περιγραπτόν would by itself preclude being σεπτόν, but that all that is connoted by περιγραπτόν would.

καὶ ὅλως λύεσθαι; σύνθεσις γὰρ ἀρχὴ μάχης· μάχη δὲ
διαστάσεως· ἡ δὲ λύσεως· λύσις δὲ ἀλλότριον πάντῃ
θεοῦ καὶ τῆς πρώτης φύσεως. οὐκ οὖν διάστασις, ἵνα μὴ
λύσις· οὐδὲ μάχη, ἵνα μὴ διάστασις· οὐδὲ σύνθεσις, ἵνα
5 μὴ μάχη· διὰ τοῦτο οὐδὲ σῶμα, ἵνα μὴ σύνθεσις. ἐκ τῶν
τελευταίων ἐπὶ τὰ πρῶτα ὁ λόγος ἀνιὼν οὕτως ἵσταται.

8. Πῶς δὲ καὶ σωθήσεται τὸ διὰ πάντων διήκειν καὶ
πληροῦν τὰ πάντα θεόν, κατὰ τό· Οὐχὶ τὸν οὐρανὸν καὶ
τὴν γῆν ἐγὼ πληρῶ; λέγει κύριος, καί· Πνεῦμα κυρίου
10 πεπλήρωκε τὴν οἰκουμένην, εἰ τὸ μὲν περιγράφοι, τὸ δὲ
περιγράφοιτο; ἢ γὰρ διὰ κενοῦ χωρήσει τοῦ παντός, καὶ
τὰ πάντα οἰχήσεται ἡμῖν, ἵν' ὑβρισθῇ θεός, καὶ σῶμα
γενόμενος, καὶ οὐκ ἔχων ὅσα πεποίηκεν· ἢ σῶμα ἐν
σώμασιν ἔσται, ὅπερ ἀδύνατον· ἢ πλακήσεται καὶ ἀντι-

8. 10 περιγράφοι] -φει 'Reg. a': μη περιγράφοιτο e ǁ 13 om εχων e ǁ
14 και] η e

1. λύεσθαι] treated as something further than ἀναλ. The component elements might conceivably be separated and yet something remain; but λ. would be the complete break up of the whole thing.
   ib. σύνθεσις] The blending of different elements introduces a possibility of conflict, and so of division, and so of destruction; which is unthinkable in connexion with Him who, if He exists at all, must be the πρώτη φύσις, or primary existence, into which no earlier existence enters. Elias observes that the 'Platonic' form of the argument is particularly applicable to the heretical dialecticians whom Gr. has in view.
   5. ἐκ τῶν τελ.] In other words, the contention that God is not 'a body' is proved by a reductio ad absurdum.
   8. *Besides, if God were corporeal, His corporeity must involve either the denial of all other corporeities, or His interpenetration with them. Even on the supposition of a 'fifth element' which might be identified with His*

corporeity, He would be made subject to motion and to space.
   8. τὸ Οὐχί] Jer. xxiii 24.
   9. πνεῦμα κ.] Wisd. i. 7. The book is treated as authoritative.
   10. τὸ μὲν...τὸ δέ] It seems logically best, if grammatically less obvious, to take τὸ μέν as the direct acc. after περιγράφοι and τὸ δέ as the indirect acc. after περιγράφοιτο; 'if God should circumscribe one thing and be circumscribed with another.' This, it is assumed, must be the case if God were 'a body.'
   11. ἢ γάρ] as often, 'for *otherwise* either' etc.
   ib. διὰ κενοῦ...τ. παντός] 'the universe which He pervades must be empty.'
   12. ἵν' ὑβρισθῇ] an answer to the implied rhetorical question, 'And *why* must everything perish?' 'In order that God may be doubly outraged, by being made a body, and by being deprived of all that He has created.'
   14. ἀδύνατον] because 'bodies' are mutually exclusive.

παρατεθήσεται, ὥσπερ ὅσα τῶν ὑγρῶν μίγνυται, καὶ τὸ μὲν τέμνει, ὑπὸ δὲ τοῦ τμηθήσεται, ὃ καὶ τῶν Ἐπικουρείων ἀτόμων ἀτοπώτερόν τε καὶ γραωδέστερον· καὶ οὕτω διαπεσεῖται ἡμῖν, καὶ σῶμα οὐχ ἕξει, οὐδὲ πῆξίν τινα, ὁ περὶ τοῦ σώματος λόγος. εἰ δὲ ἄυλον φήσομεν, εἰ μὲν τὸ πέμπτον, ὥς τισιν ἔδοξε, καὶ τὴν κύκλῳ φορὰν φερόμενον, ἔστω μὲν ἄυλόν τι καὶ πέμπτον σῶμα, εἰ βούλονται δέ, καὶ ἀσώματον, κατὰ τὴν αὐτόνομον αὐτῶν τοῦ λόγου φορὰν καὶ ἀνάπλασιν· οὐδὲν γὰρ νῦν περὶ τούτου διοίσομαι.

2 τεμνει] τεμει c ‖ 3 γραωδεστερον]+ως οι περι ταυτα εσχολακοτες εληρησαν bde El ‖ 9 διοισομαι]-μεν 'Reg. a'

ib. πλακήσεται κτλ.] πλακ. from πλέκω 'to weave,' so 'entangle,' 'involve.' It is a somewhat strange use of the simple verb; but Gr. has elsewhere θεῷ πλακῆναι καὶ θεὸν γενέσθαι ἐκ τῆς μίξεως. Ἀντιπ. 'bring into juxtaposition.' What Gr. understands by the two words is explained by the comparison with mixing liquids.

1. τὸ μὲν τέμνει] sc. ὁ θεός; the fut. τμηθ. shews that Gr. is no longer thinking of the liquids, though no doubt it was the comparison with them which caused the pres. τέμνει. The supposed interpenetration of the σῶμα of God with other σώματα necessitates constant breaches of continuity in both.

2. Ἐπικ. ἀτόμων] Cp. p. 19, above.

3. γραωδέστερον] Cp. 1 Tim. iv 7. The words which follow in some authorities must be an ancient gloss. If they belonged to the text at all, they must needs come in after τμηθήσεται, where (apparently) no MS. places them.

ib. διαπεσεῖται] 'fall through,' 'come to nothing'; Plat. Phaed. 80C. The subject of διαπ. is ὁ π. τ. σ. λόγος.

4. σῶμα οὐχ ἕξει] It is difficult in English to keep up the play on the word σῶμα. Gr. means of course that the argument for a corporeal existence of God proves unsubstantial: it has no πῆξιν, 'solidity' (cp. πάγιος λόγος in § 5).

5. εἰ δὲ ἄυλον] ἀ priv. and ὕλη. The protasis is broken up into εἰ μὲν τὸ πέμπτον and εἰ δὲ ἄλλο τι παρὰ τὸ πέμπτον. Then the first apodosis is broken up likewise into ἔστω μέν and κατὰ τί δέ.

ib. τὸ πέμπτον] The reference is to the Aristotelian conception of a "quintessence," or fifth "element," besides earth, air, fire and water. Cp. Bas. Hex. i 11.

7. ἔστω μέν] Gr. is willing to assume for the moment that there is such a thing as the imagined quintessence: οὐδὲν νῦν διοίσομαι, 'I will not now differ.'

8. κατὰ τὴν αὐτόνομον κτλ.] Almost each word here requires annotation. Λόγος is 'the word σῶμα,' or perhaps ἀσώματον σῶμα Φορὰν at first sight seems to refer to τὴν κύκλῳ φ. just above; but there is prob. no such play upon the word intended. Gr. seems to employ it in the sense of 'usage.' Although no other example of the subst. in that sense is at hand, the verb is not infrequently so used. Gr. has διὰ γλώσσης φέρειν 'to speak often of.' Ἀναπλάττειν and its derivatives are frequent in Gr. Sometimes the prep.

κατὰ τί δὲ τῶν κινουμένων ἔσται καὶ φερομένων, ἵνα μὴ λέγω τὴν ὕβριν, εἰ τὰ αὐτὰ τοῖς πεποιημένοις ὁ πεποιηκὼς κινηθήσεται, καὶ τοῖς φερομένοις ὁ φέρων, εἴ γε καὶ τοῦτο δώσουσι; τί δὲ τὸ τοῦτο πάλιν κινοῦν; τί δὲ τὸ τὸ πᾶν
5 κινοῦν; κἀκεῖνο τί; καὶ τί πάλιν ἐκεῖνο; καὶ τοῦτο εἰς ἄπειρον. πῶς δὲ οὐκ ἐν τόπῳ πάντως, εἴ γε φερόμενον; εἰ δὲ ἄλλο τι παρὰ τὸ πέμπτον φήσουσιν, εἰ μὲν ἀγγελικόν, πόθεν ὅτι ἄγγελοι σώματα, καὶ τίνα ταῦτα; καὶ πόσον ὑπὲρ ἄγγελον εἴη θεός, οὗ λειτουργὸς ἄγγελος; εἰ δὲ
10 ὑπὲρ ταῦτα, πάλιν εἰσήχθη σωμάτων ἑσμὸς ἀλόγιστος, καὶ φλυαρίας βυθός, οὐδαμοῦ στῆναι δυνάμενος.

3 και τουτο om και e ‖ 4 το το παν] τουτο το παν b: το παν aef ‖ 8 οι αγγελοι 'Reg. a' ‖ ποσον]+αν e 'duo Colb. Or. 1'

has its full force, '*re-construction*,' '*fashioning afresh*,' as for ex. in baptism; sometimes it is simply '*to fashion*,' '*imagine*.' Thus he speaks of matter (ὕλην) as ὑποστᾶσαν ἐξ οὐκ ὄντων, κἄν τινες ἀγέννητον ἀναπλάττωσιν. So here he seems to mean the 'shaping' which the Aristotelians put upon the word, with a slight suggestion of its being a factitious and not the legitimate construction. This is further expressed by calling it αὐτόνομον, '*their independent*,' i.e. arbitrary, '*use and construction of the word*.'

1. κατὰ τί] Gr. seems to mean '*in what respect*,' i.e. 'by virtue of what part of its being, will this πέμπτον, which is identified with the σῶμα of God, take its place among the things which move and revolve?' It is, however, he says, a ὕβρις, a wanton affront, to assign such a place to God at all, whatever may be the answer to his question.

4. δώσουσι] 'will grant': τοῦτο, sc. that God is ὁ φέρων.

ib. τί δὲ τὸ τοῦτο π. κινοῦν] τοῦτο =τὸ πέμπτον: it (viz. God) moves other things, and itself moves with them; what then moves *it*? The τὸ πᾶν which follows will then include the thing which sets τὸ πέμπτον in motion.

6. ἐν τόπῳ] Motion is a change of space-relations, and therefore implies a local position.

7. εἰ δὲ ἄλλο τι] The other alternative (viz. that the σῶμα of God is not the πέμπτον) is again confronted with a dilemma; εἰ μὲν ἀγγελ., εἰ δὲ ὑπὲρ ταῦτα.

8. πόθεν ὅτι] '*whence* comes the belief *that*,' 'how do they know that?'

ib. πόσον...εἴη] In better Greek there would of course be an ἄν: '*how far would God excel an angel?*'

10. εἰσήχθη] The aor. gives a liveliness to the argument: the logical consequences are represented as having taken actual effect; as in i 2.

ib. ἑσμός] '*a swarm*,' said to be derived from ἵημι. Ἀλόγιστος = '*innumerable*,' though its possible sense of 'irrational' may perh. have suggested to Gr. the 'abyss of nonsense' which follows. Στῆναι, '*to stop*.' It is not clear why the notion that God's (supposed) σῶμα is superior to angelic bodies should 'again introduce a countless swarm of bodies.' Perhaps by πάλιν ✦Gr. only means that this notion is in that respect no

9. Οὕτω μὲν οὖν οὐ σῶμα ἡμῖν ὁ θεός. οὐδὲ γὰρ ἤδη τις τοῦτο τῶν θεοπνεύστων ἢ εἶπεν ἢ παρεδέξατο, οὐδὲ τῆς ἡμετέρας αὐλῆς ὁ λόγος. λείπεται δὴ ἀσώματον ὑπολαμβάνειν. ἀλλ' εἰ ἀσώματον, οὔπω μὲν οὐδὲ τοῦτο τῆς οὐσίας παραστατικόν τε καὶ περιεκτικόν, ὥσπερ οὐδὲ τὸ ἀγέννητον, καὶ τὸ ἄναρχον, καὶ τὸ ἀναλλοίωτον, καὶ τὸ ἄφθαρτον, καὶ ὅσα περὶ θεοῦ ἢ περὶ θεὸν εἶναι λέγεται. τί γὰρ ὄντι αὐτῷ κατὰ τὴν φύσιν καὶ τὴν ὑπόστασιν ὑπάρχει τὸ μὴ ἀρχὴν ἔχειν, μηδὲ ἐξίστασθαι, μηδὲ περατοῦσθαι; ἀλλ' ὅλον τὸ εἶναι περιλαμβάνειν λείπεται προσφιλοσοφεῖν τε καὶ προσεξετάζειν τῷ γε νοῦν θεοῦ ἀληθῶς ἔχοντι καὶ τελεωτέρῳ τὴν θεωρίαν. ὡς γὰρ οὐκ ἀρκεῖ τὸ σῶμα εἰπεῖν, ἢ τὸ γεγεννῆσθαι, πρὸς τὸ καὶ τό, περὶ ὃ ταῦτα, παραστῆσαί τε καὶ δηλῶσαι, ἀλλὰ δεῖ καὶ

9. 1 om ουν ac ‖ 3 δη] δε e ‖ 5 περιεκτικον] 'deest in nonnullis codd.' ‖ 6 αγεννητον] αγενητον c¹ ‖ 8 οντι] ον e ‖ 11 om θεου f 'Or. 1'

better than the former one, because it also implies that the angels have bodies. Otherwise he must mean that the supposition of a body far superior to angelic bodies leaves room for the invention of swarms of intermediate bodies between the angelic bodies and it.

9. *We thus reach a negative truth about God, but a negative truth gives us no positive information.*

2. τ. θεοπνεύστων] i.e. it is nowhere taught in the Bible. It is, as Elias says, a heathen and esp. a Stoic speculation.

3. τῆς ἡμ. αὐλῆς] *'does not belong to our fold.'*

5. παραστ. τε κ. περιεκτ.] The confession that He is incorporeal does not amount to a positive statement or description of His being.

7. περὶ θεοῦ ἢ περὶ θεόν] The construction with the acc. is the less direct, and therefore suits better the scrupulous εὐλάβεια of Gr.'s language: *'of God or in connexion with God.'*

8. τί γὰρ ὄντι αὐτῷ] The κατὰ τὴν φ. is to be taken with ὑπάρχει, not with ὄντι. The sense is, 'What substantive element is it in God's being, what light does it throw upon His nature and underlying essence, to say that He has no beginning,' etc.? Ὑπόστασις is used in its older, untechnical sense, not = 'person,' but 'substance,' as in Heb. i 3.

9. ἐξίστασθαι...περατοῦσθαι]'Εξίστ. *'to be moved out of oneself,'* so to change: Plat. *Rep.* 380 D ἐκστῆναι τῆς φύσεως. Περατ. (from πέρας) *'to be limited'*: Arist. *de Mund.* ii 2.

10. ἀλλ' ὅλον τὸ εἶναι] *'Nay, the whole of the divine essence is left* (untouched by these negative statements) *to be conceived of and philosophically treated and examined.'*

13. πρὸς τὸ καὶ τό] *'with regard to this or that object'*: περὶ ὃ ταῦτα, *'to which the description applies.'*

ib. τὸ...παραστῆσαί τε κ. δ.] coupled by ἢ to εἰπεῖν.

τὸ ὑποκείμενον τούτοις εἰπεῖν, εἰ μέλλοι τελείως καὶ
ἀποχρώντως τὸ νοούμενον παραστήσεσθαι· ἢ γὰρ ἄν-
θρωπος ἢ βοῦς ἢ ἵππος τοῦτο τὸ ἐνσώματον καὶ γεννώ-
μενον καὶ φθειρόμενον· οὕτως οὐδὲ ἐκεῖ στήσεται μέχρι
5 τοῦ εἰπεῖν ἃ μή ἐστιν ὁ τὴν τοῦ ὄντος πολυπραγμονῶν
φύσιν, ἀλλὰ δεῖ, πρὸς τῷ εἰπεῖν ἃ μή ἐστι, καὶ ὅ ἐστιν
εἰπεῖν,—ὅσῳ καὶ ῥᾷον ἕν τι περιλαβεῖν, ἢ τὰ πάντα καθ᾽
ἕκαστον ἀπειπεῖν,—ἵνα ἔκ τε τῆς ἀναιρέσεως ὧν οὐκ ἔστι,
καὶ τῆς οὗ ἐστὶ θέσεως, περιληφθῇ τὸ νοούμενον. ὁ δὲ ἃ
10 μὲν οὐκ ἔστι λέγων, σιωπῶν δὲ ὅ ἐστι, ποιεῖ παραπλήσιον,
ὥσπερ ἂν εἰ τὰ πέντε δὶς ὅσα ἐστὶν ἐρωτώμενος ὅτι μὲν
οὐ δύο λέγοι, οὐδὲ τρεῖς, οὐδὲ τέσσαρες, οὐδὲ πέντε, οὐδὲ
εἴκοσιν, οὐδὲ τριάκοντα, οὐδέ τινα, ἵνα συνελὼν εἴπω, τῶν
ἐντὸς δεκάδος ἢ δεκαδικῶν ἀριθμῶν· ὅτι δὲ εἴη δέκα μὴ
15 λέγοι, μηδὲ ἐρείδοι τὸν νοῦν τοῦ ἐρωτῶντος εἰς τὸ ζητού-
μενον. πολλῷ γὰρ ῥᾷον καὶ συντομώτερον ἐκ τοῦ ὅ ἐστιν
ὅσα οὐκ ἔστι δηλῶσαι, ἢ ἐκ τοῦ ἀνελεῖν ἃ μή ἐστιν ὅ ἐστιν
ἐνδείξασθαι.

Ἢ τοῦτο μὲν παντὶ δῆλον. 10. ἐπεὶ δέ ἐστιν

1 μελλοι] -λει 'Reg. a' ‖ 6 προς το ειπ be ‖ 8 om τε a ‖ 11 om αν 'Or.1'
‖ 12 λεγοι] -ει 'Reg. a tres Colb. Or. 1' ut vid ‖ τρεις ουδε τεσσαρες]
τρια ουδε -ρα cde: τρεις ουδε -ρας b ‖ 16 om γαρ d ‖ εστιν]+ειπειν c

2. ἀποχρώντως] 'sufficiently,' 'adequately.'
4. οὐδὲ ἐκεῖ] in the case of incorporeal existences.
ib. μέχρι τοῦ εἰπεῖν] In accordance with the double meaning of all such words, μέχρι has here the *inclusive* sense ('so long as'), not the exclusive ('until'). It is much less common when μ. is used prepositionally, as here. Οὐ στήσεται μέχρι τ. εἰ. '*will not stop short with saying.*' Cp. § 16, 31.
5. πολυπραγμονῶν] 'inquiring.' The word does not necessarily imply censure, esp. in the later Greek. Cyril Jer. uses it of God (*Procat.*

§ 2). The τοῦ ὄντος does not specially refer to God (ὁ ὤν), but quite generally to any existing thing which is under discussion.
8. ἀπειπεῖν] '*to reject*,' '*deny*.'
ib. ἵνα ἔκ τε] depends on δεῖ.
ib. ὧν οὐκ ἔστι] by attraction for τούτων ἃ οὐκ ἔ.; so directly after, τῆς οὗ ἐστὶ θ. for τῆς τούτου ὅ ἐστι.
11. τὰ πέντε δὶς ὅσα ἐ.] '*how many twice five is.*'
13. τῶν ἐντὸς δεκάδος ἢ δ. ἀ.] '*of the numbers below ten or between the multiples of ten.*'
15. ἐρείδοι...εἰς] '*satisfy...with*'; lit. '*plant firmly...upon.*'
19. ἤ] This elliptical and idio-

ἀσώματον ἡμῖν τὸ θεῖον, μικρόν τι προσεξετάσωμεν· πότερον οὐδαμοῦ τοῦτο, ἢ ἔστιν ὅπου; εἰ μὲν γὰρ οὐδαμοῦ, ζητῆσαι τις ἂν τῶν ἄγαν ἐξεταστικῶν, πῶς ἂν καὶ εἴη. εἰ γὰρ τὸ μὴ ὂν οὐδαμοῦ, τὸ μηδαμοῦ τυχὸν οὐδὲ ὄν. εἰ δέ ἐστί που, πάντως ἐπείπερ ἐστὶν ἢ ἐν τῷ παντὶ ἢ ὑπὲρ τὸ πᾶν. ἀλλ' εἰ μὲν ἐν τῷ παντί, ἤ τινι, ἢ πανταχοῦ. καὶ εἰ μὲν ἔν τινι, ὑπ' ἐλάττονος περιγραφήσεται τοῦ τινός, εἰ δὲ πανταχοῦ, ὑπὸ πλείονος καὶ ἄλλου πολλοῦ, λέγω δὲ τὸ περιεχόμενον τοῦ περιέχοντος, εἰ τὸ πᾶν ὑπὸ τοῦ παντὸς μέλλοι περισχεθήσεσθαι, καὶ μηδένα τόπον εἶναι περιγραφῆς ἐλεύθερον. ταῦτα μέν,

10. 3 τις ἀν] om ἀν d ‖ 7 ἢ τινι] ἐν τινι e ‖ 10 μέλλοι] -λει d

matic use of ἤ suggests the alternative, 'deny this if you can; or let us take it as self-evident and pass on.' The μέν is strictly answered by ἐπεὶ δέ, and there ought not to be such a break between them as is indicated by the usual division of chapters.

10. *Gr. makes a digression to enquire how God is related to space.*

2. ἔστιν ὅπου] '*somewhere*,' like ἔστιν ὧν in i 5.

3. πῶς ἂν καὶ εἴη] '*how it can exist at all.*'

5. πάντως ἐπείπερ ἐστὶν ἤ...ἤ] '*it must of course be because it is either ...or.*'

7. ἤ τινι, ἢ πανταχοῦ] '*it must reside either in a section* of the universe, *or extending throughout the whole.*' The passage which follows is characterized by Gr. himself (in § 11) as σκολιὸν καὶ γριφοειδές. Editors, therefore, and translators may be excused if they have made nonsense of it by wrong punctuation and by impossible renderings. The drift, however, is plain enough. Gr. places his opponent in a dilemma. If the Divine Being is located in a section of the universe, it is circumscribed by something relatively small (τοῦ τινός = the supposed section, ἐλάττονος in comparison with τὸ πᾶν); a notion which is manifestly absurd. If on the other hand it is located in the universe at large, yet still (*ex hypothesi*) within the universe, then, though the thing which circumscribes it is relatively great (πλ. καὶ ἄλλου πολλοῦ = 'greater than other great things'), yet none the less it is as much circumscribed as in the former case. This follows from the very statement that τὸ θεῖον is '*in*' the universe, which at once involves the relation of the thing containing to the thing contained (grammatically τὸ περιεχόμενον is in apposition to the subject of περιγραφήσεται, and τοῦ περιέχοντος to ἐλάττονος τοῦ τινός and to πλείονος respectively). To complete the argument, however, it is necessary to postulate (εἰ...μέλλοι) that the universe is not positively infinite but contained within itself if within nothing else, and that as it consists of space-relations it cannot be exempt from the possibility of circumscription. (The grammar of the last clause is apparently irregular, and some word like χρὴ must be supplied from μέλλοι; but it is possible that Gr. intends μέλλοι to stand absolutely and impersonally in both clauses (= '*it is to be a fact*'), making τὸ πᾶν περισχ. acc. and inf., like μ. τόπον εἶναι).

εἰ ἐν τῷ παντί. καὶ ποῦ πρὶν γενέσθαι τὸ πᾶν; οὐδὲ γὰρ
τοῦτο μικρὸν εἰς ἀπορίαν. εἰ δὲ ὑπὲρ τὸ πᾶν, ἆρ' οὐδὲν ἦν
τὸ διορίζον αὐτὸ τοῦ παντός; ποῦ δὲ τὸ ὑπὲρ τοῦτο; καὶ
πῶς ἐνοήθη τὸ ὑπεραῖρον καὶ ὑπεραιρόμενον, οὐκ ὄντος
5 ὅρου τινὸς τοῦ τέμνοντος ταῦτα καὶ διορίζοντος; ἢ χρὴ
πάντως εἶναι τὸ μέσον, καὶ ᾧ περατοῦται τὸ πᾶν καὶ τὸ
ὑπὲρ τὸ πᾶν; καὶ τί ἄλλο τοῦτο ἢ τόπος ἐστίν, ὅνπερ
ἐφύγομεν; καὶ οὔπω λέγω τὸ περιγραπτὸν πάντως εἶναι
τὸ θεῖον, καὶ εἰ διανοίᾳ καταληπτόν· ἐν γὰρ περιγραφῆς
10 εἶδος καὶ ἡ κατάληψις.

11. Τίνος οὖν ἕνεκεν ταῦτα διῆλθον, καὶ περιεργότερον
ἴσως ἢ κατὰ τὰς τῶν πολλῶν ἀκοάς, καὶ κατὰ τὸν νῦν
κεκρατηκότα τύπον τῶν λόγων, ὃς τὸ γενναῖον καὶ ἁπλοῦν
ἀτιμάσας τὸ σκολιὸν καὶ γριφοειδὲς ἐπεισήγαγεν· ὡς ἐκ

2 ει δε] ουδ e ‖ 5 η] ει f ‖ 9 om ει 'Reg. Cypr.'   **11.**   12 και κατα] om κατα b

1. καὶ ποῦ] 'And, still assuming that τὸ θεῖον is located in the universe, *where was it*,' etc.
2. οὐδὲν ἦν τὸ δ.] Gr. turns to the other horn of his first dilemma, and asks, What is there (if τὸ θεῖον is above the universe) to divide between the universe and it? The past tense (ἦν, ἐνοήθη) in the pregnant Greek idiom refers back to the moment when the opponent is supposed to have adopted the conclusion.
3. τὸ ὑπὲρ τοῦτο] i.e. ὑπὲρ τὸ πᾶν.
4. τὸ ὑπεραῖρον κ. ὑ.] ὑπεραίρειν '*to transcend*' (cp. § 3) represents the εἶναι ὑπὲρ τὸ πᾶν. The single art., not repeated before ὑπεραιρόμενον, shews, of course, that the difficulty lies not in conceiving of the two things themselves, but in conceiving their relation to each other.
5. ἢ χρή] In English we say, 'Must there *not* be?'; in Greek '(Is there any alternative,) *or must there be?*'
6. καὶ ᾧ π.] Καὶ here adds another description of τὸ μέσον, not a separate thing; and in τὸ μ. the art. is used as in τὸ διορίζον just above.
7. τοῦτο] sc. τὸ μέσον.
8. ἐφύγομεν] when we asked ποῦ τὸ ὑπὲρ [τὸ πᾶν].
ib. καὶ οὔπω λέγω κτλ.] 'And I do not now insist upon the fact that (τὸ π. εἶναι).'
9. ἐν γάρ] '*for comprehension is one form of circumscription.*'
11. *The purpose of the digression was to exemplify the barren dialectic of the Eunomians, as well as to shew that God is incomprehensible. He is so, not because He grudges the knowledge to man, whom He loves.*
14. γριφοειδές] from γρῖφος, '*a crab-pot*,' and so '*a conundrum*.' It is a hit at the Eunomian style of argument.
ib. ὡς]=ὥστε. The tree is known by its fruits (Matt. vii 20) and the absence of light among the Eunomian theologians by the obscurity of their language.

τῶν καρπῶν τὸ δένδρον γινώσκεσθαι, λέγω δὲ τὸ ἐνεργοῦν τὰ τοιαῦτα δόγματα σκότος ἐκ τοῦ ζόφου τῶν λεγομένων; οὐ γὰρ ἵνα καὶ αὐτὸς παράδοξα λέγειν δόξω, καὶ περιττὸς φαίνωμαι τὴν σοφίαν, πλέκων συνδέσμους καὶ διαλύων κρατούμενα· τοῦτο δὴ τὸ μέγα θαῦμα τοῦ Δανιήλ· ἀλλ' 5 ἵν' ἐκεῖνο δηλώσαιμι, ὅ μοι λέγειν ὁ λόγος ἀπ' ἀρχῆς ὥρμησεν. τοῦτο δὲ ἦν τί; τὸ μὴ ληπτὸν εἶναι ἀνθρωπίνῃ διανοίᾳ τὸ θεῖον, μηδὲ ὅλον ὅσον ἐστὶ φαντάζεσθαι· καὶ τοῦτο οὔτε διὰ φθόνον,—μακρὰν γὰρ τῆς θείας φύσεως φθόνος, τῆς γε ἀπαθοῦς καὶ μόνης ἀγαθῆς καὶ κυρίας, καὶ 10 μάλιστα τῶν ἑαυτοῦ κτισμάτων περὶ τὸ τιμιώτατον· τί γὰρ Λόγῳ πρὸ τῶν λογικῶν; ἐπεὶ καὶ αὐτὸ τὸ ὑποστῆναι τῆς ἄκρας ἀγαθότητος·—οὔτε εἰς τιμὴν ἑαυτοῦ καὶ δόξαν τοῦ πλήρους, ἵνα τῷ ἀνεφίκτῳ τὸ τίμιον ἔχῃ καὶ τὸ σεβάσμιον. τοῦτο γὰρ πάντως σοφιστικὸν καὶ ἀλλότριον, 15 μὴ ὅτι θεοῦ, ἀλλ' οὐδὲ ἀνθρώπου μετρίως ἐπιεικοῦς, καί τι δεξιὸν ἑαυτῷ συνειδότος, ἐκ τοῦ κωλύειν ἑτέρους τὸ πρωτεῖον πορίζεσθαι.

3 παραδοξα] -ξον c ‖ 7 ην τι] τι ην e ‖ 16 μετριως] τελειως f

3. καὶ αὐτός] like them.

4. συνδέσμους] The words are a reference to Dan. v 12, where Theodotion's version has ἀναγγέλλων κρατούμενα καὶ λύων συνδέσμους, and a little before, πνεῦμα περισσὸν ἐν αὐτῷ. While Dan., however, 'shewed hard sentences,' and 'dissolved doubts,' the Eunomians 'wove' doubts (fetters).

6. δηλώσαιμι] 'I did it, not that I may gain credit (subj.), but that I might demonstrate (opt.) what I started with.'

8. μηδὲ ὅλον] The ὅλον is adverbial, '*nor at all to form an imagination of His greatness.*'

10. ἀπαθοῦς] not '*incapable of suffering,*' but '*free from passions*' such as jealousy.

11. τὸ τιμιώτατον] i.e. man. The next clause (τί γὰρ Λ.) justifies τιμιώτατον.

13. τῆς ἄκρας ἀγ.] sc. ἐστί: '*their very existence is an outcome of.*'

14. τοῦ πλήρους] agrees with ἑαυτοῦ, and = πλήρους ὄντος; cp. § 31. It is a ref. to Is. i 11. Cp. Athan. Or. ii c. Ar. § 29.

ib. τῷ ἀνεφίκτῳ] from ἐφικνέομαι '*to arrive at*'; '*His inaccessibility.*'

16. μὴ ὅτι] cp. § 4. θεοῦ is governed by ἀλλότριον, 'foreign to the character of God.'

ib. οὐδὲ] loosely thrown in, as if instead of ἀλλ. he had said ἀνάξιον.

17. δεξιὸν ἑ. συνειδότος] '*has anything of a proper conscience.*'

ib. ἐκ τοῦ κ. ἑ.] a clause epexegetic of τοῦτο.

12. Ἀλλ' εἰ μὲν καὶ δι' ἄλλας αἰτίας, εἰδεῖεν ἂν οἱ ἐγγυτέρω θεοῦ, καὶ τῶν ἀνεξιχνιάστων αὐτοῦ κριμάτων ἐπόπται καὶ θεωροί, εἴπερ εἰσί τινες τοσοῦτοι τὴν ἀρετήν, καὶ ἐν ἴχνεσιν ἀβύσσου περιπατοῦντες, τὸ δὴ λεγόμενον. ὅσον δ' οὖν ἡμεῖς κατειλήφαμεν, μικροῖς μέτροις μετροῦντες τὰ δυσθεώρητα, τάχα μέν, ἵνα μὴ τῷ ῥᾳδίῳ τῆς κτήσεως ῥᾴστη γένηται καὶ ἡ τοῦ κτηθέντος ἀποβολή· φιλεῖ γὰρ τὸ μὲν πόνῳ κτηθὲν μᾶλλον κρατεῖσθαι, τὸ δὲ ῥᾳδίως κτηθὲν καὶ ἀποπτύεσθαι τάχιστα, ὡς πάλιν ληφθῆναι δυνάμενον· καὶ οὕτως εὐεργεσία καθίσταται τὸ μὴ πρόχειρον τῆς εὐεργεσίας, τοῖς γε νοῦν ἔχουσι. τάχα δέ, ὡς μὴ ταὐτὸν ἡμᾶς τῷ πεσόντι ἑωσφόρῳ πάσχειν, ἐκ τοῦ τὸ φῶς ὅλον χωρῆσαι κατέναντι κυρίου παντοκράτορος τραχηλιᾶν, καὶ πίπτειν ἐκ τῆς ἐπάρσεως πτῶμα πάντων ἐλεεινότατον. τυχὸν δέ, ἵν' ᾖ τι πλέον ἐκεῖθεν ἆθλον φιλοπονίας καὶ λαμπροῦ βίου τοῖς ἐνταῦθα κεκαθαρμένοις καὶ μακροθυμοῦσι πρὸς τὸ ποθούμενον. διὰ τοῦτο μέσος ἡμῶν τε καὶ θεοῦ ὁ σωματικὸς οὗτος ἵσταται γνόφος, ὥσπερ ἡ νεφέλη τὸ πάλαι τῶν Αἰγυπτίων καὶ τῶν Ἑβραίων. καὶ τοῦτό ἐστιν ἴσως, ὃ ἔθετο σκότος ἀποκρυφὴν αὐτοῦ,

12. 9 αποπτυεσθαι] -εται 'Or. 1' ‖ 13 χωρησαι]+και e ‖ 19 om το ef

12. Perhaps one reason for the difficulty of knowing God properly is to make us value the knowledge; another, to save us from pride, or to enhance the reward of earnest search. In any case, the infirmity of our bodily nature necessarily colours all our ideas of God.

1. δι' ἄλλας al.] other than those which he is about to allege.
2. ἀνεξιχν. ... κριμάτων] Cp. Rom. xi 33. The form of the sentence is quite general, and may include both angelic beings and (though somewhat ironically) privileged human beings also.
4. ἐν ἴχν. ἀβ. περιπ.] Job xxxviii 16 (LXX.).
6. τῷ ῥᾳδίῳ τῆς κτ.] 'lightly gotten, lightly spent.'
8. μᾶλλον κρατεῖσθαι] 'the more firmly held.'
10. τὸ μὴ πρόχειρον] The very fact that the benefit is not too easily attained is itself a benefit.
12. ἑωσφόρῳ] Is. xiv. 12.
13. χωρῆσαι, 'take in.'
ib. κατέναντι κ. π. τρ.] Job xv 25. Τραχ. is to lift up the neck, like a rearing horse.
15. ἐκεῖθεν] 'on yonder side' of death: cp. i 8.
19 τῶν Αἰγ. κ. τ. Ἑβ.] Ex. xiv 20. That cloud was only an obstruction on the Egyptian side of it.
20. ὃ ἔθετο σκότος] 'the darkness which He made' etc. Ps. xvii (xviii) 12.

τὴν ἡμετέραν παχύτητα, δι' ἣν ὀλίγοι καὶ μικρὸν διακύπτουσιν. τοῦτο μὲν οὖν φιλοσοφείτωσαν οἷς ἐπιμελὲς, καὶ ἀνίτωσαν ἐπὶ πλεῖστον τῆς διασκέψεως. ἡμῖν δ' οὖν ἐκεῖνο γνώριμον τοῖς δεσμίοις τῆς γῆς, ὅ φησιν ὁ θεῖος Ἱερεμίας, καὶ τὸ παχὺ τοῦτο σαρκίον περιβεβλημένοις, ὅτι ὥσπερ ἀδύνατον ὑπερβῆναι τὴν ἑαυτοῦ σκιάν, καὶ τῷ λίαν ἐπειγομένῳ,—φθάνει γὰρ ἀεὶ τοσοῦτον, ὅσον καταλαμβάνεται,—ἢ τοῖς ὁρατοῖς πλησιάσαι τὴν ὄψιν δίχα τοῦ ἐν μέσῳ φωτὸς καὶ ἀέρος, ἢ τῶν ὑδάτων ἔξω τὴν νηκτὴν φύσιν διολισθαίνειν, οὕτως ἀμήχανον τοῖς ἐν σώμασι δίχα τῶν σωματικῶν πάντῃ γενέσθαι μετὰ τῶν νοουμένων. ἀεὶ γάρ τι παρεμπεσεῖται τῶν ἡμετέρων, κἂν ὅτι μάλιστα χωρίσας ἑαυτὸν τῶν ὁρωμένων ὁ νοῦς, καὶ καθ' ἑαυτὸν γενόμενος, προσβάλλειν ἐπιχειρῇ τοῖς συγγενέσι καὶ ἀοράτοις. γνώσῃ δὲ οὕτως.

13. Οὐ πνεῦμα καὶ πῦρ καὶ φῶς, ἀγάπη τε καὶ σοφία καὶ δικαιοσύνη, καὶ νοῦς καὶ λόγος, καὶ τὰ τοιαῦτα, αἱ προσηγορίαι τῆς πρώτης φύσεως; τί οὖν; ἢ πνεῦμα νοήσεις δίχα φορᾶς καὶ χύσεως; ἢ πῦρ ἔξω τῆς ὕλης, καὶ τῆς ἄνω φορᾶς, καὶ τοῦ ἰδίου χρώματός τε καὶ σχήματος; ἢ φῶς οὐκ ἀέρι σύγκρατόν τε καὶ ἀφετὸν τοῦ οἷον γεννῶντός

4 om ο θειος c ‖ 5 προβεβλημενοις cde ‖ 6 υπερβηναι] εστιν υπερβαινειν 'Reg. Cypr.' ‖ 10 σωμασι] -τι e   13. 18 πρωτης] θειας df ‖ 19 χυσεως] συγχυσεως d

2. οἷς ἐπιμελές] 'who make it their business.'
4. ἐκεῖνο] viz. what follows.
ib. τοῖς δ. τῆς γῆς] Lam. iii 34.
5. τὸ π. τ. σαρκίον] Cp. § 4.
ib. περιβεβλημένοις] The reading προβ., though perh. less strongly supported by the MSS., has in its favour Gr.'s characteristic use of πρόβλημα; see iv 6.
7. φθάνει κτλ.] 'it always anticipates your movement by just the step you take to catch it.'
9. τῶν ὑδάτων ἔξω] Ἔξω comes after its case. Νηκτήν from νήχω

'to swim'; v. φύσις, 'the swimming kind,' i.e. fish. Διολισθ. 'to glide along.' Cp. § 24.
13. The most abstract conceptions have to be conveyed in language of a concrete nature, through which the mind, in its longing after God, struggles with difficulty.
18. τῆς πρ. φύσεως] Cp. § 3, 7, 14.
19. φορᾶς κ. χύσεως] 'movement and effusion': χύσις seems to refer to the source, from which the breath (wind) is emitted. Cp. χεόμενον below.
21. σύγκρατόν τε] a curious use of τε, which is here attached to the

τε καὶ φωτίζοντος; νοῦν δὲ τίνα; μὴ τὸν ἐν ἄλλῳ, καὶ
οὗ κινήματα τὰ διανοήματα, ἠρεμοῦντα ἢ προβαλλό-
μενα; λόγον δὲ τίνα παρὰ τὸν ἡσυχάζοντα ἐν ἡμῖν, ἢ
χεόμενον; ὀκνῶ γὰρ εἰπεῖν, λυόμενον. εἰ δὲ καὶ σοφίαν,
5 τίνα παρὰ τὴν ἕξιν, καὶ τὴν ἐν τοῖς θεωρήμασιν, εἴτε
θείοις, εἴτε καὶ ἀνθρωπίνοις; δικαιοσύνην τε καὶ ἀγάπην,
οὐ διαθέσεις ἐπαινουμένας, καὶ τὴν μὲν τῆς ἀδικίας, τὴν
δὲ τοῦ μίσους ἀντίπαλον, ἐπιτεινομένας τε καὶ ἀνιεμένας,
προσγινομένας τε καὶ ἀπογινομένας, καὶ ὅλως ποιούσας
10 ἡμᾶς καὶ ἀλλοιούσας, ὥσπερ αἱ χρόαι τὰ σώματα; ἢ δεῖ
τούτων ἀποστάντας ἡμᾶς αὐτὸ καθ' ἑαυτὸ τὸ θεῖον ἐκ τούτων
ἰδεῖν, ὡς οἷόν τε, μερικήν τινα φαντασίαν ἐκ τῶν εἰκασμάτων

1 μη] η c: ει μη d ‖ εν] επ' e ‖ 2 om τα διανοηματα f ‖ 5 εν τοις]+νοημασι και 'Reg. a' ‖ 8 ανιεμενας] ανειμενας b 'aliique' ‖ 9 om προσγινομενας... απογινομενας e: προγινομενας f ‖ 11 om εκ τουτων def

whole phrase οὐκ ἀ. σύγκρατον, not merely to σύγκρ., unless we are to suppose that Gr. at first intended to say instead of ἀφετὸν τ. οἷον γ., '*detached from that which generates it, so to speak,*' some word like σύνδετον, '*connected with*.'

1. μὴ τὸν ἐν ἄλλῳ] Μή here expects the affirmative answer: 'is it *not*?' We cannot think of νοῦς as existing independently, but as a faculty of something or some one.

2. οὗ κινήμ. τὰ δ.] not 'whose movements are thoughts,' but '*whose movements thoughts are*.' The point is that we cannot imagine thoughts, uttered or unuttered, without some kind of movement, which involves a change, in the mind which thinks them.

4. χεόμενον] The word is often used of producing a sound. Gr. uses it here to bring out the notion of dissipation inseparable from utterance. He shrinks however from saying 'dissolved,' 'perishing' (λυόμ.), because, although the sound comes to an end, there is a sense in which the 'word' remains. What Gr. means by λυόμενον is made clear by iv 17 λυομένῃ φωνῇ.

5. τὴν ἕξιν, κ. τ. ἐν τ. θεωρ.] Wisdom can only be conceived of as a 'habit' (the Aristotelian word) of some personal subject, and occupied upon some object. It cannot be conceived of as isolated and self-existent.

7. διαθέσεις] In the same way 'righteousness,' 'love,' are 'dispositions' of a person, not abstract things; and for us they derive their meaning from a contrast with their opposites. They are, moreover, constantly changing, and the subject in which they reside varies accordingly.

11. τούτων ἀποστ.] The ταῦτα must mean the relative notions which Gr. has shewn to be inseparable from the προσηγορίαι which he has discussed. He cannot mean the προσηγ. themselves, because he goes on to use them as εἰκάσματα. In the next sentence τούτων = τῶν εἰκασμάτων.

συλλεγομένους; τίς οὖν ἡ μηχανὴ ἐκ τούτων τε καὶ μὴ ταῦτα; ἢ πῶς ταῦτα πάντα, καὶ τελείως ἕκαστον, τὸ ἓν τῇ φύσει ἀσύνθετον καὶ ἀνείκαστον; οὕτω κάμνει ἐκβῆναι τὰ σωματικὰ ὁ ἡμέτερος νοῦς, καὶ γυμνοῖς ὁμιλῆσαι τοῖς ἀσωμάτοις, ἕως σκοπεῖ μετὰ τῆς ἰδίας ἀσθενείας τὰ ὑπὲρ 5 δύναμιν. ἐπεὶ ἐφίεται μὲν πᾶσα λογικὴ φύσις θεοῦ καὶ τῆς πρώτης αἰτίας· καταλαβεῖν δὲ ἀδυνατεῖ, δι᾽ ἃς εἶπον αἰτίας. κάμνουσα δὲ τῷ πόθῳ, καὶ οἷον σφαδάζουσα, καὶ τὴν ζημίαν οὐ φέρουσα, δεύτερον ποιεῖται πλοῦν, ἢ πρὸς τὰ ὁρώμενα βλέψαι, καὶ τούτων τι ποιῆσαι θεόν, κακῶς 10 εἰδυῖα,—τί γὰρ τῶν ὁρατῶν τοῦ ὁρῶντος καὶ πόσον ἐστὶν ὑψηλότερόν τε καὶ θεοειδέστερον, ἵν᾽ ᾖ τὸ μὲν προσκυνοῦν, τὸ δὲ προσκυνούμενον;—ἢ διὰ τοῦ κάλλους τῶν ὁρωμένων καὶ τῆς εὐταξίας θεὸν γνωρίσαι, καὶ ὁδηγῷ τῇ ὄψει τῶν ὑπὲρ τὴν ὄψιν χρήσασθαι, ἀλλὰ μὴ ζημιωθῆναι θεὸν διὰ 15 τῆς μεγαλοπρεπείας τῶν ὁρωμένων.

14. Ἐντεῦθεν οἱ μὲν ἥλιον, οἱ δὲ σελήνην, οἱ δὲ

3 φυσει]+και e ‖ 10 ποιησαι]-σασθαι e ‖ 11 om εστιν e

1. τίς οὖν ἡ μ. κτλ.] By what contrivance, he asks, can we construct an imagination of God out of these materials and yet not identified with them? How can we use words like 'light' and 'love' to help us in representing Him to our minds, and yet eliminate from the representation notions which are of the very essence of 'light' and 'love' as known to us?—The sentence is elliptical: ἡ μηχ. is not the φαντασία which we attempt to form ἐκ τούτων: in full it would be something like τίς ἡ μηχ. ἐκ τούτων τε συλλέγεσθαι φ. κ. μ. τ.

2. ἢ πῶς τ. π.] Supposing the difficulty last stated to be surmounted, how can we reconcile the thought of God's absolute unity with that of a combination of separate images, even when these images are carried to their perfection?

3. κάμνει] 'wearies itself...so long as it investigates.'

8. σφαδάζουσα] 'to plunge,' like a restive horse.

9. δεύτερον π. πλοῦν] a well-known proverb, like 'trying the second string.' The mind finds itself unable to comprehend God, but it cannot give up trying. Two alternatives lie before it; either to fall into idolatry, or to use nature as a suggestion of what is above nature.

10. κακῶς εἰδυῖα] 'and it makes a great mistake.'

15. ζημιωθῆναι θ.] It was the fear of this ζημία, as Gr. has said, which led to idolatry (in the wide sense of the word); and by idolatry they incurred it.

14. *Some, impatient of the struggle, sink into worship of natural objects, or of images.*

17. ἐντεῦθεν] sc. διὰ τῆς μεγαλοπρ. τ. ὁρ. Cp. Wisd. xiii 3.

ἀστέρων πλῆθος, οἱ δὲ οὐρανὸν αὐτὸν ἅμα τούτοις, οἷς καὶ τὸ πᾶν ἄγειν δεδώκασι κατὰ τὸ ποιὸν ἢ ποσὸν τῆς κινήσεως· οἱ δὲ τὰ στοιχεῖα, γῆν, ὕδωρ, ἀέρα, πῦρ, διὰ τὸ χρειῶδες, ὧν ἄνευ οὐδὲ συστῆναι δυνατὸν τὸν ἀνθρώπινον βίον· οἱ δὲ ὅ τι τύχοιεν ἕκαστος τῶν ὁρατῶν ἐσεβάσθησαν, ὧν ἑώρων τὰ κάλλιστα θεοὺς προστησάμενοι. εἰσὶ δὲ οἳ καὶ εἰκόνας καὶ πλάσματα, πρῶτα μὲν τῶν οἰκείων, οἵ γε περιπαθέστεροι καὶ σωματικώτεροι, καὶ τιμῶντες τοὺς ἀπελθόντας τοῖς ὑπομνήμασιν· ἔπειτα καὶ τῶν ξένων, οἱ μετ' ἐκείνους καὶ μακρὰν ἀπ' ἐκείνων, ἀγνοίᾳ τῆς πρώτης φύσεως, καὶ ἀκολουθίᾳ τῆς παραδοθείσης τιμῆς, ὡς ἐννόμου καὶ ἀναγκαίας, ἐπειδὴ χρόνῳ τὸ ἔθος βεβαιωθὲν ἐνομίσθη νόμος. οἶμαι δὲ καὶ δυναστείαν τινὲς θεραπεύοντες, καὶ ῥώμην ἐπαινέσαντες, καὶ κάλλος θαυμάσαντες, θεὸν ἐποίησαν τῷ χρόνῳ τὸν τιμώμενον, προσλαβόμενοί τινα καὶ μῦθον τῆς ἐξαπάτης ἐπίκουρον.

15. Οἱ ἐμπαθέστεροι δὲ αὐτῶν καὶ τὰ πάθη θεοὺς ἐνόμισαν, ἢ θεοῖς ἐτίμησαν, θυμόν, καὶ μιαιφονίαν, καὶ ἀσέλγειαν, καὶ μέθην, καὶ οὐκ οἶδ' ὅ τι ἄλλο τῶν τούτοις παραπλησίων, οὐ καλὴν οὐδὲ δικαίαν ταύτην ἀπολογίαν

14. 16 εξαπατης] -τησεως be λογιαν ταυτην ce
15. 18 θεοις] θεους de ‖ 20 απο-

2. κατὰ τὸ ποιὸν ἢ ποσὸν τ. κ.] It is hard to see what Gr. means by this phrase. Elias gives an elaborate double explanation which only shews how much it puzzled him. Prob. by τὸ ποσόν Gr. means 'the rate' of motion,—the planets e.g. moving at a different 'rate' from the fixed stars; while τὸ ποιόν would include their conjunctions.

5. ὅ τι τύχοιεν ἕκ. τ. ὁρ.] Τῶν ὁρ. depends on ὅ τι; ἕκ. is in app. to the subj. of τύχ.; 'any visible object which they happened individually' to select.

6. προστησ.] Cp. § 1.
8. περιπαθέστεροι] 'more emo-

tional.'
ib. τοὺς ἀπελθόντας] Cp. Wisd. xiv 15 f. The καὶ couples τιμῶντες κτλ. to τῶν οἰκ., not to σωματικ.
10. τῆς πρ. φύσεως] Cp. § 13.
12. χρόνῳ τὸ ἔθος κτλ.] Wisd. xiv 16 εἶτα ἐν χρόνῳ κρατυνθὲν τὸ ἀσεβὲς ἔθος ὡς νόμος ἐφυλάχθη.
15. προσλαβ. τ. κ. μῦθον] Gr. adopts the Euemerist view of mythology.

15. *Some deify their own passions, and end in utter degradation. The Evil One deceives them into worshipping himself as God.*

17. καὶ τὰ πάθη] Cp. i 6.
18. θεοῖς ἐτ.] set gods over them.

εὑράμενοι τῶν οἰκείων ἁμαρτημάτων. καὶ τοὺς μὲν ἀφῆκαν κάτω, τοὺς δὲ ὑπὸ γῆν ἔκρυψαν,—τοῦτο συνετῶς μόνον,—τοὺς δὲ ἀνήγαγον εἰς τὸν οὐρανόν. ὦ τῆς γελοίας κληροδοσίας. εἶτα ἑκάστῳ τῶν πλασμάτων ὄνομά τι θεῶν ἢ δαιμόνων ἐπιφημίσαντες, κατὰ τὴν ἐξουσίαν καὶ αὐτονομίαν τῆς πλάνης, καὶ ἀγάλματα ἱδρυσάμενοι, ὧν καὶ τὸ πολυτελὲς δέλεαρ, αἵμασί τε καὶ κνίσσαις, ἔστι δὲ οἵ γε καὶ πράξεσι λίαν αἰσχραῖς, μανίαις τε καὶ ἀνθρωποκτονίαις, τιμᾶν τοῦτο ἐνόμισαν. τοιαύτας γὰρ ἔπρεπεν εἶναι θεῶν τοιούτων καὶ τὰς τιμάς. ἤδη δὲ καὶ κνωδάλοις, καὶ τετραπόδοις, καὶ ἑρπετοῖς, καὶ τούτων τοῖς αἰσχίστοις τε καὶ γελοιοτάτοις, ἑαυτοὺς καθύβρισαν, καὶ τούτοις φέροντες τὴν τοῦ θεοῦ δόξαν προσέθηκαν· ὡς μὴ ῥᾴδιον εἶναι κρῖναι, πότερον δεῖ καταφρονεῖν μᾶλλον τῶν προσκυνούντων ἢ τῶν προσκυνουμένων. τάχα δὲ καὶ πολὺ πλέον τῶν λατρευόντων, ὅτι λογικῆς ὄντες φύσεως, καὶ χάριν θεοῦ δεξάμενοι, τὸ χεῖρον ὡς ἄμεινον προεστήσαντο. καὶ τοῦτο τοῦ πονηροῦ τὸ σόφισμα, τῷ καλῷ καταχρησαμένου πρὸς τὸ κακόν, οἷα τὰ πολλὰ τῶν ἐκείνου κακουργημάτων. παραλαβὼν γὰρ αὐτῶν τὸν πόθον πλανώμενον κατὰ θεοῦ ζήτησιν, ἵν' εἰς ἑαυτὸν περισπάσῃ τὸ κράτος, καὶ κλέψῃ

2 εκρυψαν] απερριψαν 'Reg. Cypr.' ‖ 3 om τον 'Or. 1' ‖ 7 οι γε] οτε be ‖ 8 τιμαν τουτο] τουτο τιμαν d: τιμαν τουτους 'Reg. Cypr.' ‖ 14 ποτερον] -ρων d 'tres Colb.' ‖ 17 προεστησαντο] προετιμησαντο 'Reg. Cypr.' ‖ 20 πλανωμενον] -ων b ‖ 21 περισπαση] επισπαση b

2. τοῦτο συνετῶς μόνον] A grimly humorous parenthesis: to bury them under ground was the only sensible part of the arrangement.
4. τῶν πλασμάτων] 'these counterfeits.' Gr. means the personifications of the passions, not (as in § 14) the images of them; of the images he has yet to speak.
5. ἐξουσίαν κ. αὐτονομίαν] Cp. for ἐξ. § 7; for αὐτον. § 8: 'arbitrary license.'

10. ἤδη δέ] like iam for mox. Κνώδαλα, 'monsters.'
ib. τετραπ. κ. ἑρπ.] Cp. Rom. i 23; Wisd. xi 15 (16) ἄλογα ἑρπετὰ κ. κνώδαλα εὐτελῆ.
15. τῶν λατρ.] sc. δεῖ καταφρονεῖν.
16. χάριν θ. δεξ.] Gr. is using the word in a free and untechnical sense.
19. οἷα τ. π.] predicate. The constr. is τοῦτο τ. σοφ. [ἦν τοιοῦτο] οἷα τ. π.
20. παραλαβών] Cp. i 7 παρ' ἡμῶν...λαμβάνει.

τὴν ἔφεσιν, ὥσπερ τυφλὸν χειραγωγῶν ὁδοῦ τινὸς ἐφιέμενον, ἄλλους ἀλλαχοῦ κατεκρήμνισε, καὶ διέσπειρεν εἰς ἕν τι θανάτου καὶ ἀπωλείας βάραθρον.

16. Οὗτοι μὲν δὴ ταῦτα· ἡμᾶς δὲ ὁ λόγος δεξάμενος ἐφιεμένους θεοῦ, καὶ μὴ ἀνεχομένους τὸ ἀνηγεμόνευτόν τε καὶ ἀκυβέρνητον, εἶτα τοῖς ὁρωμένοις προσβάλλων καὶ τοῖς ἀπαρχῆς ἐντυγχάνων, οὔτε μέχρι τούτων ἔστησεν,— οὐ γὰρ ἦν λόγου δοῦναι τὴν ἡγεμονίαν τοῖς ὁμοτίμοις κατὰ τὴν αἴσθησιν,—καὶ διὰ τούτων ἄγει πρὸς τὸ ὑπὲρ ταῦτα, καὶ δι' οὗ τούτοις τὸ εἶναι περίεστιν. τί γὰρ τὸ τάξαν τὰ οὐράνια καὶ τὰ ἐπίγεια, ὅσα τε δι' ἀέρος καὶ ὅσα καθ' ὕδατος, μᾶλλον δὲ τὰ πρὸ τούτων, οὐρανόν, καὶ γῆν, καὶ ἀέρα, καὶ φύσιν ὕδατος; τίς ταῦτα ἔμιξε καὶ ἐμέρισεν; τίς ἡ κοινωνία τούτων πρὸς ἄλληλα, καὶ συμφυία, καὶ σύμπνοια; ἐπαινῶ γὰρ τὸν εἰρηκότα, κἂν ἀλλότριος ᾖ. τί τὸ ταῦτα

1 εφεσιν] αισθησιν e   16. 6 προσβαλλων] προβαλων 'Reg. a, Or. 1' ‖ 8 ηγεμονιαν] ομοτιμιαν b ‖ 13 τις η κοινωνια] om η c

1. ἔφεσιν] '*desire*,' from ἐφίεσθαι (§ 13).

16. *We, on the other hand, are led by reason to worship, not nature, but the Author of nature and its wonderful order.*

4. ὁ λόγος] '*reason*.' When Reason is said to have taken us in hand, Gr. means both the reasonable instruction given by the Church, and our own reasonable reflexion upon it. It is, of course, contrasted with ὁ πονηρός of the previous section.

6. προσβάλλων] intrans., as in § 6.

ib. κ. τοῖς ἀπαρχῆς ἐντ.] Passing over the more ephemeral objects, its attention was arrested by those which are coeval with creation, like sun and moon: but it did not allow us to stop (ἔστησεν) there. Μέχρι as in § 9. We should have expected οὐδὲ μ.; if οὔτε is right, Gr. must intend to connect the clause closely with καὶ διὰ τούτων.

8. κατὰ τὴν αἴσθ.] things as much subject to the senses as we are.

10. περίεστιν] 'they *still* exist'; or perhaps, 'they have existence *in abundance*'; cp. § 25.

11. δι' ἀέρος] sc. φέρεται. Καθ' ὕδατος sc. ἐστίν, 'under the water'; like κατὰ γῆς 'underground': cp. § 24.

13. τίς ἡ κοινωνία] If this is the right reading, of course it is 'what is this partnership?' i.e. whence came it? If we read τίς κ., κοιν. κ. συμφ. κ. συμπν. must be in apposition to the τίς before ἔμιξε, 'who combined and distributed them? what partnership and union and concord between them?'

15. τὸν εἰρηκότα] '*him who said it*.' There is no reason to think that the words which follow are a direct quotation. Nor indeed are the foregoing, but they seem more likely to have had their origin in a reminiscence of something that Gr. had read than the comparatively colourless words which follow. It is harder, however, to say, whom Gr.

THEOLOGICAL ORATION II

κεκινηκὸς καὶ ἄγον τὴν ἄληκτον φορὰν καὶ ἀκώλυτον; ἆρ' οὐχ ὁ τεχνίτης τούτων, καὶ πᾶσι λόγον ἐνθείς, καθ' ὃν τὸ πᾶν φέρεταί τε καὶ διεξάγεται; τίς δὲ ὁ τεχνίτης τούτων; ἆρ' οὐχ ὁ πεποιηκὼς ταῦτα καὶ εἰς τὸ εἶναι παραγαγών; οὐ γὰρ δὴ τῷ αὐτομάτῳ δοτέον τοσαύτην δύναμιν. ἔστω 5 γὰρ τὸ γενέσθαι τοῦ αὐτομάτου. τίνος τὸ τάξαι; καὶ τοῦτο, εἰ δοκεῖ, δῶμεν. τίνος τὸ τηρῆσαι καὶ φυλάξαι καθ' οὓς πρῶτον ὑπέστη λόγους; ἑτέρου τινός, ἢ τοῦ αὐτομάτου; ἑτέρου δηλαδὴ παρὰ τὸ αὐτόματον. τοῦτο δὲ τί ποτε ἄλλο πλὴν θεός; οὕτως ὁ ἐκ θεοῦ λόγος, καὶ πᾶσι σύμ- 10 φυτος, καὶ πρῶτος ἐν ἡμῖν νόμος, καὶ πᾶσι συνημμένος, ἐπὶ θεὸν ἡμᾶς ἀνήγαγεν ἐκ τῶν ὁρωμένων. καὶ δὴ λέγωμεν ἀρξάμενοι πάλιν.

17. Θεόν, ὅ τί ποτε μέν ἐστι τὴν φύσιν καὶ τὴν οὐσίαν, οὔτε τις εὗρεν ἀνθρώπων πώποτε, οὔτε μὴ εὕρῃ. ἀλλ' εἰ 15 μὲν εὑρήσει ποτέ, ζητείσθω τοῦτο καὶ φιλοσοφείσθω παρὰ τῶν βουλομένων. εὑρήσει δέ, ὡς ἐμὸς λόγος, ἐπειδὰν τὸ θεοειδὲς τοῦτο καὶ θεῖον, λέγω δὲ τὸν ἡμέτερον νοῦν τε καὶ λόγον, τῷ οἰκείῳ προσμίξῃ, καὶ ἡ εἰκὼν ἀνέλθῃ πρὸς τὸ ἀρχέτυπον, οὗ νῦν ἔχει τὴν ἔφεσιν. καὶ τοῦτο 20

1 αγον...ακωλυτον] υπο την αληκτον φοραν και ακωλυτον αγαγον 'Reg. Cypr.' || 10 om συμφυτος...και πασι b || 12 λεγωμεν] -ομεν bc

means by τὸν εἱρ. Elias refers to Oppian *Halieut.* i 412 οἵη σὺν φιλότητι διακρίνας ἐκέδασσας αἰθέρα τε, κτλ. Jahn prefers Plato *Tim.* 35 A foll. The resemblance is not very close; but in *Tim.* 32 C occur words which come somewhat nearer. The 'body of the world,' Plato there says, was formed of the various elements δι' ἀναλογίας ὁμολογῆσαν, φιλίαν τε ἔσχεν...εἰς ταὐτὸν αὐτῷ ξυνελθόν. Perh. Opp. comes the nearer to Gr.'s language.

2. λόγον ἐνθείς] Gr. does not mean (like Plato) that the universe is *conscious* of the law by which it acts.

3. διεξάγεται] seems simply to mean '*is conducted.*' Cp. *in Iulian.* i 12 διὰ κύκλου τινὸς εὐθύνων καὶ διεξάγων τὸν ἅπαντα κόσμον.

5. τῷ αὐτομάτῳ] '*to chance.*'

10. πᾶσι σύμφυτος] not exactly = ἔμφυτος, but '*naturally bound up with*'; like συνημμένος (from συνάπτειν) just after.

17. *Hereafter we shall know as we are known; here, the most privileged attain to a knowledge which is only relatively great.*

15. ἀλλ' εἰ μέν] '*but whether man will ever find.*'

19. τῷ οἰκείῳ] '*with that to which it belongs*': Vaughan's 'spirits their fair kindred catch.' Cp. § 12 *sub fin.*

εἶναί μοι δοκεῖ τὸ πάνυ φιλοσοφούμενον, ἐπιγνώσεσθαί ποτε ἡμᾶς, ὅσον ἐγνώσμεθα. τὸ δὲ νῦν εἶναι βραχεῖά τις ἀπορροὴ πᾶν τὸ εἰς ἡμᾶς φθάνον, καὶ οἷον μεγάλου φωτὸς μικρὸν ἀπαύγασμα. ὥστε καὶ εἴ τις ἔγνω θεόν, ἢ ἐγνω-
5 κέναι μεμαρτύρηται, τοσοῦτον ἔγνω, ὅσον ἄλλου μὴ τὸ ἴσον ἐλλαμφθέντος φανῆναι φωτοειδέστερος. καὶ τὸ ὑπερβάλλον τέλειον ἐνομίσθη, οὐ τῇ ἀληθείᾳ, τῇ δὲ τοῦ πλησίον δυνάμει παραμετρούμενον.

18. Διὰ τοῦτο Ἐνὼς μὲν ἤλπισεν ἐπικαλεῖσθαι τὸν
10 κύριον· ἐλπὶς τὸ κατορθούμενον ἦν, καὶ τοῦτο οὐ γνώσεως, ἀλλ' ἐπικλήσεως. Ἐνὼχ δὲ μετετέθη μέν, οὔπω δὲ δῆλον, εἰ θεοῦ φύσιν περιλαβών, ἢ περιληψόμενος. τοῦ δὲ Νῶε καλὸν ἡ εὐαρέστησις, τοῦ καὶ κόσμον ὅλον ἐξ ὑδάτων διασώσασθαι πιστευθέντος, ἢ κόσμου σπέρματα, ξύλῳ
15 μικρῷ φεύγοντι τὴν ἐπίκλυσιν. Ἀβραὰμ δὲ ἐδικαιώθη μὲν ἐκ πίστεως, ὁ μέγας πατριάρχης, καὶ θύει θυσίαν ξένην καὶ τῆς μεγάλης ἀντίτυπον· θεὸν δὲ οὐχ ὡς θεὸν εἶδεν, ἀλλ' ὡς ἄνθρωπον ἔθρεψε, καὶ ἐπῃνέθη, σεβασθεὶς

17. 2 ειναι] γνωναι 'Coisl. 3 tres Colb.' **18.** 15 φευγοντι] φυγοντι b ‖ 18 ως] ωσπερ d f

1. τὸ πάνυ φιλοσ.] '*the great dictum.*' 1 Cor. xiii 12.
2. τὸ δὲ νῦν εἶναι] '*for the time being.*' Elias comments on the 'Attic idiom,' and compares the way in which εἶναι is used with ἑκών.
3. φθάνον εἰς, '*reaches.*'
18. *Enos, Enoch, Noe, Abraham, Jacob, though so highly favoured, never saw God as God.*
9. ἤλπισεν] Gen. iv 26 (LXX.) οὗτος ἤλπισεν ἐπικ. τὸ ὄνομα κυρίου τοῦ θεοῦ. Even to call upon His name was beyond the present powers of Enos: he only succeeded (τὸ κατορθ.) in hoping to do it. Ἐπικ. is of course active in meaning.
11. μετετέθη] Gen. v 24; cp. Wisd. iv 10. This implied high favour with God (μέν), but it did not of itself prove (οὔπω) that E. had either attained, or would ever attain, an adequate knowledge of the divine nature.
13. εὐαρέστησις] Gen. vi 9 (LXX.) Καλόν, constr. like *triste lupus stabulis.*
14. διασ. πιστευθέντος] '*entrusted with the duty of saving.*'
15. ἐδικαιώθη] Gen. xv 6.
16. θυσίαν ξένην] Gen. xxii 13. '*Strange,*' because miraculously supplied. It is prob. that Gr. means the ram, rather than Isaac; for Basil also makes the ram a type of Christ (*de Spir. S.* 14, p. 319 D).
18. ἔθρεψε] Gen. xviii 8. Although the detail is taken only from Abr.'s history, the restriction is intended to apply also to Noe.
ib. ἐπῃνέθη] Perh. Gen. xviii 17 foll.

ὅσον κατέλαβεν. Ἰακὼβ δὲ κλίμακα μὲν ὑψηλὴν ἐφαντάσθη τινά, καὶ ἀγγέλων ἄνοδον, καὶ στήλην ἀλείφει μυστικῶς, ἴσως ἵνα τὸν ὑπὲρ ἡμῶν ἀλειφθέντα λίθον παραδηλώσῃ, καὶ Εἶδος Θεοῦ τόπῳ τινὶ προσηγορίαν δίδωσιν εἰς τιμὴν τοῦ ὀφθέντος, καὶ ὡς ἀνθρώπῳ τῷ θεῷ προσπαλαίει, ἥτις ποτέ ἐστιν ἡ πάλη θεοῦ πρὸς ἄνθρωπον, ἢ τάχα τῆς ἀνθρωπίνης ἀρετῆς πρὸς θεὸν ἀντεξέτασις, καὶ σύμβολα τῆς πάλης ἐπὶ τοῦ σώματος φέρει, τὴν ἧτταν παραδεικνύντα τῆς γενητῆς φύσεως, καὶ ἆθλον εὐσεβείας τὴν μεταβολὴν τῆς προσηγορίας λαμβάνει, μετονομασθεὶς ἀντὶ Ἰακὼβ Ἰσραήλ, τοῦτο δὴ τὸ μέγα καὶ τίμιον ὄνομα· ἐκεῖνο δὲ οὔτε αὐτὸς οὔτε τις ὑπὲρ αὐτὸν μέχρι σήμερον ἐκαυχήσατο τῶν δώδεκα φυλῶν, ὧν πατὴρ ἦν, ὅτι θεοῦ φύσιν ἢ ὄψιν ὅλην ἐχώρησεν.

19. Ἠλίᾳ δὲ οὔτε πνεῦμα βίαιον, οὔτε πῦρ, οὔτε συσσεισμός, ὡς τῆς ἱστορίας ἀκούεις, ἀλλ᾽ ἡ αὔρα τις

3 αλειφθεντα] αλειφεντα acdf : αλιφεντα e ‖ 4 Ειδος] οικος El : ισω f ‖ 9 γενητης] γεννητης def ‖ 14 η οψιν ολην] ολην οψις (om η) e : om ολην df

1. κλίμακα] Gen. xxviii 12.
ib. ἐφαντάσθη] 'saw in a vision.'
3. λίθον] Is. xxviii 16 etc.; ἀλειφθ. Is. lxi 1 (ἔχρισεν) etc.
4. Εἶδος Θ.] Gen. xxxii 30 (31). This reading has better authority than οἶκος θ., i.e. Bethel. On the other hand τοῦ ὀφθ. seems more like a reminiscence of Gen. xxxv 1, 9 (in v. 7 the word is ἐπεφάνη); and perh. it might have been more natural to mention the name of Penuel *after* the mention of the wrestling.
6. ἥτις π. ἐ.] The whole clause forms a cogn. acc. after προσπαλ., 'wrestles whatever wrestling that of God with man may be.'
7. ἢ τάχα] '*or perhaps* (it would be best to say) *the trial,*' etc. He prefers this turn, because God was not 'wrestling' for the mastery, but to try the ἀρετή of Jacob.
8. σύμβολα] Gen. xxxii 31 (32).

12. ἐκεῖνο δέ] refers to what follows, ὅτι θ. φύσιν κτλ. The δέ marks the apodosis to κλίμακα μέν.
ib. ὑπὲρ αὐτόν] Jacob was excelled by some of his descendants, but none of them could 'make room for' (χωρεῖν), 'take in,' or perh. 'bear,' the whole of God.
19. *Elias, Esaias, Ezekiel, and others, were unable to receive the revelation of the Divine nature in itself.*
16. ἡ αὔρα τις ὁ.] 1 Kings xix 12 φωνὴ αὔρας λεπτῆς. The τις hints that there was something more than usual in 'that breeze.' Gr.'s argument implies that if the presence had been discerned in the mightier movements of nature, God might have been thought to manifest Himself wholly in them, but that it was impossible to imagine this in connexion with the 'small breeze.'

ὀλίγη τὴν τοῦ θεοῦ παρουσίαν, καὶ ταῦτα οὐ φύσιν, ἐσκιαγράφησεν· Ἠλίᾳ τίνι; ὃν καὶ ἅρμα πυρὸς ἀνάγει πρὸς οὐρανόν, δηλοῦν τοῦ δικαίου τὸ ὑπὲρ ἄνθρωπον. Μανωὲ δὲ τὸν κριτὴν πρότερον, καὶ Πέτρον τὸν μαθητὴν
5 ὕστερον, πῶς οὐ τεθαύμακας; τὸν μὲν οὐδὲ ὄψιν φέροντα τοῦ φαντασθέντος θεοῦ, καὶ διὰ τοῦτο, Ἀπολώλαμεν, ὦ γύναι, λέγοντα, θεὸν ἑωράκαμεν· ὡς οὐ χωρητῆς οὔσης ἀνθρώποις οὐδὲ φαντασίας θείας, μὴ ὅτι γε φύσεως· τὸν δὲ καὶ τὸν φαινόμενον Χριστὸν τῷ πλοίῳ μὴ προσιέμενον,
10 καὶ διὰ τοῦτο ἀποπεμπόμενον. καίτοιγε θερμότερος τῶν ἄλλων εἰς ἐπίγνωσιν Χριστοῦ Πέτρος, καὶ διὰ τοῦτο μακαριζόμενος, καὶ τὰ μέγιστα πιστευόμενος. τί δ' ἂν εἴποις περὶ Ἡσαίου, καὶ Ἰεζεχιὴλ τοῦ τῶν μεγίστων ἐπόπτου, καὶ τῶν λοιπῶν προφητῶν; ὧν ὁ μὲν τὸν Κύριον Σαβαὼθ
15 εἶδε καθήμενον ἐπὶ θρόνου δόξης, καὶ τοῦτον ὑπὸ τῶν ἐξαπτερύγων σεραφὶμ κυκλούμενον καὶ αἰνούμενον καὶ ἀποκρυπτόμενον, ἑαυτόν τε τῷ ἄνθρακι καθαιρόμενον, καὶ πρὸς τὴν προφητείαν καταρτιζόμενον· ὁ δὲ καὶ τὸ ὄχημα τοῦ θεοῦ τὰ χερουβὶμ διαγράφει, καὶ τὸν ὑπὲρ αὐτῶν
20 θρόνον, καὶ τὸ ὑπὲρ αὐτοῦ στερέωμα, καὶ τὸν ἐν τῷ

19. 2 εσκιαγραφησεν] εσκιογρ. a ‖ 6 om και f ‖ 10 καιτοιγε] καιτοι c ‖ 16 om εξαπτερυγων d ‖ 17 αποκρυπτομενον] κρυπτομενων c: κρυπτομενον f 'Colb. 1 Or. 1' ‖ 19 αυτων] αυτου 'Reg. Cypr.'

1. καὶ ταῦτα] used like καὶ τοῦτο, 'and that without shadowing forth His nature.' If Gr. had meant ταῦτα =τὴν παρουσίαν, he must have said ταύτην.
2. Ἠλ. τίνι;] 'and what Elias?' i.e. what was he?
4. τὸν κριτὴν] M. is not so styled in the book itself.
6. ἀπολώλαμεν] Judg. xiii 22—a free version. But as Gr. quotes the words in precisely the same form in Or. ix 1, it is possible that he may have found them so in some text.
8. μὴ ὅτι] Cp. § 11.
9. τῷ πλοίῳ μὴ προσι.] Luke v 8. Gr. seems to have forgotten that Christ was *in* the boat.
11. μακαριζόμενος] Matt. xvi 17 foll.
15. καθήμενον ἐπὶ θ. δ.] Is. vi 1 (δόξης seems to come from Matt. xxv 31).
17. ἀποκρυπτόμενον] This is Gr.'s addition to the narrative, unless he means 'hidden from themselves' by the Seraphim. It is indeed possible that he understood πρόσωπον, πόδας, in Isaiah, to be those of the Lord.
ib. ἑαυτόν τε] *'and saw himself.'*
18. τὸ ὄχημα] Ezek. i 4. It is not actually described by that name.

στερεώματι φανταζόμενον, καὶ φωνὰς δή τινας, καὶ ὁρμάς, καὶ πράξεις, καὶ ταῦτα εἴτε φαντασία τις ἦν ἡμερινή, μόνοις θεωρητὴ τοῖς ἁγίοις, εἴτε νυκτὸς ἀψευδὴς ὄψις, εἴτε τοῦ ἡγεμονικοῦ τύπωσις συγγινομένη τοῖς μέλλουσιν ὡς παροῦσιν, εἴτε τι ἄλλο προφητείας εἶδος ἀπόρρητον, οὐκ ἔχω λέγειν· ἀλλ' οἶδεν ὁ τῶν προφητῶν θεός, καὶ οἱ τὰ τοιαῦτα ἐνεργούμενοι. πλὴν οὔτε οὗτοι περὶ ὧν ὁ λόγος, οὔτε τις ἄλλος τῶν κατ' αὐτούς, ἔστη ἐν ὑποστήματι καὶ οὐσίᾳ κυρίου, κατὰ τὸ γεγραμμένον, οὐδὲ θεοῦ φύσιν ἢ εἶδεν ἢ ἐξηγόρευσεν.

20. Παύλῳ δὲ εἰ μὲν ἔκφορα ἦν ἃ παρέσχεν ὁ τρίτος οὐρανός, καὶ ἡ μέχρις ἐκείνου πρόοδος ἢ ἀνάβασις ἢ ἀνάληψις, τάχα ἄν τι περὶ θεοῦ πλέον ἔγνωμεν, εἴπερ τοῦτο ἦν τὸ τῆς ἁρπαγῆς μυστήριον. ἐπεὶ δὲ ἄρρητα ἦν, καὶ ἡμῖν σιωπῇ τιμάσθω. τοσοῦτον δὲ ἀκούσωμεν αὐτοῦ Παύλου λέγοντος, ὅτι ἐκ μέρους γινώσκομεν, καὶ ἐκ μέρους προφητεύομεν. ταῦτα καὶ τὰ τοιαῦτα ὁμολογεῖ ὁ μὴ ἰδιώτης τὴν γνῶσιν, ὁ δοκιμὴν ἀπειλῶν τοῦ ἐν αὐτῷ

4 συγγινομενη] συγγενομενη def: συγγενομενου 'Or. 1' ‖ 8 κατ αυτους] κατα τουτους ac 'duo Reg. Or. 1' 20. 11 α παρεσχεν] απερ εσχεν d ‖ 15 ακουσωμεν] -σομεν f

1. φωνάς] Ezek. i 24, 28; ὁρμάς, i 19 foll.; πράξεις, ii 9.
3. τοῦ ἡγ. τύπωσις] '*an impression upon the rational mind.*' Ἡγεμ., i 3. Συγγινομένη by a very natural hyperbaton for -νου.
6. οἱ τὰ τ. ἐνεργ.] '*those upon whom such effects are wrought.*'
8. τῶν κατ' αὐτούς] '*those of their sort.*'
ib. ἔστη ἐν ὑποστ.] Jer. xxiii 18. Ὑπόστ. is '*an establishment*' of some kind; in 2 Sam. xxiii 14 of '*a garrison*'; in Jer. prob. '*a court*,' or '*familiar circle.*' Gr. however curiously misunderstood the word to =ὑπόστασις in the sense of οὐσία (cp. § 9).
20. *St Paul only saw through a glass in a riddle.*

11. ἔκφορα] '*capable of being divulged*'; cp. Plat. *Lach.* 201 A. Ὁ τρ. οὐρ., 2 Cor. xii 2.
12. πρόοδος] nom. to ἦν, not to παρέσχεν. He calls it a πρόοδος to signify that it represented a progress in St P.'s spiritual experience, and not merely an incidental privilege. Cp. v 26.
13. εἴπερ τοῦτο] Gr. will not even admit that we can be sure that St P. thereby became acquainted with the Divine nature. The ἁρπαγή was in the strictest sense a μυστήριον.
16. ἐκ μέρους] 1 Cor. xiii 9.
17. μὴ ἰδ. τὴν γνῶσιν] 2 Cor. xi 6.
18. δοκιμὴν ἀπ.] 2 Cor. xiii 3.

λαλοῦντος Χριστοῦ, ὁ μέγας τῆς ἀληθείας προαγωνιστὴς καὶ διδάσκαλος· καὶ πᾶσαν τὴν κάτω γνῶσιν οὐδὲν ὑπὲρ τὰ ἔσοπτρα καὶ τὰ αἰνίγματα τίθεται, ὡς ἐν μικροῖς τῆς ἀληθείας ἱσταμένην ἰνδάλμασιν. εἰ δὲ μὴ λίαν δοκῶ 5 τισὶ περιττὸς καὶ περίεργος τὰ τοιαῦτα ἐξετάζων, οὐδὲ ἄλλα τινὰ τυχὸν ἢ ταῦτα ἦν, ἃ μὴ δύναται νῦν βασταχθῆναι, ἅπερ ὁ Λόγος αὐτὸς ὑπῃνίσσετο, ὥς ποτε βασταχθησόμενα καὶ τρανωθησόμενα· καὶ ἃ μηδ' ἂν αὐτὸν δυνηθῆναι χωρῆσαι τὸν κάτω κόσμον Ἰωάννης ὁ τοῦ Λόγου πρόδρομος, 10 ἡ μεγάλη τῆς ἀληθείας φωνή, διωρίζετο.

21. Πᾶσα μὲν οὖν ἀλήθεια καὶ πᾶς λόγος δυστέκμαρτός τε καὶ δυσθεώρητος· καὶ οἷον ὀργάνῳ μικρῷ μεγάλα δημιουργοῦμεν, τῇ ἀνθρωπίνῃ σοφίᾳ τὴν τῶν ὄντων γνῶσιν θηρεύοντες, καὶ τοῖς νοητοῖς προσβάλλοντες μετὰ τῶν 15 αἰσθήσεων, ἢ οὐκ ἄνευ αἰσθήσεων, ὑφ' ὧν περιφερόμεθα καὶ πλανώμεθα, καὶ οὐκ ἔχομεν γυμνῷ τῷ νοΐ γυμνοῖς τοῖς πράγμασιν ἐντυγχάνοντες μᾶλλόν τι προσιέναι τῇ ἀληθείᾳ, καὶ τὸν νοῦν τυποῦσθαι ταῖς καταλήψεσιν. ὁ δὲ περὶ θεοῦ λόγος, ὅσῳ τελεώτερος, τοσούτῳ δυσεφικτότερος, καὶ 20 πλείους τὰς ἀντιλήψεις ἔχων καὶ τὰς λύσεις ἐργωδεστέρας.

2 και πασαν] διο και πασαν e : ο και 'Reg. a duo Colb.' || 4 ισταμενην]-νης e || 7 om απερ d || ως] ισως 'Reg. Cypr.' || 8 a] απερ d || 9 om κατω def
21. 14 προσβαλλοντες] προβ. c² || 15 περιφερομεθα και πλανωμεθα] περιπλανωμεθα και περιφερομεθα f

3. ἔσοπτρα κ. τ. αἰν.] 1 Cor. xiii 12.
4. ἰνδάλμασιν] '*figures*,' '*representations*.'
5. περιττὸς κ. περίεργ.] Cp. i 1.
7. ὑπῃνίσσετο] '*darkly intimated*'; in John xvi 12.
8. τρανωθησόμενα] Cp. § 4.
9. χωρῆσαι τὸν κ.] John xxi 25. By a strange oversight, Gr. confounds the Forerunner with the Divine. Φωνή, perh. with ref. to John i 23.
10. διωρίζετο] '*to define*'; so '*to affirm*.'

21. *All abstract truth is hard to attain with such instruments as we possess, but above all the truth about God. So Solomon and St Paul confessed; and David, who despaired of knowing even himself.*
14. προσβάλλοντες] Cp. § 16. Μετὰ τῶν al., cp. §§ 12, 13; also § 26.
18. τὸν νοῦν τυπ. τ. κατ.] '*to have our minds fashioned by what we perceive.*'
19. δυσεφικτ.] '*harder to come at*' (ἐφικνεῖσθαι).
20. ἀντιλήψεις] From the general notion of 'catching hold' of a thing

πᾶν γὰρ τὸ ἐνιστάμενον, κἂν βραχύτατον ᾖ, τὸν τοῦ λόγου δρόμον ἐπέσχε καὶ διεκώλυσε, καὶ τὴν εἰς τὸ πρόσω φορὰν διέκοψεν· ὥσπερ οἱ τοὺς ἵππους τοῖς ῥυτῆρσιν ἀθρόως μεθέλκοντες φερομένους, καὶ τῷ ἀδοκήτῳ τοῦ τιναγμοῦ περιτρέποντες. οὕτω Σολομὼν μέν, ὁ σοφισάμενος περισσὰ 5 ὑπὲρ πάντας τοὺς γενομένους ἔμπροσθεν καὶ καθ' ἑαυτόν, ᾧ τὸ τῆς καρδίας πλάτος δῶρον θεοῦ, καὶ ἡ ψάμμου δαψιλεστέρα χύσις τῆς θεωρίας, ὅσῳ πλέον ἐμβατεύει τοῖς βάθεσι, τοσούτῳ πλέον ἰλιγγιᾷ, καὶ τέλος τι ποιεῖται σοφίας εὑρεῖν ὅσον διέφυγεν. Παῦλος δὲ πειρᾶται μὲν 10 ἐφικέσθαι, οὔπω λέγω τῆς τοῦ θεοῦ φύσεως, τοῦτο γὰρ ᾔδει παντελῶς ἀδύνατον ὄν, ἀλλὰ μόνον τῶν τοῦ θεοῦ κριμάτων· ἐπεὶ δὲ οὐχ εὑρίσκει διέξοδον οὐδὲ στάσιν τῆς ἀναβάσεως, οὐδὲ εἴς τι φανερὸν τελευτᾷ πέρας ἡ πολυπραγμοσύνη τῆς διανοίας, ἀεί τινος ὑποφαινομένου τοῦ 15 λείποντος· ὦ τοῦ θαύματος (ἵνα καὶ αὐτὸς πάθω τὸ ἴσον)· ἐκπλήξει περιγράφει τὸν λόγον, καὶ πλοῦτον θεοῦ καὶ

11 ουπω]+δε e ‖ 12 om ον c ‖ μονον] μονων c²e ‖ 14 πολυπραγμοσυνη] +τη e

come the opposite meanings of 'helping' (e.g. 1 Cor. xii 28), and (as here) of 'objections,' 'difficulties.' Plut. de Def. Orac. (II 438 D) has the expression ὡς ἔχοντα πολλὰς ἀντιλήψεις καὶ ὑπονοίας πρὸς τοὐναντίον.

1. ἐνιστάμενον] 'obstruction.'
2. ἐπέσχε κτλ.] 'gnomic' aorists: 'it lets and hinders.'
3. ῥυτῆρσιν] 'reins': ἀθρόως, 'suddenly,' cp. § 2.
5. σοφισάμενος] 1 Kings iv 31 (LXX. III Kings iv 27 Swete) ἐσοφίσατο ὑπὲρ π.
6. τοὺς γεν. ἔμπροσθεν] 1 Kings iii 12. Καθ' ἑαυτόν might be (as in § 19) 'after his pattern'; but the temporal connexion is in favour of 'in his time.'
7. καρδίας πλάτος] 1 Kings iv 29 (iv 25 Swete). Sw. reads χύμα καρδίας; and Gr.'s χύσις directly after seems to show that he read the same, πλάτος being his interpretation. Χύσις, 'spread,' 'expanse.'
9. ἰλιγγιᾷ] 'reels.'
ib. τέλος τι π. σοφίας] 'makes it as it were the end (perfection) of wisdom to find how far it (ὁ περὶ θ. λόγος) has escaped him.' Gr. refers to such passages as Eccl. vii 23 foll., viii 17, and perh. xii 12 foll.
13. κριμάτων] Rom. xi 33.
ib. στάσιν τῆς ἀν.] 'that the ascent never stops,' i.e. is endless.
15. ἀεί τινος ὑποφ. τ. λ.] lit. 'something remaining ever dimly disclosing itself.'
16. ἵνα κ. αὐτός] By his exclamation, Gr. has dramatically put himself beside St P.
17. περιγράφει τὸν λ.] 'He concludes his discourse with astonishment.'

βάθος τὸ τοιοῦτο καλεῖ, καὶ ὁμολογεῖ τῶν τοῦ θεοῦ κριμάτων τὸ ἀκατάληπτον, μονονουχὶ τὰ αὐτὰ τῷ Δαβὶδ φθεγγόμενος, ποτὲ μὲν ἄβυσσον πολλὴν ὀνομάζοντι τὰ τοῦ θεοῦ κρίματα, ἧς οὐκ ἔστι τὴν ἕδραν ἢ μέτρῳ ἢ αἰσθήσει
5 λαβεῖν, ποτὲ δὲ τεθαυμαστῶσθαι τὴν γνῶσιν ἐξ ἑαυτοῦ καὶ τῆς ἑαυτοῦ συστάσεως λέγοντι, κεκραταιῶσθαί τε πλέον ἢ κατὰ τὴν ἑαυτοῦ δύναμιν καὶ περίδραξιν.

22. Ἵνα γὰρ τἆλλα ἐάσας, φησί, πρὸς ἐμαυτὸν βλέψω, καὶ πᾶσαν τὴν ἀνθρωπίνην φύσιν καὶ σύμπηξιν, τίς ἡ
10 μίξις ἡμῶν; τίς ἡ κίνησις; πῶς τὸ ἀθάνατον τῷ θνητῷ συνεκράθη; πῶς κάτω ῥέω, καὶ ἄνω φέρομαι; πῶς ψυχὴ περιγράφεται; πῶς ζωὴν δίδωσι, καὶ πάθους μεταλαμβάνει; πῶς ὁ νοῦς καὶ περιγραπτὸς καὶ ἀόριστος, ἐν ἡμῖν μένων, καὶ πάντα ἐφοδεύων τάχει φορᾶς καὶ ῥεύσεως; πῶς
15 μεταλαμβάνεται λόγῳ καὶ μεταδίδοται, καὶ δι' ἀέρος χωρεῖ, καὶ μετὰ τῶν πραγμάτων εἰσέρχεται; πῶς αἰσθήσει

6 εαυτου] αυτου ce **22.** 8 γαρ] δε e ∥ 12 περιγραφεται] περιφερεται ac

1. τὸ τοιοῦτο] 'such a thing,' i.e. the field which his mind surveys.
3. ἄβυσσον π.] Ps. xxxvi 6 (xxxv 7). By ἕδρα Gr. seems to mean the '*bottom*.'
5. τεθαυμ.] Ps. cxxxviii (cxxxix) 6. '*That the knowledge even of his own constitution was too wonderful for him.*' It is possible, however, that Gr. misunderstood the ἐξ to mean that it was the contemplation of himself and of his constitution which made the knowledge of God seem overwhelming.
6. κεκρατ.] ibid. ἐκραταιώθη, οὐ μὴ δύνωμαι πρὸς αὐτήν. Περίδρ., '*grasp.*'
22. *Well might David despair; for how marvellous is man's constitution,—his birth, his sustenance, his instincts, his continuity, his very organs and the media in which they act, a microcosm in himself.*
8. φησί] sc. David.

11. κάτω ῥέω] by decay and death; ἄνω φ., prob. Gr. means by contemplation.
ib. ψυχή] without the art., points the contrast between the nature of the soul and its limitations. Περιγράφεται, because confined in the body.
12. ζωὴν δίδ.] sc. to the body; and yet it receives from the body a share in its πάθη.
13. ἀόριστος] Though our intelligence works within limits, those limits are themselves capable of indefinite extension.
14. ἐφοδεύων] '*visiting.*'
15. δι' ἀέρος χ.] Perh. by means of speech.
16. μετὰ τῶν πρ.] Intelligence 'enters in with the things' around us, because we learn by them. This is further expressed by αἰσθ. κοιν.; it is 'in partnership with sense,' though capable of withdrawing itself from the senses.

κοινωνεῖ, καὶ συστέλλεται ἀπὸ τῶν αἰσθήσεων; καὶ ἔτι πρὸ τούτων, τίς ἡ πρώτη πλάσις ἡμῶν καὶ σύστασις ἐν τῷ τῆς φύσεως ἐργαστηρίῳ; καὶ τίς ἡ τελευταία μόρφωσις καὶ τελείωσις; τίς ἡ τῆς τροφῆς ἔφεσις καὶ διάδοσις; καὶ τίς ἤγαγεν ἐπὶ τὰς πρώτας πηγὰς καὶ τοῦ ζῆν ἀφορμὰς αὐτομάτως; πῶς σιτίοις μὲν σῶμα, λόγῳ δὲ ψυχὴ τρέφεται; τίς ἡ τῆς φύσεως ὁλκὴ καὶ πρὸς ἄλληλα σχέσις τοῖς γεννῶσι καὶ τοῖς γεννωμένοις, ἵνα τῷ φίλτρῳ συνέχηται; πῶς ἑστηκότα τε τὰ εἴδη καὶ τοῖς χαρακτῆρσι διεστηκότα, ὧν τοσούτων ὄντων αἱ ἰδιότητες ἀνέφικτοι; πῶς τὸ αὐτὸ ζῷον θνητὸν καὶ ἀθάνατον, τὸ μὲν τῇ μεταστάσει, τὸ δὲ τῇ γεννήσει; τὸ μὲν γὰρ ὑπεξῆλθε, τὸ δὲ ἀντεισῆλθεν, ὥσπερ ἐν ὁλκῷ ποταμοῦ μὴ ἑστῶτος καὶ μένοντος. πολλὰ δ' ἂν ἔτι φιλοσοφήσαις περὶ μελῶν καὶ μερῶν, καὶ τῆς πρὸς ἄλληλα τούτων εὐαρμοστίας, πρὸς

2 πλασις ημων και συστασις] συστασις ημων df || 9 χαρακτηρσι]+τα f || 10 διεστηκοτα]+και e || 11 μεταστασει] μεταποιησει 'Reg. Cypr.' || 14 φιλοσοφησαις] σπερμολογησαις b 'Coisl. 2'

2. ἐν τῷ τῆς φ. ἐργ.] 'in nature's laboratory,' the mother's womb.
3. τελευταία μ.] 'the finishing touch,' sc. before birth.
4. ἔφεσις κ. διάδοσις] the instinct which impels the babe to seek its nourishment, and the provision (lit. 'distribution') which supplies the need.
5. ἀφορμάς] 'means': of course the breast is meant. Αὐτομάτως, 'instinctively.'
7. ὁλκή] 'attraction,' from ἕλκειν. Ἵνα is not used here in a 'final' sense. Cp. § 7.
8. συνέχηται] sc. τὰ γεννῶντα κ. τὰ γεννώμενα.
9. εἴδη] 'forms.' How, Gr. asks, is the common form so constant while appearing with such a variety of distinguishing features; and in all that variety the peculiarities of each individual remain untouched, so that no two men are exactly alike?
11. τὸ αὐτὸ ζῷον] 'animal' for 'kind of animal'; as we talk of 'the lion,' 'the ox.' Gr. is speaking of the deathless persistence of the species, not of the restored existence of the specimen. His wonder is that the type endures. It never passes into another ζῷον. Μεταστάσει, 'removal' by death.
12. ὑπεξῆλθε] gnomic aor.
13. ὁλκῷ] There seems to be no instance of ὁλκός = ὁλκή, which might mean the flow or current of the river. Suidas gives an interpretation ὁδὸς ἢ ἀγωγὸς ῥεύματος, and quotes the phrase τὸν ὁλκὸν τοῦ ὕδατος ἔκοψεν. Here then it would mean 'as in the channel of a river, which (river) never stands still, yet is ever there.' This is in accordance with the common meaning of ὁ. = sulcus.

χρείαν τε ὁμοῦ καὶ κάλλος συνεστώτων τε καὶ διεστώτων, προεχόντων τε καὶ προεχομένων, ἑνουμένων τε καὶ σχιζομένων, περιεχόντων τε καὶ περιεχομένων, νόμῳ καὶ λόγῳ φύσεως. πολλὰ περὶ φωνῶν καὶ ἀκοῶν· πῶς αἱ μὲν
5 φέρονται διὰ τῶν φωνητικῶν ὀργάνων, αἱ δὲ ὑποδέχονται, διὰ τῆς ἐν μέσῳ τοῦ ἀέρος πληγῆς καὶ τυπώσεως ἀλλήλαις ἐπιμιγνύμεναι. πολλὰ περὶ ὄψεως ἀρρήτως κοινωνούσης τοῖς ὁρατοῖς, καὶ μόνῳ τῷ βούλεσθαι καὶ ὁμοῦ κινουμένης, καὶ ταὐτὸν τῷ νοῒ πασχούσης· μετὰ γὰρ τοῦ ἴσου τάχους
10 ἐκεῖνός τε μίγνυται τοῖς νοουμένοις καὶ αὕτη τοῖς ὁρωμένοις. πολλὰ περὶ τῶν ἄλλων αἰσθήσεων, αἳ παραδοχαί τινές εἰσι τῶν ἔξωθεν, λόγῳ μὴ θεωρούμεναι. πολλὰ περὶ τῆς ἐν ὕπνοις ἀναπαύσεως, καὶ τῆς δι' ὀνειράτων ἀναπλάσεως, μνήμης τε καὶ ἀναμνήσεως, λογισμοῦ τε καὶ θυμοῦ καὶ
15 ἐφέσεως, καὶ συντόμως εἰπεῖν, ὅσοις ὁ μικρὸς οὗτος κόσμος διοικεῖται, ὁ ἄνθρωπος.

5 υποδεχονται] υπηχουνται b ‖ 12 λογῳ] λογων 'Reg. Cypr.' ‖ πολλα] +δε e ‖ 15 ουτος κοσμος διοικειται] κοσμος ουτος διοικ. e: ουτος διοικ. κοσμος f

1. συνεστ. τε κ. διεστ.] 'coordinated and differentiated with a view alike to use and beauty.'
2. προεχόντων τε κ. πρ.] 'projecting and retreating,' lit. 'projecting and projected beyond.'
ib. ἐν. τε κ. σχιζ.] 'united and divided,' as e.g. the two eyes. Περιεχ. τε κ. περιεχ., the latter, of course, would be the internal organs, the former the part of the body which encloses them.
3. λόγῳ φ.] Cp. § 16 λόγον ἐνθεὶς. For νόμ. cp. Greg. Nyss. in Diem Nat. Chr. οὐ δουλεύει φύσεως νόμοις ὁ δεσπότης τῆς φύσεως.
5. ὑποδέχονται] excipiunt; αἱ ἀκοαί=τὰ ὦτα.
8. μόνῳ τῷ βούλ. κτλ.] 'moved by the will alone, and along with it, and enjoying the same privilege as the intelligence.' Sight acts, in Gr.'s opinion, as swiftly as will and thought.

11. παραδοχαί] From the addition of τινές, we see that the word bore some half-technical sense, of which the Lexica do not speak. Prob. it = δοχαί, ὑποδοχαί, 'receptacles.'
12. λόγῳ μὴ θεωρ.] Gr. seems to mean that the senses, which are so hospitable to the things external to ourselves, are yet a mystery impenetrable to the reason which resides within us.
14. μνήμης...ἀναμνήσεως] μν. is the faculty, ἀνάμν. the act of remembering. There is a treatise of Aristotle bearing the title περὶ μνήμης καὶ ἀναμνήσεως, which doubtless Gr. has in mind.
15. ὁ μικρὸς οὗτος κ.] On man as a microcosm, see Plat. *Tim.* 81 A and 88 D. These passages have been kindly pointed out to me by Mr Archer-Hind, who adds, "Nothing like the phrase occurs, but the

23. Βούλει σοι καὶ τὰς τῶν ἄλλων ζώων διαφορὰς πρός τε ἡμᾶς καὶ πρὸς ἄλληλα, φύσεις τε καὶ γενέσεις καὶ ἀνατροφάς, καὶ χώρας, καὶ ἤθη, καὶ οἷον πολιτείας καταριθμήσωμαι; πῶς τὰ μὲν ἀγελαῖα, τὰ δὲ μοναδικά; τὰ μὲν ποηφάγα, τὰ δὲ σαρκοβόρα; τὰ μὲν θυμοειδῆ, τὰ δὲ ἥμερα; τὰ μὲν φιλάνθρωπα καὶ σύντροφα, τὰ δὲ ἀτίθασσα καὶ ἐλεύθερα; καὶ τὰ μὲν οἷον ἐγγύτερα λόγου τε καὶ μαθήσεως, τὰ δὲ παντελῶς ἄλογα καὶ ἀμαθέστατα; τὰ μὲν πλειόνων αἰσθήσεων, τὰ δὲ ἐλαττόνων; τὰ μὲν ἀκίνητα, τὰ δὲ μεταβατικά; τὰ μὲν ταχύτατα, τὰ δὲ παχύτατα; τὰ μὲν ὑπερβάλλοντα μεγέθει καὶ κάλλει ἢ τῷ ἑτέρῳ τούτων, τὰ δὲ βραχύτατα ἢ δυσειδέστατα ἢ καὶ ἀμφότερα; τὰ μὲν ἄλκιμα, τὰ δὲ ἀσθενῆ; τὰ μὲν ἀμυντικά, τὰ δὲ ὕποπτα καὶ ἐπίβουλα; τὰ μὲν φυλακτά, τὰ δὲ ἀφύλακτα; τὰ μὲν φίλεργα καὶ οἰκονομικά, τὰ δὲ παντάπασιν ἀργὰ καὶ ἀπρονόητα; καὶ ἔτι πρὸ τούτων, πῶς τὰ μὲν ἑρπυστικά, τὰ δὲ ὄρθια; τὰ μὲν φιλόχωρα, τὰ δὲ ἀμφίβια; τὰ μὲν φιλόκαλα, τὰ δὲ ἀκαλλώπιστα; συζυγῆ τε καὶ ἄζυγῆ;

23. 1 διαφορας] αναστροφας 'Reg. a' ‖ 3 καταριθμησωμαι] -σομαι df: -σωμεν e ‖ 10 τα μεν ταχυτατα τα δε παχυτατα] τα μεν ταχυτατα tantum a: τα μεν παχυτατα tantum b: τα δε ταχυτατα tantum cdef ‖ 11 και] η e ‖ 13 τα μεν αλκιμα] τα δε αλκ. e ‖ τα μεν αμυντικα] τα δε αμ. a ‖ 14 om τα μεν φυλακτα bcf ‖ 16 ερπιστικα ab: ερπηστικα def ‖ 17 τα μεν φιλοχωρα] τα δε φιλ. c

conception is plainly there." He thinks it far from improbable that Proclus, whose commentary on this part of the *Tim.* has not been preserved, may have applied the term μικρὸς κόσμος to the human body; or that some Stoic writer so applied it.

23. *How wonderful the variety of the beasts!*

6. ἀτίθασσα] or ἀτίθασα, '*not disposed to be tamed*'; ἐλεύθερα, cp. Job xxxix 5.

17. φιλόχωρα] '*attached to a place*'; it seems an imperfect antithesis to ἀμφίβια, but prob. Gr. means that the latter class are so little attached to a place that they are indifferent even to an element.

18. φιλόκαλα] Gr. seems to be anticipating what he says in § 24 about the peacock; it would not be easy to point to a quadruped which is markedly φιλόκαλον unless Gr. refers to such things as the way in which a cat washes itself. Isocrates advises a man to be φιλόκαλος in regard to his dress, but not καλλωπιστής, which he says would be περίεργον. Ἀκαλλώπ. cannot mean '*unadorned*,'

σώφρονά τε καὶ ἀκόλαστα; πολύγονά τε καὶ οὐ πολύγονα; μακρόβιά τε καὶ ὀλιγόβια; κάμνοι ἂν ἡμῖν ὁ λόγος τοῖς κατὰ μέρος ἐπεξιών.

24. Σκέψαι μοι καὶ νηκτὴν φύσιν τῶν ὑδάτων διολισθαίνουσαν, καὶ οἷον ἱπταμένην κατὰ τῆς ὑγρᾶς φύσεως, καὶ τοῦ μὲν ἰδίου σπῶσαν ἀέρος, τῷ ἡμετέρῳ δὲ κινδυνεύουσαν, ὥσπερ καὶ ἡμεῖς ἐν τοῖς ὕδασιν· ἤθη τε καὶ πάθη, καὶ μίξεις καὶ γονάς, καὶ μεγέθη καὶ κάλλη, φιλοχωρίας τε καὶ πλάνας, συνόδους τε καὶ ἀποχωρήσεις, καὶ ἰδιότητας μικροῦ τοῖς ἐπιγείοις παραπλησίας, ἔστι δὲ ὧν καὶ κοινωνίας καὶ ἰδιότητας ἀντιθέτους, ἔν τε εἴδεσι καὶ ὀνόμασιν. σκέψαι μοι καὶ ὀρνέων ἀγέλας, καὶ ποικιλίας ἔν τε σχήμασι καὶ χρώμασι, τῶν τε ἄλλων καὶ τῶν ᾠδικῶν· καὶ τίς τῆς τούτων μελῳδίας ὁ λόγος, καὶ παρὰ τίνος; τίς ὁ δοὺς τέττιγι τὴν ἐπὶ στήθους μαγάδα, καὶ τὰ ἐπὶ τῶν κλάδων ᾄσματά τε καὶ τερετίσματα, ὅταν ἡλίῳ κινῶνται τὰ μεσημβρινὰ μουσουργοῦντες, καὶ καταφωνῶσι τὰ ἄλση, καὶ ὁδοιπόρον ταῖς φωναῖς παραπέμπωσι; τίς ὁ κύκνῳ συνυφαίνων τὴν ᾠδήν, ὅταν ἐκπετάσῃ τὸ πτερὸν ταῖς αὔραις, καὶ ποιῇ μέλος τὸ σύριγμα; ἐῶ γὰρ λέγειν τὰς βιαίους φωνάς, καὶ ὅσα τέχναι σοφίζονται κατὰ τῆς

24. 9 om αποχωρησεις και ce ∥ 10 om μικρου usque ad ιδιοτητας f ∥ 12 ορνιθων be 'Or. 1' ∥ 13 αλλων] αλαλων df ∥ 17 μουσουργουντος e ∥ 18 οδοιπορον] τον οδ. c ∥ παραπεμπουσι e ∥ 19 om την cf

which would be no antithesis to φιλόκ., but '*not given to adorning themselves.*'

24. *The fish; the fowl.*
4. νηκτὴν φ....διολ.] Cp. § 12. Ἱπταμένην '*flying under the liquid element*'; cp. § 16 καθ' ὑδατος.
6. τοῦ ἰδίου ἀ.] Gr. seems to mean the water (ὥσπερ ἡμ. ἐν τοῖς ὕδασι). The gen. is partitive.
10. μικροῦ] '*nearly*'; παραπλ. '*resembling in number,*' '*as numerous as,*'—a signification sometimes found in class. authors; τοῖς ἐπ. for ταῖς τῶν ἐπ.

11. κοινωνίας κ. ἰδ. ἀντ.] '*common features, and peculiarities of an opposing kind.*' Elias is prob. right in referring to the differences between scaly and scaleless, crustaceous and otherwise.
15. μαγάδα] the 'bridge' of a κιθάρα. Gr. treats the τέττιξ as if it were a bird.
16. τερετίσματα] '*chirping.*' Τὰ μεσημβρ. sc. μουσουργήματα.
18. παραπέμπωσι] '*escort.*'
20. τὸ σύριγμα] '*turns his hissing into a melody.*'
21. τὰς βιαίους φ.] '*forced notes*';

ἀληθείας. πόθεν ταῶς, ὁ ἀλαζὼν ὄρνις καὶ Μηδικός, οὕτω φιλόκαλος καὶ φιλότιμος, ὥστε (καὶ γὰρ αἰσθάνεται τοῦ οἰκείου κάλλους), ὅταν ἴδῃ τινὰ πλησιάζοντα, ἢ ταῖς θηλείαις, ὥς φασι, καλλωπίζηται, τὸν αὐχένα διάρας, καὶ τὸ πτερὸν κυκλοτερῶς περιστήσας τὸ χρυσαυγὲς καὶ κατάστερον, θεατρίζει τὸ κάλλος τοῖς ἐρασταῖς μετὰ σοβαροῦ τοῦ βαδίσματος;

Ἡ μὲν οὖν θεία γραφὴ καὶ γυναικῶν θαυμάζει σοφίαν τὴν ἐν ὑφάσμασι, Τίς ἔδωκε, λέγουσα, γυναιξὶν ὑφάσματος σοφίαν καὶ ποικιλτικὴν ἐπιστήμην; ζώου λογικοῦ τοῦτο, καὶ περιττοῦ τὴν σοφίαν, καὶ μέχρι τῶν οὐρανίων ὁδεύοντος.

25. Σὺ δέ μοι θαύμασον καὶ ἀλόγων φυσικὴν σύνεσιν, καὶ τοὺς λόγους παράστησον. πῶς μὲν ὄρνισι καλιαὶ πέτραι τε καὶ δένδρα καὶ ὄροφοι, εἰς ἀσφάλειάν τε ὁμοῦ καὶ κάλλος ἐξησκημέναι, καὶ τοῖς τρεφομένοις ἐπιτηδείως; πόθεν δὲ μελίσσαις τε καὶ ἀράχναις τὸ φιλεργὸν καὶ φιλότεχνον, ἵνα ταῖς μὲν τὰ κηρία πλέκηται καὶ συνέχηται δι' ἑξαγώνων συρίγγων καὶ ἀντιστρόφων, καὶ τὸ ἑδραῖον αὐταῖς διὰ τοῦ μέσου διατειχίσματος καὶ ἀλλαγῆς ἐπιπλεκομένων ταῖς εὐθείαις τῶν γωνιῶν πραγματεύηται,

1 ποθεν+δε e ‖ 2 ωστε] os c ‖ 3 om η bc ‖ 4 καλλωπιζηται] -ζεται bcdf ‖ 6 θεατριζει] -ζη b: -ζειν f ‖ 11 ουρανιων] ουρανων 'in quibusd.' 25. 12 φυσικην] φυσιν και f ‖ συνεσιν] κινησιν b 'tres Colb.' ‖ 13 λογους]+ει δυνασαι df

i.e. the unnatural sounds made by birds which are taught to speak and to whistle.

4. τὸ πτερόν] seems to mean '*his plumage*,' not '*wing*,' as above. So Philostratus says of the peacock, τοῖς ὀφθαλμοῖς τοῦ πτεροῦ τὴν τῶν ἄστρων διακόσμησιν ἀναπλάττεται. Κατάστερον from κατά and ἀστήρ.

6. θεατρίζει] a favourite word of Gr.'s, but not very common elsewhere, '*to show off*,' as upon the stage; cp. Heb. x 33. Σοβαρός, '*pompous*.'

8. καὶ γυναικῶν] Job xxxviii 36 (LXX.). If such skill is wonderful in women, much more in creatures without reason, like the foll.

25. *The sagacity of animals; the bee, the spider, the crane, the ant.*

13. καλιαί] '*bowers*'; a poetical word for 'nests.' It is a somewhat bold phrase to say that they make rocks and trees their nests. Ἐξησκ., cp. § 6 ἤσκ.

18. ἐξ. συρ. κ. ἀντιστρ.] '*by means of hexagonal pipes complementary to each other, and the fabric is secured* (lit. the firmness is effected) *by means of the dividing wall and the combi-*

καὶ ταῦτα ἐν ζοφεροῖς οὕτω τοῖς σίμβλοις καὶ ἀοράτοις
τοῖς πλάσμασιν· αἱ δὲ διὰ λεπτῶν οὕτω καὶ ἀερίων σχεδὸν
τῶν νημάτων πολυειδῶς διατεταμένων πολυπλόκους τοὺς
ἱστοὺς ἐξυφαίνωσι, καὶ ταῦτα ἐξ ἀφανῶν τῶν ἀρχῶν,
5 οἴκησίν τε ὁμοῦ τιμίαν, καὶ θήραν τῶν ἀσθενεστέρων εἰς
τροφῆς ἀπόλαυσιν; ποῖος Εὐκλείδης ἐμιμήσατο ταῦτα,
γραμμαῖς ἐμφιλοσοφῶν ταῖς οὐκ οὔσαις, καὶ κάμνων ἐν ταῖς
ἀποδείξεσι; τίνος Παλαμήδους τακτικὰ κινήματά τε καὶ
σχήματα γεράνων, ὥς φασι, καὶ ταὐτὰ παιδεύματα κινου-
10 μένων ἐν τάξει, καὶ μετὰ ποικίλης τῆς πτήσεως; ποῖοι
Φειδίαι καὶ Ζεύξιδες καὶ Πολύγνωτοι, Παρράσιοί τέ τινες
καὶ Ἀγλαοφῶντες, κάλλη μεθ' ὑπερβολῆς γράφειν καὶ
πλάττειν εἰδότες; τίς Κνώσσιος Δαιδάλου χορὸς ἐναρμόνιος,
νύμφῃ πονηθεὶς εἰς κάλλους περιουσίαν, ἢ λαβύρινθος
15 Κρητικὸς δυσδιέξοδος καὶ δυσέλικτος, ποιητικῶς εἰπεῖν,
καὶ πολλάκις ἀπαντῶν ἑαυτῷ τοῖς τῆς τέχνης σοφί-
σμασι; καὶ σιωπῶ μυρμήκων ταμιεῖά τε καὶ ταμίας, καὶ

2 αι] οι b 'Or. 1' || 4 εξυφαινουσι abf || 5 ασθενων bdef || 6 τροφης] τρυφης 'in quibusd.' || 7 om εν c

nation of the angles with the straight lines.' The 'dividing wall' is perh. the horizontal one between the upper and lower set of cells. But cp. Bas. *Hex.* viii p. 88 (Paris 1638).

1. σίμβλοις] '*hives*'; translate, '*when the hives in which it is done are so dark and the structure itself is invisible.*'

4. ἱστούς] '*webs*'; ἀρχῶν, '*ends*,' as in Acts x 11.

5. τῶν ἀσθενεστέρων] Cp. i 9.

7. γρ. ταῖς οὐκ οὔσαις] '*with his imaginary lines.*'

8. τίνος Παλ. κτλ.] Παλ. depends upon τακτικά; τακτικά is nom. to ἐμιμήσατο understood, and κιν. κ. σχ. acc. after it. The same verb must be supplied for ποῖοι Φειδίαι etc. Ὥς φασι implies (as in § 24) that Gr. himself had not had opportunities of observing the crane and the peacock.

The usual reading ταῦτα παιδ. can only make sense, if at all, if κ. ταῦτα be taken as in § 19, 'and that, when they move': ταὐτά makes good sense, and the καί before it points on to καὶ μετὰ ποικ. '*What Pal. drew up tactics to rival the movements and groupings of the cranes, which, so they tell us, without breaking rank go through the same drill-like movements, in ever so many figures of flight?*'

12. γράφειν κ. πλάττειν] Phidias πλάττειν, the rest γράφειν ᾔδεσαν.

13. Κνώσσιος] at Cnossus, or Gnossus, in Crete; νύμφῃ, Ariadne, see Homer *Il.* xviii 592 foll.

15. δυσέλικτος] '*hard to unwind.*' Gr. apologizes for using so poetical a word.

16. ἀπαντῶν] '*meeting.*'

θησαυρισμὸν τροφῆς τῷ καιρῷ σύμμετρον, τἆλλα τε ὅσα περὶ ὁδῶν καὶ περὶ ἡγουμένων καὶ τῆς ἐν τοῖς ἔργοις εὐταξίας ἔγνωμεν ἱστορούμενα.

26. Εἰ τούτων ἐφικτὸς ὁ λόγος σοι, καὶ τὴν περὶ ταῦτα σύνεσιν ἔγνως, σκέψαι καὶ φυτῶν διαφοράς, μέχρι καὶ τῆς ἐν φύλλοις φιλοτεχνίας πρὸς τὸ ἥδιστόν τε ἅμα ταῖς ὄψεσι καὶ τοῖς καρποῖς χρησιμώτατον. σκέψαι μοι καὶ καρπῶν ποικιλίαν καὶ ἀφθονίαν, καὶ μάλιστα τῶν ἀναγκαιοτάτων τὸ κάλλιστον. καὶ σκέψαι μοι καὶ δυνάμεις ῥιζῶν καὶ χυμῶν καὶ ἀνθέων καὶ ὀδμῶν, οὐχ ἡδίστων μόνον, ἀλλὰ καὶ πρὸς ὑγίειαν ἐπιτηδείων, καὶ χρωμάτων χάριτας καὶ ποιότητας. ἔτι δὲ λίθων πολυτελείας καὶ διαυγείας· ἐπειδή σοι πάντα προὔθηκεν, ὥσπερ ἐν πανδαισίᾳ κοινῇ, ὅσα τε ἀναγκαῖα, καὶ ὅσα πρὸς ἀπόλαυσιν, ἡ φύσις· ἵν᾽, εἰ μή τι ἄλλο, ἐξ ὧν εὐεργετῇ, γνωρίσῃς θεόν, καὶ τῷ δεῖσθαι γένῃ σεαυτοῦ συνετώτερος. ἐντεῦθεν ἔπελθέ μοι γῆς πλάτη καὶ μήκη, τῆς κοινῆς πάντων μητρός, καὶ κόλπους θαλαττίους ἀλλήλοις τε καὶ τῇ γῇ

2 περι ηγουμ.] om περι cd 'tres Colb. Or. 1' **26.** 8 και καρπων] om και c ‖ ποικιλιαν]+τε e ‖ 9 και σκεψαι] om και cdef ‖ 10 χυμων] χυλων def

1. τῷ καιρῷ σύμμετρον] '*proportioned to the time*' for which the food is required.
26. *Plants, stones, earth, and its springs—its medicinal waters—are full of wonders; the stability of the earth, its adaptation of mountain and plain to the convenience of its inhabitants.*
6. τῆς ἐν φύλλοις φιλ.] '*the artistic skill displayed in the leaves.*' They are 'profitable to the fruits' by shading them, as Elias says. Cp. Bas. *Hex.* v κατέσχισται τὸ τῆς ἀμπέλου φύλλον, ἵνα καὶ πρὸς τὰς ἐκ τοῦ ἀέρος βλάβας ὁ βότρυς ἀντέχῃ καὶ τὴν ἀκτῖνα τοῦ ἡλίου διὰ τῆς ἀραιότητος δαψιλῶς ὑποδέχηται.
9. δυνάμεις ῥιζῶν] Wisd. vii 20,— a passage which Gr. has had in view for some time.
12. ποιότητας] rather a curious word to join with χάριτας. The point perh. lies in the plur.; '*the charms of the colours and their varieties of quality.*'
13. πανδαισίᾳ] '*a perfect feast,*' from δαίς.
15. εὐεργετῇ] 2nd per. sing. pres. ind. pass.
18. ἀλλ. κ. τῇ γῇ συνδ.] It is hard to see what Gr. means by this expression. The bays may be said to be connected with the land by the way they run up into it and affect its whole character. Gr. is no doubt thinking of the deeply indented coast of the Aegean. They are con-

συνδεομένους, καὶ ἀλσῶν κάλλη, καὶ ποταμούς, καὶ πηγὰς
δαψιλεῖς τε καὶ ἀενάους, οὐ μόνον ψυχρῶν καὶ ποτίμων
ὑδάτων, καὶ τῶν ὑπὲρ γῆς, ἀλλὰ καὶ ὅσαι ὑπὸ γῆν ῥέουσαι,
καὶ σήραγγάς τινας ὑποτρέχουσαι, εἶτ' ἐξωθούμεναι βιαίῳ
5 τῷ πνεύματι καὶ ἀντιτυπούμεναι, εἶτ' ἐκπυρούμεναι τῷ
σφοδρῷ τῆς πάλης καὶ τῆς ἀντιθέσεως, ὅπη παρείκοι κατὰ
μικρὸν ἀναρρήγνυνται, καὶ τὴν τῶν θερμῶν λουτρῶν χρείαν
ἐντεῦθεν ἡμῖν χαρίζονται πολλαχοῦ τῆς γῆς, καὶ μετὰ τῆς
ἐναντίας δυνάμεως ἰατρείαν ἄμισθον καὶ αὐτόματον. εἰπὲ
10 πῶς καὶ πόθεν ταῦτα—τί τὸ μέγα τοῦτο καὶ ἄτεχνον
ὕφασμα—οὐχ ἧττον ἐπαινετὰ τῆς πρὸς ἄλληλα σχέσεως,
ἢ καθ' ἕκαστον θεωρούμενα; πῶς γῆ μὲν ἔστηκε παγία
καὶ ἀκλινής; ἐπὶ τίνος ὀχουμένη, καὶ τίνος ὄντος τοῦ
ὑπερείδοντος; καὶ τίνος ἐκεῖνο πάλιν; οὐδὲ γὰρ ὁ λόγος
15 ἔχει, ἐφ' ὃ ἐρεισθῇ, πλὴν τοῦ θείου θελήματος. καὶ πῶς

1 συνδεδεμενους de ‖ 2 μονων a ‖ 5 om και αντιτυπουμεναι e ‖ 7 αναρρηγνυνται b: -νυηται e ‖ 15 ο] ῳ d

nected with each other, apparently, because the coasting vessels pass along from bay to bay, rounding the headlands, and plying between the towns that lie in the gulfs. Cp. § 27.

3. *ὑπὸ γῆν*] a special feature of Asia Minor. *Σήραγγες* are '*holes*,' '*passages*.' Gr.'s theory of hot springs is that the water is heated by the violence with which it is forced out of its underground passages, by blasts of air which it encounters. These dash it from side to side and drive it with intense pressure through narrow apertures, until it assumes a very high temperature (*ἐκπυρούμεναι*). "*Ὅπη παρείκοι*, '*wherever possible.*' I do not know whence Gr. obtained this theory. It is not in Arist. *Meteor.* or *de Mundo*, although Arist. has much to say about underground currents of wind, as well as of underground streams. Arist. rightly connects hot springs with volcanic action. But cp. Bas. *Hex.* iv ἐκ τῆς αὐτῆς τοῦ κινοῦντος αἰτίας ζέουσα γίνεται... καὶ πυρώδης.

8. *μ. τ. ἐναντίας δ.*] generally understood to mean 'along with the cold.' This is of course an impossible interp. of the words. The *μετά* is, as frequently in Gr., used in that general sense which includes the instrumental,—like its modern representative *μέ*: cp. § 13 σκοπεῖ μετὰ τῆς ἰδ. ἀσθενείας, § 21 προσβ. μετὰ τῶν αἰσθήσεων, § 28 μεθ' οὗ λόγος. So here it will mean '*with their contrary* (i.e. corrective) *force*.'

10. *ἄτεχνον ὑφ.*] a kind of oxymoron. Gr. uses ὑφαίνειν in a wide way, without any notion of '*weaving*'; e.g. § 24 συνυφαίνων τὴν ᾠδήν.

11. *ἐπαινετά*] agrees with ταῦτα, the question τί τὸ μέγα κτλ. being parenthetical. Τῆς σχέσ. depends on ἐπαιν., '*to be praised for, in reference to, their correlation to each other.*'

14. *οὐδὲ γὰρ ὁ λόγος κτλ.*] 'reason knows of nothing for it (the earth) to rest upon.'

ἡ μὲν εἰς ὀρῶν κορυφὰς ἀνηγμένη, ἡ δὲ εἰς πεδία καθεζομένη,
καὶ τοῦτο πολυειδῶς καὶ ποικίλως, καὶ ταῖς κατ᾽ ὀλίγον
ἐναλλαγαῖς μεθισταμένη, πρός τε τὴν χρείαν ἐστὶν ἀφθο-
νωτέρα, καὶ τῷ ποικίλῳ χαριεστέρα; καὶ ἡ μὲν εἰς οἰκήσεις
νενεμημένη, ἡ δὲ ἀοίκητος, ὅσην αἱ ὑπερβολαὶ τῶν ὀρῶν 5
ἀποτέμνονται, καὶ ἄλλη πρὸς ἄλλο τι πέρας σχιζομένη καὶ
ἀποβαίνουσα, τῆς τοῦ θεοῦ μεγαλουργίας ἐναργέστατόν
ἐστι γνώρισμα;

27. Θαλάττης δέ, εἰ μὲν μὴ τὸ μέγεθος εἶχον θαυμάζειν,
ἐθαύμασα ἂν τὸ ἥμερον, καὶ πῶς ἵσταται λελυμένη τῶν 10
ἰδίων ὅρων ἐντός· εἰ δὲ μὴ τὸ ἥμερον, πάντως τὸ μέγεθος.
ἐπεὶ δὲ ἀμφότερα, τὴν ἐν ἀμφοτέροις δύναμιν ἐπαινέσομαι.
τί τὸ συναγαγόν; τί τὸ δῆσαν; πῶς ἐπαίρεταί τε καὶ
ἵσταται, ὥσπερ αἰδουμένη τὴν γείτονα γῆν; πῶς καὶ
δέχεται ποταμοὺς ἅπαντας, καὶ ἡ αὐτὴ διαμένει διὰ πλήθους 15
περιουσίαν, ἢ οὐκ οἶδ᾽ ὅτι χρὴ λέγειν; πῶς ψάμμος ὅριον
αὐτῇ, τηλικούτῳ στοιχείῳ; ἔχουσί τι λέγειν οἱ φυσικοὶ
καὶ σοφοὶ τὰ μάταια, καὶ κυάθῳ μετροῦντες ὄντως τὴν
θάλασσαν, τὰ τηλικαῦτα ταῖς ἑαυτῶν ἐπινοίαις; ἢ συντόμως
ἐγὼ παρὰ τῆς γραφῆς τοῦτο φιλοσοφήσω καὶ τῶν μακρῶν 20
λόγων πιθανώτερόν τε καὶ ἀληθέστερον; Πρόσταγμα

27. 15 απαντας] παντας bdef || om η e

2. τ. κατ᾽ ὀ. ἐναλλ. μεθ.] Mountain passes into plain by degrees.
4. εἰς οἰκ. νενεμ.] 'occupied for habitations.'
5. ὅσην] rel. to antec. ἡ δὲ ἀοίκ., 'where the too great height of the mountains cuts it off'; the mountains are regarded as *appropriating* the space (mid.).
6. καὶ ἄλλη κτλ.] 'and one part is severed from another and comes to a different bound,' such as the Atlantic or the Indian Ocean. Cp. Acts xxvi 27.
27. *The sea, the rivers.*
10. ἵσταται λελ.] '*it lies at ease,*' opp. to being gathered up in stormy waves. It almost looks as if by μέγεθος Gr. meant the sea in storm (? '*height*').
15. ποταμοὺς ἅπ.] Cp. Eccl. i 7; but Gr. prob. draws the thought from Aristotle.
16. περιουσίαν] Cp. § 25. If that be not the reason, Gr. knows no other (ἢ οὐκ οἶδ.). Cp. § 30.
ib. ὅριον] Jer. v 22.
19. τὰ τηλ.] in app. to τὴν θάλ., ταῖς ἑ. ἐπ. to κυάθῳ. The proverb has been embodied in a pretty legend about St Austin.
20. παρὰ τῆς γρ.] '*from Scripture,*' 'by borrowing the words of Scr.' Job xxvi 10. Γύρῳ, '*to round.*'

ἐγύρωσεν ἐπὶ πρόσωπον ὕδατος. τοῦτο τῆς ὑγρᾶς φύσεως ὁ δεσμός. πῶς δὲ τὸν χερσαῖον ναυτίλον ἄγει ξύλῳ μικρῷ καὶ πνεύματι,—τοῦτο οὐ θαυμάζεις ὁρῶν; οὐδ' ἐξίσταταί σου ἡ διάνοια;—ἵνα γῆ καὶ θάλασσα δεθῶσι ταῖς χρείαις
5 καὶ ταῖς ἐπιμιξίαις, καὶ εἰς ἓν ἔλθῃ τῷ ἀνθρώπῳ τὰ τοσοῦτον ἀλλήλων διεστηκότα κατὰ τὴν φύσιν; τίνες δὲ πηγῶν αἱ πρῶται πηγαί, ζήτησον, ἄνθρωπε, εἴ τί σοι τούτων ἐξιχνεῦσαι ἢ εὑρεῖν δυνατόν. καὶ τίς ὁ ποταμοῖς σχίσας καὶ πεδία καὶ ὄρη, καὶ δοὺς τὸν δρόμον ἀκώλυτον;
10 καὶ πῶς ἐκ τῶν ἐναντίων τὸ θαῦμα, μήτε θαλάσσης ἐπεξιούσης, μήτε ποταμῶν ἱσταμένων; τίς δὲ ἡ τῶν ὑδάτων τροφή, καὶ τί τὸ ταύτης διάφορον, τῶν μὲν ἄνωθεν ἀρδομένων, τῶν δὲ ταῖς ῥίζαις ποτιζομένων, ἵνα τι καὶ αὐτὸς κατατρυφήσω τοῦ λόγου, θεοῦ τὴν τρυφὴν ἐξηγούμενος;

15 28. Ἄγε δὴ γῆν ἀφεὶς καὶ τὰ περὶ γῆν, πρὸς τὸν ἀέρα κουφίσθητι τοῖς τῆς διανοίας πτεροῖς, ἵνα σοι καθ' ὁδὸν ὁ λόγος προίῃ· κἀκεῖθεν ἀνάξω σε πρὸς τὰ οὐράνια, καὶ τὸν οὐρανὸν αὐτόν, καὶ τὰ ὑπὲρ οὐρανόν. καὶ τοῖς ἑξῆς ὀκνεῖ μὲν προσβῆναι ὁ λόγος, προσβήσεται δὲ ὅμως
20 ὁπόσον ἔξεστι. τίς ὁ χέας ἀέρα, τὸν πολὺν τοῦτον πλοῦτον

8 ποταμοῖς] -μους abcef ‖ 14 om την cdf   **28.** 17 προιη] προηει e   20 πλουτον τουτον e

1. τοῦτο] sc. τὸ πρόσταγμα.
2. τὸν χερσ. ναυτ.] There is prob. no direct ref. to the shell-fish called a nautilus, which only bears that name because of its similarity to a man in a sailing boat. By '*the land mariner*' Gr. means the land animal which nevertheless finds a home on the sea. At the same time the word ναυτίλος had become so exclusively poetical as applied to men and ships, and so recognised a name for the shell-fish, that the addition of χ. was necessary to prevent a moment's mistake. Ἄγει sc. ἡ θάλασσα.
4. δεθῶσι] Cp. § 26. Χρείαις κ. ἐπ. almost '*demand and supply.*'
8. ποταμοῖς] '*for the rivers,*' not

'with,' in spite of Hab. iii 9.
10. ἐπεξιούσης] '*break out.*'
11. ἡ τῶν ὑδ. τροφή] '*how are the waters fed?*' The metaphor was more 'luxuriant' in Greek than in English, and Gr. proceeds, with an apology, to develope it. Some of them, he says, are 'watered from above,' i.e. are fed by rain-water, others (and this is the climax of the 'luxuriance') '*drink with their roots,*' i.e. are fed by springs from underground. These last Gr. had learned from Arist. to be connected with the sea.
28. *The air, and all the phenomena of meteorology.*
16. καθ' ὁδόν] '*in due order,*' 'methodically'; Plat. *Rep.* 435 A.

καὶ ἄφθονον, οὐκ ἀξίαις, οὐ τύχαις μετρούμενον, οὐχ ὅροις κρατούμενον, οὐχ ἡλικίαις μεριζόμενον, ἀλλὰ κατὰ τὴν τοῦ μάννα διανομὴν αὐταρκείᾳ περιλαμβανόμενον καὶ ἰσομοιρίᾳ τιμώμενον· τὸ τῆς πτηνῆς φύσεως ὄχημα, τὴν ἀνέμων ἕδραν, τὴν ὡρῶν εὐκαιρίαν, τὴν ζώων ψύχωσιν, μᾶλλον δὲ τῆς ψυχῆς πρὸς τὸ σῶμα συντήρησιν, ἐν ᾧ σώματα, καὶ μεθ' οὗ λόγος, ἐν ᾧ φῶς καὶ τὸ φωτιζόμενον, καὶ ἡ ὄψις ἡ δι' αὐτοῦ ῥέουσα; σκόπει δέ μοι καὶ τὰ ἑξῆς· οὐ γὰρ συγχωροῦμαι τῷ ἀέρι δοῦναι τὴν ἅπασαν δυναστείαν τῶν τοῦ ἀέρος εἶναι νομιζομένων. τίνα μὲν ἀνέμων ταμιεῖα; τίνες δὲ θησαυροὶ χιόνος; τίς δὲ ὁ τετοκὼς βώλους δρόσου, κατὰ τὸ γεγραμμένον; ἐκ γαστρὸς δὲ τίνος ἐκπορεύεται κρύσταλλος; τίς ὁ δεσμεύων ὕδωρ ἐν νεφέλαις, καὶ τὸ μὲν ἱστὰς ἐπὶ τῶν νεφελῶν—ὢ τοῦ θαύματος—λόγῳ κρατουμένην φύσιν τὴν ῥέουσαν, τὸ δὲ ἐκχέων ἐπὶ πρόσωπον πάσης τῆς γῆς, καὶ σπείρων καιρίως καὶ ὁμοτίμως, καὶ οὔτε ἀφιεὶς ἅπασαν τὴν ὑγρὰν οὐσίαν ἐλευθέραν καὶ ἄσχετον,—ἀρκεῖ γὰρ ἡ ἐπὶ Νῶε κάθαρσις, καὶ τῆς ἑαυτοῦ διαθήκης οὐκ ἐπιλήσμων ὁ ἀψευδέστατος,—οὔτε ἀνέχων

11 τινες δε] om δε ef ‖ 13 τις]+δε e ‖ 15 κρατουμενην]+την 'Reg. Cypr.' ‖ 17 ουτε] ουδε abef ‖ απασαν] απασι 'Reg. Cypr.'

1. οὐκ ἀξίαις] '*by deserts*'; Matt. v 45; or perh. '*by differences of rank*.' Τύχαις, '*by fortunes*.' Ἡλ., coming after ὅροις, may mean 'ages' in the sense of a measurement of time, '*to certain generations*.'
2. τοῦ μάννα] Ex. xvi 18.
3. αὐταρκείᾳ π.] '*freely taken in*'; no leave has to be asked, and ἰσομ. τιμώμ. '*each man's share is of equal value*'; lit. '*assessed at an equality of partition*.'
5. εὐκαιρίαν] The air is said to be the '*suitableness of seasons*' because the suitableness of seasons depends upon atmospheric conditions.
7. μεθ' οὗ λόγος] '*with which (cp. § 26) we speak*.'

9. οὐ γὰρ συγχωρ.] acc. to Elias, directed against Arist. (presumably de Mund. 4).
11. θησαυροὶ χιόνος] Job xxxviii 22.
ib. τίς ὁ τετοκώς κτλ.] Job xxxviii 28, 29.
13. δεσμεύων ὕδ.] Job xxvi 8.
14. τὸ μὲν ἱστάς] τὸ μὲν and τὸ δέ appear to be 'part' and 'part' of the water thus 'bound up.' In that case φύσιν is in app. to τὸ μέν.
15. ἐπὶ πρόσωπον π. τ. γ.] Scriptural language, but not a definite quotation.
16. ὁμοτίμως] Elias rightly refers to Matt. v 45.
19. διαθήκης] Gen. ix 12.

παντάπασιν, ἵνα μὴ πάλιν Ἡλίου τινὸς δεηθῶμεν, τὴν
ξηρότητα λύοντος· Ἐὰν κλείσῃ, φησί, τὸν οὐρανόν, τίς
ἀνοίξει; ἐὰν δὲ ἀνοίξῃ τοὺς καταράκτας, τίς συνέξει; τίς
οἴσει τὴν ἐπ' ἀμφότερα τοῦ ὑετίζοντος ἀμετρίαν, ἐὰν μὴ
5 τοῖς ἑαυτοῦ μέτροις καὶ σταθμοῖς διεξαγάγῃ τὰ σύμπαντα;
τί μοι φιλοσοφήσεις περὶ ἀστραπῶν καὶ βροντῶν, ὦ
βροντῶν ἀπὸ γῆς σὺ καὶ οὐδὲ μικροῖς σπινθῆρσι τῆς
ἀληθείας λαμπόμενε; τίνας ἀτμοὺς ἀπὸ γῆς αἰτιάσῃ νέφους
δημιουργούς, ἢ ἀέρος πύκνωσίν τινα, ἢ νεφῶν τῶν μανο-
10 τάτων θλίψιν ἢ σύρρηξιν, ἵνα ἡ μὲν θλίψις σοι τὴν
ἀστραπήν, ἡ δὲ ῥῆξις τὴν βροντὴν ἀπεργάσηται; ποῖον
δὲ πνεῦμα στενοχωρούμενον, εἶτα οὐκ ἔχον διέξοδον, ἵνα
ἀστράψῃ θλιβόμενον, καὶ βροντήσῃ ῥηγνύμενον; εἰ τὸν
ἀέρα διῆλθες τῷ λογισμῷ, καὶ ὅσα περὶ ἀέρα, ψαῦσον ἤδη
15 σὺν ἐμοὶ καὶ οὐρανοῦ καὶ τῶν οὐρανίων. πίστις δὲ ἀγέτω
πλέον ἡμᾶς ἢ λόγος, εἴπερ ἔμαθες τὸ ἀσθενὲς ἐν τοῖς
ἐγγυτέρω, καὶ λόγον ἔγνως τὸ γνῶναι τὰ ὑπὲρ λόγον, ἵνα
μὴ παντελῶς ἐπίγειος ᾖς ἢ περίγειος, ἀγνοῶν καὶ αὐτὸ
τοῦτο, τὴν ἄγνοιαν.

20   29. Τίς περιήγαγεν οὐρανόν, ἔταξεν ἀστέρας; μᾶλλον
δὲ τί πρὸ τούτων οὐρανὸς καὶ ἀστέρες ἔχοις ἂν εἰπεῖν

5 διεξαγη ce 'Reg. a Or. 1' ‖ 8 λαμπομενος def ‖ απο] επι 'Or. 1' ‖
9 μανωτατων cdf ‖ 17 το] τω ef

1. Ἡλίου τ.] 1 Kings xviii 45.
2. κλείσῃ] Job xii 14. Gr. adds τὸν οὐρ.
3. ἀνοίξῃ τοὺς κ.] Gen. vii 11; cp. Mal. iii 10. Συνέξει, Gen. viii 2.
4. οἴσει] 'shall bear'; τὴν ἐπ' ἀ. ἀμετρίαν means of course excess in giving too much or too little.
5. μέτροις κ. σταθμ.] Job xxviii 25.
8. τίνας ἀτμούς] directed against Arist. Meteor. i 4.
9. μανοτάτων] μανός (the quantity of the a is variable) = 'rare,' as opp. to 'dense.' The interjection of τῶν μ. is, of course, Gr.'s form of counter argument. The clouds are too 'rare' to produce such effects.
17. λόγον ἔγνως κτλ.] 'know that it is reason to know the things above reason.' Something like St Austin's Credo ut intellegam.
18. ἐπίγ. ἢ περίγ.] 'on the earth or concerned with the earth, ignorant even of your ignorance.' Cp. Plat. Leg. ix 863 C.
29. The heavens, the sun.
20. περιήγαγεν] 'made it revolve'; cp. § 30.

ὁ μετέωρος, ὁ τὰ ἐν ποσὶν ἀγνοῶν, καὶ οὐδὲ σεαυτὸν μετρῆσαι δυνάμενος, τὰ δὲ ὑπὲρ τὴν σὴν φύσιν πολυπραγμονῶν, καὶ κεχηνὼς εἰς τὰ ἄμετρα; ἔστω γάρ σε κύκλους καὶ περιόδους καὶ πλησιασμοὺς καὶ ἀποχωρήσεις καταλαμβάνειν, ἐπιτολὰς καὶ ἀνατολάς, καὶ μοίρας τινὰς καὶ λεπτότητας, καὶ ὅσοις σὺ τὴν θαυμασίαν σου ταύτην ἐπιστήμην ἀποσεμνύνεις· οὔπω τοῦτο κατάληψις τῶν ὄντων ἐστίν, ἀλλὰ κινήσεώς τινος ἐπιτήρησις, ἢ πλείονι γυμνασίᾳ βεβαιωθεῖσα, καὶ εἰς ἓν ἀγαγοῦσα τὰ τηρηθέντα πλείοσιν, εἶτα λόγον ἐπινοήσασα, ἐπιστήμη προσηγορεύθη· ὥσπερ τὰ περὶ σελήνην παθήματα γνώριμα γέγονε τοῖς πολλοῖς, τὴν ὄψιν ἀρχὴν λαβόντα τῆς γνώσεως. σὺ δέ, εἰ λίαν ἐπιστήμων εἶ τούτων, καὶ δικαίως ζητεῖς θαυμάζεσθαι, εἰπὲ τίς ἡ τῆς τάξεως αἰτία καὶ τῆς κινήσεως; πόθεν ἥλιος φρυκτωρεῖ πάσῃ τῇ οἰκουμένῃ καὶ πάσαις ὄψεσιν, ὥσπερ χοροῦ τινὸς κορυφαῖος, πλέον τοὺς ἄλλους ἀστέρας ἀποκρύπτων φαιδρότητι ἢ τινες ἐκείνων ἑτέρους; ἀπόδειξις δέ, οἱ μὲν ἀντιλάμπουσιν, ὁ δὲ ὑπερλάμπει, καὶ οὐδὲ ὅτι συνανίσχουσιν ἐᾷ γνωρίζεσθαι, καλὸς ὡς νυμφίος, ταχὺς ὡς γίγας καὶ μέγας· οὐδὲ γὰρ ἀνέχομαι ἄλλοθεν ἢ τοῖς

29. 16 κορυφαιου e

3. κύκλους κτλ.] 'revolutions, and orbits, and conjunctions (lit. approaches), and separations (departures), and risings (there seems to be no difference between ἐπιτ. and ἀνατ.), and degrees (in the astronomical sense) as they call them (τινάς), and subtleties.' Perh. the last word has ref. to the speculations about the 'aether.' But as λεπτὸν appears to be used in the astronomical sense of a 'minute,' it is possible that Gr. may intend λ. here in that sense.

8. ἐπιτήρησις] There could hardly be a better description of inductive science.

11. ὥσπερ τὰ περὶ σ. π.] 'as, for instance, what happens to the moon has become a piece of general knowledge, a knowledge arising in the first instance from ocular observation.' Παθήμ., cp. § 30 πάθη.

15. φρυκτωρεῖ] 'gives the fiery signal.'

18. οἱ μὲν ἀντιλάμπ.] 'they shine against him, but he outshines them, and does not suffer even their rising with him to be perceived'; when his light might be thought not to have gained its full strength.

19. ὡς νυμφίος...γίγας] Ps. xviii 6 (xix 5).

20. ἄλλοθεν ἢ τοῖς ἐμοῖς] i.e. from pagan sources; cp. ἀλλότριος §§ 16, 30. Ἀποσεμν. 'to glorify.'

ἐμοῖς τοῦτον ἀποσεμνύνειν· τοσοῦτος τὴν δύναμιν, ὥστε
ἀπ' ἄλλων ἄκρων ἄλλα τῇ θερμότητι καταλαμβάνειν, καὶ
μηδὲν διαφεύγειν αὐτοῦ τὴν αἴσθησιν, ἀλλὰ πᾶσαν πλη-
ροῦσθαι καὶ ὄψιν φωτὸς καὶ σωματικὴν φύσιν θερμότητος·
5 θέροντος, ἀλλ' οὐ φλέγοντος, εὐκρασίας ἡμερότητι καὶ
τάξει κινήσεως, ὡς πᾶσι παρόντος, καὶ πάντα ἐπίσης
περιλαμβάνοντος.

30. Ἐκεῖνο δέ σοι πηλίκον, εἰ κατενόησας· Τοῦτο ἐν
αἰσθητοῖς ἥλιος, ὅπερ ἐν νοητοῖς θεός, ἔφη τις τῶν ἀλλο-
10 τρίων. αὐτὸς γὰρ ὄψιν φωτίζων, ὥσπερ ἐκεῖνος νοῦν·
αὐτὸς καὶ τῶν ὁρωμένων ἐστὶ τὸ κάλλιστον, ὥσπερ ἐκεῖνος
τῶν νοουμένων. ἀλλὰ τί τὸ κινῆσαν αὐτὸν ἀπ' ἀρχῆς; τί
δὲ τὸ ἀεὶ κινοῦν καὶ περιάγον ἑστῶτα λόγῳ καὶ μὴ
κινούμενον, ὄντως ἀκάμαντα, καὶ φερέσβιον, καὶ φυσίζωον,
15 καὶ ὅσα ποιηταῖς ὕμνηται κατὰ λόγον, καὶ μήτε τῆς ἑαυτοῦ
φορᾶς ποτὲ μήτε τῶν εὐεργεσιῶν ἱστάμενον; πῶς ἡμέρας
δημιουργὸς ὑπὲρ γῆς καὶ νυκτὸς ὑπὸ γῆν; ἢ οὐκ οἶδ' ὅ τι
χρὴ λέγειν ἡλίῳ προσβλέψαντα. τίς ἡ τούτων πρόσλη-
ψίς τε καὶ ἀνθυφαίρεσις, καὶ ἡ τῆς ἀνισότητος ἰσότης, ἵν'
20 εἴπω τι καὶ παράδοξον; πῶς δὲ ὡρῶν ποιητής τε καὶ

5 θεροντος] θερμαινοντος e: θαλποντος 'El.' ‖ 7 περιλαμβανοντος] περι-
λαμποντος 'tres Colb.' **30.** 11 om και f ‖ 13 δε] δαι df ‖ 15 υμνειται e ‖
μητε] μηποτε 'in quibusd.'

2. ἀπ' ἄλλων ἄκρων] 'from one end he reaches another with his heat.' Ἄκρον is the LXX. word in Ps. xviii 7 (xix 6). The following words are not a quotation, but only an allusion to those of the Ps.
5. θέροντος] 'warming.'
30. *The sun; day and night, the seasons; the moon and stars.*
8. ἐκεῖνο] the thought expressed in the following words.
ib. τοῦτο ἐν αἰσθ.] Plato *Rep.* vi 508 C.
13. ἑστῶτα λόγῳ] while fixed in the law which governs him; λόγῳ as e.g. in § 16 πᾶσι λόγον ἐνθείς.
14. ἀκάμαντα] Hom. *Il.* xviii 239, '*untiring*'; φερέσβιον, '*bringing the means of life*'; φυσίζωον '*life-begetting*.' It has not yet been ascertained what poet applies the last two epithets to the sun.
15. κατὰ λόγον] '*reasonably*,' '*rightly*.' Φορᾶς, '*movement*.'
17. ἢ οὐκ οἶδ'] Cp. § 27.
18. πρόσλ. τε κ. ἀνθυφ.] '*the increase and corresponding diminution*' of day and night. Ἀνισ. ισότης; at the end of the year neither has gained upon the other.

μεριστής, εὐτάκτως ἐπιγινομένων τε καὶ ἀπογινομένων, καὶ ὥσπερ ἐν χορῷ συμπλεκομένων ἀλλήλαις καὶ διισταμένων, τὸ μὲν φιλίας νόμῳ, τὸ δὲ εὐταξίας, καὶ κατὰ μικρὸν κιρναμένων, καὶ ταῖς ἐγγύτησι κλεπτομένων ταὐτὸν ἡμέραις τε καὶ νυξίν, ἵνα μὴ τῇ ἀηθείᾳ λυπήσωσιν; ἀλλ' 5 ἴτω μὲν ἡμῖν ἥλιος· σὺ δὲ ἔγνως σελήνης φύσιν, καὶ πάθη, καὶ μέτρα φωτός, καὶ δρόμους, καὶ πῶς ὁ μὲν ἡμέρας ἔχει τὴν δυναστείαν, ἡ δὲ νυκτὸς προκαθέζεται, καὶ ἡ μὲν θηρίοις δίδωσι παρρησίαν, ὁ δὲ ἄνθρωπον ἐπὶ τὸ ἔργον ἀνίστησιν, ἢ ὑψούμενος ἢ ταπεινούμενος πρὸς τὸ χρησιμώτατον; 10 συνῆκας δὲ δεσμὸν Πλειάδος ἢ φραγμὸν Ὠρίωνος, ὡς ὁ ἀριθμῶν πλήθη ἄστρων καὶ πᾶσιν αὐτοῖς ὀνόματα καλῶν, καὶ δόξης ἑκάστου διαφοράν, καὶ τάξιν κινήσεως, ἵνα σοι πιστεύσω διὰ τούτων πλέκοντι τὰ ἡμέτερα καὶ κατὰ τοῦ κτίστου τὴν κτίσιν ὁπλίζοντι; 15

31. Τί λέγεις; ἐνταῦθα στησόμεθα τοῦ λόγου μέχρι τῆς ὕλης καὶ τῶν ὁρωμένων; ἢ ἐπειδὴ τοῦ κόσμου παντὸς ἀντίτυπον τὴν Μωυσέως σκηνὴν οἶδεν ὁ λόγος, τοῦ ἐξ ὁρατῶν τε καὶ ἀοράτων λέγω συστήματος, τὸ πρῶτον

5 αηθεια] αληθεια de 'El.' ‖ 6 om ημιν bf ‖ φυσιν] λυσιν 'Reg. Cypr.'
31. 17 om η be ‖ 19 συστηματος]+η be

2. συμπλεκ. κ. διιστ.] The seasons lock one another in embrace, because there is no sharp line of demarcation between them, and then part. The poetical preacher sees in the first action a law of love, in the second, of order.

4. ταῖς ἐγγύτησι] '*by their close approach to each other* (the pl. indicates the nearness of each to the next) *filching from each other* (mid.) *as much* and as little *as day and night do, in order not to distress us by anything startling* (lit. by the unaccustomedness, which would mark a different kind of transition).'

6. πάθη] Cp. § 29 παθήματα.

7. ἡμέρας...δυν.] a ref. to Gen. i 16, 18 (Ps. cxxxvi 7); but δυν. does not occur in the LXX. there.

8. θηρίοις κτλ.] a ref. to Ps. ciii (civ) 20—23.

11. συνῆκας κτλ.] Job xxxviii 31.
ib. ὁ ἀριθμῶν κτλ.] Ps. cxlvi (cxlvii) 4.

13. δόξης...διαφ.] 1 Cor. xv 41.

14. διὰ τούτων πλ. τ. ἡμ.] the astrologer.

31. *The spiritual beings who people heaven.*

16. μέχρι] Cp. § 9.

17. τ. κόσμου π. ἀντ.] The παντὸς is placed emphatically; the type includes the unseen as well as the seen. Ὁ λόγος, '*our reason*.' Gr. does not refer to any passage of Scripture; it was the traditional interp. of his time. See however

καταπέτασμα διασχόντες, καὶ ὑπερβάντες τὴν αἴσθησιν, εἰς τὰ ἅγια παρακύψωμεν, τὴν νοητὴν φύσιν καὶ ἐπουράνιον; οὐκ ἔχομεν οὐδὲ ταύτην ἀσωμάτως ἰδεῖν, εἰ καὶ ἀσώματος, πῦρ καὶ πνεῦμα προσαγορευομένην ἢ γινομένην.
5 ποιεῖν γὰρ λέγεται τοὺς ἀγγέλους αὐτοῦ πνεύματα, καὶ τοὺς λειτουργοὺς αὐτοῦ πυρὸς φλόγα· εἰ μὴ ποιεῖν μέν ἐστι τὸ συντηρεῖν τῷ λόγῳ, καθ᾿ ὃν ἐγένοντο. πνεῦμα δὲ ἀκούει καὶ πῦρ· τὸ μὲν ὡς νοητὴ φύσις, τὸ δὲ ὡς καθάρσιος· ἐπεὶ καὶ τῆς πρώτης οὐσίας τὰς αὐτὰς οἶδα κλήσεις.
10 πλὴν ἡμῖν γε ἀσώματος ἔστω, ἢ ὅτι ἐγγύτατα. ὁρᾷς ὅπως ἰλιγγιῶμεν περὶ τὸν λόγον, καὶ οὐκ ἔχομεν οἷ προέλθωμεν, ἢ τοσοῦτον ὅσον εἰδέναι ἀγγέλους τινὰς καὶ ἀρχαγγέλους, θρόνους, κυριότητας, ἀρχάς, ἐξουσίας, λαμπρότητας, ἀναβάσεις, νοερὰς δυνάμεις, ἢ νόας, καθαρὰς φύσεις καὶ
15 ἀκιβδήλους, ἀκινήτους πρὸς τὸ χεῖρον ἢ δυσκινήτους, περὶ τὸ πρῶτον αἴτιον ἀεὶ χορευούσας· ἢ πῶς ἄν τις αὐτὰς ἀνυμνήσειεν, ἐκεῖθεν ἐλλαμπομένας τὴν καθαρωτάτην

2 παρακυψωμεν ?cd || 8 το δε] τω δε a || καθαρσιος] καθαρσις 'in quibusd.' || 9 επει] επειδη 'Reg. a' || om τας e || 11 προσελθωμεν f

Wisd. ix 8 (xviii 24) and cp. Westcott *Hebrews* p. 237 foll.
1. διασχόντες] Cp. § 3.
3. εἰ καὶ ἀσώματος] sc. εἴη. Gr. will not pronounce upon the question whether the heavenly φύσις, i.e. the angels, are incorporeal or not (cp. § 8); but, even if they are, we cannot conceive of them except through corporeal images (cp. §§ 12, 13), such as are suggested by the language of Scripture.
4. προσαγ. ἢ γιν.] '*is called, or is made.*'
5. ποιεῖν γ. λέγεται] Ps. ciii (civ) 4, Heb. i 7.
6. εἰ μὴ ποιεῖν] '*unless by "making" is meant keeping them to the law of their original creation.*' To 'make' the angels winds suggests a change in their mode of existence; but Gr. thinks that it may denote what is contained in the original act of creation, and not something subsequent.
8. ἀκούει] *audit*, 'it is called.'
9. τῆς π. οὐσίας] sc. θεοῦ; cp. § 7.
11. ἰλιγγιῶμεν] Cp. § 21.
13. λαμπρότητας, ἀναβάσεις] It seems as if these, like the foregoing, were recognised titles for spiritual beings; but they do not appear to be used by any other of the Fathers. Ἀνάβασις is a strange designation for a personal being, and, if it were not for the ν. δυν. which follows, it might have been thought that Gr. had turned from the angelic beings to their actions, and that ἀναβ. referred (as perh. it does in any case) to Jacob's dream.
14. νόας] acc. pl. of νοῦς.

ἔλλαμψιν, ἢ ἄλλως ἄλλην κατὰ τὴν ἀναλογίαν τῆς φύσεως
καὶ τῆς τάξεως· τοσοῦτον τῷ καλῷ μορφουμένας καὶ
τυπουμένας, ὥστε ἄλλα γίνεσθαι φῶτα καὶ ἄλλους φωτί-
ζειν δύνασθαι ταῖς τοῦ πρώτου φωτὸς ἐπιρροαῖς τε καὶ
διαδόσεσι· λειτουργοὺς θείου θελήματος, δυνατὰς ἰσχύι 5
φυσικῇ τε καὶ ἐπικτήτῳ, πάντα ἐπιπορευομένας, πᾶσι
πανταχοῦ παρούσας ἑτοίμως, προθυμίᾳ τε λειτουργίας καὶ
κουφότητι φύσεως· ἄλλας ἄλλο τι τῆς οἰκουμένης μέρος
διειληφυίας, ἢ ἄλλῳ τινὶ τοῦ παντὸς ἐπιτεταγμένας, ὡς
οἶδεν ὁ ταῦτα τάξας καὶ διορίσας· πάντα εἰς ἓν ἀγούσας, 10
πρὸς μίαν σύννευσιν τοῦ τὰ πάντα δημιουργήσαντος·
ὑμνῳδοὺς θείας μεγαλειότητος, θεωροὺς δόξης ἀϊδίου καὶ
ἀϊδίως, οὐχ ἵνα δοξασθῇ θεός,—οὐ γὰρ ἔστιν ὃ προστεθήσε-
ται τῷ πλήρει, τῷ καὶ τοῖς ἄλλοις χορηγῷ τῶν καλῶν,—
ἀλλ' ἵνα μὴ λείπῃ τὸ εὐεργετεῖσθαι καὶ ταῖς πρώταις μετὰ 15
θεὸν φύσεσι· ταῦτα εἰ μὲν πρὸς ἀξίαν ὕμνηται, τῆς
τριάδος ἡ χάρις, καὶ τῆς μιᾶς ἐν τοῖς τρισὶ θεότητος· εἰ
δὲ τῆς ἐπιθυμίας ἐνδεέστερον, ἔχει τὸ νικᾶν καὶ οὕτως ὁ
λόγος. τοῦτο γὰρ ἠγωνίζετο παραστῆσαι, ὅτι νοῦ κρείττων

4 τοῦ πρώτου usque ad fin. desunt in a ‖ 14 om τοῖς c

1. ἢ ἄλλως ἄ.] The ἢ offers an alternative or correction to the sup. τὴν καθ. Cp. § 4.
3. ἄλλα γ. φῶτα] 'become in their turn lights,'—ἄλλα in respect of the πρῶτον φῶς.
5. δυνατὰς ἰσχύι] Ps. cii (ciii) 20.
6. πᾶσι πανταχοῦ] Gr. does not of course mean at the same time; ἑτοίμως shews it.
8. ἄλλας ἄλλο τι] Cp. Deut. xxxii 8 (LXX.), Dan. x 13, 20, 21. Διειλ. 'having severally received.'
9. ἢ ἄλλῳ τινί] 'or (if not a portion of the inhabited globe) set over some other part of the universe,' e.g. a star.
10. εἰς ἕν] 'bringing all into unity, with reference to the approval, for which alone they care (μίαν),' etc.
13. οὐχ ἵνα δ. θ.] In scriptural language the reverse might as truly have been said.
14. τῷ πλήρει] Cp. § 11.
15. ἵνα μὴ λείπῃ κτλ.] 'but that even these first beings after God may never fail to be the recipients of benefits.' They might have seemed too great to receive anything.
18. καὶ οὕτως] Even if he does not speak as well as he wished, Gr. has gained his point, viz. to shew that even the angels are beyond our understanding; much more (μὴ ὅτι, cp. § 11) God Himself.

καὶ ἡ τῶν δευτέρων φύσις, μὴ ὅτι τῆς πρώτης καὶ μόνης, ὀκνῶ γὰρ εἰπεῖν, ὑπὲρ ἅπαντα.

2 απαντα] απαντας 'Reg. Cypr.'

1. τῆς πρ. κ. μ.] Unless we are to suppose that there is some irregularity in the grammar, we must supply φύσεως, so that the clause, if written out in full, would run μὴ εἰπεῖν ὅτι ἡ τῆς πρώτης κ. μ. φύσεως φύσις.

2. ὀκνῶ γὰρ εἰπεῖν] Cp. § 13. The formula implies that the statement would be not incorrect, but capable of misconception. To say that the divine nature is 'above all' might appear to coordinate it with other things, as one, though the highest, of a series: so Gr. prefers to say μόνης, to bring out its absolute uniqueness.

ΘΕΟΛΟΓΙΚΟΣ ΤΡΙΤΟΣ.

ΠΕΡΙ ΥΙΟΥ.

1. Ἃ μὲν οὖν εἴποι τις ἂν ἐπικόπτων τὴν περὶ τὸν λόγον αὐτῶν ἑτοιμότητα καὶ ταχύτητα, καὶ τὸ τοῦ τάχους ἐπισφαλὲς ἐν πᾶσι μὲν πράγμασι, μάλιστα δὲ ἐν τοῖς περὶ θεοῦ λόγοις, ταῦτά ἐστιν. ἐπεὶ δὲ τὸ μὲν ἐπιτιμᾶν οὐ μέγα· ῥᾷστον γὰρ καὶ τοῦ βουλομένου παντός· τὸ δὲ 5 ἀντεισάγειν τὴν ἑαυτοῦ γνώμην ἀνδρὸς εὐσεβοῦς καὶ νοῦν ἔχοντος· φέρε, τῷ ἁγίῳ θαρρήσαντες πνεύματι, τῷ παρ' αὐτῶν μὲν ἀτιμαζομένῳ, παρ' ἡμῶν δὲ προσκυνουμένῳ, τὰς ἡμετέρας περὶ τῆς θεότητος ὑπολήψεις, αἵ τινές ποτέ εἰσιν, ὥσπερ τινὰ τόκον εὐγενῆ τε καὶ ὥριμον εἰς φῶς προενέγ- 10 κωμεν· οὐδὲ ἄλλοτε μὲν σιωπήσαντες, τοῦτο γὰρ μόνον ἡμεῖς νεανικοί τε καὶ μεγαλόφρονες, νῦν δὲ καὶ μᾶλλον

1. 1 επικοπτων] επισκωπτων b ‖ τον λογον] των λογων b ‖ 3 εν τοις] om εν c ‖ 7 πνευματι θαρρησαντες cde ‖ 8 ημων] ημιν b ‖ 10 προσενεγκωμεν f

1. *We have stated our objections to the hasty theology of the Eunomians; but it is a harder task to set forth our own. I will endeavour to do so with the aid of the Holy Spirit,—as indeed I have done before, but it is more necessary now than ever,—as briefly as I can.*

1. ἐπικόπτων] '*by way of checking.*' Αὐτῶν, the Eunomians.
2. τό...ἐπισφαλές] '*the danger.*'
4. τὸ μὲν ἐπιτιμᾶν κτλ.] taken from Demosth. *Olynth.* i 7.
6. ἀντεισάγειν] not merely '*to state* in opposition,' but to '*instate*,' to '*substitute.*'
8. προσκυνουμένῳ] This does not compel us to suppose that Gr. used or was acquainted with the last part of our present 'Nicene' Creed. See the quotations in Hort *Two Diss.* p. 88.
11. τοῦτο γὰρ μόνον] The verb omitted would prob. have to be expressed by perf. and pres. together; '*have been and are.*' Gr. refers to former outspoken sermons of his such as Orat. xx. For νεαν. cp. i 2.

παρρησιαζόμενοι τὴν ἀλήθειαν· ἵνα μὴ τῇ ὑποστολῇ,
καθὼς γέγραπται, τὸ μὴ εὐδοκεῖσθαι κατακριθῶμεν. διττοῦ
δὲ ὄντος λόγου παντός, τοῦ μὲν τὸ οἰκεῖον κατασκευάζοντος,
τοῦ δὲ τὸ ἀντίπαλον ἀνατρέποντος, καὶ ἡμεῖς τὸν οἰκεῖον
5 ἐκθέμενοι πρότερον, οὕτω τὰ τῶν ἐναντίων ἀνατρέψαι
πειρασόμεθα· καὶ ἀμφότερα ὡς οἷόν τε διὰ βραχέων, ἵν᾽
εὐσύνοπτα γένηται τὰ λεγόμενα, ὥσπερ ὃν αὐτοὶ λόγον
εἰσαγωγικὸν ἐπενόησαν πρὸς ἐξαπάτην τῶν ἁπλουστέρων
ἢ εὐηθεστέρων, καὶ μὴ τῷ μήκει τοῦ λόγου διαχεθῇ τὰ
10 νοούμενα, καθάπερ ὕδωρ οὐ σωλῆνι σφιγγόμενον, ἀλλὰ
κατὰ πεδίου χεόμενον καὶ λυόμενον.

2. Τρεῖς αἱ ἀνωτάτω δόξαι περὶ θεοῦ, ἀναρχία, καὶ
πολυαρχία, καὶ μοναρχία. αἱ μὲν οὖν δύο παισὶν Ἑλλή-
νων ἐπαίχθησαν, καὶ παιζέσθωσαν. τό τε γὰρ ἄναρχον
15 ἄτακτον· τό τε πολύαρχον στασιῶδες, καὶ οὕτως ἄναρχον,
καὶ οὕτως ἄτακτον. εἰς ταὐτὸν γὰρ ἀμφότερα φέρει, τὴν
ἀταξίαν, ἡ δὲ εἰς λύσιν· ἀταξία γὰρ μελέτη λύσεως.

2 ευδοκιμεισθαι b ǁ 6 om ως f ǁ 7 γενηται] γενωνται b 'Reg. Cypr.' ǁ
9 διαχυθη bd 'Reg. Cypr.' ǁ 10 νοουμενα] λεγομενα 'Reg. Cypr.'

1. τῇ ὑποστολῇ] Heb. x 38, 39 (Hab. ii 4). The word, as the context here shews, implies a disingenuous reticence; cp. Gal. ii 12, 13.
2. διττοῦ δὲ ὄντος] The Benedictine editors compare Athenagoras de Resurr. 1.
7. αὐτοί] the Eunomians. Gr. incidentally shews how systematically they went to work.
10. σωλῆνι σφιγγ.] 'compressed in a pipe.'
11. χεόμ. κ. λυόμ.] Cp. ii 13.
2. *Atheism, Polytheism, Monotheism, are the three ancient opinions about God. The second ends in the same anarchy as the first, and we leave it to the Gentiles. Our Monotheism, however, is one where Three Persons are joined in equality of nature and in identity of will,—two of the three being derived from the first by what Scripture describes as generation and emission respectively.*
12. αἱ ἀνωτάτω δόξαι] 'the most ancient opinions.'
13. παισὶν Ἑλλήνων] a phrase formed on the fashion of υἱοὶ Ἰσραήλ; but the word παῖδες seems to be chosen with a view to the verb ἐπαίχθησαν. 'With the first two the children of Greece amused themselves.'
14. τό τε γάρ] The γάρ gives the reason why Gr. *leaves* those theories to the children of Greece (imperative).
17. ἀταξία γὰρ μ. λ.] 'Disorder is the prelude to disintegration.' For μελέτη (lit. 'practice,' 'rehearsal') cp. i 7.

ἡμῖν δὲ μοναρχία τὸ τιμώμενον· μοναρχία δέ, οὐχ ἣν ἓν
περιγράφει πρόσωπον· ἔστι γὰρ καὶ τὸ ἓν στασιάζον
πρὸς ἑαυτὸ πολλὰ καθίστασθαι· ἀλλ' ἣν φύσεως ὁμοτιμία
συνίστησι, καὶ γνώμης σύμπνοια, καὶ ταυτότης κινήσεως,
καὶ πρὸς τὸ ἓν τῶν ἐξ αὐτοῦ σύννευσις, ὅπερ ἀμήχανον 5
ἐπὶ τῆς γενητῆς φύσεως, ὥστε κἂν ἀριθμῷ διαφέρῃ, τῇ γε
οὐσίᾳ μὴ τέμνεσθαι. διὰ τοῦτο μονὰς ἀπ' ἀρχῆς, εἰς δυάδα
κινηθεῖσα, μέχρι τριάδος ἔστη. καὶ τοῦτό ἐστιν ἡμῖν ὁ
πατήρ, καὶ ὁ υἱός, καὶ τὸ ἅγιον πνεῦμα· ὁ μὲν γεννήτωρ
καὶ προβολεύς, λέγω δὲ ἀπαθῶς, καὶ ἀχρόνως, καὶ ἀσω- 10
μάτως· τῶν δέ, τὸ μὲν γέννημα, τὸ δὲ πρόβλημα, ἢ οὐκ
οἶδ' ὅπως ἄν τις ταῦτα καλέσειεν, ἀφελὼν πάντη τῶν

2. 6 γενητης] γεννητης def ‖ τη γε ουσια] τη εξουσια ac (sed τη γε ουσια in marg.) g: τη γε ουσια e in rasura

1. μ. δέ, οὐχ ἣν ἕν] 'Not a sovereignty contained in a single person.'
2. ἔστι γάρ] Such a sovereignty, of a single person, does not necessarily exclude the thought of discord and confusion. It is possible to conceive of a single entity being divided against itself, and so becoming many. The divine unity, which we believe, is the result of 'equality of nature, unanimity of judgment, and identity of action' or 'of will.'
5. πρὸς τὸ ἕν κτλ.] This complete harmony of mind and will in the Godhead is itself based upon the concurrence of the other Blessed Persons with that One of Their number from whom They are derived, viz. the Father. Gr. does not as yet name the Father, nor indeed any of the Persons, because he is speaking in the abstract of the divine unity and its conditions, and so says τὸ ἕν and not τὸν ἕνα. A comparison of v 14 shews that τῶν ἐξ αὐτοῦ depends on σύννευσις, not on τὸ ἕν. The 'antecedent' of ἐξ αὐτοῦ (neut.) is τὸ ἕν.
ib. ὅπερ] refers to the whole four-fold description. It is perhaps not impossible that such an unity should exist among creaturely beings, but our experience suggests no instance of it,—only imperfect images of it. The clause is of course parenthetical.
6. ὥστε] again refers to the whole description. It will be seen that οὐσία to Gr. means more than φύσις. There is a moral element in it, and not only a metaphysical; ὁμοτιμία φύσεως is one of the things which secure οὐσ. μὴ τ. The reading τῇ ἐξουσίᾳ gives no satisfactory sense.
7. μονὰς ἀπ' ἀρχῆς] The language comes perilously near the Sabellian conception of πλατυσμός (see Dorner *Person of Christ* div. 1, vol. 2, p. 156); but of course Gr.'s tenses (κινηθεῖσα, ἔστη) are not to be understood in a temporal sense. There was no time before the κίνησις of which he speaks. For μέχρι see ii 9.
9. γενν. κ. προβ.] the γεννήτωρ, of course, of the Son; προβολεύς, of the Spirit.
12. ἀφελὼν κτλ.] Gr. knows no other way of expressing the relation of the Son and Spirit to the Father, such as might get rid of material suggestions.

ὁρωμένων. οὐ γὰρ δὴ ὑπέρχυσιν ἀγαθότητος εἰπεῖν θαρρήσομεν, ὃ τῶν παρ' Ἕλλησι φιλοσοφησάντων εἰπεῖν τις ἐτόλμησεν, οἷον κρατήρ τις ὑπερερρύῃ, σαφῶς οὑτωσὶ λέγων, ἐν οἷς περὶ πρώτου αἰτίου καὶ δευτέρου φιλοσοφεῖ·
5 μή ποτε ἀκούσιον τὴν γέννησιν εἰσαγάγωμεν, καὶ οἷον περίττωμά τι φυσικὸν καὶ δυσκάθεκτον, ἥκιστα ταῖς περὶ θεότητος ὑπονοίαις πρέπον. διὰ τοῦτο ἐπὶ τῶν ἡμετέρων ὅρων ἱστάμενοι τὸ ἀγέννητον εἰσάγομεν, καὶ τὸ γεννητόν, καὶ τὸ ἐκ τοῦ πατρὸς ἐκπορευόμενον, ὥς πού φησιν αὐτὸς
10 ὁ θεὸς καὶ λόγος.

3. Πότε οὖν ταῦτα; ὑπὲρ τὸ πότε ταῦτα. εἰ δὲ δεῖ τι καὶ νεανικῶς εἰπεῖν, ὅτε ὁ πατήρ. πότε δὲ ὁ πατήρ; οὐκ ἦν ὅτε οὐκ ἦν. τοῦτο οὖν καὶ ὁ υἱός, καὶ τὸ πνεῦμα τὸ ἅγιον. πάλιν ἐρώτα με, καὶ πάλιν ἀποκρινοῦμαί σοι.
15 πότε ὁ υἱὸς γεγέννηται; ὅτε ὁ πατὴρ οὐ γεγέννηται. πότε δὲ τὸ πνεῦμα ἐκπεπόρευται; ὅτε ὁ υἱὸς οὐκ ἐκπεπόρευται, ἀλλὰ γεγέννηται ἀχρόνως καὶ ὑπὲρ λόγον· εἰ καὶ μὴ δυνάμεθα τὸ ὑπὲρ χρόνον παραστῆσαι, θέλοντες χρονικὴν ἐκφυγεῖν ἔμφασιν· τὸ γὰρ ὅτε, καὶ πρὸ τοῦδε, καὶ μετὰ

1 θαρρησωμεν ab || 3 υπερερρυη] υπερρυη dfg || 4 περι]+της f || 10 om και f   3.   13 πνευμα]+το αγιον c 'Colb. 1' || 17 ει]+μη 'Coisl. 3'

3. οἷον κρατήρ τις] The simile is used by Plato *Tim.* 41 D; but, as Jahn points out in his annotations on Elias, in a different connexion. Gr. prob. refers to some Neoplatonic author.
7. ἐπὶ τῶν ἡμ. ὅρων] keeping to language consecrated by Christian usage; cp. i 5.
9. ὥς πού φησιν] John xv 26.
3. *The acts thus described are above and before time, although it is impossible to divest ourselves of temporal notions in attempting to illustrate them. The Second and Third Persons are not posterior to the First in point of time, though Their being springs out of His.*
11. ταῦτα] sc. τὸ γεννητόν and τὸ ἐκπορευόμενον. This is shewn by ὅτε ὁ πατήρ in the next line.
ib. ὑπὲρ τὸ πότε] above and beyond a 'when.'
13. οὐκ ἦν ὅτε οὐκ ἦν] He replies with the phrase so well known at the beginning of the Arian controversy.
ib. τοῦτο] sc. what is implied in οὐκ ἦν ὅτε οὐκ ἦν, eternal.
19. ἔμφασιν] 'an image.' In order to convey any notion of what is above time, it is impossible to avoid the employment of temporal imagery. Ἔμφασις is, however, used in rhetoric for an innuendo, a suggestion of something beyond what the words express; and this may be Gr.'s meaning here.

ταῦτα, καὶ ἀπ' ἀρχῆς, οὐκ ἄχρονα, κἂν ὅτι μάλιστα βιαζώμεθα· πλὴν εἰ τὸ παρεκτεινόμενον τοῖς ἀιδίοις διάστημα τὸν αἰῶνα λαμβάνοιμεν, τὸ μὴ κινήσει τινὶ μηδὲ ἡλίου φορᾷ μεριζόμενον καὶ μετρούμενον, ὅπερ ὁ χρόνος. πῶς οὖν οὐ συνάναρχα, εἰ συναΐδια; ὅτι ἐκεῖθεν, εἰ καὶ μὴ μετ' ἐκεῖνο. τὸ μὲν γὰρ ἄναρχον, καὶ ἀΐδιον· τὸ ἀΐδιον δέ, οὐ πάντως ἄναρχον, ἕως ἂν εἰς ἀρχὴν ἀναφέρηται τὸν πατέρα. οὐκ ἄναρχα οὖν τῷ αἰτίῳ· δῆλον δὲ τὸ αἴτιον ὡς οὐ πάντως πρεσβύτερον τῶν ὧν αἴτιον· οὐδὲ γὰρ τοῦ φωτὸς ἥλιος. καὶ ἄναρχά πως τῷ χρόνῳ, κἂν σὺ μορμολύττῃ τοὺς ἁπλουστέρους· οὐ γὰρ ὑπὸ χρόνον τὰ ἐξ ὧν ὁ χρόνος.

4. Πῶς οὖν οὐκ ἐμπαθὴς ἡ γέννησις; ὅτι ἀσώματος. εἰ γὰρ ἡ ἐνσώματος ἐμπαθής, ἀπαθὴς ἡ ἀσώματος. ἐγὼ δέ σε ἀντερήσομαι· πῶς θεός, εἰ κτίσμα; οὐ γὰρ θεὸς τὸ κτιζόμενον· ἵνα μὴ λέγω, ὅτι κἀνταῦθα πάθος, ἂν σωματικῶς

2 συμπαρεκτεινομενον c 'Reg. Cypr.' ‖ 3 λαμβανομεν b ‖ 6 εκεινον def ‖ το δε αιδιον def ‖ 9 ων]+εστιν bdf

2. πλὴν εἰ κτλ.] The only way, Gr. says, is to adopt the standard of Eternity. Eternity does indeed suggest a kind of temporal duration; that cannot be helped; but we use it to denote 'an interval or period' commensurate with things of a supra-temporal order, not measured by any measurement known to time. It seems best to connect the πλὴν with εἰ καὶ μὴ δυνάμεθα, and to treat the intervening sentence (in accordance with Gr.'s manner) as parenthetical.

5. ἐκεῖθεν] sc. ἐκ τοῦ πατρός.

9. τοῦ φωτὸς ἥλιος] The simile is, of course, unscientific; but it serves its purpose.

10. ἄναρχά πως τῷ χρ.] In a sense, so far as time is concerned, that which is Begotten and that which Proceeds are without a beginning, as no date can be assigned, prior to which They had not begun.

ib. μορμολύττῃ] 'to scare' with a μορμώ, or bugbear.

4. *If difficulty is felt about the 'generation' of the Son by the Father, the difficulty is not got rid of by making the Son a 'creature' instead. It only arises from a carnal notion of what is meant by generation, as if there could be no higher kind of generation.*

15. πῶς θεός] which the Eunomians acknowledged, though with an interpretation of their own.

16. κἀνταῦθα] i.e. ἐν τῷ κτίζειν. A work of creation (lit. 'founding') as known to man involves time in which to work it out, desire for the accomplishment, the formation of a mental ideal, thought as to the mode of execution, etc. Gr.'s object is to shew that the thought of creation on God's part involves as many difficulties as that of generation.

λαμβάνηται, οἷον χρόνος, ἔφεσις, ἀνατύπωσις, φροντίς, ἐλπίς, λύπη, κίνδυνος, ἀποτυχία, διόρθωσις· ἃ πάντα καὶ πλείω τούτων περὶ τὴν κτίσιν, ὡς πᾶσιν εὔδηλον. θαυμάζω δέ, ὅτι μὴ καὶ τοῦτο τολμᾷς, συνδυασμούς τινας ἐννοεῖν,
5 καὶ χρόνους κυήσεως, καὶ κινδύνους ἀμβλώσεως, ὡς οὐδὲ γεννᾶν ἐγχωροῦν, εἰ μὴ οὕτω γεγέννηκεν· ἢ πάλιν πτηνῶν τινὰς καὶ χερσαίων καὶ ἐνύδρων γεννήσεις ἀπαριθμούμενος, τούτων τινὶ τῶν γεννήσεων ὑπάγειν τὴν θείαν καὶ ἀνεκλάλητον, ἢ καὶ τὸν υἱὸν ἀναιρεῖν ἐκ τῆς καινῆς ὑποθέσεως.
10 καὶ οὐδ' ἐκεῖνο δύνασαι συνιδεῖν, ὅτι ᾧ διάφορος ἡ κατὰ σάρκα γέννησις,—ποῦ γὰρ ἐν τοῖς σοῖς ἔγνως θεοτόκον παρθένον;—τούτῳ καὶ ἡ πνευματικὴ γέννησις ἐξαλλάττουσα· μᾶλλον δέ, ᾧ τὸ εἶναι μὴ ταὐτόν, τούτῳ καὶ τὸ γεννᾶν διάφορον.

15   5. Τίς οὖν ἐστὶ πατὴρ οὐκ ἠργμένος; ὅς τις οὐδὲ τοῦ εἶναι ἤρξατο· ᾧ δὲ τὸ εἶναι ἤρξατο, τούτῳ καὶ τὸ εἶναι πατρί. οὔκουν πατὴρ ὕστερον, οὐ γὰρ ἤρξατο· καὶ πατὴρ κυρίως, ὅτι μὴ καὶ υἱός· ὥσπερ καὶ υἱὸς κυρίως, ὅτι μὴ καὶ πατήρ. τὰ γὰρ ἡμέτερα οὐ κυρίως, ὅτι καὶ ἄμφω· οὐ γὰρ

4. 1 εφεσις χρονος ac ‖ 4 εννοειν] επινοειν b 'Reg. Cypr.' ‖ 5 κυησεως] κινησεως d ‖ 8 τουτων]+δη 'Or. 1' ‖ 9 εναιρειν 'Reg. Cypr.' ‖ καινης] κενης be 'Reg. Cypr.': +σου bcg   **5.** 15 του] το b: του f in rasura ‖ 17 πατρι] πατηρ b 'Reg. a¹'

4. συνδυασμούς] 'copulation.'
5. ἀμβλώσεως] 'miscarriage.'
6. οὕτω] by such ways as συνδυασμός and so on.
9. ἢ καί] 'or else,' if the generation of the Son does not fit in with your select example, 'get rid of Him altogether as a result of your novel scheme.'
12. ἡ πνευμ. γέννησις] i.e. His generation acc. to His divine nature. Ἐξαλλάττειν is freq. used intrans.
5. The Father never was anything else but Father. While we human beings are sons, as well as fathers, He is absolutely Father, and that alone. If we say that He 'has begotten' a Son, we do not mean to imply a moment or date. Scripture often uses tenses in a way which differs from that of ordinary life.
15. τίς οὖν] It is the adversary's question: 'What father is there who never began to be a father?'
17. οὔκουν π. ὕστ.] 'He did not become Father at some subsequent point, because (acc. to the foregoing argument) He never began to be.'
18. κυρίως] 'properly, because He is not at the same time Son.' We, on the other hand, Gr. goes on to say, are not 'properly' fathers, because we are ἄμφω, sons as much

τόδε μᾶλλον ἢ τόδε· καὶ ἐξ ἀμφοῖν ἡμεῖς, οὐχ ἑνός, ὥστε μερίζεσθαι, καὶ κατ' ὀλίγον ἄνθρωποι, καὶ ἴσως οὐδὲ ἄνθρωποι, καὶ οἷοι μὴ τεθελήμεθα, καὶ ἀφιέντες καὶ ἀφιέμενοι, ὡς μόνας τὰς σχέσεις λείπεσθαι ὀρφανὰς τῶν πραγμάτων. ἀλλὰ τὸ ἐγέννησε, φησίν, αὐτό, καὶ τὸ γεγέννηται, τί ἄλλο, ἢ ἀρχὴν εἰσάγει γεννήσεως; τί οὖν ἂν μηδὲ τοῦτο λέγωμεν, ἀλλ' ἦν ἀπ' ἀρχῆς γεγεννημένος, ἵνα σου ῥᾳδίως φύγωμεν τὰς περιέργους ἐνστάσεις καὶ φιλοχρόνους; ἆρα γραφὴν ἀποίσεις καθ' ἡμῶν, ὡς παραχαραττόντων τι τῆς γραφῆς καὶ τῆς ἀληθείας; ἢ πᾶσιν εὔδηλον, ὅτι πολλὰ τῶν χρονικῶς λεγομένων ἐνηλλαγμένως τοῖς χρόνοις προφέρεται, καὶ μάλιστα παρὰ τῇ συνηθείᾳ τῆς γραφῆς, οὐχ ὅσα τοῦ παρεληλυθότος χρόνου μόνον ἐστίν, ἢ τοῦ παρόντος, ἀλλὰ καὶ ὅσα τοῦ μέλλοντος; ὡς τό· "Ἵνα τί

5 εγεννησεν αυτο φησιν f ‖ 12 της]+θειας b

as fathers. The variety of our relationships makes it impossible to consider any one of them an exhaustive description of a human being; but fatherhood expresses all that the person of God the Father is.

1. ἐξ ἀμφοῖν] not the same ἄμφω as above, but here as if=ἐκ δυοῖν. Gr. is thinking chiefly how our sonship differs from that of the Eternal Son, and leaves the difference of the fatherhood. Each of us has two parents, not one, so that we are in a way divided between them.

2. κατ' ὀλ. ἄνθρ.] another difference; we only gradually attain the position of human beings by a long fashioning in the womb, and some hardly attain it at all. In the last clause no doubt Gr. means idiots and persons otherwise deficient. The wishes of human parents for their offspring are often far from being realised (οἷοι μὴ τεθ.).

3. ἀφιέντες] The children in many cases go their way, and the parents theirs, and nothing is left of the sacred relationship except the name.

5. ἐγέννησε] We have been using expressions like 'begat' and 'is begotten,' which necessarily contain, besides the notion of begetting, the tense-notion of a moment when. To evade the difficulty, Gr. proposes to use a formula which puts the 'moment' back before the beginning of time, and to say that the Son 'was' already 'begotten from the beginning.'

9. γραφὴν ἀποίσεις καθ' ἡμ.] a legal term, which has only an accidental relation to the use of γραφή immediately after in the sense of 'Scripture.' It means 'to file an accusation.'

ib. παραχαραττόντων] 'putting a false mark upon,' i.e. 'falsifying'; chiefly used of coin that has been tampered with.

11. ἐνηλλαγμ. τ. χρόν.] Much of our language which denotes time is used in an inverse manner to the time intended.

14. ἵνα τί ἐφρ.] Psalm ii 1.

ἐφρύαξαν ἔθνη; οὔπω γὰρ ἐφρυάξαντο· καί, Ἐν ποταμῷ διελεύσονται ποδί· ὅπερ ἐστί, διαβεβήκασι. καὶ μακρὸν ἂν εἴη πάσας ἀπαριθμεῖν τὰς τοιαύτας φωνάς, αἳ τοῖς φιλοπόνοις τετήρηνται.

6. Τοῦτο μὲν δὴ τοιοῦτον. οἷον δὲ αὐτῶν κἀκεῖνο, ὡς λίαν δύσερι καὶ ἀναίσχυντον· βουληθείς, φασι, γεγέννηκε τὸν υἱόν, ἢ μὴ βουλόμενος. εἶτα δεσμοῦσιν, ὡς οἴονται, ἀμφοτέρωθεν ἅμμασιν, οὐκ ἰσχυροῖς, ἀλλὰ καὶ λίαν σαθροῖς. εἰ μὲν γὰρ οὐ θέλων, φασί, τετυράννηται. καὶ τίς ὁ τυραννήσας; καὶ πῶς ὁ τυραννηθεὶς θεός; εἰ δὲ θέλων, θελήσεως υἱὸς ὁ υἱός· πῶς οὖν ἐκ τοῦ πατρός; καὶ καινήν τινα μητέρα τὴν θέλησιν ἀντὶ τοῦ πατρὸς ἀναπλάττουσιν. ἐν μὲν οὖν τοῦτο χαρίεν αὐτῶν, ἂν τοῦτο λέγωσιν, ὅτι τοῦ πάθους ἀποστάντες ἐπὶ τὴν βούλησιν καταφεύγουσιν· οὐ γὰρ πάθος ἡ βούλησις. δεύτερον δὲ ἴδωμεν τὸ ἰσχυρὸν

3 εἴη] ἦν f 6. 6 φασι] φησι df ‖ 7 οιονται] οιον τε 'duo Colb.' ‖ 11 καινην] κενην 'Reg. Cypr.'

1. ἐν ποταμῷ] Psalm lxv (lxvi) 6.

4. τετήρηνται] *'have been observed.'*

6. *'Did the Father beget the Son,' asks the opponent, 'by an act of will, or not? If not, He was under constraint, which is impossible; if so, then the Son owes His being not to the Father only, but also to the Father's will, which thus becomes a kind of motherhood.'* This dilemma is met by a similar one with regard to the objector's own birth, and by another with regard to creation. Gr. then shews that as a word is not the result of speaking, considered as a separate and substantive thing, but springs direct from the speaker, so the thing willed springs not from will in the abstract, but direct from him who wills.

8. σαθροῖς] Cp. i 3.

11. πῶς οὖν ἐκ τοῦ π.] It certainly seems a strangely captious argument. If it was ever seriously urged by the Eunomians, we must suppose that θέλων is not merely = ἑκών, but '*by willing*'; i.e. it was the act of will which produced the Son. Then, as other faculties of the divine being are represented to us as hypostatic—notably the Λόγος—we are driven to suppose that this primary faculty, antecedent and necessary to the production of the Son, is hypostatic also. If that is the case, He does not owe His being solely to the Father, but partly also to the Father's Will, which is thus constituted a kind of mother in the Godhead. But Gr.'s subsequent words ἂν τοῦτο λέγωσιν suggest the doubt whether he did not himself invent this part of the argument for the Eunomians.

13. αὐτῶν] depends upon χαρίεν (ἂν εἴη) by an idiom well known in colloquial English as well as in Greek; '*it will be delightful of them.*'

14. οὐ γὰρ πάθος ἡ β.] This is

αὐτῶν, ὅ τι λέγουσιν. ἄριστον δὲ αὐτοῖς συμπλακῆναι πρότερον ἐγγυτέρω. σὺ δὲ αὐτὸς ὁ λέγων εὐχερῶς ὅ τι ἂν ἐθέλῃς, ἐκ θέλοντος ὑπέστης τοῦ σοῦ πατρός, ἢ μὴ θέλοντος; εἰ μὲν γὰρ ἐξ οὐ θέλοντος, τετυράννηται. τῆς βίας· καὶ τίς ὁ τυραννήσας αὐτόν; οὐ γὰρ δὴ τὴν φύσιν ἐρεῖς· ἐκείνη γὰρ ἔχει καὶ τὸ σωφρονεῖν. εἰ δὲ θέλοντος, ἀπόλωλέ σοι δι' ὀλίγας συλλαβὰς ὁ πατήρ. θελήματος γὰρ υἱός, ἀλλ' οὐ πατρὸς ἀναπέφηνας. ἀλλ' ἐπὶ τὸν θεὸν μέτειμι καὶ τὰ κτίσματα, καὶ τὸ σὸν ἐρώτημα προσάγω τῇ σῇ σοφίᾳ. θέλων ὑπέστησε τὰ πάντα, ἢ βιασθείς; εἰ μὲν βιασθείς, κἀνταῦθα ἡ τυραννίς, καὶ ὁ τυραννήσας. εἰ δὲ βουλόμενος, ἐστέρηται τοῦ θεοῦ καὶ τὰ κτίσματα, καὶ σὺ πρὸ τῶν ἄλλων, ὁ τοιούτους ἀνευρίσκων λογισμοὺς καὶ τοιαῦτα σοφιζόμενος. θελήσει γὰρ μέσῃ τοῦ κτίστου διατειχίζεται. ἀλλ' ἕτερον, οἶμαι, θέλων ἐστὶ καὶ θέλησις,

2 αν] εαν b ‖ 3 εθελης] θελης def ‖ 7 θεληματος] θελησεως def ‖ 10 υπεστησε]+θεος bcd: +ο θεος ef ‖ 14 θελησει] θελησις b ‖ om γαρ b ‖ 15 εστιν οιμαι θελων bdf

true; nevertheless it is difficult for the human mind to imagine an act of will which is not caused by something which would come under the description of a πάθος.

1. τὸ ἰσχ. αὐτ. ὅ τι λ.] '*what they consider their strong point.*' Δεύτερον δὲ corresponds to ἓν μέν. Before, however, entering upon this δεύτερον, which he does at ἀλλ' ἐπὶ τ. θ., Gr. thinks it best (πρότερον) to grapple with his adversaries at closer quarters. This he does in the question σὺ δὲ αὐτός κτλ., which brings the argument home to them personally (ἐγγυτέρω).

5. οὐ γὰρ δὴ τὴν φύσιν ἐρεῖς] '*You will not say that he was compelled by nature. Nature admits equally of self-restraint.*'

10. ὑπέστησε] '*gave them existence,*' i.e. by creation.

12. ἐστέρηται τοῦ θ. κ. τὰ κτ.] As, acc. to their supposed argument, the Son is deprived of the Father by the interposition of the Will from which He sprang, so is creation deprived of its Creator. His Will runs like a wall between it and Him. The Eunomian is the first to suffer the loss, because he invented it; that is poetical justice.

15. ἕτερον οἶμαι] Gr.'s argument is not very clear; because the Eunomians also had distinguished very sharply between the will and the person who wills,—so sharply that they said that the Son could not be the Son of one who willed to beget Him, but only of that will itself. But in so arguing they set up a new, though fictitious, identity. They converted the will itself into a personal agency. This is what Gr. combats. Will is one thing, and the person who wills is another. You might as well say that the

γεννῶν καὶ γέννησις, λέγων καὶ λόγος, εἰ μὴ μεθύομεν. τὰ μὲν ὁ κινούμενος, τὰ δὲ οἷον ἡ κίνησις. οὔκουν θελήσεως τὸ θεληθέν· οὐδὲ γὰρ ἕπεται πάντως· οὐδὲ τὸ γεννηθὲν γεννήσεως, οὐδὲ τὸ ἀκουσθὲν ἐκφωνήσεως, ἀλλὰ τοῦ θέλοντος, καὶ τοῦ γεννήσαντος, καὶ τοῦ λέγοντος. τὰ τοῦ θεοῦ δὲ καὶ ὑπὲρ πάντα ταῦτα, ᾧ γέννησίς ἐστιν ἴσως ἡ τοῦ γεννᾶν θέλησις, ἀλλ' οὐδὲν μέσον, εἴ γε καὶ τοῦτο δεξώμεθα ὅλως, ἀλλὰ μὴ καὶ θελήσεως κρείττων ἡ γέννησις.

7. Βούλει τι προσπαίξω καὶ τὸν πατέρα; παρὰ σοῦ γὰρ ἔχω τὰ τοιαῦτα τολμᾶν. θέλων θεὸς ὁ πατήρ, ἢ μὴ θέλων. καὶ ὅπως ἀποφεύξῃ τὸ σὸν περιδέξιον, εἰ μὲν δὴ θέλων, πότε τοῦ θέλειν ἠργμένος; οὐ γὰρ πρὶν εἶναι· οὐδὲ γὰρ ἦν τι πρότερον. ἢ τὸ μὲν αὐτοῦ θελῆσαν, τὸ δὲ

1 μεθυωμεν b ‖ 5 γεννωντος cdefg ‖ 7 δεξομεθα deg 'Or. 1'

thing begotten is the son of begetting, or trace the thing spoken to speaking instead of the speaker, as thus erect will into a substantive and independent force.

1. τὰ μέν] i.e. the series θέλων, γεννῶν, λέγων; τὰ δέ, i.e. the series θέλησις, γέννησις, λόγος.

3. οὐδὲ γὰρ ἕπεται πάντως] Gr. is using ἕπεται in its logical sense. He does not mean that in the order of facts the act of will sometimes fails of its effect; he means that it does not 'follow' that, because a thing has been willed, that thing is the result of will. It is the result of the personal force lying behind the will.

5. τὰ τοῦ θεοῦ δέ] All this holds true even in the experience of our limited personalities; much more may we suppose it to be so in regard to the divine nature. With God, so far as we know (ἴσως), will and action are identical, and there is no medium whatever.

7. καὶ τοῦτο] i.e. the proposition that γέννησις = ἡ τοῦ γ. θ. Gr. evidently inclines rather to the view that 'the generation of the Son of God is even above and beyond will.'

7. Gr. retaliates by asking how God comes to be God. If by His will, when did He first will it? is one portion of His being the result of the will of another portion? is He not in this case as much a child of will as the Son? If He is God without willing to be so, then He is under compulsion.

'How, then, is the Son begotten?' asks the Eunomian. 'How is He created?' Gr. replies. Men do not create in the way which it is necessary to assume was God's way.

9. βούλει τι κτλ.] 'Do you wish me to make sport awhile with the Father also?' Hitherto the 'sport' has been with the Son. Gr. intentionally uses a shocking expression.

11. καὶ ὅπως ἀποφ.] 'and in order that you may escape.' The main verb is the imperative implied in the question πότε...ἠργμένος—'tell me when.'

12. πρὶν εἶναι] sc. θεός; 'not before He was so; for He was never anything before.'

13. τὸ μὲν αὐτοῦ] 'or did one part

θεληθέν; μεριστὸς οὖν. πῶς δὲ οὐ θελήσεως καὶ οὗτος, κατὰ σέ, πρόβλημα; εἰ δὲ οὐ θέλων, τί τὸ βιασάμενον εἰς τὸ εἶναι; καὶ πῶς θεός, εἰ βεβίασται, καὶ ταῦτα οὐκ ἄλλο τι ἢ αὐτὸ τὸ εἶναι θεός; πῶς οὖν γεγέννηται; πῶς ἔκτισται, εἴπερ ἔκτισται κατὰ σέ; καὶ γὰρ καὶ τοῦτο τῆς αὐτῆς ἀπορίας. τάχα ἂν εἴποις, βουλήσει καὶ λόγῳ. ἀλλ' οὔπω λέγεις τὸ πᾶν. πῶς γὰρ ἔργου δύναμιν ἔσχεν ἡ βούλησις καὶ ὁ λόγος; ἔτι λείπεται λέγειν. οὐ γὰρ οὕτως ἄνθρωπος.

8. Πῶς οὖν γεγέννηται; οὐκ ἂν ἦν μεγάλη ἡ γέννησις, εἰ σοὶ κατελαμβάνετο, ὃς οὐδὲ τὴν ἰδίαν ἐπίστῃ γέννησιν, ἢ μικρόν τι ταύτης κατείληφας, καὶ ὅσον αἰσχύνῃ λέγειν· ἔπειτα οἴει τὸ πᾶν γινώσκειν; πολλὰ ἂν κάμοις πρότερον, ἢ εὕροις λόγους συμπήξεως, μορφώσεως, φανερώσεως, ψυχῆς πρὸς σῶμα δεσμόν, νοῦ πρὸς ψυχήν, λόγου πρὸς νοῦν, κίνησιν, αὔξησιν, τροφῆς ἐξομοίωσιν, αἴσθησιν, μνήμην, ἀνάμνησιν, τἄλλα ἐξ ὧν συνέστηκας· καὶ τίνα μὲν τοῦ συναμφοτέρου ψυχῆς καὶ σώματος, τίνα δὲ τὰ μεμερισμένα, τίνα δὲ ἃ παρ' ἀλλήλων λαμβάνουσιν·

7. 1 ουν]+φησι bcdf ‖ 6 ειποις]+οτι b 8. 13 οιει] οιη e ‖ 19 om τα ce

of *Him will it, while the other part was the result of that will?'*
2. εἰς τὸ εἶναι] again '*to be so,*' i.e. θεός.
3. καὶ ταῦτα κτλ.] '*and compelled to that very thing, namely to be God.*'
4. πῶς οὖν] Gr. returns rapidly to the original question, and again parries it by the counter question as to the creation of the Son. The difficulty of imagining the creation is as great as that of imagining the generation.
7. ἔργου δύν. ἔσχεν] '*how came it to have that effective force?*'
9. οὕτως] sc. βούλεται καὶ λέγει.
8. *You do not understand your own generation, or the law of your own development; how can you expect to understand that of God?* *That, however, is no proof that God does not beget. If nothing is to be true but what you understand, you must reduce the list of existences, beginning with that of God Himself. The mode of the divine generation is evidently beyond us.*
14. λόγους συμπ.] '*the formulae,*' or '*laws.*'
16. τροφῆς ἐξομ.] '*assimilation of food.*'
17. μνήμην, ἀνάμν.] Cp. ii 22.
ib. τίνα μέν] '*what things belong to the united compound of soul and body.*'
19. τὰ μεμερ.] We might have expected μεμερισμένων, '*belong to soul and body apart*'; but it is '*which are the things distributable*' to soul and body respectively.

ὧν γὰρ ὕστερον ἡ τελείωσις, τούτων οἱ λόγοι μετὰ τῆς γεννήσεως. εἰπὲ τίνες· καὶ μηδὲ τότε φιλοσοφήσῃς θεοῦ γέννησιν· οὐ γὰρ ἀσφαλές. εἰ μὲν γὰρ τὴν σὴν γινώσκεις, οὐ πάντως καὶ τὴν τοῦ θεοῦ· εἰ δὲ μηδὲ τὴν σήν, πῶς τὴν
5 τοῦ θεοῦ; ὅσῳ γὰρ θεὸς ἀνθρώπου δυστεκμαρτότερος, τοσούτῳ καὶ τῆς σῆς γεννήσεως ἀληπτοτέρα ἡ ἄνω γέννησις. εἰ δὲ ὅτι μή σοι κατείληπται, διὰ τοῦτο οὐδὲ γεγέννηται, ὥρα σοι πολλὰ διαγράφειν τῶν ὄντων, ἃ μὴ κατείληφας, καὶ πρό γε ἁπάντων τὸν θεὸν αὐτόν· οὐδὲ γὰρ
10 ὅ τι ποτέ ἐστιν εἰπεῖν ἔχεις, καὶ εἰ λίαν τολμηρὸς εἶ, καὶ τὰ περιττὰ μεγαλόψυχος. κατάβαλέ σου τὰς ῥεύσεις, καὶ τὰς διαιρέσεις, καὶ τὰς τομάς, καὶ τὸ ὡς περὶ σώματος διανοεῖσθαι τῆς ἀσωμάτου φύσεως· καὶ τάχα ἂν ἄξιόν τι διανοηθείης θεοῦ γεννήσεως. πῶς γεγέννηται; πάλιν γὰρ
15 τὸ αὐτὸ φθέγξομαι δυσχεραίνων. θεοῦ γέννησις σιωπῇ τιμάσθω. μέγα σοι τὸ μαθεῖν, ὅτι γεγέννηται. τὸ δὲ πῶς, οὐδὲ ἀγγέλοις ἐννοεῖν, μὴ ὅτι γέ σοι νοεῖν συγχωρήσομεν. βούλει παραστήσω τὸ πῶς; ὡς οἶδεν ὁ γεννήσας πατήρ, καὶ ὁ γεννηθεὶς υἱός. τὸ δὲ ὑπὲρ ταῦτα νέφει κρύπτεται,
20 τὴν σὴν διαφεῦγον ἀμβλυωπίαν.

2 φιλοσοφησεις af: -σοις 'Or. 1' || 9 απαντων] παντων ef || ουδε] ου bf || 14 διανοηθειης]+περι b || 17 αγγελοις μη οτι γε σοι εννοειν b || om νοειν df || συγχωρησωμεν aefg || 20 αποφευγον a

1. ὧν γὰρ ὕστ. ἡ τελ.] Although some parts and faculties of our nature only reach their perfection at a later time, the law of their development is present in the very moment of generation.

2. μηδὲ τότε] not even when you have stated the laws of human development.

8. διαγράφειν] 'to cancel,' 'strike off the list.' Cp. v 23.

11. κατάβαλέ σου τὰς ῥ.] 'drop your dissipations.' The Eunomians conceived of the orthodox theology in a materialistic way, and proceeded to apply to it language of this kind. For ῥεύσεις cp. v 31; for διαιρ. and τομάς cp. i 6.

15. δυσχεραίνων] 'with loathing.'

20. ἀμβλυωπίαν] 'the dulness of' your 'blinded sight.'

9. *A fresh puzzle is proposed by the Eunomian. Does the Son exist prior to generation, or not? The answer is that there is no such thing as a time prior to that generation. It is from all eternity. There is no more need to ask whether the Son is* ἐξ ὄντων *or* ἐξ οὐκ ὄντων *than there is to ask the same question concerning the Father. We are not compelled*

THEOLOGICAL ORATION III

9. Ὄντα οὖν γεγέννηκεν, ἢ οὐκ ὄντα; τῶν ληρημάτων· περὶ ἐμὲ καὶ σὲ ταῦτα, οἳ τὸ μέν τι ἦμεν, ὥσπερ ἐν τῇ ὀσφύι τοῦ Ἀβραὰμ ὁ Λευί, τὸ δὲ γεγόναμεν· ὥστε ἐξ ὄντων τρόπον τινὰ τὸ ἡμέτερον, καὶ οὐκ ὄντων· ἐναντίως περὶ τὴν ἀρχέγονον ὕλην ὑποστᾶσαν σαφῶς ἐξ οὐκ ὄντων, 5 κἂν τινες ἀγένητον ἀναπλάττωσιν. ἐνταῦθα δὲ σύνδρομον τῷ εἶναι τὸ γεγεννῆσθαι, καὶ ἀπ' ἀρχῆς· ὥστε ποῦ θήσεις τὸ ἀμφίκρημνον τοῦτο ἐρώτημα; τί γὰρ τοῦ ἀπ' ἀρχῆς πρεσβύτερον, ἵν' ἐκεῖ θῶμεν τὸ εἶναί ποτε τοῦ υἱοῦ, ἢ τὸ μὴ εἶναι; ἀμφοτέρως γὰρ τὸ ἀπ' ἀρχῆς λυθήσεται. εἰ μὴ 10 σοι καὶ ὁ πατήρ, πάλιν ἐρωτώντων ἡμῶν, ἐξ ὄντων, ἢ ἐξ

9. 1 των] ω των e ‖ 6 αγενητον] αγεννητον def ‖ αναπλαττουσιν e ‖ 7 τω ειναι το] το ειναι τω ' Reg. a' ‖ 9 η το μη] om το cd

to believe that either one or the other of two alternatives is true. Take instances. Is time in time or outside of time? A man says, 'I am lying': is he speaking the truth or not? Were you present at your own conception or not? Both alternatives may be false. The question is absurd.

1. ὄντα] A fresh difficulty: was the Son already in existence when He was begotten, or not? Gr. admits that the question might have some meaning in regard to human generation. In one sense we already existed (τὸ μέν τι); in another, we then began to be (γεγόναμεν practically = ἐγενήθημεν).

3. ὁ Λευί] Heb. vii 10.

4. τὸ ἡμέτερον] = ἡμεῖς.

6. κἂν τινες ἀγ. ἀναπλ.] The reference is to Plato's *Timaeus*.

ib. σύνδρομον τῷ εἰ. τὸ γ.] 'In this case,' of the Eternal Son, '*generation is coincident with existence, and is from all eternity.*'

7. ποῦ θήσεις] Where will you find a place, a date, for your question to apply to? 'Already in existence when He was begotten' implies a time before the begetting; but there was no such time. He was begotten from the beginning. What was there before 'the beginning,' that we may say whether the Son then existed or not? In either case, whether we affirm or deny His existence, it is clear that that subsequent moment at which we suppose Him to have been begotten cannot really have been the beginning.

10. εἰ μή σοι κ. ὁ π.] If you still press your question, we will once more ask you about the Father, whether His existence is derived from elements that were beforehand or from elements that were not. Perhaps then you will make out that both propositions are true, and that He has two modes or stages of existence, one before and the other after the absorption of those elements. Or you will choose the latter alternative, and say of Him, as you say of the Son, that He comes into being from nothingness. If you are ready to admit this of the Father (such is the force of the εἰ μή), there is some consistency in what you affirm of the Son.

οὐκ ὄντων, κινδυνεύσειεν ἢ δὶς εἶναι, ὁ μὲν προών, ὁ δὲ ὤν,
ἢ ταὐτὸν τῷ υἱῷ παθεῖν, ἐξ οὐκ ὄντων εἶναι, διὰ τὰ σὰ τῶν
ἐρωτημάτων παίγνια, καὶ τὰς ἐκ ψάμμων οἰκοδομάς, αἳ
μηδὲ αὔραις ἵστανται. ἐγὼ μὲν οὖν οὐδέτερον τούτων
5 δέχομαι, καὶ τὴν ἐρώτησίν φημι τὸ ἄτοπον ἔχειν, οὐχὶ τὸ
ἄπορον τὴν ἀπάντησιν. εἰ δέ σοι φαίνεται ἀναγκαῖον
εἶναι τὸ ἕτερον ἀληθεύειν ἐπὶ παντός, κατὰ τὰς σὰς δια-
λεκτικὰς ὑπολήψεις, δέξαι μού τι μικρὸν ἐρώτημα. ὁ
χρόνος ἐν χρόνῳ, ἢ οὐκ ἐν χρόνῳ; εἰ μὲν οὖν ἐν χρόνῳ,
10 τίνι τούτῳ; καὶ τί παρὰ τοῦτον ὄντι; καὶ πῶς περιέχοντι;
εἰ δὲ οὐκ ἐν χρόνῳ, τίς ἡ περιττὴ σοφία χρόνον εἰσάγειν
ἄχρονον; τοῦ δέ, Νῦν ἐγὼ ψεύδομαι, δὸς τὸ ἕτερον, ἢ
ἀληθεύεσθαι μόνον, ἢ ψεύδεσθαι· οὐ γὰρ ἀμφότερα δώ-
σομεν. ἀλλ᾽ οὐκ ἐνδέχεται. ἢ γὰρ ψευδόμενος ἀληθεύσει,
15 ἢ ἀληθεύων ψεύσεται· πᾶσα ἀνάγκη. τί οὖν θαυμαστόν,
ὥσπερ ἐνταῦθα συμβαίνει τὰ ἐναντία, οὕτως ἐκεῖσε ἀμφό-
τερα ψεύδεσθαι, καὶ οὕτω σοι τὸ σοφὸν ἠλίθιον ἀναφα-
νήσεται; ἐν ἔτι μοι λῦσον τῶν αἰνιγμάτων· σεαυτῷ δὲ
γεννωμένῳ παρῆς; πάρει δὲ νῦν; ἢ οὐδέτερον; εἰ μὲν γὰρ
20 καὶ παρῆς, καὶ πάρει, ὡς τίς, καὶ τίνι; καὶ πῶς ὁ εἷς
ἄμφω γεγόνατε; εἰ δὲ μηδέτερον τῶν εἰρημένων, πῶς

3 εκ ψαμμων] εξ αμμων a ‖ οικοδομιας ac ‖ 12 om η 'duo Reg.'

1. ὁ μὲν πρ., ὁ δὲ ὤν] For this use of ὁ (here accus.) cp. Matt. xiii. 8.

4. μ. αὔραις ἵστανται] 'cannot even stand a puff of wind'; a natural use of ἵστ. but difficult to parallel.

ib. τούτων] of the two alternatives, ὄντα ἢ οὐκ ὄντα γεγέννηκεν.

5. τὸ ἄπορον τὴν ἀπ.] A chiasm: ἀπάντ. corresponds to ἐρώτ., as τὸ ἄπορον to τὸ ἄτοπον. It is not that the encounter presents a difficulty, but the question presents an absurdity.

10. τί παρὰ τοῦτον ὄντι] 'what is it besides the time which is in it? and how does it contain that time?'

12. τοῦ δέ, Νῦν ἐγὼ ψ.] A well-known puzzle. '"I am now telling a lie." One thing or the other; is the statement true or false? We will not admit that it is both. Nay, you answer, it is impossible to adopt the one alternative to the exclusion of the other, for if he is lying, he speaks the truth, and if he speaks the truth, he is lying.'

15. τί οὖν θαυμαστόν] As, in the case of the ψευδόμενος, contradictories are reconciled, so we need not be surprised if, in the proposed dilemma of ὄντα ἢ οὐκ ὄντα, both alternatives are false.

17. ἠλίθιον] 'silly.'

σεαυτοῦ χωρίζῃ; καὶ τίς ἡ αἰτία τῆς διαζεύξεως; ἀλλ' ἀπαίδευτον περὶ τοῦ ἑνός, εἰ ἑαυτῷ πάρεστιν, ἢ μή, πολυπραγμονεῖν. ταῦτα γὰρ ἐπ' ἄλλων, οὐχ ἑαυτοῦ λέγεται. ἀπαιδευτότερον, εὖ ἴσθι, τὸ ἀπ' ἀρχῆς γεγεννημένον, εἰ ἦν πρὸ τῆς γεννήσεως, ἢ οὐκ ἦν, διευθύνεσθαι. οὗτος γὰρ περὶ τῶν χρόνῳ διαιρετῶν ὁ λόγος.

10. Ἀλλ' οὐ ταὐτόν, φησι, τὸ ἀγέννητον καὶ τὸ γεννητόν. εἰ δὲ τοῦτο, οὐδὲ ὁ υἱὸς τῷ πατρὶ ταὐτόν. ὅτι μὲν φανερῶς ὁ λόγος οὗτος ἐκβάλλει τὸν υἱὸν τῆς θεότητος, ἢ τὸν πατέρα, τί χρὴ λέγειν; εἰ γὰρ τὸ ἀγέννητον οὐσία θεοῦ, τὸ γεννητὸν οὐκ οὐσία· εἰ δὲ τοῦτο, οὐκ ἐκεῖνο. τίς ἀντερεῖ λόγος; ἑλοῦ τοίνυν τῶν ἀσεβειῶν ὁποτέραν βούλει, ὦ κενὲ θεολόγε, εἴπερ ἀσεβεῖν πάντως ἐσπούδακας. ἔπειτα πῶς οὐ ταὐτὸν λέγεις τὸ ἀγέννητον καὶ τὸ γεννητόν; εἰ μὲν τὸ μὴ ἐκτισμένον καὶ ἐκτισμένον, κἀγὼ δέχομαι. οὐ γὰρ ταὐτὸν τῇ φύσει τὸ ἄναρχον καὶ τὸ κτιζόμενον. εἰ δὲ τὸ

---

1 σεαυτου] εαυτου 'in nonnull.' ‖ 2 απαιδευτον]+το bdlf   **10.** 7 φασι b ‖ 10 χρη]+και cef ‖ 13 κενε] καινε c

---

1. ἀλλ' ἀπαίδευτον] Ἀλλά = at; as above, ἀλλ' οὐκ ἐνδέχεται. 'Nay, you will answer, it is stupid to enquire about a single individual, whether he is present with himself, or not. Those things apply to other people, not to oneself.'

5. διευθύνεσθαι] 'to be setting people to rights about the question whether,' etc.

6. περὶ τῶν χρ. διαιρ.] 'about things which are divided by an interval of time.'

10. 'Begotten and Unbegotten are not the same; therefore if the Son is begotten and the Father unbegotten, the Son differs from the Father.' The statement is false; for it is the very meaning of generation to transmit the nature of the parent. The contrast of begotten and unbegotten is only like that of wise and unwise, which can be predicated of different individuals without involving a difference of nature or essence. To erect Unbegottenness into constituting the very essence of God brings you into difficulties with other attributes, like Immortal, Unchangeable, which have as good a right to be considered as constituting that essence.

7. οὐ ταὐτόν] 'not the same thing': i.e. a difference of nature itself is involved.

14. πῶς οὐ ταὐτόν] not 'in what sense do you mean,' for Gr. is not prepared to admit that it is true in any sense; but simply challenging the statement altogether: 'how can you say so? if you had said that created and uncreated are not the same, I should agree with you, but the transmission of the parent's nature is of the very essence of generation.'

γεγεννηκὸς καὶ τὸ γεγεννημένον, οὐκ ὀρθῶς λέγεται. ταὐτὸν γὰρ εἶναι πᾶσα ἀνάγκη. αὕτη γὰρ φύσις γεννήματος, ταὐτὸν εἶναι τῷ γεγεννηκότι κατὰ τὴν φύσιν. ἢ οὕτω πάλιν· πῶς λέγεις τὸ ἀγέννητον καὶ τὸ γεννητόν; εἰ μὲν τὴν ἀγεννησίαν αὐτὴν καὶ τὴν γέννησιν, οὐ ταὐτόν· εἰ δὲ οἷς ὑπάρχει ταῦτα, πῶς οὐ ταὐτόν; ἐπεὶ καὶ τὸ ἄσοφον καὶ τὸ σοφὸν ἀλλήλοις μὲν οὐ ταὐτά, περὶ ταὐτὸν δέ, τὸν ἄνθρωπον· καὶ οὐκ οὐσίας τέμνει, περὶ δὲ τὴν αὐτὴν οὐσίαν τέμνεται. ἢ καὶ τὸ ἀθάνατον, καὶ τὸ ἄκακον, καὶ τὸ ἀναλλοίωτον οὐσία θεοῦ. ἀλλ' εἰ τοῦτο, πολλαὶ οὐσίαι θεοῦ, καὶ οὐ μία. ἢ σύνθετον ἐκ τούτων τὸ θεῖον. οὐ γὰρ ἀσυνθέτως ταῦτα, εἴπερ οὐσίαι.

11. Ταῦτα μὲν οὔ φασι, κοινὰ γὰρ καὶ ἄλλων. ὃ δὲ μόνου θεοῦ καὶ ἴδιον, τοῦτο οὐσία. οὐκ ἂν μὲν συγχωρήσαιεν εἶναι μόνου θεοῦ τὸ ἀγέννητον οἱ καὶ τὴν ὕλην καὶ

1 γεγεννημενον]+ου ταυτον λεγεις dg ‖ 2 φυσις]+γεννητορος και be ‖ 3 φυσιν]+το γεννημα b ‖ 4 ει μεν]+γαρ e ‖ 5 την αγεν.] om την e

5. τὴν ἀγενν. αὐτήν] '*unbegottenness itself*,' the very character of not being begotten.

7. περὶ ταὐτὸν δέ] not, of course, περὶ τὸν αὐτόν. They are opposite characteristics, but both are found in man without any difference of nature being involved. The wise man and the foolish man are alike man.

8. οὐκ οὐσίας τ.] '*they do not divide the essences; they are divisions* (lit. divided) *within* (in connexion with) *the same essence.*'

9. ἢ καὶ τὸ ἀθ.] A fresh argument. If τὸ ἀγέννητον constitutes the divine nature, so that it and τὸ θεῖον are convertible terms, a similar case can be made out for these other predicates. Then, since the divine nature is absolutely identified with τὸ ἀγέννητον, and yet at the same time with τὸ ἀθάνατον, we are driven to suppose that these are separate natures, or essences, or that they compose the divine nature by their aggregation.

11. *Assume for the sake of argument that to be unbegotten belongs to God alone, though the assertion would by some be denied. It does not follow that unbegottenness is a necessary part of the divine essence. Adam alone was directly fashioned by God; yet Seth is as truly man as Adam. The divine essence is a positive, not a negative thing. If you ask me what it is, I can only answer that I hope we may know some day, but not here. Meanwhile, whatever glory there is in the underived existence belongs to the Son who is begotten of the Underived.*

13. κοινὰ γάρ] Angels e.g. are ἀθάνατοι; doves and lambs are called ἄκακα.

15. οἱ καὶ τὴν ὕ.] The Platonists. Gr. does not adopt their opinion.

τὴν ἰδέαν συνεισάγοντες ὡς ἀγέννητα. τὸ γὰρ Μανιχαίων πορρωτέρω ῥίψωμεν σκότος. πλὴν ἔστω μόνου θεοῦ. τί δὲ ὁ Ἀδάμ; οὐ μόνος πλάσμα θεοῦ; καὶ πάνυ, φήσεις. ἆρ' οὖν καὶ μόνος ἄνθρωπος; οὐδαμῶς. τί δή ποτε; ὅτι μὴ ἀνθρωπότης ἡ πλάσις· καὶ γὰρ τὸ γεννηθὲν ἄνθρωπος. οὕτως οὐδὲ τὸ ἀγέννητον μόνον θεός, εἰ καὶ μόνου πατρός, ἀλλὰ δέξαι καὶ τὸ γεννητὸν εἶναι θεόν. ἐκ θεοῦ γάρ, εἰ καὶ λίαν εἶ φιλαγέννητος. ἔπειτα πῶς οὐσίαν θεοῦ λέγεις, οὐ τὴν τοῦ ὄντος θέσιν, ἀλλὰ τὴν τοῦ μὴ ὄντος ἀναίρεσιν; τὸ γὰρ μὴ ὑπάρχειν αὐτῷ γέννησιν ὁ λόγος δηλοῖ, οὐχ ὃ τὴν φύσιν ἐστὶ παρίστησιν, οὐδ' ὃ ὑπάρχει τὸ μὴ ἔχον γέννησιν. τίς οὖν οὐσία θεοῦ; τῆς σῆς ἀπονοίας τοῦτο λέγειν, ὃς πολυπραγμονεῖς καὶ τὴν γέννησιν. ἡμῖν δὲ μέγα, κἂν εἴποτε καὶ εἰς ὕστερον τοῦτο μάθοιμεν, λυθέντος ἡμῖν τοῦ ζόφου καὶ τῆς παχύτητος, ὡς ἡ τοῦ ἀψευδοῦς ὑπόσχεσις. τοῦτο μὲν οὖν καὶ νοείσθω καὶ ἐλπιζέσθω τοῖς ἐπὶ τούτῳ καθαιρομένοις. ἡμεῖς δὲ τοσοῦτον εἰπεῖν θαρρήσομεν, ὅτι εἰ καὶ μέγα τῷ πατρὶ τὸ μηδαμόθεν

11. 1 αγενητα de ‖ 2 ριψωμεν] -ομεν b ‖ 5 γαρ]+και d ‖ 6 μονον] μονος c ‖ 11 om εστι df ‖ ο] ω e² ‖ 14 om εις 'Reg. a' ‖ 15 ως]+ φησιν b ‖ 17 τουτω] τουτο g ‖ 18 θαρρησομεν] -ωμεν adef

He only uses it to embarrass the Eunomian. He might have cited in like manner the 'darkness,' which the Manichees made to be coeternal with light; but he disclaims to do so.

2. ἔστω] for argument's sake, he will assume that none but God is unbegotten. That does not preclude the possibility of One who is begotten being God likewise, any more than the fact that Adam alone was directly formed by God precludes others who are not so formed from having the same nature as Adam.

6. οὐδὲ τὸ ἀγ. μόνον θεός] It would not be true to say that only what is unbegotten can be God—though nothing can be God which is not begotten of the Father; you must admit that what is begotten of Him is God likewise.

8. πῶς οὐσίαν θ. λ.] How can a merely negative attribute be spoken of as constituting the essence of God? Cp. ii 9.

11. ὃ τὴν φύσιν ἐστί] '*what He is by nature; nor what it is that has no generation.*'

12. τοῦτο λέγειν] '*to ask the question.*' Πολυπρ., cp. ii. 9.

15. ὡς ἡ τοῦ ἀψ. ὑπ.] Prob. Gr. refers to 1 Cor. xiii 12; cp. ii 17. Ὁ ἀψευδής, Tit. i 2.

17. τοῖς ἐπὶ τ. καθαιρ.] Cp. ii 12 τοῖς ἐνταῦθα κεκ....πρὸς τὸ ποθούμενον.

18. εἰ καὶ μέγα κτλ.] If it is a

ὡρμῆσθαι, οὐκ ἔλαττον τῷ υἱῷ τὸ ἐκ τοιούτου πατρός. τῆς τε γὰρ τοῦ ἀναιτίου δόξης μετέχοι ἄν, ὅτι ἐκ τοῦ ἀναιτίου, καὶ πρόσεστι τὸ τῆς γεννήσεως, πρᾶγμα τοσοῦτον καὶ οὕτω σεβάσμιον τοῖς μὴ πάντῃ χαμαιπετέσι καὶ
5 ὑλικοῖς τὴν διάνοιαν.

12. Ἀλλ' εἰ ταὐτὸν τῷ πατρί, φασιν, ὁ υἱὸς κατ' οὐσίαν, ἀγέννητον δὲ ὁ πατήρ, ἔσται τοῦτο καὶ ὁ υἱός. καλῶς, εἴπερ οὐσία θεοῦ τὸ ἀγέννητον, ἵν' ᾖ τις καινὴ μίξις, γεννητοαγέννητον. εἰ δὲ περὶ οὐσίαν ἡ διαφορά,
10 τί τοῦτο ὡς ἰσχυρὸν λέγεις; ἢ καὶ σὺ πατὴρ τοῦ πατρός, ἵνα μηδενὶ λείπῃ τοῦ σοῦ πατρός, ἐπειδὴ ταὐτὸν εἶ κατ' οὐσίαν; ἢ δῆλον ὅτι, τῆς ἰδιότητος ἀκινήτου μενούσης, ζητήσομεν οὐσίαν θεοῦ, ἥ τις ποτέ ἐστιν, εἴπερ ζητήσομεν; ὅτι δὲ οὐ ταὐτὸν ἀγέννητον καὶ θεός, ὧδε ἂν μάθοις. εἰ

4 σεβασμιον] σεμνον 'Reg. a' ‖ χαμαιπετεσι] χαμερπεσι b 12. 6 ταυτον φασι τω πατρι ο υιος b: ταυτον φ. ο υιος τω πατρι df ‖ 7 αγεννητος bde ‖ 9 om δε c ‖ 10 om η c

great thing to be altogether underived, as the Father is, it is no less a thing to be derived from Him in the way the Son is. He shares the nature and glory of the Self-existent, and has the additional glory of being begotten of Him. Cp. iv 7.

12. 'If the Father is unbegotten,' they urge, 'and the Son is what the Father is, then the Son too is unbegotten.' That would be true if unbegottenness were the actual essence of God; but it is not. If 'unbegotten' and 'God' were equivalent terms, then we should be able to put the one for the other, and say not only 'the God of Israel' but 'the Unbegotten of Israel.' On this theory, the nature of the begotten Son is not only different from that of the unbegotten Father, but is its exact opposite; and indeed it might be argued that since the positive is prior to the negative, the begotten Son is prior to the unbegotten Father.

7. ἔσται τοῦτο] sc. ἀγέννητον. Quite true, Gr. replies, on the assumption that unbegottenness is the essence of God; the Son in that case will be begotten-unbegotten!

9. περὶ οὐσίαν] The prep. is emphatic. It is used as in § 10 sub fin. 'If the difference between begotten and unbegotten is (not one of nature but only) one affecting the modes of that nature.'

10. πατὴρ τοῦ π.] 'Are you your father's father?' If not, acc. to your argument, you cannot have the same essence as your father.

12. ἰδιότητος] not 'personality,' but the special distinguishing peculiarities which differentiate one person from another; the 'property,' as Hooker calls it (E. P. v 51). If we enquire at all what the nature of God is, we will do so without touching these individual properties.

ταὐτὸν ἦν, ἔδει πάντως, ἐπειδὴ τινῶν θεὸς ὁ θεός, τινῶν
εἶναι καὶ τὸ ἀγέννητον· ἢ ἐπεὶ μηδενὸς τὸ ἀγέννητον, μηδὲ
τὸν θεὸν εἶναι τινῶν. τὰ γὰρ πάντῃ ταὐτὰ καὶ ὁμοίως
ἐκφέρεται. ἀλλὰ μὴν οὐ τινῶν τὸ ἀγέννητον, τίνων γάρ;
καὶ τινῶν θεὸς ὁ θεός, πάντων γάρ. πῶς οὖν ἂν εἴη ταὐτὸν
θεὸς καὶ ἀγέννητον; καὶ πάλιν, ἐπειδὴ τὸ ἀγέννητον καὶ
τὸ γεννητὸν ἀντίκειται ἀλλήλοις, ὡς ἕξις καὶ στέρησις.
ἀνάγκη καὶ οὐσίας εἰσαχθῆναι ἀντικειμένας ἀλλήλαις.
ὅπερ οὐ δέδοται· ἢ ἐπειδὴ πάλιν αἱ ἕξεις τῶν στερήσεων
πρότεραι, καὶ ἀναιρετικαὶ τῶν ἕξεων αἱ στερήσεις, μὴ
μόνον πρεσβυτέραν εἶναι τῆς τοῦ πατρὸς οὐσίας τὴν τοῦ
υἱοῦ, ἀλλὰ καὶ ἀναιρουμένην ὑπὸ τοῦ πατρός, ὅσον ἐπὶ
ταῖς σαῖς ὑποθέσεσι.

8 εἰσαχθῆναι] αντεισαχθηναι b

1. **τινῶν ὁ θεός**] 'God,' acc. to Gr., is a relative term; a 'God' must be 'God of' some one. If then unbegottenness is the very essence of God, and 'unbegotten' and 'God' are convertible terms, then we must be able to say with equal correctness, 'the God of all' and 'the unbegotten of all'; or conversely, as the unbegotten is 'no one's unbegotten,' so God must be 'no one's God.' The argument does not seem a very valuable one, because, to begin with, it must be questioned whether 'God' is really a term of relationship. If it be so, then apart from creation God would not be God. But the main purpose of the argument is sound, inasmuch as it shews the absurdity of identifying absolutely the positive existence of God with a merely negative description. On Gr.'s interpretation of the word θεός, see iv 18.

3. **ὁμοίως ἐκφέρεται**] True synonyms are used interchangeably (lit. '*are produced*, employed, *in a similar manner*'); cp. προφέρεται in § 5.

8. **ἀνάγκη**] If ἀγέννητον is the very nature of God, and yet God begets a Son (which the Eunomians in a sense allow), it follows that the nature of the Son is not only different from that of the Father, but is diametrically opposite to it. This is not allowed by any one (οὐ δέδοται).

9. **αἱ ἕξεις τῶν στ. πρότεραι**] You cannot take away a thing which is not there to begin with. But ἀγέννητον implies a taking away of γέννητον. Therefore γεννητόν is prior to ἀγέννητον,—the Son to the Father,—and when the Father comes, and His ἀγέννητον is alone recognised as divine, He does away with the Son who occupied the ground before Him. Of course this argument is one of mere mockery (ἐρεσχελία, i 3).

13. '*If the begetting of the Son is not a thing finished and done with, it is as yet incomplete, and will one day be completed : if it is finished, it must have begun.*' That does not follow. The soul had a beginning, but will never have an end.

No: our belief is, that whatever possesses the essential notes of a class

13. Τίς ἔτι λόγος αὐτοῖς τῶν ἀφύκτων; τάχα ἂν ἐπ' ἐκεῖνο καταφύγοιεν τελευταῖον· ὡς εἰ μὲν οὐ πέπαυται τοῦ γεννᾶν ὁ θεός, ἀτελὴς ἡ γέννησις, καί ποτε παύσεται· εἰ πέπαυται δέ, πάντως καὶ ἤρξατο. πάλιν οἱ σωματικοὶ τὰ σωματικά. ἐγὼ δὲ εἰ μὲν ἀΐδιον αὐτῷ τὸ γεννᾶσθαι, ἢ μή, οὔπω λέγω, ἕως ἂν τὸ Πρὸ πάντων βουνῶν γεννᾷ με ἀκριβῶς ἐπισκέψωμαι. οὐχ ὁρῶ δὲ τίς ἡ ἀνάγκη τοῦ λόγου. εἰ γὰρ ἦρκται κατ' αὐτοὺς τὸ παυσόμενον, οὐκ ἦρκται πάντως τὸ μὴ παυσόμενον. τί τοίνυν ἀποφανοῦνται περὶ ψυχῆς, ἢ τῆς ἀγγελικῆς φύσεως; εἰ μὲν ἦρκται, καὶ παύσεται· εἰ δὲ οὐ παύσεται, δῆλον ὅτι κατ' αὐτοὺς οὐδὲ ἦρκται. ἀλλὰ μὴν καὶ ἦρκται, καὶ οὐ παύσεται. οὐκ ἄρα ἦρκται κατ' αὐτοὺς τὸ παυσόμενον. ὁ μὲν οὖν ἡμέτερος λόγος· ὥσπερ ἵππου, καὶ βοός, καὶ ἀνθρώπου, καὶ ἑκάστου τῶν ὑπὸ τὸ αὐτὸ εἶδος, εἷς λόγος ἐστί, καὶ ὃ μὲν ἂν μετέχῃ τοῦ λόγου, τοῦτο καὶ κυρίως λέγεσθαι, ὃ δ' ἂν μὴ μετέχῃ, τοῦτο ἢ μὴ λέγεσθαι, ἢ μὴ κυρίως λέγεσθαι, οὕτω δὲ καὶ θεοῦ μίαν οὐσίαν εἶναι, καὶ φύσιν, καὶ κλῆσιν, κἂν

13. 4 ει δε πεπαυται df ‖ 15 λογος] ορος 'tres Colb.' ‖ 16 om και c ‖ 17 μη λεγεσθαι] μηδε λ. df

of beings—say of a horse or an ox—is rightly called by that name, whatever distinctive properties it may have which mark it off from others of the class. So it is with God; the nature is one, although there are differences of designation, corresponding to differences in fact, between the Persons who share that nature.

1. τῶν ἀφύκτων] i.e. which they consider to be so.

3. καί ποτε παύσεται] '*and some day He will stop*,' viz. when τελεία ἡ γέννησις. This is more pointed than to make πότε interrogative.

6. πρὸ πάντων β.] Prov. viii 25.

9. ἀποφανοῦνται] '*will they shew to be the case.*'

12. οὐκ ἄρα ἦρκται κ. αὐτοὺς τὸ π.] '*Therefore the thing which will one day stop can never according to them have had a beginning.*' So Gr. turns their logic against them.

13. ὁ μὲν οὖν ἡμ. λ.] sc. λέγει.

15. εἷς λόγος ἐστί] '*one law*,' or '*principle of existence*'; and so, from the observer's point of view, '*definition.*' What is implied may be seen by the corresponding words in the apodosis, οὐσίαν κ. φύσιν κ. κλῆσιν. The meaning is not the same as in ὁ ἡμέτερος λ. just before, nor has it any relation to λέγεσθαι directly after.

ib. ὃ μὲν ἂν μετέχῃ τ. λ.] '*whatever shares that characteristic principle, is rightly called by that name.*' Τοῦτο, however, is grammatically the subject of λέγ., not the predicate.

17. οὕτω δέ] The 'apodotic' force of δέ is well known. It recurs again in the next section.

ἐπινοίαις τισὶ διαιρουμέναις συνδιαιρῆται καὶ τὰ ὀνόματα· καὶ ὃ μὲν ἂν κυρίως λέγηται, τοῦτο καὶ εἶναι θεόν· ὃ δ᾽ ἂν ᾖ κατὰ φύσιν, τοῦτο καὶ ἀληθῶς ὀνομάζεσθαι· εἴπερ μὴ ἐν ὀνόμασιν, ἀλλ᾽ ἐν πράγμασίν ἐστιν ἡμῖν ἡ ἀλήθεια. οἱ δέ, ὥσπερ δεδοικότες μὴ πάντα κινεῖν κατὰ τῆς ἀληθείας, θεὸν μὲν εἶναι τὸν υἱὸν ὁμολογοῦσιν, ὅταν βιασθῶσι τῷ λόγῳ καὶ ταῖς μαρτυρίαις, ὁμώνυμον δὲ καὶ μόνης κοινωνοῦντα τῆς κλήσεως.

14. "Οταν δὲ ἀνθυποφέρωμεν αὐτοῖς· τί οὖν; οὐ κυρίως θεὸς ὁ υἱός, ὥσπερ οὐδὲ ζῷον τὸ γεγραμμένον; πῶς οὖν θεός, εἰ μὴ κυρίως θεός; τί γὰρ κωλύει, φασί, καὶ ὁμώνυμα ταῦτα εἶναι, καὶ κυρίως ἀμφότερα λέγεσθαι; καὶ προοίσουσιν ἡμῖν τὸν κύνα, τὸν χερσαῖον, καὶ τὸν θαλάττιον, ὁμώνυμά τε ὄντα, καὶ κυρίως λεγόμενα,—ἔστι γάρ τι καὶ τοιοῦτον εἶδος ἐν τοῖς ὁμωνύμοις,—καὶ εἴτε τι ἄλλο τῇ

4 ημιν εστιν f   14.   13 προσοισουσιν bcdef

1. κἂν ἐπινοίαις τισί] The distinctive 'notions' which Gr. has in view are, of course, those of giving and of receiving life, of 'proceeding' and its correlative. They are not, however, to be considered as merely subjective distinctions drawn by us, any more than the distinctions which we draw between one man and another. Τὰ ὀνόματα, sc. πατήρ, υἱός, πνεῦμα.

2. ὃ μὲν ἂν κ. λέγηται] sc. θεός. This seems hardly necessary to say; but it lends a kind of fulness to the following statement, ὃ δ᾽ ἂν ᾖ κατὰ φύσιν (θεός), τοῦτο κ. ἀλ. ὀνομάζεσθαι (θεόν). The ὀνομάζεσθαι = λέγεσθαι, and has nothing to do with the ὀνόματα above.

4. οἱ δέ] While names are not of much importance, so long as we get the facts right, they, the Eunomians, when pressed, will use the name of θεός to describe the Son, but explain it to have no foundation in fact.

7. ταῖς μαρτυρίαις] '*testimonies of Scripture*.' Cp v 2, 29.

ib. ὁμώνυμον] '*in an equivocal sense.*' Ὁμώνυμα are in logic things which bear the same name but in different senses.

14. '*The word God,*' they reply, "*is an* aequivocum; *it is used to denote two things which are essentially different, as dog, for example, denotes both a beast and a fish.*' Ah, but in the one case there is no difference in dignity between the two things which bear the same name; in the other, if your theory were true, two beings would bear the same name which could not be even distantly compared.

12. ὁμ. ταῦτα εἶναι] The neut. used, as in the preceding section, to avoid the irreverence of a direct reference to the Divine Persons.

13. τὸν κύνα] the name of a fish, as well as of the beast. Both fish and beast are quite properly called 'dog,' but not in the same sense.

15. τοιοῦτον εἶδος] '*such a class*'; namely, ὁμώνυμα both of which 'properly' bear the common name.

αὐτῇ προσχρῆται προσηγορίᾳ, καὶ μετέχει ταύτης ἐπ' ἴσης,
τῇ φύσει διεστηκός. ἀλλ' ἐκεῖ μέν, ὦ βέλτιστε, δύο φύσεις
τιθεὶς ὑπὸ τὴν αὐτὴν προσηγορίαν, οὐδὲν ἀμείνω τὴν ἑτέραν
τῆς ἑτέρας εἰσάγεις, οὐδὲ τὴν μὲν πρότερον, τὴν δὲ ὕστερον,
5 οὐδὲ τὴν μὲν μᾶλλον, τὴν δὲ ἧττον οὖσαν τοῦθ' ὅπερ
λέγεται. οὐδὲ γάρ τι συνέζευκται τὸ ταύτην παρέχον
αὐταῖς τὴν ἀνάγκην. οὐ γὰρ ὁ μὲν μᾶλλον κύων, ὁ δὲ
ἧττον τοῦ ἑτέρου κυνός, οἷον ὁ θαλάττιος τοῦ χερσαίου,
ἢ ὁ χερσαῖος ἔμπαλιν τοῦ θαλαττίου· διὰ τί γάρ, ἢ κατὰ
10 τίνα λόγον; ἀλλ' ἐν ὁμοτίμοις πράγμασι καὶ διαφόροις
ἡ κοινωνία τῆς κλήσεως. ἐνταῦθα δὲ τῷ θεῷ παραζευγνὺς
τὸ σεβάσμιον, καὶ τὸ ὑπὲρ πᾶσαν οὐσίαν εἶναι καὶ φύσιν,
ὃ μόνου θεοῦ καὶ οἱονεὶ φύσις θεότητος, εἶτα τῷ πατρὶ μὲν
τοῦτο διδούς, τὸν υἱὸν δὲ ἀποστερῶν καὶ ὑποτιθείς, καὶ τὰ
15 δεύτερα νέμων αὐτῷ τῆς τιμῆς καὶ τῆς προσκυνήσεως, κἂν
ταῖς συλλαβαῖς χαρίζῃ τὸ ὅμοιον, τῷ πράγματι τὴν θεότητα
περικόπτεις, καὶ μεταβαίνεις κακούργως ἀπὸ τῆς τὸ ἴσον
ἐχούσης ὁμωνυμίας ἐπὶ τὴν τὰ μὴ ἴσα συνδέουσαν· ὥστε
ὁ γραπτός σοι καὶ ὁ ζῶν ἄνθρωπος μᾶλλον ἢ οἱ τοῦ

13 οιονει] οιον a ‖ 17 μεταβαινεις] -ης (non -ῃς) a: -ει d¹

2. δύο φύσεις] perh. '*two kinds of animals.*'
4. πρότερον...ὕστερον] as well as μᾶλλον and ἧττον, qualify οὖσαν τοῦθ' ὅπ. λέγ.
6. οὐδὲ γάρ τι σ.] '*for there is nothing attached to the name which forces such distinctions upon them.*' There is nothing in the name 'dog' to make you care to enquire whether the beast or the fish was the first to bear it, or whether the beast is *more* of a dog than the fish: the one kind of 'dog' is for all practical purposes as good as the other. The common name is borne by creatures which, though different from each other, are equals.
11. ἐνταῦθα δέ] '*But when we come to the case in point, you attach to God an awful solemnity, and say that He is too high to be described as having any essence or nature,—a thing which belongs to none but God and constitutes as it were the nature of the Godhead; and you give this to the Father, but take it away from the Son, and make a subject of Him.*'
17. περικόπτεις] '*mutilate.*'
ib. τῆς τὸ ἴ. ἐχ. ὁμων.] such as that of the different 'dogs.'
19. ὁ γραπτός σ. κ. ὁ ζῶν ἄ.] The real man and the picture of a man (either of which is spoken of as 'a man') illustrate more nearly such a Godhead as the Eunomians speak of than the two kinds of 'dogs.' The picture is not further from being a real man than the Son is from being really God, if the Eunomian

ὑποδείγματος κύνες τῇ θεότητι πλησιάζουσιν. ἢ δὸς ἀμφοτέροις, ὥσπερ τὴν κοινωνίαν τῆς κλήσεως, οὕτω δὲ καὶ τὴν ὁμοτιμίαν τῶν φύσεων, εἰ καὶ διαφόρους ταύτας εἰσάγεις· καὶ καταλέλυκάς σου τοὺς κύνας, οὓς ἐξηῦρες κατὰ τῆς ἀνισότητος. τί γὰρ ὄφελος τῆς ὁμωνυμίας, εἰ τὸ ἰσότιμον ἔχοιεν οἱ παρά σου διαιρούμενοι; οὐ γὰρ ἵνα ἰσότιμα δείξῃς, ἀλλ' ἵνα ἀνισότιμα, πρὸς τὴν ὁμωνυμίαν καὶ τοὺς κύνας κατέφυγες. πῶς ἄν τις ἐλεγχθείη μᾶλλον καὶ ἑαυτῷ μαχόμενος καὶ θεότητι;

15. Ἐὰν δὲ λεγόντων ἡμῶν, ὅτι τῷ αἰτίῳ μείζων ὁ πατὴρ τοῦ υἱοῦ, προσλαβόντες τὴν Τὸ δὲ αἴτιον φύσει

3 των φυσεων] της φυσεως 'nonnul.' ‖ 6 ισοτιμον] +μη bcdef
15. 11 om δε b 'nonnul.'

account is correct; and at the same time it bears externally a greater resemblance to its original.

1. ἢ δός] Otherwise,—if the chasm between the two Persons bearing the name of God is not, on your theory, as vast as I have indicated, suppose you admit that the equivocal name is in this instance applied to two natures of equal splendour. You shall call them different natures, if you like; but admit that they are equal. What is the result? You are no longer satisfied with your illustration of the dogs. You invented it to justify an insinuation of inequality. The κατὰ in κατὰ τῆς ἀνισ. appears to be used as in the phrase τοξεύειν κατὰ σκοποῦ, of the point aimed at.

5. εἰ τὸ ἰσ. ἔχοιεν] It requires great ingenuity to extract any meaning from the sentence, in relation to the context, if the reading μὴ ἔχ. is adopted. The μὴ was evidently introduced by copyists who thought that Gr. was making a statement of his own belief, which was that the name θεός is applied in precisely the same sense to Father and Son. But this ignores Gr.'s argument,—and, it may be added, the meaning of ὁμωνυμία. Gr.'s immediate purpose is to shew that the Eunomian illustration is, from their own point of view, ill-chosen. To be of any service to them, their instance of 'equivocation' should have been one where the same name is applied to two objects of very different value.

15. '*You admit,' they say, 'that the Father is greater than the Son, inasmuch as He is the author of the Son's being; but since He is by nature author of the Son's being, it follows that He is by nature greater than the Son.*' The fallacy of the argument, Gr. answers, lies in this,—that they attribute to the underlying essence what is predicated of the particular possessor of that essence. It is like arguing that because so and so is a dead man, therefore man is dead.

10. τῷ αἰτίῳ μ.] '*by virtue of being the cause of His existence.*'

11. προσλαβόντες τὴν...πρότασιν] '*taking for their minor premiss.*' Πρότασις is the technical word for a '*premiss*'; the πρὸς in προσλ. denotes that this is a second (or minor) premiss.

πρότασιν, ἔπειτα τὸ Μεῖζον τῇ φύσει συνάγωσιν· οὐκ οἶδα πότερον ἑαυτοὺς παραλογίζονται, ἢ τοὺς πρὸς οὓς ὁ λόγος. οὐ γὰρ ἁπλῶς ὅσα κατά τινος λέγεται, ταῦτα καὶ κατὰ τοῦ ὑποκειμένου τούτῳ ῥηθήσεται· ἀλλὰ δῆλον κατὰ
5 τίνος, καὶ τίνα. ἐπεὶ τί κωλύει κἀμὲ ταύτην πρότασιν ποιησάμενον τήν, ὅτι ὁ πατὴρ μείζων τῇ φύσει, ἔπειτα προσλαβόντα τὸ Φύσει δὲ οὐ πάντως μείζων οὐδὲ πατήρ, ἐντεῦθεν συναγαγεῖν τὸ Μεῖζον οὐ πάντως μεῖζον· ἤ, Ὁ

1. συνάγωσιν] *'conclude.'* The Eunomian syllogism is this: 'The Father is greater than the Son inasmuch as the Son owes His existence to Him. But the giving of existence to the Son belongs to the Father by nature. Therefore the Father is greater than the Son by nature.'

3. οὐ γὰρ ἁπλῶς κτλ.] The reply is that not everything which is predicated of a particular thing (e.g. of Socrates) is predicated of the nature which underlies that thing (in the example chosen, human nature). Everyone recognises what the statements are intended to apply to, and how they apply. So, what we say of the Father does not necessarily apply to the Divine Essence which belongs to Him; some things apply to Him as Father, not as God.

4. κατὰ τίνος, καὶ τίνα] The words are interrogative; if Gr. had intended the indef. pron., he must have said δ. ὅτι κ. τ. It seems necessary to understand κατά again before τίνα, 'in regard to what points'—i.e. in regard to nature, or to individuality, or what. To take the example given by Gr. at the end of the section, if I say that Socrates is a dead man, it is plain that I am speaking of Socrates in particular and of no one else, and that I am speaking of Socrates in relation to the bodily life, not about his soul, nor about his influence.

5. τί κωλύει κἀμέ] Two can play at that game, Gr. says. He too can draw that kind of conclusion, and they shall see whether it will hold. He makes a major premiss of that conclusion of theirs, 'The father is by nature greater than the son.' (We need not suppose that Gr. is for the moment speaking of God: the words would suit any father and son.) The minor premiss is, 'But he is not by nature necessarily greater, or necessarily father.' So far there is no absurdity. He need never have had a son; there might have been nothing else to compare him with. (Gr., I repeat, is not speaking of God.) The right conclusion would be that the father's 'natural' superiority over his son consists solely in his fatherhood, and not in his nature,—in his relationship, and not in that which he is when considered apart by himself. But the false conclusion which Gr. draws, to illustrate the false conclusions of the Eunomians, is this: 'Therefore the greater is not necessarily greater,' or 'The father is not necessarily father.' It will be observed that Gr. says μεῖζον, not ὁ μείζων, which makes it clearer that the proposition is intended to be quite general: 'A thing which is greater than another need not be greater, but might be at the same time equal or less; a father need not be his son's father, but might be his brother or his son.' The second paralogism (ὁ θεὸς οὐ πάντως θεός) helps to shew that this is Gr.'s meaning.

πατὴρ οὐ πάντως πατήρ. εἰ βούλει δὲ οὕτως· ὁ θεός, οὐσία· ἡ οὐσία δέ, οὐ πάντως θεός· τὸ ἑξῆς αὐτὸς συνάγαγε· ὁ θεός, οὐ πάντως θεός. ἀλλ᾽ οἶμαι, παρὰ τὸ πῇ καὶ ἁπλῶς ὁ παραλογισμὸς οὗτος, ὡς τοῖς περὶ ταῦτα τεχνολογεῖν σύνηθες. ἡμῶν γὰρ τὸ μεῖζον τῇ τοῦ αἰτίου φύσει διδόντων, αὐτοὶ τὸ τῇ φύσει μεῖζον ἐπάγουσιν· ὥσπερ ἂν εἰ καὶ λεγόντων ἡμῶν, ὅτι ὁ δεῖνα νεκρὸς ἄνθρωπος, ἁπλῶς ἐπῆγον αὐτοὶ τὸν ἄνθρωπον.

16. Ἐκεῖνο δὲ πῶς παραδράμωμεν, οὐδενὸς ἧττον τῶν εἰρημένων ὂν ἀξιάγαστον; Ὁ πατήρ, φησιν, οὐσίας, ἢ ἐνεργείας ὄνομα; ὡς ἀμφοτέρωθεν ἡμᾶς δήσοντες,—εἰ μὲν οὐσίας φήσομεν, συνθησομένους ἑτεροούσιον εἶναι τὸν υἱόν, ἐπειδὴ μία μὲν οὐσία θεοῦ, ταύτην δέ, ὡς οὗτοι, προκατείληφεν ὁ πατήρ· εἰ δὲ ἐνεργείας, ποίημα σαφῶς ὁμολογή-

2 συναγε cdefg 'duo Reg. Or. 1' ‖ 3 παρα το πη] παρατροπην (om και) b: παρατροπη 'Reg. a'

3. παρὰ τὸ πῇ κ. ἁπλῶς] *'The fallacy lies in arguing from the conditioned to the absolute'* (lit. *'is on account of that which is so for special reasons and that which is so absolutely'*).

4. τοῖς περὶ ταῦτα] *'to use the technical language of logicians'* (lit. *'as it is customary to speak technically for those who concern themselves with these things'*).

5. ἡμῶν γὰρ κτλ.] *'For when we allow that it is in the nature of a cause to be greater than the thing caused, they infer that it is greater by nature; which is like arguing that because we say, "Such and such a man is dead," therefore man, in the abstract, is dead.'* The emphasis, of course, is on ὁ δεῖνα, and it seems simplest to take ἄνθρ. along with it as subject, understanding νεκρός alone to be predicate—an arrangement of words like ὁ μέγας τέθνηκε Βασίλειος. But the sense is the same either way. In the apodosis, τὸν ἄνθρ. is subject, the predicate being supplied from the previous clause, sc. νεκρὸν εἶναι. The commentators from Elias onwards have totally failed to catch the argument, or even to understand the grammar of the passage. If Gr. had intended to say anything so pointless as Petavius (*de Trin.* II v 12) makes out, viz. that because ὁ δεῖνα is a dead man, therefore he is a man, he must have said τὸ ἄνθρωπον, not τόν. So far Elias, whom Petavius quotes, knew better.

16. *'Well,' they say, 'the word Father must denote either nature or operation: which is it to be?' Neither, is the answer; it denotes a relation, and a relation which implies community of nature between the Father and the Son.*

10. ἀξιάγαστον] *'astonishing,'* from ἄγαμαι *'to wonder.'*

ib. οὐσίας, ἢ ἐνεργ. ὄν.] *'is it a name denoting essence, or operation?'*

12. ἑτεροούσιον] A word modelled on the false analogy of ὁμοούσιος. It should be ἑτερούσιος.

σοντας, ἀλλ' οὐ γέννημα. οὐ γὰρ ὁ ἐνεργῶν, ἐκεῖ πάντως καὶ τὸ ἐνεργούμενον. καὶ πῶς τῷ πεποιηκότι ταὐτὸν τὸ πεποιημένον, θαυμάζειν φήσουσι. σφόδρα ἂν ᾐδέσθην ὑμῶν καὶ αὐτὸς τὴν διαίρεσιν, εἰ τῶν δύο τὸ ἕτερον δέξασθαι
5 ἦν ἀναγκαῖον, ἀλλὰ μὴ τὰ δύο διαφυγόντα τρίτον εἰπεῖν ἀληθέστερον· ὅτι οὔτε οὐσίας ὄνομα ὁ πατήρ, ὦ σοφώτατοι, οὔτε ἐνεργείας, σχέσεως δὲ καὶ τοῦ πῶς ἔχει πρὸς τὸν υἱὸν ὁ πατήρ, ἢ ὁ υἱὸς πρὸς τὸν πατέρα. ὡς γὰρ παρ' ἡμῖν αἱ κλήσεις αὗται τὸ γνήσιον καὶ οἰκεῖον γνωρίζουσιν,
10 οὕτω κἀκεῖ τὴν τοῦ γεγεννημένου πρὸς τὸ γεγεννηκὸς ὁμοφυΐαν σημαίνουσιν. ἔστω δέ, ὑμῶν χάριν, καὶ οὐσία τις ὁ πατήρ· συνεισάξει τὸν υἱόν, οὐκ ἀλλοτριώσει, κατὰ τὰς κοινὰς ἐννοίας καὶ τὴν τῶν κλήσεων τούτων δύναμιν. ἔστω καὶ ἐνεργείας, εἰ τοῦτο δοκεῖ· οὐδὲ οὕτως ἡμᾶς αἱρήσετε.
15 αὐτὸ δὲ τοῦτο ἐνηργηκὼς ἂν εἴη τὸ ὁμοούσιον, εἰ καὶ ἄτοπος ἄλλως ἡ τῆς περὶ τοῦτο ἐνεργείας ὑπόληψις. ὁρᾷς ὅπως ὑμῶν, καὶ κακομαχεῖν ἐθελόντων, τὰς στροφὰς διαφεύγομεν; ἐπεὶ δέ σου τὸ ἐν τοῖς λογισμοῖς καὶ ταῖς στροφαῖς ἄμαχον

16. 5 διαφυγοντα] φυγοντα b ‖ 11 ουσια] ουσιας e 'Reg. Cypr.' ‖ 14 αιρησετε] -σητε b: -σεται d ‖ 15 δε] γαρ 'Reg. Cypr. aliiq. Reg. et Colb.' ‖ 16 αλλως]+πως df ‖ περι] προς b ‖ 17 om και bc

1. οὐ γὰρ ὁ ἐνεργῶν] lit. 'where there is one performing an operation, there is also the result of the operation.' It is not very obvious why γέννησις should not be included under the head of ἐνέργεια, and Gr. does not much object to it. But evidently Gr.'s opponent made ἐνεργεῖν = ποιεῖν.

3. ᾐδέσθην] iron. 'I should have stood in great awe.'

7. σχέσεως] 'relation'; explained by τοῦ πῶς ἔχει πρός κτλ.

10. κἀκεῖ] when used in ref. to the Godhead.

12. συνεισάξει] 'will at the same moment imply the Son.'

15. αὐτὸ δὲ τοῦτο] 'His operation will still have produced that very result consubstantial with Himself.'

ib. εἰ καὶ ἄτοπος] The καὶ must be taken closely with ἄτοπος and disjoined from εἰ, which has here the force of 'since.' The reading ἤ, adopted by the Benedictines, makes ἄλλως superfluous. The notion of such an operation as results in a 'Son' would be absurd if it did not imply a real (i.e. a consubstantial) Son.

17. κακομαχεῖν] 'to fight unscrupulously.' The word στροφάς, 'twists,' shews that the μάχη is a wrestling-match, not a battle.

ἔγνωμεν, ἴδωμέν σου καὶ τὴν ἐκ τῶν θείων λογίων ἰσχύν, ἂν ἄρα δέξῃ κἀντεῦθεν πείθειν ἡμᾶς.

17. Ἡμεῖς μὲν γὰρ ἐκ μεγάλων καὶ ὑψηλῶν τῶν φωνῶν τοῦ υἱοῦ τὴν θεότητα καὶ κατειλήφαμεν, καὶ κηρύσσομεν. τίνων τούτων; τῆς θεός, τῆς λόγος, ὁ ἐν ἀρχῇ, ὁ μετὰ τῆς ἀρχῆς, ἡ ἀρχή· Ἐν ἀρχῇ ἦν ὁ λόγος, καὶ ὁ λόγος ἦν πρὸς τὸν θεόν, καὶ θεὸς ἦν ὁ λόγος· καί, Μετά σου ἡ ἀρχή· καί, Ὁ καλῶν αὐτὴν ἀπὸ γενεῶν ἀρχήν. ἐπειδὴ υἱὸς μονογενής· Ὁ μονογενὴς υἱός, ὁ ὢν εἰς τὸν κόλπον τοῦ πατρός, ἐκεῖνος ἐξηγήσατο. ὁδός, ἀλήθεια, ζωή, φῶς· Ἐγώ εἰμι ἡ ὁδός, καὶ ἡ ἀλήθεια, καὶ ἡ ζωή· καί, Ἐγώ εἰμι τὸ φῶς τοῦ κόσμου. σοφία, δύναμις· Χριστὸς θεοῦ δύναμις, καὶ θεοῦ σοφία. ἀπαύγασμα, χαρακτήρ, εἰκών, σφραγίς· Ὃς ὢν ἀπαύγασμα τῆς δόξης καὶ χαρακτὴρ τῆς ὑποστάσεως αὐτοῦ· καί, Εἰκὼν τῆς ἀγαθότητος· καί, Τοῦτον γὰρ ὁ πατὴρ ἐσφράγισεν ὁ θεός. κύριος, βασιλεύς, ὁ ὤν, ὁ παντοκράτωρ· Ἔβρεξε κύριος πῦρ παρὰ κυρίου· καί,

17. 4 και κατειλ.] om και e ‖ 16 om ο πατηρ ce

2. δέξῃ κἀντ. πείθειν] 'if from that quarter you can find means to persuade us.'
17. *The titles given to the Son in Scripture clearly shew His Godhead.*
5. τῆς θεός] sc. φωνῆς.
6. ἐν ἀρχῇ ἦν] John i 1.
7. μετὰ σοῦ ἡ ἀ.] Ps. cix (cx) 3 where Swete reads μ. σοῦ ἀρχή. As the Ps. addresses Christ, the statement agrees with Gr.'s allusion to the passage just above; for if the ἀρχή (sc. the Father) is with Him, He is with the ἀρχή. In the Ps. the word ἀρχή was prob. intended to mean 'rule,' 'authority,' not (as Gr. seems to think) 'beginning.'
8. ὁ καλῶν αὐτήν] Is. xli 4 where the true text is ἀπὸ γενεῶν ἀρχῆς, the αὐτήν prob. being repeated from the δικαιοσύνην of the previous vs. I cannot find that any other father uses the text in the same manner as Gr.

ib. ἐπειδὴ υἱὸς μ.] gives a justification for the text just used,—or perhaps for the orig. statement τὴν θεότητα...κηρύσσομεν. The verb ἐστίν, or καλεῖται, must be supplied: 'for He is the only begotten Son.'
9. ὁ μονογ. υἱός] John i 18. Hort *Two Dissertations* p. 20 mentions that the phrase μονογενὴς θεός is once used by Gr. (*Ep.* 202 p. 168 c). It seems, however, from our present passage that Gr. considered υἱός to be the right reading in St John.
10. ἐγώ εἰμι ἡ ὁδ.] John xiv 6.
11. τὸ φῶς τ. κόσμου] John viii 12.
12. Χ. θεοῦ δύν.] 1 Cor. i 24.
14. ὃς ὢν ἀπαύγασμα] Heb. i 3.
15. εἰκὼν τῆς ἀγ.] Wisd. vii 26.
ib. τοῦτον γὰρ ὁ π. ἐσφρ.] John vi 27.
17. ἔβρεξε κύριος] Gen. xix 24.

Ῥάβδος εὐθύτητος ἡ ῥάβδος τῆς βασιλείας σου· καί, Ὁ ὤν,
καὶ ὁ ἦν, καὶ ὁ ἐρχόμενος, καὶ ὁ παντοκράτωρ. σαφῶς
περὶ τοῦ υἱοῦ λεγόμενα, καὶ ὅσα τῆς αὐτῆς τούτοις ἐστὶ
δυνάμεως, ὧν οὐδὲν ἐπίκτητον, οὐδὲ ὕστερον τῷ υἱῷ προσ-
5 γενόμενον, ἢ τῷ πνεύματι, ὥσπερ οὐδὲ αὐτῷ τῷ πατρί.
οὐ γὰρ ἐκ προσθήκης τὸ τέλειον. οὐ γὰρ ἦν ὅτε ἄλογος
ἦν, οὐδὲ ἦν ὅτε οὐ πατήρ, οὐδὲ ἦν ὅτε οὐκ ἀληθής, ἢ
ἄσοφος, ἢ ἀδύνατος, ἢ ζωῆς ἐνδεής, ἢ λαμπρότητος, ἢ
ἀγαθότητος.

10   18. Σὺ δέ μοι καταρίθμει πρὸς ταῦτα τὰ τῆς ἀγνω-
μοσύνης ῥήματα, τὸ θεός μου καὶ θεὸς ὑμῶν, τὸ μείζων, τὸ
ἔκτισε, τὸ ἐποίησε, τὸ ἡγίασεν. εἰ βούλει δέ, καὶ τὸ δοῦλον,
καὶ τὸ ὑπήκοον· τὸ δέδωκε, τὸ ἔμαθε, τὸ ἐντέταλται, τὸ
ἀπέσταλται, τὸ μὴ δύνασθαι ἀφ' ἑαυτοῦ τι ποιεῖν, ἢ λέγειν,
15 ἢ κρίνειν, ἢ δωρεῖσθαι, ἢ βούλεσθαι. ἔτι δὲ καὶ ταῦτα,
τὴν ἄγνοιαν, τὴν ὑποταγήν, τὴν εὐχήν, τὴν ἐρώτησιν, τὴν

18.   13 εντεταλται] εντεταλκεν b

1. ῥάβδος εὐθ.] Ps. xliv 7 (xlv 6); Heb. i 8.
ib. ὁ ὤν κ. ὁ ἦν] Rev. i 4, 8; iv 8; xi 17; xvi 5. In all these places St J. seems to use the expression to mean the Father.
6. οὐ γὰρ ἐκ προσθήκης] The Father's perfection would be the consequence of an addition, if He had at one time been without the Son. The words which follow, ἄλογος κτλ., are all chosen with ref. to one or other of the titles of the Son above cited.
18. *The humbler language used concerning Him belongs to the human nature which He assumed.*
10. τὰ τῆς ἀγν. ῥήματα] The shade of meaning which Gr. intended ἀγν. here to bear may be gathered from ὁ νῦν σοι καταφρονούμενος in § 19; '*the words which you scornfully misunderstand.*'
11. θεός μου] John xx 17.
ib. μείζων] John xiv 28.
12. ἔκτισε] Prov. viii 22.

12. ἐποίησε] Acts ii 36, Heb. iii 2.
ib. ἡγίασεν] John x 36.
ib. δοῦλον] Phil. ii 7.
13. ὑπήκοον] Phil. ii 8.
ib. δέδωκε] The passage in Ath. *Or.* iii *c. Ar.* § 35 suggests John iii 35, but the context here may point to John xviii 11.
ib. ἔμαθε] Heb. v 8.
ib. ἐντέταλται] There seems to be no passage where the actual word occurs in relation to Christ, nor ἐντέταλκεν either. The ref. is prob. to John xv 10 and similar passages.
14. ἀπέσταλται] John v 36, xx 21.
ib. μὴ δύνασθαι...ποιεῖν] John v 19.
ib. λέγειν] John viii 28, xii 49.
15. κρίνειν] John viii 15, xii 47.
ib. δωρεῖσθαι] Matt. xx 23.
ib. βούλεσθαι] John v 30.
16. ἄγνοιαν] Mark xiii 32.
ib. ὑποταγήν] Luke ii 51, 1 Cor. xv 28.
ib. εὐχήν] Luke iii 21 etc.
ib. ἐρώτησιν] From the example given in § 20, it seems that Gr.

προκοπήν, τὴν τελείωσιν. πρόσθες, εἰ βούλει, καὶ ὅσα τούτων ταπεινότερα, τὸ ὑπνοῦν, τὸ πεινῆν, τὸ κοπιᾶν, τὸ δακρύειν, τὸ ἀγωνιᾶν, τὸ ὑποδύεσθαι. τάχα δ' ἂν ὀνειδίσαις καὶ τὸν σταυρόν, καὶ τὸν θάνατον. τὴν γὰρ ἔγερσιν καὶ τὴν ἀνάληψιν παρήσειν μοι δοκεῖς, ἐπειδή τι καὶ πρὸς 5 ἡμῶν ἐν τούτοις εὑρίσκεται. πολλὰ δ' ἂν ἔτι πρὸς τούτοις σπερμολογήσαις, εἰ βούλοιο συντιθέναι τὸν ὁμώνυμόν σου θεὸν καὶ παρέγγραπτον, ἡμῖν δὲ ἀληθινὸν καὶ ὁμότιμον. τούτων γὰρ ἕκαστον οὐ χαλεπὸν μὲν καὶ κατὰ μέρος ἐπεξιόντα ἐξηγεῖσθαί σοι πρὸς τὸ εὐσεβέστατον, καὶ 10 ἀνακαθαίρειν τὸ ἐν τοῖς γράμμασι πρόσκομμα, εἴ γε προσπταίεις ὄντως, ἀλλὰ μὴ ἑκὼν κακουργεῖς. ἑνὶ δὲ κεφαλαίῳ, τὰ μὲν ὑψηλότερα πρόσαγε τῇ θεότητι καὶ τῇ κρείττονι φύσει παθῶν καὶ σώματος· τὰ δὲ ταπεινότερα τῷ συνθέτῳ, καὶ τῷ διὰ σὲ κενωθέντι καὶ σαρκωθέντι, 15

7 σου] σοι cdf ‖ 8 ομοτιμον]+τω πατρι bdf ‖ 9 om ου e ‖ 15 τω δια σε] om τω c

refers to occasions like John xi 34, not to John xiv 16, which would be little more than a repetition of εὐχήν.
1. προκοπήν] Luke ii 52.
ib. τελείωσιν] Luke xiii 32, Heb. ii 10 etc.
2. ὑπνοῦν] Matt. viii 24.
ib. πεινῆν] Matt. xxi 18 etc.
ib. κοπιᾶν] John iv 6.
3. δακρύειν] John xi 35.
ib. ἀγωνιᾶν] Luke xxii 44.
ib. ὑποδύεσθαι] 'to slip away,' 'withdraw';—a quite classical sense of the word. The ref. is prob. to John x 39.
7. σπερμολογήσαις] 'pick up,' like a bird gathering up seed: cp. Acts xvii 18.
ib. συντιθέναι] 'to put together your equivocal God'; with ref. to the argument of § 14.
8. παρέγγραπτον] one whose name has been fraudulently put on the list.

ib. ὁμότιμον] The words τῷ πατρί are prob. only a gloss, though a correct one.
9. κατὰ μέρος ἐπεξ. ἐξηγ.] 'to go through them in detail and give you a very religious interpretation of each, and to clear away the offence which you find in the letter of Scripture.'
14. παθῶν κ. σώμ.] governed by κρείττονι. The Benedictine editors compare with this whole passage Leo Serm. 45 de Quadr. p. 228. See also his letter to Flavian § 4.
15. τῷ συνθέτῳ] The words which follow—τῷ κενωθέντι κτλ.—as well as ἀσύνθετος in § 19, shew that Gr. does not mean 'to the composite nature,' sc. the human nature composed of body and soul, but 'to Him who is composite, made up of two natures.' Or possibly, as the τῷ is repeated, Gr. may have intended τῷ συνθέτῳ to be the dat. of τὸ σύνθετον, in the sense of 'the composite whole,' consisting of Godhead and

οὐδὲν δὲ χεῖρον εἰπεῖν, καὶ ἀνθρωπισθέντι, εἶτα καὶ ὑψωθέντι, ἵνα σὺ τὸ τῶν δογμάτων σου σαρκικὸν καὶ χαμαιπετὲς καταλύσας μάθῃς ὑψηλότερος εἶναι, καὶ συνανιέναι θεότητι, καὶ μὴ τοῖς ὁρωμένοις ἐναπομένοις, ἀλλὰ συν-
5 επαίρῃ τοῖς νοουμένοις, καὶ γινώσκῃς, τίς μὲν φύσεως λόγος, τίς δὲ λόγος οἰκονομίας.

19. Οὗτος γὰρ ὁ νῦν σοι καταφρονούμενος, ἦν ὅτε καὶ ὑπὲρ σὲ ἦν· ὁ νῦν ἄνθρωπος καὶ ἀσύνθετος ἦν. ὃ μὲν ἦν, διέμεινεν· ὃ δὲ οὐκ ἦν, προσέλαβεν. ἐν ἀρχῇ ἦν ἀναιτίως·
10 τίς γὰρ αἰτία θεοῦ; ἀλλὰ καὶ ὕστερον γέγονε δι' αἰτίαν (ἡ δὲ ἦν τὸ σὲ σωθῆναι τὸν ὑβριστήν, ὃς διὰ τοῦτο περιφρονεῖς θεότητα, ὅτι τὴν σὴν παχύτητα κατεδέξατο) διὰ

2 χαμαιπετες] χαμερπες bef ‖ 4 εναπομενης c

manhood. It would, of course, have been more exact to have said τῇ διὰ σὲ κενώσει, or something of that kind; but it would have been less vivid; and there was no fear of any one supposing that Gr. meant by τῷ κενωθέντι a different person from Him who had the κρείττω φύσιν.

3. συνανιέναι θ.] 'to move upwards—or perh. to grow up—with Godhead.' The words do not necessarily imply that θεότης ἄνεισι, and there is no ref. to the Ascension.

4. εναπομένοις] Ἐναπομένειν is 'to remain on, to remain to the end, in.'

5. φύσεως λόγος] 'what is the law of His (true, Divine) Nature.'

6. οἰκονομίας] of accommodation to our circumstances. The word is very freq. used by the fathers in ref. to the Incarnation: see Suicer s. v., and Sophocles' Lexicon.

19. He was not always, what He became for our sakes; and He ever retained the nature which was originally His. The words which indicate His self-emptying are always balanced by others which indicate His divine glory.

7. καὶ ὑπὲρ σέ] 'even above you.'
8. ὃ μὲν ἦν, διέμεινεν] Cp. Zeno Ver. Serm. ii de Nat. saluo quod erat, meditatur esse quod non erat. St Austin plays upon the same formula in many of his Christmas sermons. See also Leo Serm. xxi de Nat. Dei § 2.

9. ἀναιτίως] It appears like a contradiction of what Gr. has said in §§ 3, 15. But the sentences which follow shew that Gr. is thinking here of αἰτία in the sense of a final cause.

10. γέγονε] as in the N.T. = ἐγένετο.

12. διὰ μέσου νοός] Cp. Or. ii 23 θεὸς σαρκὶ διὰ μέσης ψυχῆς ἀνεκράθη, καὶ συνεδέθη τὰ διεστῶτα τῇ πρὸς ἄμφω τοῦ μεσιτεύοντος οἰκειότητι. In Or. xxxviii, after shewing in § 10 how creatures endowed with mind have an affinity with God which other creatures have not, Gr. says in § 13 that the Eternal Word was incarnate διὰ μέσης ψυχῆς νοερᾶς μεσιτευούσης θεότητι καὶ σαρκὸς παχύτητι. We cannot imagine an 'incarnation' of the Word in an irrational thing.

μέσου νοὸς ὁμιλήσας σαρκί, καὶ γενόμενος ἄνθρωπος, ὁ
κάτω θεός· ἐπειδὴ συνανεκράθη θεῷ, καὶ γέγονεν εἷς, τοῦ
κρείττονος ἐκνικήσαντος, ἵνα γένωμαι τοσοῦτον θεός, ὅσον
ἐκεῖνος ἄνθρωπος. ἐγεννήθη μέν, ἀλλὰ καὶ ἐγεγέννητο·
ἐκ γυναικὸς μέν, ἀλλὰ καὶ παρθένου. τοῦτο ἀνθρώπινον, 5
ἐκεῖνο θεῖον. ἀπάτωρ ἐντεῦθεν, ἀλλὰ καὶ ἀμήτωρ ἐκεῖθεν.
ὅλον τοῦτο θεότητος. ἐκυοφορήθη μέν, ἀλλ᾽ ἐγνώσθη
προφήτῃ καὶ αὐτῷ κυοφορουμένῳ, καὶ προσκιρτῶντι τοῦ
λόγου, δι᾽ ὃν ἐγένετο. ἐσπαργανώθη μέν, ἀλλ᾽ ἀποσπαρ-
γανοῦται τὰ τῆς ταφῆς ἀνιστάμενος. ἐν φάτνῃ μὲν ἀνεκλίθη, 10
ἀλλ᾽ ὑπ᾽ ἀγγέλων ἐδοξάσθη, καὶ ὑπ᾽ ἀστέρος ἐμηνύθη,
καὶ ὑπὸ μάγων προσεκυνήθη. πῶς σὺ προσπταίεις τῷ
βλεπομένῳ, μὴ σκοπῶν τὸ νοούμενον; ἐφυγαδεύθη μὲν εἰς

19. 2 συνανεκραθη] συνεκραθη b ‖ 4 γεγεννητο c ‖ 9 εγινετο c ‖
10 ανεκλιθη] ανεκληθη a : ετεθη b

1. γενόμενος ἄ., ὁ κάτω θεός] 'was made man, the earthly God.' Gr. is fond of dwelling upon the intrinsic divinity of man. Cp. *Or.* xxxviii 7 ἵνα...ὡς οἰκείοις ἤδη προσομιλῇ...θεὸς θεοῖς ἑνούμενός τε καὶ γνωριζόμενος. Here, the description of man as ὁ κάτω θεός is prepared for by the words διὰ μέσου νοός.

2. συνανεκράθη θεῷ] Cp. iv 2 ἐχρίσθη θεότητι; iv 3 θεῷ πλακῆναι καὶ γενέσθαι θεὸν ἐκ τῆς μίξεως. The language, if pressed, would imply that Christ was a human person, taken into union with a divine one. This would, of course, be erroneous, and Gr.'s own words immediately before shew that he perfectly understood the Person of our Lord to be divine first, and then by condescension human. Prob. the nom. to συνανεκράθη is strictly supplied from ἄνθρωπος, ὁ κ. θεός, not from ὁ νῦν σοι καταφρονούμενος. The *humanity* of Christ undoubtedly συνανεκρ. θεῷ. But the humanity of Christ, impersonal except by virtue of His assumption of it, is not exactly described by the term ἄνθρωπος. The rise of Nestorianism, which was after Gr.'s time, would have suggested more careful phraseology; and it may be added that a fear of the still later Eutychianism might have made Gr. modify the words συνανεκράθη and τοῦ κρείττονος ἐκνικήσαντος.

3. ἵνα γένωμαι] It is perh. somewhat νεανικόν to speak of our becoming Gods 'to the same extent' as Christ is man; but doubtless Gr. would explain that he spoke of men in proportion to their capacity; or perh., in view of what follows, τοσοῦτον means '*as truly.*' He uses the same phrase in *Or.* xl 45.

4. ἐγεγέννητο] '*He had been begotten before,*' i.e. eternally.

7. ὅλον τοῦτο] both the ἀπάτωρ ἐντ. and the ἀμήτωρ ἐκ.
ib. ἐγνώσθη προφ.] Luke i 41.
9. ἀποσπαργανοῦται τὰ τῆς τ.] Luke xxiv 12, John xx 6 f.
11. ὑπ᾽ ἀγγ. ἐδοξάσθη] Luke ii 9 f.

Αἴγυπτον, ἀλλὰ φυγαδεύει τὰ Αἰγυπτίων. οὐκ εἶχεν
εἶδος οὐδὲ κάλλος παρὰ Ἰουδαίοις, ἀλλὰ τῷ Δαβὶδ ὡραῖος
ἦν κάλλει παρὰ τοὺς υἱοὺς τῶν ἀνθρώπων, ἀλλ᾽ ἐπὶ τοῦ
ὄρους ἀστράπτει, καὶ ἡλίου φωτοειδέστερος γίνεται, τὸ
μέλλον μυσταγωγῶν.

20. Ἐβαπτίσθη μὲν ὡς ἄνθρωπος, ἀλλ᾽ ἁμαρτίας
ἔλυσεν ὡς θεός· οὐ καθαρσίων αὐτὸς δεόμενος, ἀλλ᾽ ἵνα
ἁγιάσῃ τὰ ὕδατα. ἐπειράσθη ὡς ἄνθρωπος, ἀλλ᾽ ἐνίκησεν
ὡς θεός· ἀλλὰ θαρρεῖν διακελεύεται, ὡς κόσμον νενικηκώς.
ἐπείνησεν, ἀλλ᾽ ἔθρεψε χιλιάδας, ἀλλ᾽ ἄρτος ἐστὶ ζωτικὸς
καὶ οὐράνιος. ἐδίψησεν, ἀλλ᾽ ἐβόησεν· Ἐάν τις διψᾷ,
ἐρχέσθω πρός με, καὶ πινέτω· ἀλλὰ καὶ πηγάζειν ὑπέσχετο
τοὺς πιστεύοντας. ἐκοπίασεν, ἀλλὰ τῶν κοπιώντων καὶ
πεφορτισμένων ἐστὶν ἀνάπαυσις. ἐβαρήθη μὲν ὕπνῳ,
ἀλλ᾽ ἐπὶ πελάγους κουφίζεται, ἀλλ᾽ ἐπιτιμᾷ πνεύμασιν,
ἀλλὰ Πέτρον κουφίζει βαπτιζόμενον. δίδωσι τέλος, ἀλλ᾽
ἐξ ἰχθύος, ἀλλὰ βασιλεύει τῶν ἀπαιτούντων. Σαμαρείτης
ἀκούει καὶ δαιμονῶν, πλὴν σώζει τὸν ἀπὸ Ἰερουσαλὴμ
καταβαίνοντα καὶ λῃσταῖς περιπεσόντα, πλὴν ὑπὸ δαι-

1 εφιγαδευσε be: φυγαδευσε g μενος ce ‖ 14 εβαρηθη] εβαρυνθη cef

20. 7 om ου καθαρσιων αυτος δεομενος ce

1. φυγαδεύει τὰ Αἰγ.] The ref. is to the legend that the idols of Egypt were broken at His entrance into the land; which legend connected itself with such passages as Is. xix 16 f., Jer. xlvi 25.
   ib. οὐκ εἶχεν εἶδ.] Is. liii 2.
2. ὡραῖος] Ps. xliv 3 (xlv 2).
3. ἐπὶ τοῦ ὄρους] Matt. xvii 2, Luke ix 29.
4. τὸ μέλλον μυστ.] '*revealing the secret of the future.*' Prob. to the three Apostles,—the future being His own future.
6. ἁμαρτίας ἔλυσεν] Matt. ix 2 etc. It is, of course, not ὡς θεός that our Lord there claims to forgive sins.
7. ἵνα ἁγιάσῃ τὰ ὕ.] Cp. the first prayer in the Baptismal Office.

9. κόσμον νενικ.] John xvi 33.
10. ἄρτος ἐστί] John vi 51.
11. ἐάν τις διψᾷ] John vii 37.
12. πηγάζειν] '*give forth water like a fountain,*' John vii 38.
14. ἀνάπαυσις] Matt. xi 28.
15. ἐπὶ π. κουφίζεται] Matt. xiv 25 f.
   ib. ἐπιτ. πνεύμασιν] Matt. viii 26.
16. βαπτιζόμενον] a classical sense of the word.
17. ἐξ ἰχθύος] Matt. xvii 27.
   ib. Σαμαρείτης] John viii 48.
18. τὸν ἀπὸ Ἰ. καταβ.] Luke x 30; 'the Good Samaritan.'
19. ὑπὸ δαιμ. ἐπιγινώσκεται] Mark i 24, 34 etc.

μόνων ἐπιγινώσκεται, καὶ ἀπελαύνει δαίμονας, καὶ λεγεῶνα πνευμάτων βυθίζει, καὶ ὡς ἀστραπὴν ὁρᾷ πίπτοντα τὸν ἀρχηγὸν τῶν δαιμόνων. λιθάζεται, ἀλλ᾿ οὐχ ἁλίσκεται. προσεύχεται, ἀλλ᾿ ἐπακούει. δακρύει, ἀλλὰ παύει δάκρυον. ἐρωτᾷ ποῦ Λάζαρος, ἄνθρωπος γὰρ ἦν· ἀλλ᾿ ἐγείρει Λάζαρον, θεὸς γὰρ ἦν. πωλεῖται, καὶ λίαν εὐώνως, τριάκοντα γὰρ ἀργυρίων, ἀλλ᾿ ἐξαγοράζει κόσμον, καὶ μεγάλης τιμῆς, τοῦ ἰδίου γὰρ αἵματος. ὡς πρόβατον ἐπὶ σφαγὴν ἄγεται, ἀλλὰ ποιμαίνει τὸν Ἰσραήλ, νῦν δὲ καὶ πᾶσαν τὴν οἰκουμένην. ὡς ἀμνὸς ἄφωνος, ἀλλὰ λόγος ἐστί, φωνῇ βοῶντος ἐν τῇ ἐρήμῳ καταγγελλόμενος. μεμαλάκισται, τετραυμάτισται, ἀλλὰ θεραπεύει πᾶσαν νόσον, καὶ πᾶσαν μαλακίαν. ἐπὶ τὸ ξύλον ἀνάγεται, προσπήγνυται, ἀλλὰ τῷ ξύλῳ τῆς ζωῆς ἀποκαθίστησιν, ἀλλὰ σώζει καὶ λῃστὴν συσταυρούμενον, ἀλλὰ σκοτίζει πᾶν τὸ ὁρώμενον. ὄξος ποτίζεται, χολὴν βρωματίζεται· τίς; ὁ τὸ ὕδωρ εἰς οἶνον μεταβαλών, ὁ τῆς πικρᾶς γεύσεως καταλυτής, ὁ γλυκασμὸς καὶ ὅλος ἐπιθυμία. παραδίδωσι τὴν ψυχήν, ἀλλ᾿ ἐξουσίαν ἔχει πάλιν λαβεῖν αὐτήν, ἀλλὰ

1 λεγεωνας df ‖ 5 που]+τεθειται bdfg ‖ 7 κοσμον] τον κ. eg ǀ 12 μεμαλακισται]+και bdefg

1. λεγεῶνα] Mark v 9 etc.
2. ὡς ἀστραπήν] Luke x 18.
3. λιθάζεται, ἀλλ᾿ οὐχ ἁ.] John viii 59.
4. ἐπακούει] Matt. viii 3 etc.
ib. παύει δάκρυον] Luke vii 13.
5. ἐρωτᾷ ποῦ] John xi 34. Cp. the discussion in Ath. Or. iii c. Ar. §37, 38. See also de Decr. Nic. §14. Ath. decides in favour of supposing that our Lord knew the answer before asking the question; but he admits the possibility of the view adopted by Gr. Ἂν δὲ φιλονεικῶσιν ἔτι διὰ τὸ ἐπερωτᾶν, ἀκουέτωσαν ὅτι ἐν μὲν τῇ θεότητι οὐκ ἔστιν ἄγνοια, τῆς δὲ σαρκὸς ἴδιόν ἐστι τὸ ἀγνοεῖν.
7. ἐξαγοράζει] 1 Cor. vi 20, vii 23; cp. 1 Pet. i 19.
8. πρόβατον] Is. liii 7.
9. ποιμαίνει τ. Ἰ.] Ps. lxxix 2 (lxxx 1).
ib. νῦν δέ] Ps. ii 9, Rev. xii 5.
10. ἀμνὸς ἄφ.] Is. liii 7.
ib. λόγος κτλ.] John i 1, 23.
12. μεμαλάκισται] Is. liii 5.
ib. θεραπεύει] Matt. ix 35.
14. τῷ ξύλῳ τῆς ζ.] Rev. xxii 2, Gen. ii 9.
15. λῃστήν] Luke xxiii 43.
ib. σκοτίζει] Matt. xxvii 45.
17. τὸ ὕδωρ] John ii 9.
ib. τῆς πικρᾶς γ. κατ.] Ex. xv 25.
18. γλυκασμός] Cant. v 16.
19. ἐξουσίαν ἔχ.] John x 18.

καταπέτασμα ῥήγνυται, τὰ γὰρ ἄνω παραδείκνυται, ἀλλὰ
πέτραι σχίζονται, ἀλλὰ νεκροὶ προεγείρονται. ἀποθνήσκει,
ζωοποιεῖ δέ, καὶ καταλύει τῷ θανάτῳ τὸν θάνατον. θά-
πτεται, ἀλλ' ἀνίσταται. εἰς ᾅδου κάτεισιν, ἀλλ' ἀνάγει
5 ψυχάς, ἀλλ' εἰς οὐρανοὺς ἄνεισιν, ἀλλ' ἥξει κρῖναι ζῶντας
καὶ νεκρούς, καὶ τοὺς τοιούτους βασανίσαι λόγους. εἰ
ταῦτα ἐμποιεῖ σοι τῆς πλάνης τὴν ἀφορμήν, ἐκεῖνά σου
λύει τὴν πλάνην.

21. Ταῦτα τοῖς αἰνιγματισταῖς παρ' ἡμῶν, οὐχ ἑκόντων
10 μέν· οὐ γὰρ ἡδὺ τοῖς πιστοῖς ἀδολεσχία καὶ λόγων ἀντίθεσις,
ἀρκεῖ γὰρ καὶ εἷς ἀντικείμενος· πλὴν ἀναγκαίως διὰ τοὺς
ἐμπίπτοντας, ἐπεὶ καὶ διὰ τὰς νόσους τὰ φάρμακα, ἵν'
εἰδῶσι μὴ πάντα ὄντες σοφοὶ μηδὲ ἀήττητοι τὰ περιττὰ
καὶ κενοῦντα τὸ εὐαγγέλιον. ὅταν γὰρ τὸ τοῦ λόγου
15 δυνατὸν προβαλλώμεθα, τὸ πιστεύειν ἀφέντες, καὶ τὸ τοῦ
πνεύματος ἀξιόπιστον ταῖς ζητήσεσι λύσωμεν, εἶτα ἡττηθῇ
τοῦ μεγέθους τῶν πραγμάτων ὁ λόγος,—ἡττηθήσεται δὲ
πάντως, ἀπὸ ἀσθενοῦς ὀργάνου τῆς ἡμετέρας διανοίας

2 προεγείρονται] εγειρονται 'Reg. Cypr.' ∥ 8 λύει] λυετω f
21. 15 προβαλωμεθα c

1. καταπ. ῥήγνυται] Matt. xxvii 51; cp. Heb. ix 8, x 19 f.
2. προεγείρονται] Matt. xxvii 52. The reading ἐγ. is manifestly a correction, to bring Gr. into conformity with St M.
3. ζωοποιεῖ] John v 21.
ib. καταλύει] Heb. ii 14; cp. 2 Tim. i 10.
4. ἀνάγει ψυχάς] A ref. to the traditional belief of the "harrowing of hell." Cp. Ign. *Magn.* 9 παρὼν ἤγειρεν αὐτοὺς (τοὺς προφήτας) ἐκ νεκρῶν, where see Lightfoot's note. The doctrine was naturally a favourite one among the speculative sects; see *Anaph. Pilati* B 8 (Tisch. p. 447).
21. It has been a disagreeable task to examine these objections; believers are not fond of arguing; but it is important to shew that the arguments are not all on the side of heresy. To rely upon logic, however, is the abandonment of faith, the evacuation of the Gospel, and its betrayal. God bring the opponents to a better mind, and grant us a saving hold upon the Trinity.
9. ταῦτα] sc. εἰρήκαμεν or εἰρήσθω.
11. εἷς ἀντικείμενος] Satan.
ib. τοὺς ἐμπίπτοντας] 'our assailants.'
13. ἀήττητοι τ. π. κτλ.] 'invincible in those fine arguments, which make void the Gospel.'
15. προβαλλώμεθα] 'advance' as a sword or shield.
ib. τὸ τοῦ πνεύματος ἀξ.] 'defeat the credentials of the Spirit by our contentions.'

ὁρμώμενος,—τί γίνεται; τὸ ἀσθενὲς τοῦ λόγου τοῦ μυστηρίου φαίνεται· καὶ οὕτω κένωσις τοῦ σταυροῦ τὸ τοῦ λόγου κομψὸν ἀναδείκνυται, ὡς καὶ Παύλῳ δοκεῖ. ἡ γὰρ πίστις τοῦ καθ᾽ ἡμᾶς λόγου πλήρωσις. ὁ δὲ ἀναγγέλλων συνδέσμους, καὶ λύων κρατούμενα, ὁ καὶ ἡμῖν ἐπὶ νοῦν ἀγαγὼν διαλῦσαι στραγγαλιὰς βιαίων δογμάτων, μάλιστα μὲν καὶ τούτους μεταβαλὼν ποιήσειε πιστοὺς ἀντὶ τεχνολόγων, καὶ Χριστιανοὺς ἀνθ᾽ ὧν νῦν ὀνομάζονται. τοῦτο δὴ καὶ παρακαλοῦμεν· δεόμεθα ὑπὲρ Χριστοῦ· καταλλάγητε τῷ θεῷ, καὶ τὸ πνεῦμα μὴ σβέννυτε· μᾶλλον δέ, καταλλαγείη Χριστὸς ὑμῖν, καὶ τὸ πνεῦμα ὀψὲ γοῦν ἀναλάμψειεν. εἰ δὲ λίαν ἔχοιτε φιλονείκως, ἀλλ᾽ ἡμεῖς γε σώζοιμεν ἡμῖν αὐτοῖς τὴν τριάδα, καὶ ὑπὸ τῆς τριάδος σωζοίμεθα, μένοντες εἰλικρινεῖς καὶ ἀπρόσκοποι, μέχρις ἀναδείξεως τελεωτέρας τῶν ποθουμένων, ἐν αὐτῷ Χριστῷ τῷ κυρίῳ ἡμῶν, ᾧ ἡ δόξα εἰς τοὺς αἰῶνας· Ἀμήν.

6 στραγγαλιας]+των a ‖ δογματων] συναλλαγματων b ‖ 7 ποιησειε] ποιησει a ‖ 9 παρακαλουμεν]+και g ‖ 10 σβεννυται a ‖ 12 εχοιτε] εχετε 'in nonnull.' ‖ 16 δοξα]+και το κρατος νυν και αει και f

1. τὸ ἀ. τοῦ λ. τοῦ μ. φ.] '*the weakness of the argument is held to be the weakness of our creed.*'
2. κένωσις τοῦ στ.] 1 Cor. i 17.
4. πλήρωσις] the opposite of κένωσις. It is the 'fulfilling of the word' even when the λόγος is feeble.
ib. ἀναγγέλλων ... κρατούμενα] Dan. v 16. See ii 11.

6. στραγγαλιάς] 'tightly twisted knots'; a quotation from Is. lviii 6, with δογμάτων substituted for συναλλαγμάτων.
8. ὀνομάζονται] sc. Εὐνομιανοί.
9. δεόμεθα ὑ. Χ.] 2 Cor. v 20.
10. τὸ πνεῦμα μὴ σβ.] 1 Thess. v 19.
14. εἰλικρ. κ. ἀπρόσκ.] Phil. i 10.

ΘΕΟΛΟΓΙΚΟΣ ΤΕΤΑΡΤΟΣ.

ΠΕΡΙ ΥΙΟΥ.

1. Ἐπειδή σοι τὰς μὲν ἐκ τῶν λογισμῶν στροφὰς καὶ πλοκὰς ἱκανῶς διεσείσαμεν τῇ δυνάμει τοῦ πνεύματος, τὰς δὲ παρὰ τῶν θείων γραφῶν ἐνστάσεις τε καὶ ἀντιθέσεις, αἷς οἱ τοῦ γράμματος ἱερόσυλοι καὶ τὸν νοῦν τῶν γεγραμ-
5 μένων κλέπτοντες τοὺς πολλοὺς σφετερίζονται, καὶ τὴν ὁδὸν τῆς ἀληθείας ταράσσουσι, συλλήβδην μὲν ἤδη λελύκαμεν, καὶ οὐκ ἀμυδρῶς, ὡς ἐμαυτὸν πείθω, τοῖς εὐγνωμονεστέροις· τὰς μὲν ὑψηλοτέρας καὶ θεοπρεπεστέρας φωνὰς προσνείμαντες τῇ θεότητι, τὰς δὲ ταπεινοτέρας καὶ ἀνθρω-
10 πικωτέρας τῷ νέῳ δι' ἡμᾶς Ἀδὰμ καὶ θεῷ παθητῷ κατὰ

1. 1 ἐπειδή] ἐπεὶ δὲ be ‖ σοι] σου b ‖ 2 τῇ] ἐν τῇ bce 'Reg. a' ‖ 3 παρὰ] ἀπὸ b ‖ 6 om μὲν b

1. *We have gone rapidly through the Eunomian objections, especially those taken from Scripture, and have laid down a general canon for the interpretation of the texts. We will now take the texts seriatim.*

1. στροφάς] Cp. iii 16. Πλοκάς is likewise a wrestling metaphor.

2. διεσείσαμεν] Διασείειν is to 'shake to pieces,' used of a searching examination. Plut. *de Gen. Socr.* 580 D διερωτῶν καὶ διασείων τὸν Εὐθύφρονα. There seems to be no connexion with the preceding metaphors.

4. τοῦ γρ. ἱερόσυλοι] explained by the next clause, τὸν νοῦν...κλέπτ. The '*letter*' is like a temple, which the sacrilegious heretic robs of its '*meaning*.'

5. σφετερίζονται] 'take possession of.'

10. τῷ νέῳ...Ἀδάμ] The phrase is not free from danger. An ἱερόσυλος τοῦ γράμματος might make out that the νέος Ἀ. was, in Gr.'s view, a different person from the Divine Person implied in τῇ θεότητι. Cp. iii 18, 19. It must be remembered that the Nestorian heresy had not yet been formulated.

ib. θεῷ παθητῷ] a daring oxymoron. Gr. would of course deny that the *Godhead* of Christ was subjected

τῆς ἁμαρτίας· τοῖς δὲ καθ' ἕκαστον οὐκ ἐπεξεληλύθαμεν, ἐπειγομένου τοῦ λόγου· σὺ δὲ καὶ τούτων ἐπιζητεῖς ἐν βραχεῖ τὰς λύσεις, τοῦ μὴ παρασύρεσθαι λόγοις πιθανότητος, ἡμεῖς καὶ ταύτας κεφαλαιώσομεν εἰς ἀριθμοὺς διελόντες διὰ τὸ εὐμνημόνευτον.

2. Ἔστι γὰρ ἐν μὲν αὐτοῖς ἐκεῖνο καὶ λίαν πρόχειρον τό· Κύριος ἔκτισέ με ἀρχὴν ὁδῶν αὐτοῦ εἰς ἔργα αὐτοῦ. πρὸς ὃ πῶς ἀπαντησόμεθα; οὐ Σολομῶντος κατηγορήσομεν; οὐ τὰ πρὶν ἀθετήσομεν διὰ τὴν τελευταίαν παράπτωσιν; οὐχὶ τῆς σοφίας αὐτῆς ἐροῦμεν εἶναι τὸν λόγον, τῆς οἷον ἐπιστήμης καὶ τοῦ τεχνίτου λόγου, καθ' ὃν τὰ πάντα συνέστη; πολλὰ γὰρ ἡ γραφὴ προσωποποιεῖν οἶδε καὶ τῶν ἀψύχων, ὡς τό· Ἡ θάλασσα εἶπε τάδε καὶ τάδε· καί, Ἡ ἄβυσσος εἶπεν, οὐκ ἔστιν ἐν ἐμοί· καί, Οἱ οὐρανοὶ

3 βραχει] βραχεσι cdg 'duo Reg.' ‖ 4 ημεις]+δε 'in nonnull.' ‖ ταυτας] ταυτα aceg 2. 6 ἐν] ἐν cdeg ‖ 11 τεχνιτου] τεχνικου eg

to suffering, though the Divine *Person* was so subjected, in virtue of the nature which He assumed.

1. π. κατὰ τῆς ἁμ.] a compact expression; '*suffering against sin*,' i.e. overcoming sin by means of suffering.

2. *No.* 1.—The Lord created Me ...with a view to His works. *We will not shirk the difficulty by making the words a mere personification. It is our Lord who speaks. But the cause which He alleges to have been in view at His creation shews that He is speaking of the creation of His manhood, which was created with a view to the works of verity and judgment in our salvation.* When afterwards He speaks of His Godhead, He uses very different language; He begetteth Me—*there is no cause there.*

6. καὶ λίαν πρόχ.] '*exceedingly handy.*' The μέν is answered by πρὸς ὃ πῶς ἀπ.

7. Κ. ἔκτισέ με] Prov. viii 22. The Heb. word is *kanah*, not *bara* which is the word used in Gen. i 1. It signifies *comparare*; and prob. κτᾶσθαι (which is the rendering of Aquila, Symmachus, and Theodotion) is nearer to it than the LXX. κτίζειν. Cp. Bas. *adv. Eun.* ii 20. Into that question, however, Gr. does not enter.

9. τὴν τελ. παράπτωσιν] sc. Solomon's.

10. τῆς σοφίας αὐτῆς] '*of Wisdom itself,*' as distinct from that Blessed Person in whom all wisdom is gathered up and displayed. Delitzsch, commenting on the passage in Prov., says, "Wisdom is not God, but God's; she has personal existence in the Logos of the N.T., but is not herself the Logos." Gr. further explains this Wisdom, to be '*the science, so to speak, and the artistic principle on which the universe is composed.*' Gr. intends to distinguish carefully the τεχν. λόγος from the person of 'the Word.'

13. ἡ θάλασσα...ἡ ἄβυσσος] Job xxviii 14; cp. Is. xxiii 4.

14. οἱ οὐρανοί] Ps. xviii 2 (xix 1).

διηγούμενοι δόξαν θεοῦ· καὶ πάλιν ρομφαία τι διακελεύεται, καὶ ὄρη καὶ βουνοὶ λόγους ἐρωτῶνται σκιρτήσεως. τούτων οὐδέν φαμεν, εἰ καί τισι τῶν πρὸ ἡμῶν ὡς ἰσχυρὰ τέθειται. ἀλλ' ἔστω τοῦ σωτῆρος αὐτοῦ, τῆς ἀληθινῆς
5 σοφίας, ὁ λόγος. μικρὸν δὲ συνδιασκεψώμεθα. τί τῶν ὄντων ἀναίτιον; θεότης. οὐδεὶς γὰρ αἰτίαν εἰπεῖν ἔχει θεοῦ· ἢ τοῦτο ἂν εἴη θεοῦ πρεσβύτερον. τίς δὲ τῆς ἀνθρωπότητος, ἣν δι' ἡμᾶς ὑπέστη θεός, αἰτία; τὸ σωθῆναι πάντως ἡμᾶς. τί γὰρ ἕτερον; ἐπειδὴ τοίνυν ἐνταῦθα καὶ
10 τὸ Ἔκτισε καὶ τὸ Γεννᾷ με σαφῶς εὑρίσκομεν, ἁπλοῦς ὁ λόγος. ὃ μὲν ἂν μετὰ τῆς αἰτίας εὑρίσκωμεν, προσθῶμεν τῇ ἀνθρωπότητι· ὃ δὲ ἁπλοῦν καὶ ἀναίτιον, τῇ θεότητι λογισώμεθα. ἆρ' οὖν οὐ τὸ μὲν Ἔκτισεν εἴρηται μετὰ τῆς αἰτίας; Ἔκτισε γάρ με, φησιν, ἀρχὴν ὁδῶν αὐτοῦ εἰς ἔργα
15 αὐτοῦ. ἔργα δὲ χειρῶν αὐτοῦ ἀλήθεια καὶ κρίσις, ὧν

1 διηγουνται b ‖ 5 δε] και e ‖ 6 εχει] εχοι df ‖ 9 παντως] παντας g ‖ 11 ευρισκωμεν] -ομεν a

1. ρομφαία] Zech. xiii 7; cp. Jer. xlvii 6 (μάχαιρα).
2. ὄρη κ. βουνοί] Ps. cxiii (cxiv) 6.
3. εἰ καί τισι τῶν πρὸ ἡμ.] He prob. refers to Basil, who, in the *Hom. in Princ. Proverb.* § 3, where he has no controversial animus, expounds very strikingly the 'personification' of that wisdom which speaks to us out of nature. Very likely other Catholic authors adopted the same view. Bas. himself, however, when in controversy with the Eunomians, gives the same account as Gr. does here (*adv. Eun.* iv p. 293 Ληπτέον οὖν...ἐπὶ τοῦ τὴν μορφὴν δούλου λαβόντος). That account, it may be added, is derived from Athanasius, who says (*de Decr. Nic. Syn.* p. 220 B), Τὸ δὲ πρόσωπον τοῦ μὲν σωτηρός ἐστι, τότε δὲ λέγεται ὅτε λοιπὸν λαβὼν τὸ σῶμα λέγει κτλ. Cp. the fuller passage in Ath. *Or.* ii c. *Ar.* § 44 f.; also Eus. *adv. Marcell.* ii 3. Among other expositors whom Gr. knew, Origen (*de Princ.* i 2) identifies Wisdom with the eternal Son, and, though he does not admit any imaginable period before the generation of Wisdom, thinks that Wisdom speaks of herself as having been created, inasmuch as she contains in herself from the outset the beginnings and outlines of the creation that was to be. Denys of Rome on the other hand (in Ath. *de Decr. Nic. Syn.* p. 232) dwells upon the various significations of the word κτίζειν in the Bible, and understands it here to mean 'appointing,' 'setting over the works which were made through Him.' For another explanation, with which, however, Gr. was hardly likely to be acquainted, see Hil. *de Trin.* xii 35 foll.

7. ἢ τοῦτο] 'otherwise this,' which is the 'cause' of God, 'would be prior to God.'
10. τὸ γεννᾷ με] Prov. viii 25.
11. μετὰ τῆς αἰτίας] 'coupled with a mention of its cause.'
15. ἀλήθεια κ. κρίσις] Ps. cx (cxi)

ἕνεκεν ἐχρίσθη θεότητι. χρίσις γὰρ αὕτη τῆς ἀνθρωπότητος. τὸ δὲ Γεννᾷ με χωρὶς αἰτίας· ἢ δεῖξόν τι τούτῳ προσκείμενον. τίς οὖν ἀντερεῖ λόγος, κτίσμα μὲν λέγεσθαι τὴν σοφίαν κατὰ τὴν κάτω γέννησιν, γέννημα δὲ κατὰ τὴν πρώτην καὶ πλέον ἄληπτον;

3. Τούτῳ δὲ ἕπεται καὶ τὸ δοῦλον ἀκούειν εὖ δουλεύοντα πολλοῖς, καὶ τὸ μέγα εἶναι αὐτῷ κληθῆναι παῖδα θεοῦ. τῷ ὄντι γὰρ ἐδούλευσε σαρκί, καὶ γενέσει, καὶ πάθεσι τοῖς ἡμετέροις, διὰ τὴν ἡμετέραν ἐλευθερίαν, καὶ πᾶσιν οἷς σέσωκεν ὑπὸ τῆς ἁμαρτίας κατεχομένους.

3. 10 κατεχομενους] -οις f

7. These, which are the works of our salvation (τοῦ σωθῆναι π. ἡμᾶς), are identified as 'the works' with a view to which Wisdom was 'created.'
1. ἐχρίσθη θεότητι] Gr. falls again into the danger of Nestorian language, and speaks as if there were a created person (identified with the created 'Wisdom') who was 'anointed with Godhead.' The mention of unction is so abrupt that I cannot help suspecting that in some version accessible to Gr. the word *nissachti* in Prov. viii 23 ('I was set up') was translated '*I was anointed.*' So the Heb. word is understood by Fürst, Bertheau, and others; but I know no other indication of such a rendering in any ancient version.
4. τὴν κάτω γ.] '*His birth upon earth.*'
5. πλέον ἄληπτον] used instead of ἀληπτοτέραν bec. it implies more decidedly that ἡ κάτω γ. was itself ἄληπτος.
3. *Under the same head come the texts which speak of Him as a Servant, and make it a* great thing *for Him to be* called a child of God. *His Incarnation did indeed put Him in a state of servitude; and it was indeed a* great thing *for His manhood to be* so united to God.
6. εὖ δουλ. πολλοῖς] Is. liii 11.
7. μέγα...παῖδα θ.] Is. xlix 6. From what follows, it seems that Gr. (and his opponents) understood παῖδα = τέκνον or υἱόν.
8. ἐδούλ. σαρκί] Gr. seems to be undecided whether to take πολλοῖς as neut., including σάρξ, γένεσις, πάθη, or as masc., viz. πᾶσιν οἷς κτλ. The 'Attic attraction' in οἷς misled De Billy into supposing that πᾶσιν likewise was neut. (*omnibus illis per quae*). It is difficult to determine whether the same mistake caused the copyists to write κατεχομένους, or whether Gr. himself neglected to complete the attraction by saying (as he should have done) κατεχομένοις. That De Billy's translation is wrong is shewn by the absence of the article before κατεχομένους; if Gr. had meant '*and all those things whereby He hath saved those who were enslaved*,' he must have said τοὺς κατεχ. In view of the preponderating authority for κατεχομένους, it seems best to retain it in the text, understanding it to be a construction *ad sensum*, agreeing with the οὓς which lies hidden in the attracted οἷς.

τί δὲ μεῖζον ἀνθρώπου ταπεινότητι ἢ θεῷ πλακῆναι, καὶ
γενέσθαι θεὸν ἐκ τῆς μίξεως, καὶ τοσοῦτον ἐπισκεφθῆναι
ἀνατολῇ ἐξ ὕψους, ὥστε καὶ τὸ γεννώμενον ἅγιον υἱὸν
ὑψίστου κληθῆναι, καὶ χαρισθῆναι αὐτῷ τὸ ὄνομα τὸ ὑπὲρ
5 πᾶν ὄνομα; τοῦτο δὲ τί ποτε ἄλλο ἐστὶν ἢ θεός; καὶ τὸ
πᾶν γόνυ κάμψαι τῷ κενωθέντι δι᾽ ἡμᾶς, καὶ τὴν θείαν
εἰκόνα δουλικῇ μορφῇ συγκεράσαντι, καὶ γνῶναι πάντα
οἶκον Ἰσραήλ, ὅτι καὶ κύριον αὐτὸν καὶ Χριστὸν ὁ θεὸς
ἐποίησεν; γέγονε γὰρ ταῦτα ἐνεργείᾳ μὲν τοῦ γεννήματος,
10 εὐδοκίᾳ δὲ τοῦ γεννήτορος.

4. Δεύτερον δὲ τί τῶν μεγίστων αὐτοῖς καὶ ἀμάχων;
δεῖ γὰρ αὐτὸν βασιλεύειν ἄχρι τοῦδε, καὶ ὑπ᾽ οὐρανοῦ
δεχθῆναι ἄχρι χρόνων ἀποκαταστάσεως, καὶ τὴν ἐκ δεξιῶν
καθέδραν ἔχειν, ἕως τῆς τῶν ἐχθρῶν ἐπικρατήσεως. τὸ
15 μετὰ τοῦτο δὲ τί; λῆξαι τῆς βασιλείας, ἢ τῶν οὐρανῶν
ἀπωσθῆναι; τίνος παύσοντος; ἢ δι᾽ ἥν τινα τὴν αἰτίαν;
ὡς τολμηρὸς ἐξηγητὴς σύ, καὶ λίαν ἀβασίλευτος. καὶ μὴν

4 το ονομα] om το cef || 8 οτι και] om και f   4.   16 απωσθηναι] απο-
σθηναι ac: αποστηναι e || om την ag

1. μεῖζον] in ref. to μέγα above.
ib. θεῷ πλακῆναι] again has a Nestorian sound.
2. μίξεως] On this and similar words as applied to the Incarnation see Petavius *de Inc.* iii 2.
ib. ἐπισκ. ἀνατολῇ] Luke i 78. Gr. prob. forgot the context of the words, and thought that they were used in the address of Gabriel to the B.V.M. or some such place. His meaning here is plainly that the human nature assumed by the Son of God was thus 'visited.'
3. τὸ γεννώμενον ἅγ.] Luke i 35.
4. χαρισθῆναι αὐτῷ τὸ ὄ.] Phil. ii 9.
6. πᾶν γόνυ...τῷ κενωθέντι] Phil. ii 10, 7.
7. γνῶναι π. οἶκον Ἰ.] Acts ii 36. The point, of course, lies in the ἐποίησεν.

9. ἐνεργ. τοῦ γεννήματος] 'by the active operation of that which was Begotten,' as distinct from the κτίσμα. Ταῦτα refers to the whole series from τί δὲ μεῖζον onwards.
4. No. 2.—He must reign until. *The word* until *does not always negative the extension of the alleged action beyond the time mentioned. And besides, Christ's reign is two-fold. It is absolute, even over the refractory; and it is progressive, over those who are made willing to submit. In the first sense it never ends, in the second it ends with the completion of the submission.*
12. δεῖ γὰρ αὐτὸν β.] 1 Cor. xv 25. Τοῦδε, 'such and such a time.'
ib. ὑπ᾽ οὐρανοῦ δ.] Acts iii 21.
13. τὴν ἐκ δεξιῶν κ.] Ps. cix (cx) 1.

ἀκούεις τῆς βασιλείας αὐτοῦ μὴ εἶναι πέρας. ἀλλὰ τοῦτο πάσχεις παρὰ τὸ μὴ γινώσκειν, ὅτι τὸ ἕως οὐ πάντως ἀντιδιαιρεῖται τῷ μέλλοντι, ἀλλὰ τὸ μέχρι τοῦδε μὲν τίθησι, τὸ ὑπὲρ τοῦτο δὲ οὐκ ἀναίνεται. ἢ πῶς νοήσεις, ἵνα μὴ τἄλλα λέγω, τό· Ἔσομαι μεθ᾽ ὑμῶν ἕως τῆς συντελείας τοῦ αἰῶνος; ἆρ᾽ ὡς μετὰ τοῦτο οὐκ ἐσομένου; καὶ τίς ὁ λόγος; οὐ μόνον δέ, ἀλλὰ καὶ παρὰ τὸ μὴ διαιρεῖν τὰ σημαινόμενα. βασιλεύειν γὰρ λέγεται καθ᾽ ἓν μέν, ὡς παντοκράτωρ, καὶ θελόντων, καὶ μή, βασιλεύς· καθ᾽ ἕτερον δέ, ὡς ἐνεργῶν τὴν ὑποταγήν, καὶ ὑπὸ τὴν ἑαυτοῦ βασιλείαν τιθεὶς ἡμᾶς, ἑκόντας δεχομένους τὸ βασιλεύεσθαι. τῆς μὲν οὖν ἐκείνως νοουμένης βασιλείας οὐκ ἔσται πέρας. τῆς δευτέρας δὲ τί; τὸ λαβεῖν ἡμᾶς ὑπὸ χεῖρα καὶ σωζομένους. τί γὰρ δεῖ τὴν ὑποταγὴν ἐνεργεῖν ὑποτεταγμένων; μεθ᾽ ἣν ἀνίσταται κρίνων τὴν γῆν, καὶ διαιρῶν τὸ σωζόμενον καὶ τὸ ἀπολλύμενον· μεθ᾽ ἣν ἵσταται θεὸς ἐν μέσῳ θεῶν, τῶν σωζομένων, διακρίνων καὶ διαστέλλων, τίνος ἕκαστος τιμῆς καὶ μονῆς ἄξιος.

3 αντιδιαιρει de ‖ μεν τουδε ef 'tres Reg.' ‖ 4 υπερ] μετα cdeg 'plures Reg. et Colb.' ‖ 6 ουκ]+ετι bdf ‖ 7 om παρα f ‖ 13 δε τι] om δε d: om τι 'quat. Colb.' ‖ 14 χειρα και] om και e ‖ 17 om των σωζομενων c

1. τῆς βασ. αὐτοῦ] Luke i 33.
ib. τοῦτο πάσχεις παρὰ κτλ.] You find yourself in that plight because you do not observe that the word 'until' does not necessarily draw a contrast between the time before and after the point specified; lit. '*is not necessarily distinguished from* (or opposed to) *the future.*'
5. ἔσομαι μ. ὑ.] Matt. xxviii 20.
7. καὶ τίς ὁ λ.] 'and what is the reason' for His ceasing to be with us?
ib. οὐ μόνον δέ] resumes the sentence from παρὰ τὸ μὴ γινώσκειν : '*and not only so.*'
ib. τὸ μὴ δ. τὰ σημ.] '*through not distinguishing between different senses of the words.*'

9. καὶ θελ. καὶ μή] sc. θελόντων.
10. ἐνεργῶν τὴν ὑποταγήν] '*producing submission*' i.e. working upon us by grace until we submit to Him.
12. ἐκείνως ν.] '*in the former sense.*'
13. τὸ λ. ἡμ. ὑπὸ χ. κ. σωζ.] Christ's kingdom in the second sense will end in our being saved and passing under His complete dominion. There will then be no further submission to produce in us.
15. μεθ᾽ ἥν] sc. βασιλείαν.
ib. ἀνίστ. κρ. τὴν γῆν] Ps. lxxxi (lxxxii) 8.
16. ἵσταται θ. ἐν μ. θεῶν...διακρίνων] Ps. lxxxi (lxxxii) 1.

5. Τούτῳ σύναπτε καὶ τὴν ὑποταγήν, ἣν ὑποτάσσεις τῷ πατρὶ τὸν υἱόν. τί, λέγεις, ὡς νῦν οὐχ ὑποτεταγμένου; δεῖται δὲ ὅλως ὑποταγῆναι θεῷ θεὸς ὤν; ὡς περὶ λῃστοῦ τινός, ἢ ἀντιθέου, ποιῇ τὸν λόγον. ἀλλ' οὕτω σκόπει· ὅτι ὥσπερ κατάρα ἤκουσε δι' ἐμὲ ὁ τὴν ἐμὴν λύων κατάραν· καὶ ἁμαρτία ὁ αἴρων τὴν ἁμαρτίαν τοῦ κόσμου· καὶ Ἀδὰμ ἀντὶ τοῦ παλαιοῦ γίνεται νέος· οὕτω καὶ τὸ ἐμὸν ἀνυπότακτον ἑαυτοῦ ποιεῖται, ὡς κεφαλὴ τοῦ παντὸς σώματος. ἕως μὲν οὖν ἀνυπότακτος ἐγὼ καὶ στασιώδης, τῇ τε ἀρνήσει τοῦ θεοῦ καὶ τοῖς πάθεσιν, ἀνυπότακτος τὸ κατ' ἐμὲ καὶ Χριστὸς λέγεται. ὅταν δὲ ὑποταγῇ αὐτῷ τὰ πάντα,—ὑποταγήσεται δὲ καὶ τῇ ἐπιγνώσει καὶ τῇ μεταποιήσει,—τότε καὶ αὐτὸς τὴν ὑποταγὴν πεπλήρωκε, προσάγων ἐμὲ τὸν σεσωσμένον. τοῦτο γὰρ ἡ ὑποταγὴ Χριστοῦ, κατά γε τὸν ἐμὸν λόγον, ἡ τοῦ πατρικοῦ θελήματος πλήρωσις. ὑποτάσσει δὲ καὶ υἱὸς πατρί, καὶ υἱῷ πατήρ· ὁ μὲν ἐνεργῶν, ὁ δὲ εὐδοκῶν, ὃ καὶ πρότερον εἴπομεν. καὶ οὕτω τὸ ὑποτεταγμένον ὁ ὑποτάξας θεῷ παρίστησιν, ἑαυτοῦ ποιούμενος τὸ ἡμέτερον. τοιοῦτον εἶναί μοι φαίνεται καὶ τό·

5. 3 om θεω e ∥ 11 Χριστος] ο χρ. bdf

5. *The text speaks of the subjection of the Son. It speaks of Him in us, or of us in Him. When we are wholly subject, then Christ, our Head, becomes subject, and not before. And so far from our language implying that the Son is at present in a state of rebellion, it is He who brings about our subjection. So also when He cries* Why hast Thou forsaken Me? *it is we who speak in His person.*

1. σύναπτε] '*Connect with this.*'
2. τί, λέγεις, ὡς] The words are those of the Eunomian, from τί to τὸν λόγον; unless perh. the first question, τί λέγεις, is addressed *to* the Eunomian, in the sense, 'Why do you speak as if we made out that' etc. The Catholic, of course, following St Paul, spoke of a future 'subjection' of the Son to the Father. The Eunomian, who wished to make out that the Son's position is always and necessarily a subordinate one, as being that of a creature, retorted, 'What? is He not subject now, but requires to be reduced to subjection,—although you make Him out to be God? Such language is only suitable to a robber, or to a rival claimant of the Godhead.'

5. κατάρα ἤκουσε] '*bore the designation of a curse.*' Gal. iii 13.
6. ἁμαρτία] 2 Cor. v 21. Ὁ αἴρων, John i 29.
ib. Ἀδὰμ...νέος] 1 Cor. xv 45; cp. Col. iii 9, 10.
8. κεφαλή] Eph. i 22 etc.
17. ὃ κ. πρ. εἴπομεν] § 3 sub fin.

Ὁ θεός, ὁ θεός μου, πρόσχες μοι, ἵνα τί ἐγκατέλιπές με; οὐ γὰρ αὐτὸς ἐγκαταλέλειπται, ἢ ὑπὸ τοῦ πατρός, ἢ ὑπὸ τῆς ἑαυτοῦ θεότητος, ὃ δοκεῖ τισίν, ὡς ἂν φοβουμένης τὸ πάθος, καὶ διὰ τοῦτο συστελλομένης ἀπὸ τοῦ πάσχοντος. τίς γὰρ ἢ γεννηθῆναι κάτω τὴν ἀρχήν, ἢ ἐπὶ τὸν σταυρὸν ἀνελθεῖν ἠνάγκασεν; ἐν ἑαυτῷ δέ, ὅπερ εἶπον, τυποῖ τὸ ἡμέτερον. ἡμεῖς γὰρ ἦμεν οἱ ἐγκαταλελειμμένοι καὶ παρεωραμένοι πρότερον, εἶτα νῦν προσειλημμένοι καὶ σεσωσμένοι τοῖς τοῦ ἀπαθοῦς πάθεσιν· ὥσπερ καὶ τὴν ἀφροσύνην ἡμῶν καὶ τὸ πλημμελὲς οἰκειούμενος τὰ ἐξῆς διὰ τοῦ ψαλμοῦ φησίν· ἐπειδὴ προδήλως εἰς Χριστὸν ὁ εἰκοστὸς πρῶτος ψαλμὸς ἀναφέρεται.

6. Τῆς δὲ αὐτῆς ἔχεται θεωρίας καὶ τὸ μαθεῖν αὐτὸν τὴν ὑπακοὴν ἐξ ὧν ἔπαθεν, ἥ τε κραυγή, καὶ τὰ δάκρυα, καὶ τὸ ἱκετεῦσαι, καὶ τὸ εἰσακουσθῆναι, καὶ τὸ εὐλαβές· ἃ δραματουργεῖται καὶ πλέκεται θαυμασίως ὑπὲρ ἡμῶν. ὡς μὲν γὰρ λόγος, οὔτε ὑπήκοος ἦν, οὔτε ἀνήκοος. τῶν γὰρ ὑπὸ χεῖρα ταῦτα, καὶ τῶν δευτέρων, τὸ μὲν τῶν

1 εγκατελειπες a ∥ 3 εαυτου] αυτου ac

1. ὁ θεός, ὁ θεός μου] Ps. xxi 2 (xxii 1); cp. Matt. xxvii 46.
3. ὃ δοκεῖ τισίν] to some of the Docetic sects. See *Evang. Petri* § 5 ἡ δύναμίς μου, ἡ δύναμις, κατέλειψάς με.
5. τὴν ἀρχήν] 'to begin with,' 'at all.'
6. τυποῖ τὸ ἡμ.] '*represents us.*'
9. ἀφροσύνην...πλημμελές] vs. 3 καὶ οὐκ εἰς ἄνοιαν ἐμοί; vs. 2 οἱ λόγοι τῶν παραπτωμάτων μου.
11. εἰκοστὸς πρ.] The numbering of the Pss. in the LXX. differs from that in the Hebrew.
6. *His* learning obedience, *His* strong crying and tears, *are a sacred drama, in which He represents us, entering into a full realisation of our circumstances. He learns by personal experience to be lenient to our falls. When the text in question proceeds to say that God will be all in all, it does not mean the Father as distinguished from the Son, but the Godhead as a whole.*
13. μαθεῖν] Heb. v 8; cp. vs. 7.
16. δραματουργεῖται] '*It is a drama, wonderfully constructed for our advantage.*' 'The saint,' says Elias, 'applies the name of a *drama* to that which our Saviour endured as representing mankind. He does not mean that it was unreal and fictitious, like other dramas; but only that Christ impersonates and plays the part of the human race,' i.e. not the part which belongs properly to His eternal and divine self.
17. τῶν γ. ὑ. χεῖρα τ.] The Word, apart from the Incarnation, was neither obedient nor disobedient.

εὐγνωμονεστέρων, τὸ δὲ τῶν ἀξίων κολάσεως. ὡς δὲ
δούλου μορφή, συγκαταβαίνει τοῖς ὁμοδούλοις καὶ δούλοις,
καὶ μορφοῦται τὸ ἀλλότριον, ὅλον ἐν ἑαυτῷ ἐμὲ φέρων
μετὰ τῶν ἐμῶν, ἵνα ἐν ἑαυτῷ δαπανήσῃ τὸ χεῖρον, ὡς κηρὸν
5 πῦρ, ἢ ὡς ἀτμίδα γῆς ἥλιος, κἀγὼ μεταλάβω τῶν ἐκείνου
διὰ τὴν σύγκρασιν. διὰ τοῦτο ἔργῳ τιμᾷ τὴν ὑπακοήν, καὶ
πειρᾶται ταύτης ἐκ τοῦ παθεῖν. οὐ γὰρ ἱκανὸν ἡ διάθεσις,
ὥσπερ οὐδὲ ἡμῖν, εἰ μὴ καὶ διὰ τῶν πραγμάτων χωρήσαιμεν.
ἔργον γὰρ ἀπόδειξις διαθέσεως. οὐ χεῖρον δὲ ἴσως κἀκεῖνο
10 ὑπολαβεῖν, ὅτι δοκιμάζει τὴν ἡμετέραν ὑπακοήν, καὶ πάντα
μετρεῖ τοῖς ἑαυτοῦ πάθεσι τέχνῃ φιλανθρωπίας, ὥστε
ἔχειν εἰδέναι τοῖς ἑαυτοῦ τὰ ἡμέτερα, καὶ ποσὸν μὲν
ἀπαιτούμεθα, ποσὸν δὲ συγχωρούμεθα, λογιζομένης μετὰ
τοῦ πάσχειν καὶ τῆς ἀσθενείας. εἰ γὰρ τὸ φῶς ἐδιώχθη

6. 2 om και δουλοις c || 11 εαυτου] οικειοις b

Such language applies only to subjects and inferiors. Τὸ μέν, sc. ὑπήκοος ; τὸ δέ, ἀνήκ.
2. δούλου μορφή] Phil. ii 7.
3. μορφ. τὸ ἀλλότριον] '*assumes a form which is not His own.*'
4. δαπανήσῃ] '*consume*,' and so '*destroy.*' Cp. § 18 δαπανητικὸν τῶν μοχθηρῶν ἕξεων; v 10 δαπανώμενον.
6. ἔργῳ] not merely by precept.
8. διὰ τ. πρ. χωρ.] '*give it practical effect*'; lit. '*proceed by way of action.*'
10. δοκιμάζει] '*is applying a test to*'; not in the usual sense, by temptation of us, but by Himself experiencing what temptation must be to us. So He takes a measure of all that we go through, by means of His own sufferings. It may seem as if κἀκεῖνο were but a repetition of what had already been said in ἔργῳ τιμᾷ τ. ὑπακ. κ. πειρᾶται ταύτης. The difference is that in the earlier sentences Gr. speaks of *us* as represented by *Christ*; *we* suffer, as it were, and obey in Him. Here he states the converse truth, that *Christ* identifies His lot with *ours*; He enters into our experiences in order to know at first hand what obedience on our part costs.
11. τέχνῃ φιλανθρ.] by a device which His love of man (Tit. iii 4) suggested.
12. ποσὸν μὲν ἀπαιτ.] De Billy translates *quantumque et a nobis exigi et condonari debeat*, which gives the required sense, but is grammatically impossible. If πόσον be read, the only possible meaning is that Christ learns by practical experience what *is* demanded of us and what allowance *is* made for us. This, however, is unsatisfactory, so far as συγχωρ. is concerned. It is best to read ποσόν, and to make ἀπαιτ., συγχωρ., independent verbs coordinate with δοκιμ., μετρεῖ. They thus express the *result* of Christ's gracious experiment ; '*and a certain demand is still made upon us, and a certain allowance is now made for us, our infirmity being taken into account along with what we have to bear.*'
14. τὸ φῶς...σκοτίᾳ] John i 5.

διὰ τὸ πρόβλημα, φαῖνον ἐν τῇ σκοτίᾳ, τῷ βίῳ τούτῳ, ὑπὸ
τῆς ἄλλης σκοτίας, τοῦ πονηροῦ λέγω καὶ τοῦ πειραστοῦ,
τὸ σκότος πόσον, ὡς ἀσθενέστερον; καὶ τί θαυμαστόν, εἰ
ἐκείνου διαφυγόντος παντάπασιν ἡμεῖς ποσῶς καὶ κατα-
ληφθείημεν; μεῖζον γὰρ ἐκείνῳ τὸ διωχθῆναι, ἤπερ ἡμῖν τὸ
καταληφθῆναι, παρὰ τοῖς ὀρθῶς ταῦτα λογιζομένοις. ἔτι
δὲ προσθήσω τοῖς εἰρημένοις ἐκεῖνο, ἐνθυμηθεὶς τό· Ἐν ᾧ
γὰρ πέπονθεν αὐτὸς πειρασθείς, δύναται τοῖς πειραζομένοις
βοηθῆσαι, σαφῶς πρὸς τὴν αὐτὴν φέρον διάνοιαν. ἔσται
δὲ ὁ θεὸς τὰ πάντα ἐν πᾶσιν ἐν τῷ καιρῷ τῆς ἀποκατα-
στάσεως· οὐχ ὁ πατήρ, πάντως εἰς αὐτὸν ἀναλυθέντος τοῦ
υἱοῦ, ὥσπερ εἰς πυρὰν μεγάλην λαμπάδος πρὸς καιρὸν

4 ἐκείνου διαφυγ.] κἀκείνου φυγόντος b ‖ καὶ] γε df

1. διὰ τὸ πρόβλημα] '*because of the screen* (or *shade*)' which partly concealed Him. The πρόβλημα was the fleshly nature which Christ assumed. If it had not been for that, the Evil One would not have ventured to 'persecute' Him. The thought is a favourite one with Gr. Cp. *Or.* xxiv 9 πεῖραν προσάγει τῷ ἀπειράστῳ, ἐπειδὴ δεύτερον Ἀδὰμ εἶδε τοῦ θεοῦ τὸ φαινόμενον, ὡς καὶ τοῦτον καταπαλαίσων· ἠγνόει γὰρ ὅτι περιπεσεῖται θεότητι, προσδραμὼν ἀνθρωπότητι. *Or.* xxxix 13 ἐπειδὴ γὰρ ᾤετο ἀήττητος εἶναι τῆς κακίας ὁ σοφιστής, θεότητος ἐλπίδι δελεάσας ἡμᾶς, σαρκὸς προβλήματι δελεάζεται, ἵν', ὡς τῷ Ἀδὰμ προσβαλών, τῷ θεῷ περιπέσῃ. *Or.* xl 10 ἐάν σοι προσβάλῃ...ὁ τοῦ φωτὸς διώκτης καὶ πειραστής,—προσβαλεῖ δέ, καὶ γὰρ καὶ τῷ Λόγῳ καὶ θεῷ μου προσέβαλε διὰ τὸ κάλυμμα, τῷ κρυπτῷ φωτὶ διὰ τὸ φαινόμενον,—ἔχεις ᾧ νικήσεις. Cp. Greg. Nyss. *Or. Cat.* § 26 ἀπατᾶται γὰρ καὶ αὐτὸς τῷ τοῦ ἀνθρώπου προβλήματι ὁ προαπατήσας τὸν ἄνθρωπον τῷ τῆς ἡδονῆς δελεάσματι. See Lightfoot on Ign. *Eph.* § 19, and Petavius *de Inc.* ii 5.

3. τὸ σκότος πόσον] διωχθήσεται. Τὸ σκ. = ἡμεῖς, cp. Eph. v 8. It is difficult to draw any distinction between σκότος and σκοτία; but σκότος is more concrete, so to speak, and possibly in the preceding clause τοῦ πονηροῦ is intended for a gen. *dependent* upon σκοτίας, not in app. to it.

4. ποσῶς καὶ καταλ.] The word is chosen with ref. to John i 5. Although Christ escaped uninjured from the temptation, it is not wonderful, Gr. says, that we should (not only be 'persecuted' by the tempter but) even to some extent be 'overtaken.' The wonder is that He should even have been subject to assault, not that we should fail under it.

7. ἐν ᾧ γὰρ π.] Heb. ii 18.

9. ἔσται δὲ ὁ θ. τὰ π.] 1 Cor. xv 28. Gr. resumes the discussion from § 4. Τῆς ἀποκ., Acts iii 21.

11. οὐχ ὁ π.] Gr. will not allow that ὁ θεὸς here = ὁ πατήρ, as otherwise it would suggest that the Son is 'resolved' again into Him, in Sabellian fashion,—like a brand snatched for a time out of a great burning pile and then joined to it again.

ἀποσπασθείσης, εἶτα συναφθείσης,—μηδὲ γὰρ Σαβέλλιοι τῷ ῥητῷ τούτῳ παραφθειρέσθωσαν,—ἀλλ᾽ ὅλος θεός, ὅταν μηκέτι πολλὰ ὦμεν, ὥσπερ νῦν τοῖς κινήμασι καὶ τοῖς πάθεσιν, οὐδὲν ὅλως θεοῦ, ἢ ὀλίγον, ἐν ἡμῖν αὐτοῖς φέροντες, ἀλλ᾽ ὅλοι θεοειδεῖς, ὅλου θεοῦ χωρητικοὶ καὶ μόνου. τοῦτο γὰρ ἡ τελείωσις, πρὸς ἣν σπεύδομεν· τεκμηριοῖ δὲ μάλιστα Παῦλος αὐτός. ὁ γὰρ ἐνταῦθα περὶ θεοῦ φησὶν ἀορίστως, ἀλλαχοῦ σαφῶς περιορίζει Χριστῷ. τί λέγων; Ὅπου οὐκ ἔνι Ἕλλην, οὐδὲ Ἰουδαῖος, περιτομὴ καὶ ἀκροβυστία, βάρβαρος, Σκύθης, δοῦλος, ἐλεύθερος· ἀλλὰ τὰ πάντα καὶ ἐν πᾶσι Χριστός.

7. Τρίτον ἀρίθμει τό· μεῖζον· τέταρτον τό· θεόν μου καὶ θεὸν ὑμῶν. εἰ μὲν οὖν μείζων μὲν ἐλέγετο, μὴ ἴσος δέ, τάχα ἂν ἦν τι τοῦτο αὐτοῖς· εἰ δὲ ἀμφότερα σαφῶς εὑρίσκομεν, τί φήσουσιν οἱ γεννάδαι; τί τὸ ἰσχυρὸν αὐτοῖς; πῶς συμβήσεται τὰ ἀσύμβατα; τὸ γὰρ αὐτὸ τοῦ

1 αποσπαθεισης a ‖ 10 om τα af   **7.** 12 μειζον] ω suprascripto c ‖ 13 μειζων] -ον ac (ω suprascr.) g 'tres Reg. tres Colb.' ‖ 14 ισος] -ον ac? g 'tres Reg. tres Colb.' ‖ om τι b

1. μηδὲ γὰρ Σαβ.] Gr. does not wish the Sabellians either (μηδέ), i.e. any more than the Eunomians, to wrest this text to their own destruction. Elias seems to take παραφθ. in a deponent sense, but without authority.

2. ὅλος θεός] God in the most unrestricted sense. Exegetically Gr. is no doubt wrong: ὁ θεός, as usual, means the Father, to whom the Son Himself has just been said to be made subject. But his suggestion of the way in which the great result will be brought about is full of beauty.

3. κινήμασι] motions of will, like κίνησις in iii 2.

5. ὅλοι θεοειδεῖς] not = πάντες θ. He means that we shall be *entirely* Godlike, Godlike through and through, capable of taking in all God and nothing but God.

6. ἡ τελ. πρὸς ἣν σπ.] Perh. a ref. to Heb. vi 1.

8. περιορίζει Χ.] '*definitely assigns to Christ.*'

ib. ὅπου οὐκ ἔνι] Col. iii 11. St P. is not here speaking of the future, but of the present.

7. *No.* 3 *and* 4.—The Father is greater; My God and your God. *He is greater inasmuch as the Son springs from Him,—the Son who elsewhere is called His equal; it implies no superiority of nature.*

12. μεῖζον] John xiv 28. The use of the neut. does not imply that Gr. found it in his text of St John, where it would convey a wholly false impression. It is used in an abstract way, as it is used six lines below, τὸ μεῖζον μέν ἐστι κτλ.

ib. θεόν μου] John xx 17.

15. γεννάδαι] iron. '*these fine gentlemen.*'

αὐτοῦ ὁμοίως μεῖζον καὶ ἴσον εἶναι τῶν ἀδυνάτων· ἢ δῆλον
ὅτι τὸ μεῖζον μέν ἐστι τῆς αἰτίας, τὸ δὲ ἴσον τῆς φύσεως;
καὶ τοῦτο ὑπὸ πολλῆς εὐγνωμοσύνης ὁμολογοῦμεν ἡμεῖς.
τάχα δ' ἂν εἴποι τις ἄλλος τῷ ἡμετέρῳ λόγῳ προσφιλο-
νεικῶν, μὴ ἔλαττον εἶναι τὸ ἐκ τοιαύτης αἰτίας εἶναι τοῦ 5
ἀναιτίου. τῆς τε γὰρ τοῦ ἀνάρχου δόξης μετέχοι ἄν, ὅτι ἐκ
τοῦ ἀνάρχου· καὶ πρόσεστιν ἡ γέννησις, πρᾶγμα τοσοῦτον,
τοῖς γε νοῦν ἔχουσι, καὶ οὕτω σεβάσμιον. τὸ γὰρ δὴ
λέγειν, ὅτι τοῦ κατὰ τὸν ἄνθρωπον νοουμένου μείζων,
ἀληθὲς μέν, οὐ μέγα δέ. τί γὰρ τὸ θαυμαστόν, εἰ μείζων 10
ἀνθρώπου θεός; ταῦτα μὲν οὖν ἡμῖν εἰρήσθω πρὸς τοὺς
τὸ μεῖζον κομπάζοντας.

8. Θεὸς δὲ λέγοιτο ἄν, οὐ τοῦ Λόγου, τοῦ ὁρωμένου δέ·
πῶς γὰρ ἂν εἴη τοῦ κυρίως θεοῦ θεός; ὥσπερ καὶ πατήρ,

4 αλλος] αλλο d 'unus Reg.' ‖ υμετερω acdeg ‖ προσφιλονεικων] φιλονεικων d ‖ 9 του] το b ‖ μειζων] -ον abg 'duo Reg.': -ων c cum o suprascr. ‖ 10 om το defg ‖ μειζων] -ον a 'duo Reg.' ‖ 11 om ημιν de

1. τῶν ἀδυν.] sc. ἐστί; '*is an impossibility*.'
ib. ἤ] If it is not an impossibility, we must suppose that the word 'greater' refers to causation, and 'equal' to nature.
3. ὑπὸ π. εὐγν.] an idiomatic use of the prep., similar to that after a pass. verb. Cp. v 33.
ib. ἡμεῖς] '*we ourselves*,' as distinguished from the ἄλλος τις.
4. ἡμετέρῳ] Although most of the best MSS. read ὑμ., that reading seems due to a misunderstanding. Gr. has just admitted (ὁμολογ. ἡμεῖς) that the Father is greater than the Son by reason of being His αἰτία. Some one else, he says, of course on the orthodox side, might find fault with me for the admission, and urge that in this case no manner of inferiority attaches to being 'caused' and not 'cause.' As Gr. has already (iii 11) made the remark in his own person, it is only a rhetorical device to put it here in the mouth of another. The rendering of De Billy, *sermonem nostrum acriori animi contentione prosequens*, not only misunderstands the argument, but does violence to the meaning of προσφιλ.

9. τοῦ κατὰ τὸν ἄ. νοουμ.] 'than our Lord regarded as man,' lit. 'than Him who is considered according to the man' i.e. the man that is in Him. It is another instance of that inexact language by which some fathers speak of 'the God' and 'the Man' in Christ, meaning the Godhead and the Manhood. Cp. just below the contrast between ὁ Λόγος and ὁ ὁρώμενος.

10. τί γὰρ τὸ θαυμαστόν] See Westcott's note *in loc*.

8. *He is our Saviour's God, because of our Saviour's humanity. That is where heretics go wrong, by not distinguishing the two natures.*

13. οὐ τοῦ Λ.] i.e. not of the Word as Word, but as Word Incarnate. Τοῦ ὁρωμ. is masc.

14. τοῦ κ. θεοῦ θεός] He *is* τοῦ

οὐ τοῦ ὁρωμένου, τοῦ λόγου δέ. καὶ γὰρ ἦν διπλοῦς· ὥστε τὸ μὲν κυρίως ἐπ' ἀμφοῖν, τὸ δὲ οὐ κυρίως, ἐναντίως ἢ ἐφ' ἡμῶν ἔχει. ἡμῶν γὰρ κυρίως μὲν θεός, οὐ κυρίως δὲ πατήρ. καὶ τοῦτό ἐστιν ὃ ποιεῖ τοῖς αἱρετικοῖς τὴν
5 πλάνην, ἡ τῶν ὀνομάτων ἐπίζευξις, ἐπαλλαττομένων τῶν ὀνομάτων διὰ τὴν σύγκρασιν. σημεῖον δέ· ἡνίκα αἱ φύσεις διίστανται, ταῖς ἐπινοίαις συνδιαιρεῖται καὶ τὰ ὀνόματα. Παύλου λέγοντος ἄκουσον· Ἵνα ὁ θεὸς τοῦ κυρίου ἡμῶν Ἰησοῦ Χριστοῦ, ὁ πατὴρ τῆς δόξης. Χριστοῦ μὲν θεός,
10 τῆς δὲ δόξης πατήρ. εἰ γὰρ καὶ τὸ συναμφότερον ἕν, ἀλλ' οὐ τῇ φύσει, τῇ δὲ συνόδῳ τούτων. τί ἂν γένοιτο γνωριμώτερον;

9. Πέμπτον λεγέσθω τὸ λαμβάνειν αὐτὸν ζωήν, ἢ

8. 3 εχει] εχον c ‖ θεος]+ο θεος e² ‖ 6 ηνικα]+αν b

κυρίως θεοῦ θεός: not however in virtue of the Son's Godhead, but because ὁ κυρίως θεός is also man.

2. ἐπ' ἀμφοῖν] In regard to both natures in Christ a term is properly applied and a term improperly. The same is true with regard to us; one term is properly applied in regard to us and the other improperly: but the term properly applied in regard to Christ is applied improperly in regard to us, and *vice versa*. The term God (in θεός μου καὶ θ. ὑμῶν) is improperly applied in regard to Christ as God, and properly in regard to Christ as man and to us. The term Father is properly applied to Christ as God, and improperly to Christ as man and to us.

5. ἡ τῶν ὀν. ἐπίζευξις] The *communicatio idiomatum*. Gr. is not thinking only of the particular text, or of the words 'God' and 'Father.'

7. ταῖς ἐπινοίαις] Cp. iii 13, which shews that ταῖς ἐπ. is to be taken with συνδ., not with διιστ. '*When the natures are mentioned separately, the nomenclature follows the distinction of the sense.*'

8. ἵνα ὁ θεός] Eph. i 17.

9. X. μὲν θεός, τῆς δὲ δ. π.] An interpretation as uncritical as it is doctrinally precarious. It rests upon the assumption that δόξα is the offspring in respect of which the Father is Father, and not (as in 1 Cor. ii 8, Jam. ii 1, 1 Pet. iv 14) an epithet; and the contrast which it draws between the personal name of the Incarnate Lord, and the 'glory' which is assumed to be His Divine Nature, is unsound.

11. οὐ τῇ φύσει] So Gr. rejects the yet unborn heresy of Eutyches. It might, however, have been still better if he had said τὸ συναμφ. εἷς. The ἕν, of course, means '*a single whole.*'

9. *No.* 5.—*Life, power, etc. are given to Him. This too is because He is Man. But it would be equally true of Him as God; it does not imply that these are given Him at some point subsequent to His eternal generation.*

13. λεγέσθω] '*be counted*'=ἀριθμεῖ in § 7.

ib. λαμβάνειν] ζωήν John v 26; κρίσιν ib. 22, 27; κληρ. ἐθνῶν Ps. ii

κρίσιν, ἢ κληρονομίαν ἐθνῶν, ἢ ἐξουσίαν πάσης σαρκός, ἢ δόξαν, ἢ μαθητάς, ἢ ὅσα λέγεται. καὶ τοῦτο τῆς ἀνθρωπότητος. εἰ δὲ καὶ τῷ θεῷ δοίης, οὐκ ἄτοπον. οὐ γὰρ ὡς ἐπίκτητα δώσεις, ἀλλ' ὡς ἀπ' ἀρχῆς συνυπάρχοντα, καὶ λόγῳ φύσεως, ἀλλ' οὐ χάριτος.

10. Ἕκτον τιθέσθω τὸ μὴ δύνασθαι τὸν υἱὸν ἀφ' ἑαυτοῦ ποιεῖν μηδέν, ἐὰν μή τι βλέπῃ τὸν πατέρα ποιοῦντα. τοῦτο δὲ τοιοῦτόν ἐστιν· οὐ τῶν καθ' ἕνα τρόπον λεγομένων τὸ δύνασθαι ἢ μὴ δύνασθαι· πολύσημον δέ. τὸ μὲν γάρ τι λέγεται κατὰ δυνάμεως ἔλλειψιν, καί ποτε, καὶ πρός τι, ὡς τὸ μὴ δύνασθαι τὸ παιδίον ἀθλεῖν, ἢ τὸ σκυλάκιον βλέπειν, ἢ πρὸς τόνδε διαγωνίζεσθαι. ἀθλήσει γὰρ ἴσως ποτέ, καὶ ὄψεται, καὶ διαγωνιεῖται πρὸς τόνδε, κἂν πρὸς ἕτερον ἀδυνάτως ἔχῃ. τὸ δέ, ὡς ἐπὶ πλεῖστον, ὡς τό· Οὐ δύναται πόλις κρυβῆναι ἐπ' ἄνω ὄρους κειμένη. τάχα γὰρ ἂν καὶ κρυφθείη τις, ἐπιπροσθοῦντος μείζονος. τὸ δέ, ὡς οὐκ εὔλογον· Οὐ δύνανται οἱ υἱοὶ τοῦ

9. 2 τουτο] ταυτα b ‖ 3 δοιης] δωης 'Reg. b' **10.** 7 μηδεν] ουδεν 'Reg. a' ‖ 14 ως επι πλειστον ως το ου] ως επι το πλειστον ου b ‖ 17 ευλογον]+ως το f ‖ om οι b

8; ἐξ. π. σαρκός John xvii 2; δόξαν in the context seems to point to John xvii 1, 5, but cp. 1 Pet. i 21, 2 Pet. i 17; μαθητάς John xvii 6.
3. τῷ θεῷ] See note on § 7 τοῦ κατὰ τὸν ἄνθρ. νοουμ.
4. ἐπίκτητα] Cp. ii 31.
10. *No. 6.*—The Son cannot do, except He see the Father doing. *'Cannot' is a word of many meanings; cannot* now, *cannot* as a rule, *cannot* reasonably, *cannot* because will not, *cannot* naturally *though miracle might do it.*
6. μὴ δύνασθαι] John v 19.
8. οὐ τῶν καθ' ἕνα τρ. λ.] The gen. is due to the technical language of logic, like ἀδυνάτων in § 7. 'Can' and 'cannot' do not belong to that logical class of words which can only be used in one sense. They have many shades of signification (πολύσ.). Gr. uses the sing. (πολύσημον) because he is only going to consider the negative, 'cannot.'
9. τὸ μὲν γάρ τι] 'for sometimes,' lit. '*partly.*' Sometimes it denotes lack of power—not always absolutely predicated, but with reference to time and circumstances (ποτέ, πρός τι).
14. τὸ δέ, ὡς ἐπὶ πλεῖστον] Sometimes it denotes a general rule, which does not invariably hold good.
15. οὐ δ. πόλις κρ.] Matt. v 14.
16. ἐπιπροσθοῦντος] Cp. ii 4. Μείζονος, '*something bigger*'; not ὄρους understood.
17. οἱ υἱοὶ τοῦ ν.] Mark ii 19.

νυμφῶνος νηστεύειν, ἐφ' ὅσον ἔνδημος ὁ νυμφίος· εἴτε ὁ
σωματικῶς ὁρώμενος· οὐ γὰρ κακοπαθείας, ἀλλ' εὐφροσύνης
καιρὸς ὁ τῆς ἐπιδημίας· εἴτε ὁ ὡς λόγος νοούμενος. τί
γὰρ δεῖ νηστεύειν σωματικῶς τοὺς λόγῳ καθαιρομένους;
5 τὸ δέ, ὡς ἀβούλητον, ὡς τὸ μὴ δύνασθαι ἐκεῖ σημεῖα
ποιῆσαι, διὰ τὴν ἀπιστίαν τῶν δεχομένων. ἐπειδὴ γὰρ
τοῦ συναμφοτέρου χρεία πρὸς τὰς ἰάσεις, καὶ τῆς τῶν
θεραπευομένων πίστεως, καὶ τῆς τοῦ θεραπευτοῦ δυνάμεως,
οὐκ ἐνεδέχετο τὸ ἕτερον τοῦ συζύγου ἐλλείποντος. οὐκ
10 οἶδα δέ, εἰ μὴ καὶ τοῦτο τῷ εὐλόγῳ προσθετέον· οὐ γὰρ
εὔλογος ἴασις τοῖς βλαβησομένοις ἐξ ἀπιστίας. τοῦ δὲ
αὐτοῦ λόγου καὶ τό· Οὐ δύναται ὁ κόσμος μὴ μισεῖν ὑμᾶς·
καί, Πῶς δύνασθε ἀγαθὰ λαλεῖν, πονηροὶ ὄντες; πῶς γὰρ
ἀδύνατόν τι τούτων, ἢ ὅτι ἀβούλητον; ἔστι δέ τι καὶ
15 τοιοῦτον ἐν τοῖς λεγομένοις, ὃ τῇ φύσει μὲν ἀδύνατον, θεῷ
δὲ δυνατὸν βουληθέντι, ὡς τὸ μὴ δύνασθαι τὸν αὐτὸν
γεννηθῆναι δεύτερον· καὶ ῥαφὶς οὐκ εἰσδεχομένη κάμηλον.
τί γὰρ ἂν καὶ κωλύσειε γενέσθαι ταῦτα θεοῦ θελήσαντος;

3 ὁ ὡς λογος] om o b || 5 σημεια εκει ac || 14 τι και] om και c

1. ὁ σωμ. ὁρώμενος] It would have been more strictly accurate to have omitted ὁ. Gr. does not mean to suggest that ὁ ὁρ. is one and ὁ Λόγος another.

4. τοὺς λόγῳ καθ.] The ref. to John xv 3, the absence of the art., and the contrast of λόγῳ with σωματικῶς, shew that 'the word' is intended, and not 'the Word.' At the same time the argument would fail if the spoken word by which we are cleansed were not identified with the Eternal Word who by means of it ἐνδημεῖ with us.

5. μὴ δ. ἐκεῖ σ. ποιῆσαι] Mark vi 5, Matt. xiii 58.

9. οὐκ ἐνεδέχετο κτλ.] 'it was impossible,' sc. θεραπεύειν, or ἰᾶσθαι, 'when one of the two failed its fellow,' lit. 'when the fellow failed the other.' Ἐλλείπειν is a trans. verb. Gr. probably means that it was a case of ἀβούλητον on both sides; the people 'would' not take the means to be healed, and the Lord 'would' not heal in spite of them.

10. τῷ εὐλόγῳ] added to the examples of ἀδύνατον = οὐκ εὔλογον above.

11. τοῦ αὐτοῦ] sc. τοῦ ἀβουλήτου.

12. μὴ μισεῖν ὑ.] John vii 7. Gr. no doubt was confusing this passage with John xv 18 f. I know of no authority for omitting the μή in our text of Gr.

13. πῶς δύνασθε ἀγ. λ.] Matt. xii 34.

14. ἔστι δέ τι] 'There is also a class of the following kind among things spoken,' i.e. a class of passages which speak of things impossible by nature, but possible to God, if so He chose.

17. γεννηθῆναι δ.] John iii 4.
ib. ῥαφίς] Matt. xix 24, 26.

11. Τούτων δὲ πάντων ἐκτὸς τὸ παντελῶς ἀδύνατον καὶ ἀνεπίδεκτον, ὡς ὁ νῦν ἐξετάζομεν. ὡς γὰρ ἀδύνατον εἶναι λέγομεν πονηρὸν εἶναι θεόν, ἢ μὴ εἶναι· τοῦτο γὰρ ἀδυναμίας ἂν εἴη μᾶλλον θεοῦ, ἤπερ δυνάμεως· ἢ τὸ μὴ ὂν εἶναι, ἢ τὰ δὶς δύο καὶ τέσσαρα εἶναι καὶ δέκα· οὕτως ἀδύνατον καὶ ἀνεγχώρητον ποιεῖν τι τὸν υἱόν, ὧν οὐ ποιεῖ ὁ πατήρ. πάντα γὰρ ὅσα ἔχει ὁ πατήρ, τοῦ υἱοῦ ἐστίν· ὡς ἔμπαλιν τὰ τοῦ υἱοῦ τοῦ πατρός. οὐδὲν οὖν ἴδιον, ὅτι κοινά. ἐπεὶ καὶ αὐτὸ τὸ εἶναι κοινὸν καὶ ὁμότιμον, εἰ καὶ τῷ υἱῷ παρὰ τοῦ πατρός. καθ' ὃ καὶ λέγεται καὶ τό· Ἐγὼ ζῶ διὰ τὸν πατέρα· οὐχ ὡς ἐκεῖθεν αὐτῷ τοῦ ζῆν καὶ τοῦ εἶναι συνεχομένου, ἀλλ' ὡς ἐκεῖθεν ὑπάρχοντος ἀχρόνως καὶ ἀναιτίως. βλέπει δὲ τὸν πατέρα ποιοῦντα πῶς, καὶ

11. 5 δυο και] om και df ‖ τεσσαρα ειναι] τεσσαρις b (om ειναι) ‖ 7 om εστιν f ‖ 10 καθ ο και] om και c²e

11. And sometimes 'cannot' denotes what is unthinkable, *a logical absurdity. It denotes no limitation of power to say that God cannot be evil. This is what the text means. He does not see the Father act and then imitate His action, making for example a world apiece. His action is not similar, but identical, to that of the Father, only the initiative rests with the Father. The sustaining of what is already created is a part of this common action of Father and Son.*

2. ἀνεπίδεκτον] '*inadmissible*' or '*unthinkable*'; almost '*impossible in the sense of* unthinkable.'

3. ἢ μὴ εἶναι] '*or not to exist.*'

ib. τοῦτο γὰρ ἀδυναμίας ἂν εἴη] See Petavius *de Deo Deique Propr.* v 7, and the passages there cited.

7. πάντα γὰρ ὅσα] John xvi 15.
8. ὡς ἔμπαλιν κτλ.] John xvii 10.
9. αὐτὸ τὸ εἶναι κοινόν] '*Their very being is common and equal, although the Son has it from the Father.*'

10. ἐγὼ ζῶ δ. τ. π.] John vi 57.
12. συνεχομένου] '*kept from dissolution.*' It seems a slight difficulty that in John vi 57 our Lord seems to refer not so much to the origination of His being as to something which may be compared to the continual sustenance of life (καὶ ὁ τρώγων με κἀκεῖνος ζήσει δι' ἐμέ). But on the other hand, so far as we know, the distinction between the original gift and the maintenance of life does not exist in the case of the Eternal Son, but belongs only to temporal existence. With Him *nasci* and *pasci* are the same. On the whole this interpretation is better than to translate συνεχ. '*restricted,*' '*confined.*'

12. ὑπάρχ. ἀχρόνως] instead of being sustained by a succession of temporal acts.

13. καὶ ἀναιτίως] It is difficult to assign a meaning to the word in this connexion. Gr. has frequently affirmed that the Father is the αἰτία of the Son. It must therefore mean 'without any intermediate or secondary cause.'

ib. βλέπει δὲ...πῶς κτλ.] '*In what sense does He see the Father doing, and do likewise?*'

οὕτω ποιεῖ; ἆρα ὡς οἱ τὰς μορφὰς γράφοντες καὶ τὰ γράμματα, διὰ τὸ μὴ εἶναι τῆς ἀληθείας ἄλλως ἐπιτυχεῖν, εἰ μὴ πρὸς τὸ ἀρχέτυπον βλέποντας, κἀκεῖθεν χειραγωγουμένους; καὶ πῶς ἡ σοφία δεῖται τοῦ διδάξοντος, ἢ οὐ ποιήσει τι μὴ διδασκομένη; ποιεῖ δὲ πῶς ὁ πατήρ, ἢ πεποίηκεν; ἆρα ἄλλον προυπέστησε κόσμον ἀντὶ τοῦ παρόντος, καὶ ὑποστήσει τὸν μέλλοντα, καὶ πρὸς ἐκεῖνα βλέπων ὁ υἱός, τὸν μὲν ὑπέστησε, τὸν δὲ ὑποστήσει; τέσσαρες οὖν κόσμοι κατὰ τὸν λόγον τοῦτον, οἱ μὲν πατρός, οἱ δὲ υἱοῦ ποιήματα. τῆς ἀλογίας. καθαίρει δὲ λέπρας, καὶ δαιμόνων καὶ νόσων ἀπαλλάττει, καὶ ζωοποιεῖ νεκρούς, καὶ ὑπὲρ θαλάσσης ὁδεύει, καὶ τἆλλα ποιεῖ ὅσα πεποίηκεν, ἐπὶ τίνος ἢ πότε τοῦ πατρὸς ταῦτα προενεργήσαντος; ἢ δῆλον ὅτι τῶν αὐτῶν πραγμάτων τοὺς τύπους ἐνσημαίνεται μὲν ὁ πατήρ, ἐπιτελεῖ δὲ ὁ λόγος, οὐ δουλικῶς, οὐδὲ ἀμαθῶς, ἀλλ' ἐπιστημονικῶς τε καὶ δεσποτικῶς, καὶ οἰκειότερον εἰπεῖν, πατρικῶς; οὕτω γὰρ ἐγὼ δέχομαι τὸ ἅπερ ὑπὸ τοῦ πατρὸς γίνεται, ταῦτα καὶ τὸν υἱὸν ὁμοίως ποιεῖν· οὐ κατὰ τὴν τῶν γινομένων ὁμοίωσιν, ἀλλὰ κατὰ τὴν τῆς ἐξουσίας ὁμοτιμίαν. καὶ τοῦτο ἂν εἴη τὸ ἕως ἄρτι καὶ τὸν πατέρα ἐργάζεσθαι, καὶ τὸν υἱόν· οὐ μόνον δέ, ἀλλὰ

3 εἰ μή] om εἰ df ‖ βλέποντας] -τες 'Reg. Cypr.' et χειραγωγούμενοι ‖ 9 οὖν]+οἱ be 'Reg. a' ‖ 10 τῆς] ω τῆς bf ‖ 11 om απαλλαττει aceg 'Reg. a' ‖ 13 προσενεργησαντος a ‖ 19 αλλα κατα] om κατα e 'Reg. a'

3. κἀκεῖθεν χειρ.] '*guided by it from moment to moment.*'
4. ἡ σοφία] The Eunomian has already allowed the identification of Wisdom with Christ, § 2.
6. ἀντὶ τοῦ παρόντος] '*corresponding to the present one.*'
13. ἐπὶ τίνος] like ἐπὶ πάντων, ἐφ' ἑκάστων; '*on what occasion, and at what time?*'
14. τῶν αὐτ. πραγμάτων] There are not two sets of things; they are the selfsame things which are done or made by the Father and the Son, the Father indicating the form and the Son giving it expression.
16. ἀμαθῶς] '*unintelligently,*' like one who copies a pattern mechanically. The adverbs are arranged in a chiasm.
ib. οἰκ. εἰπεῖν, πατρ.] '*to speak with more exact appropriateness, in the same manner as the Father.*'
18. ὁμοίως ποιεῖν] John v 19.
20. ἕως ἄρτι] John v 17.

καὶ τὴν ὧν πεποιήκασιν οἰκονομίαν τε καὶ συντήρησιν, ὡς δηλοῖ τὸ ποιεῖσθαι τοὺς ἀγγέλους αὐτοῦ πνεύματα· καὶ θεμελιοῦσθαι τὴν γῆν ἐπὶ τὴν ἀσφάλειαν αὐτῆς· ἅπαξ ἡδρασμένα τε καὶ γενόμενα· καὶ στερεοῦσθαι βροντήν, καὶ κτίζεσθαι πνεῦμα, ὧν ἅπαξ μὲν ὁ λόγος ὑπέστη, συνεχὴς δὲ καὶ νῦν ἡ ἐνέργεια.

12. Ἕβδομον λεγέσθω τὸ καταβεβηκέναι ἐκ τοῦ οὐρανοῦ τὸν υἱόν, οὐχ ἵνα ποιῇ τὸ θέλημα τὸ ἑαυτοῦ, ἀλλὰ τὸ τοῦ πέμψαντος. εἰ μὲν οὖν μὴ παρὰ τοῦ κατεληλυθότος αὐτοῦ ταῦτα ἐλέγετο, εἴπομεν ἂν ὡς παρὰ τοῦ ἀνθρώπου τυποῦσθαι τὸν λόγον, οὐ τοῦ κατὰ τὸν σωτῆρα νοουμένου,—

1 την ων] των ων b ‖ πεποιηκεν bdf ‖ 6 συνεχεις a

1. τὴν...οἰκονομίαν] The only grammatical construction for these words is to attach them to κατὰ τὴν τ. ἑ. ὁμοτιμίαν, treating καὶ τοῦτο ἂν εἴη κτλ. as parenthetical. Τῆς ἐξουσίας will then be not merely 'of power,' but 'of the power' displayed in the making of τὰ γινόμενα :—for it is clear that Gr. understands ποιεῖν here chiefly of 'making' rather than 'doing.' He then adds that it is not only in respect of equality of power in creating that the Son is said to make or do 'likewise' whatever the Father makes or does, but in respect also of ordering and sustaining what He has made or done.

2. ποιεῖσθαι τοὺς ἀ....πν.] Ps. ciii (civ) 4. Cp. what he has said on this text ii 31. The point is that the present is used, where the past would have been expected. The power which first made the angels spirits is still said to make them so.

3. θεμελιοῦσθαι] Ps. ciii (civ) 5, where Gr. evidently read the present, ὁ θεμελιῶν. Ἡδρασμένα in ref. to the earth, γενόμενα in ref. to the angels.

4. στ. βροντήν] Am. iv 13. Here the point seems to lie not only in the tense, but in the using, with regard to transient things like thunder and wind, such words as στερεοῦν, κτίζειν (to found). The explanation is that the 'law' or 'principle' of them (λόγος) was laid down once for all, though the activity which produces them continues.

12. *No. 7.*—*I came down not to do Mine own will, but the will of Him that sent Me. At first it looks as if this were said of the Manhood; for the human will does not always find it easy to conform to the divine. The cry in Gethsemane is a proof of it. But as it was only the divine nature which* came down, the *will cannot be the human will. Well, sentences of this kind do not always imply the existence of the thing whose activity is denied, but quite the opposite. The Son has no will of His own to do, apart from the Father's.*

7. καταβεβηκέναι] John vi 38.

9. τοῦ κατεληλ. αὐτοῦ] neut.; see below, τὸ κατεληλυθός.

10. ὡς παρὰ τοῦ ἀ.] '*that the expression took this form as proceeding from the Man* (see note on § 7), *not from the Saviour regarded as such.*'

τὸ γὰρ ἐκείνου θέλειν οὐδὲ ὑπεναντίον θεῷ, θεωθὲν ὅλον,—
ἀλλὰ τοῦ καθ' ἡμᾶς· ὡς τοῦ ἀνθρωπίνου θελήματος οὐ
πάντως ἑπομένου τῷ θείῳ, ἀλλ' ἀντιπίπτοντος, ὡς τὰ
πολλά, καὶ ἀντιπαλαίοντος. καὶ γὰρ ἐκεῖνο οὕτως ἐνοή-
σαμεν τό· Πάτερ, εἰ δυνατόν, παρελθέτω ἀπ' ἐμοῦ τὸ
ποτήριον τοῦτο· πλὴν οὐχ ὃ ἐγὼ θέλω, ἀλλὰ τὸ σὸν
ἰσχυέτω θέλημα. οὔτε γάρ, εἰ δυνατὸν ἢ μή, τοῦτο
ἀγνοεῖν ἐκεῖνον εἰκός, οὔτε τῷ θελήματι ἀντεισφέρειν τὸ
θέλημα. ἐπεὶ δὲ ὡς παρὰ τοῦ προσλαβόντος ὁ λόγος,
τοῦτο γὰρ τὸ κατεληλυθός, οὐ τοῦ προσλήμματος, οὕτως
ἀπαντησόμεθα. οὐχ ὡς ὄντος ἰδίου τῷ υἱῷ θελήματος
παρὰ τὸ τοῦ πατρός, ἀλλ' ὡς οὐκ ὄντος ὁ λόγος· ἵν' ᾖ
τοιοῦτον τὸ συναγόμενον· Οὐχ ἵνα ποιῶ τὸ θέλημα τὸ
ἐμόν, οὐδὲ γάρ ἐστι τὸ ἐμὸν τοῦ σοῦ κεχωρισμένον, ἀλλὰ
τὸ κοινὸν ἐμοῦ τε καὶ σοῦ, ὧν ὡς μία θεότης, οὕτω καὶ
βούλησις. πολλὰ γὰρ τῶν οὕτω λεγομένων ἀπὸ κοινοῦ

12. 2 ανθρωπινου] -κου b ‖ 11 του υιου abf ‖ 13 τοιουτο συναγομενον b

1. *ἐκείνου*] sc. τοῦ κατὰ τὸν σ. νοουμένου.
ib. *οὐδὲ ὑπεν.*] '*not opposed to God, however faintly.*' The ὑπό has its full significance.
ib. *θεωθὲν ὅλον*] It is strange that Gr. should allow himself to speak of the will of the Divine Son as having been 'deified' (or 'taken possession of by God'), which might imply that except for some action of God upon it, the Son's will was not divine. It does not wholly remove the difficulty to say that the 'time' when that action took place is, like the 'generation' of which it is one aspect, before and above time.
2. *τοῦ καθ' ἡμᾶς*] sc. νοουμένου; 'considered according to us' means '*considered as man.*'
3. *ἀντιπίπτοντος*] The human will of Christ, acc. to Gr., was no exception to the rule; though, as his next quotation shews, it ceased to struggle when it was assured what God's will was.
5. *πάτερ, εἰ δυν.*] Matt. xxvi 39; Luke xxii 42.
8. *ἐκεῖνον*] i.e. τὸν κατὰ τὸν σωτῆρα νοούμενον.
9. *παρὰ τοῦ προσλαβόντος*] the Divine Son, as opp. to τὸ πρόσλημμα, the nature which He assumed. Ὁ λόγος is John vi 38, not the cry in the Garden.
11. *οὐχ ὡς ὄντος*] 'it does not imply that the Son has a will of His own, distinct from the Father's, but that He has *not*.'
13. *τὸ συναγόμενον*] the meaning gathered from the words.
16. *ἀπὸ κοινοῦ λέγ.*] From the illustrations which Gr. proceeds to give, it seems clear that the phrase ἀπὸ κ. is used without any ref. to τὸ κοινόν immediately before. With the possible exception of the first, they have nothing to do with the peculiar 'community' which exists

λέγεται, καὶ οὐ θετικῶς, ἀρνητικῶς δέ, ὡς τό· Οὐ γὰρ ἐκ μέτρου δίδωσιν ὁ θεὸς τὸ πνεῦμα· οὔτε γὰρ δίδωσιν, οὔτε μεμετρημένον, οὐ γὰρ μετρεῖται παρὰ θεοῦ θεός· καὶ τό· Οὔτε ἡ ἁμαρτία μου, οὔτε ἡ ἀνομία μου· οὐ γὰρ ὡς οὔσης ὁ λόγος, ἀλλ' ὡς οὐκ οὔσης· καὶ πάλιν τό· Οὐ διὰ τὰς δικαιοσύνας ἡμῶν, ἃς ἐποιήσαμεν· οὐ γὰρ ἐποιήσαμεν. δῆλον δὲ τοῦτο κἂν τοῖς ἑξῆς· τί γάρ, φησι, τὸ θέλημα τοῦ πατρός; ἵνα πᾶς ὁ πιστεύων εἰς τὸν υἱὸν σώζηται, καὶ τυγχάνῃ τῆς τελευταίας ἀναστάσεως, εἴτουν ἀποκαταστάσεως. ἆρ' οὖν τοῦ πατρὸς μὲν τοῦτο θέλημα, τοῦ υἱοῦ δὲ οὐδαμῶς; ἢ ἄκων εὐαγγελίζεται καὶ πιστεύεται;

1 λεγονται b ‖ 3 παρα θεου θεω ab ‖ 9 om ειτουν αποκαταστασεως cfg

between the Father and the Son. We must therefore suppose that ἀπὸ κοινοῦ is an adverbial expression with a wider meaning. It is, however, difficult to seize the exact force of it. Elias appears to have thought that it meant 'in a way that common intelligence discerns.' It prob. means 'in a general way,' as distinguished from a pedantic adaptation to special situations. Cp. κατὰ κοινοῦ § 13.

1. καὶ οὐ θετικῶς] This is added to bear out the assertion οὐχ ὡς ὄντος, ἀλλ' ὡς οὐκ ὄντος. The point lies in this, that while the sentence, rigidly analysed, implies the existence of a fact, though it rejects an inference drawn from the fact, the speaker's intention is to deny the fact as well as the inference. Thus οὐ γὰρ ἐκ μέτρου κτλ. implies that the Spirit is 'given,' though not 'by measure'; but in reality it does not affirm the giving, any more than the measuring. Again, οὔτε ἡ ἁμαρτία μου κτλ. implies that the Psalmist was guilty of sin, though that guilt was not the cause of the opposition which he encountered; but the Psalmist has no intention of affirming his own sin. Again, οὐ διὰ τὰς δικ. ἡμ. implies that we *have* righteousnesses, though we claim nothing on the ground of them; but St Paul would never admit that we have any. Similarly, 'not Mine own will, but Thine' implies the existence of a will of the Son, apart from the Father's; but if we consider the expression ἀπὸ κοινοῦ, in a broad way, in view of the common use of language, we see that no assertion of the kind is intended.

ib. οὐ γὰρ ἐκ μέτρου] John iii 34. In the explanatory sentence θεός and θεῷ make equally good sense. Gr. prob. understood the text as the A.V. does, supplying 'unto Him.' But perh. the very fact that this was the common interpretation caused θεός to be changed into θεῷ.

4. οὔτε ἡ ἁμαρτία] Ps. lviii 4 (lix 3).

5. οὐ διὰ τὰς δικ. ἡμ.] A combination of Dan. ix 18 with Tit. iii 5.

7. δῆλον δὲ τοῦτο] Gr. returns to the discussion of John vi 38 foll.

9. εἴτουν ἀποκατ.] Gr. adds this gloss, because in one sense unbelievers also have an ἀνάστασις.

καὶ τίς ἂν τοῦτο πιστεύσειεν; ἐπεὶ καὶ τὸ τὸν λόγον τὸν
ἀκουόμενον μὴ εἶναι τοῦ υἱοῦ, τοῦ πατρὸς δέ, τὴν αὐτὴν
ἔχει δύναμιν. πῶς γὰρ ἴδιόν τινος τὸ κοινόν, ἢ μόνου,
τοῦτο συνιδεῖν οὐκ ἔχω, πολλὰ σκοπῶν· οἶμαι δέ, οὐδὲ
5 ἄλλος τις. ἂν οὕτω νοῇς περὶ τοῦ θέλειν, ὀρθῶς νοήσεις
καὶ λίαν εὐσεβῶς, ὡς ὁ ἐμὸς λόγος, καὶ παντὸς τοῦ
εὐγνώμονος.

13. Ὄγδοόν ἐστιν αὐτοῖς τό· "Ἵνα γινώσκωσι σὲ τὸν
μόνον ἀληθινὸν θεόν, καὶ ὃν ἀπέστειλας Ἰησοῦν Χριστόν·
10 καὶ τό· Οὐδεὶς ἀγαθός, εἰ μὴ εἷς ὁ θεός. τοῦτο δὲ καὶ
πάντῃ ῥᾴστην ἔχειν τὴν λύσιν μοι φαίνεται. εἰ γὰρ τὸ
μόνον ἀληθινὸν ἐπὶ τοῦ πατρὸς θήσεις, ποῦ θήσεις τὴν
αὐτοαλήθειαν; καὶ γὰρ εἰ Τῷ μόνῳ σοφῷ θεῷ, ἢ Τῷ μόνῳ
ἔχοντι ἀθανασίαν, φῶς οἰκοῦντι ἀπρόσιτον, ἢ Βασιλεῖ
15 τῶν αἰώνων ἀφθάρτῳ, ἀοράτῳ, μόνῳ σοφῷ θεῷ νοήσεις
οὕτως, οἰχήσεταί σοι θάνατον κατακριθεὶς ὁ υἱός, ἢ σκότος,
ἢ τὸ μὴ σοφὸς εἶναι, μηδὲ βασιλεύς, μηδὲ ἀόρατος, μηδὲ
ὅλως θεός, ὁ τῶν εἰρημένων κεφάλαιον. πῶς δὲ οὐκ

1 om το a || 5 νοης] διανοης cf: νοεις d || νοησεις] νοεις d 'Or. 1'
13. 15 αορατω]+και f || 18 πως δαι d

1. τὸν λόγον τὸν ἀκ.] John xiv 24. The ἐπεί carries us somewhat abruptly back to the main thesis of the section, οὐχ ὡς ὄντος κτλ.
6. καὶ παντὸς τοῦ εὐγν.] sc. ὁ λόγος. This is the usual interpretation of the fathers.
13. *No. 8.*—Thee the only true God and Jesus Christ, *and* There is none good but one, that is, God. *There are other instances where similar language does not exclude the Son. Here, it is used to exclude the false gods, and it is the common Godhead of the Father and of the Son which is addressed as the only true God. The other text is an answer to one who, thinking Him to be only a man, called Him 'good'; whereas the goodness was that of the Godhead. If this argument does not satisfy them, we can find them a text which, on their principles, would prove the Son alone to be God.*
8. ἵνα γινώσκωσι σέ] John xvii 3.
10. οὐδεὶς ἀγαθός] Mark x 18.
12. τὴν αὐτοαλήθειαν] viz. Christ, who says, "I am the Truth."
13. τῷ μόνῳ σοφῷ θεῷ] Rom. xvi 27.
ib. τῷ μόνῳ ἔχ. ἀθ.] 1 Tim. vi 16. Gr. turns the words into the ascriptive form.
14. βασιλεῖ τῶν αἰ.] 1 Tim. i 17.
15. νοήσεις] The foregoing quotations form the object, or accusative, to the verb: '*If you so understand* τῷ μόνῳ σ. θ.' Usually in such cases we have τὸ τῷ μόνῳ κτλ.
16. οἰχήσεταί σοι] '*you condemn the Son to death, to darkness* etc. *and He must go.*'
18. οὐκ ἀπολεῖ] '*How can He help losing?*'

ἀπολεῖ μετὰ τῶν ἄλλων καὶ τὴν ἀγαθότητα, ἣ μάλιστα μόνου θεοῦ; ἀλλ' οἶμαι τὸ μέν· Ἵνα γινώσκωσι σὲ τὸν μόνον ἀληθινὸν θεόν, ἐπ' ἀναιρέσει λέγεσθαι τῶν οὐκ ὄντων μὲν θεῶν, λεγομένων δέ. οὐ γὰρ ἂν προσέκειτο· Καὶ ὃν ἀπέστειλας Ἰησοῦν Χριστόν, εἰ πρὸς ἐκεῖνον ἀντιδιῄρητο τὸ μόνον ἀληθινόν, ἀλλὰ μὴ κατὰ κοινοῦ τῆς θεότητος ἦν ὁ λόγος. τὸ δέ, Οὐδεὶς ἀγαθός, ἀπάντησιν ἔχει πρὸς τὸν πειράζοντα νομικόν, ὡς ἀνθρώπῳ τὴν ἀγαθότητα μαρτυρήσαντα. τὸ γὰρ ἄκρως ἀγαθόν, φησι, μόνου θεοῦ, κἂν τοῦτο καὶ ἄνθρωπος ὀνομάζηται, ὡς τό· Ὁ ἀγαθὸς ἄνθρωπος ἐκ τοῦ ἀγαθοῦ θησαυροῦ προβάλλει τὸ ἀγαθόν· καί, Δώσω τὴν βασιλείαν τῷ ἀγαθῷ ὑπὲρ σέ, τοῦ θεοῦ πρὸς τὸν Σαοὺλ περὶ τοῦ Δαβὶδ λέγοντος· καὶ τό· Ἀγάθυνον, κύριε, τοῖς ἀγαθοῖς· καὶ ὅσα ἄλλα τοιαῦτα λέγεται περὶ τῶν ἐν ἡμῖν ἐπαινουμένων, ἐφ' οὓς ἡ ἀπόρροια τοῦ πρώτου καλοῦ καὶ κατὰ δεύτερον λόγον ἔφθασεν. εἰ μὲν οὖν πείθομεν τοῦτο, ἄριστον· εἰ δὲ μή, τί φήσεις πρὸς τοὺς λέγοντας ἑτέρωθι, τὸν υἱὸν μόνον εἰρῆσθαι θεὸν κατὰ τὰς σὰς ὑποθέσεις; ἐν τίσι τοῖς ῥήμασιν; ἐν ἐκείνοις· Οὗτός σου θεός, οὐ λογισθήσεται ἕτερος πρὸς αὐτόν· καὶ μετ' ὀλίγα· Μετὰ τοῦτο ἐπὶ τῆς γῆς ὤφθη, καὶ τοῖς ἀνθρώποις

5 εκεινον] τουτον b ‖ 6 om το g ‖ 12 θεου]+λογος df ‖ 17 πειθοιμεν a ‖ 19 ουτος ο θεος bcf² 'duo Reg.' ‖ 20 θεος]+και cdf

5. εἰ πρὸς ἐκ. ἀντιδιῄρητο] 'If the words "only true" were used to distinguish God from Him,' 'to exclude Him.' Cp. § 4.
6. κατὰ κοινοῦ] Something like ἀπὸ κοινοῦ in § 12, 'in general.' Of course τῆς θεότ. depends upon ἦν, not upon κατὰ κ. Gr. does not perceive what difficulties he is landed in, if he makes 'Jesus Christ' address the Godhead in general as His sender. Both Nestorianism and Sabellianism are near at hand.
7. ἀπάντησιν ἔχει πρός] 'is intended as an answer to.' Gr. has confused the Rich Young Ruler with the Lawyer who tempted Christ.
9. κἂν τοῦτο] sc. ἀγαθός.
10. ὁ ἀγ. ἄνθρωπος] Matt. xii 35.
11. δώσω τὴν β.] 1 Sam. xv 28.
13. ἀγάθυνον] Ps. cxxiv (cxxv) 4.
15. ἐφ' οὓς ἡ ἀπόρρ.] 'upon whom the outflow of the First Fair has come, even in a secondary sense.'
17. πείθομεν τοῦτο] 'persuade you of this.'
19. οὗτός σου θεός] Baruch iii 35 foll.

συνανεστράφη. ὅτι μὲν γὰρ οὐ περὶ τοῦ πατρὸς ἀλλὰ τοῦ υἱοῦ τὸ λεγόμενον, ἡ προσθήκη σαφῶς παρίστησιν. οὗτος γάρ ἐστιν ὁ σωματικῶς ὁμιλήσας ἡμῖν, καὶ μετὰ τῶν κάτω γενόμενος. εἰ δὲ νικήσειε κατὰ τοῦ πατρὸς λέγεσθαι τοῦτο, μὴ τῶν νομιζομένων θεῶν, ἡττήμεθα τὸν πατέρα, δι' ὧν τοῦ υἱοῦ κατεσπουδάσαμεν. τί ἂν τῆς νίκης ταύτης γένοιτο ἀθλιώτερον ἢ ζημιωδέστερον;

14. Ἔνατον ἐκεῖνο φήσουσι τό· Πάντοτε ζῶν εἰς τὸ ἐντυγχάνειν ὑπὲρ ἡμῶν. εὖ γε καὶ λίαν μυστικῶς τε καὶ φιλανθρώπως. τὸ γὰρ ἐντυγχάνειν οὐχ, ὡς ἡ τῶν πολλῶν συνήθεια, τὸ ζητεῖν ἐκδίκησιν ἔχει· τοῦτο γάρ πως καὶ ταπεινότητος· ἀλλὰ τὸ πρεσβεύειν ὑπὲρ ἡμῶν τῷ λόγῳ τῆς μεσιτείας· ὡς καὶ τὸ πνεῦμα ὑπὲρ ἡμῶν ἐντυγχάνειν λέγεται. Εἷς γὰρ θεός, εἷς καὶ μεσίτης θεοῦ καὶ ἀνθρώπων, ἄνθρωπος Ἰησοῦς Χριστός. πρεσβεύει γὰρ ἔτι καὶ νῦν, ὡς ἄνθρωπος, ὑπὲρ τῆς ἐμῆς σωτηρίας, ὅτι μετὰ τοῦ

1 αλλα] περι e² 'in nonnull.' ‖ 6 κατεσπουδασαμεν]+και bdef ‖ 7 γενοιτ' αν ac

4. νικήσειε] The subject of the verb is λέγεσθαι τοῦτο; 'if the contention *that this is said in opposition to the Father should prevail*'; or perhaps more strictly νικήσειε is impersonal, and λέγεσθαι in app. to its imaginary subject, '*if it should prevail that*,' etc.

5. ἡττήμεθα] The weapons that were forged against the Son, when the text from John xvii 3 was under discussion, beat the Father off the field (Gr. purposely uses an outrageous word), when we treat other texts on the same principle. The 1st pers. is used because *ex hypothesi* Gr. has been converted (νικήσειε) to the view which he opposes.

14. *No.* 9.—To make intercession for us. *It does not mean that He appeals on our behalf to a higher power than His own, but He acts as our Representative and Mediator. In His capacity of our Paraclete, He encourages us to perseverance.*

8. πάντοτε ζῶν] Heb. vii 25.

9. μυστικῶς] '*in a way that is full of significance for us.*'

10. τὸ γὰρ ἐντ.] '*for that intercession* (Gr. does not mean intercession in general) *does not contain* (cp. ἔχει ἀπάντησιν § 13) *any seeking of redress.*' It is not the *vindictive* element in ἐκδίκησιν ζητεῖν which Gr. puts away, but the thought of appealing to a supreme power against a foe too strong for the appellant. '*There would*,' he says, '*be something even of abasement in that.*'

12. πρεσβεύειν ὑπ. ἡμ.] '*to act as our Representative.*'

14. εἷς γὰρ θεός] 1 Tim. ii 5.

16. μετὰ τοῦ σώματος] Gr. seems to mean '*with the Church.*' Μετά would not be a very natural prep. to use of the other 'body.'

σώματός ἐστιν, οὗ προσέλαβεν, ἕως ἂν ἐμὲ ποιήσῃ θεὸν τῇ δυνάμει τῆς ἐνανθρωπήσεως, κἂν μηκέτι κατὰ σάρκα γινώσκηται, τὰ σαρκικὰ λέγω πάθη καί, χωρὶς τῆς ἁμαρτίας, ἡμέτερα. οὕτω δὲ καὶ παράκλητον ἔχομεν Ἰησοῦν οὐχ ὡς ὑπὲρ ἡμῶν προκαλινδούμενον τοῦ πατρός, καὶ προσπίπτοντα δουλικῶς. ἄπαγε τὴν δούλην ὄντως ὑπόνοιαν, καὶ ἀναξίαν τοῦ πνεύματος. οὔτε γὰρ τοῦ πατρὸς τοῦτο ἐπιζητεῖν, οὔτε τοῦ υἱοῦ πάσχειν, ἢ ὡς περὶ θεοῦ διανοεῖσθαι δίκαιον· ἀλλ' οἷς πέπονθεν, ὡς ἄνθρωπος, πείθει καρτερεῖν, ὡς λόγος καὶ παραινέτης. τοῦτο νοεῖταί μοι ἡ παράκλησις.

15. Δέκατον αὐτοῖς ἐστιν ἡ ἄγνοια, καὶ τὸ μηδένα γινώσκειν τὴν τελευταίαν ἡμέραν ἢ ὥραν, μηδὲ τὸν υἱὸν αὐτόν, εἰ μὴ τὸν πατέρα. καίτοι πῶς ἀγνοεῖ τι τῶν ὄντων ἡ σοφία, ὁ ποιητὴς τῶν αἰώνων, ὁ συντελεστὴς καὶ

14. 4 ιησουν]+χριστον ef ‖ 8 η] ει acef²g 'duo Reg. quattuor Colb.'
15. 12 εστι αυτοις c ‖ 15 σοφια]+η b

1. ἕως ἄν] Remembering what Gr. has said in § 4, we must not suppose him here to be fixing a *terminus ad quem*.
2. κατὰ σάρκα γιν.] 2 Cor. v 16. The explanatory clause, τὰ σαρκ. λέγω π., shews that Gr. is not here concerned with our knowledge, but only with Christ's condition: γινώσκηται, but for the text of 2 Cor., might as well be ᾖ.
3. χ. τῆς ἁμαρτίας] Heb. iv 15.
4. καὶ παράκλητον] 1 John ii 1. The καὶ does not indicate a new thought, only a new text.
5. προκαλινδούμενον] '*falling prostrate before.*'
7. τοῦ πνεύματος] whose inspired words these are.
8. ᾖ...δίκαιον] The ᾖ grammatically joins δίκαιον to the adjectival notion in τοῦ πατρός, τοῦ υἱοῦ.
9. ἀλλ' οἷς πέπονθεν] '*But on the strength of what He has suffered in His character of Man, He prevails upon us to endure in His character of the Word and the Encourager.*' Thus Gr. seems to recognise only the manward aspect of the work of the Advocate.

15. *No.* 10.—*The Son* knoweth not the *last* day or hour. *Obviously the Wisdom through whom the worlds, or ages, were made cannot be ignorant of the length of their duration; and our Saviour's prophecies concerning the last things shew that He knew. You cannot know how the day ends without knowing how the night begins. He knew therefore as God, and knew not as man. The title of* the Son, *standing by itself, lends itself to this supposition.*

12. μηδένα γινώσκειν] Mark xiii 32.

15. ὁ π. τῶν αἰώνων] Heb. i 2. In συντελεστής Gr. perh. refers to such passages as Eph. i 10, or iv 13; in μεταπ., to Rev. xxi 5

μεταποιητής, τὸ πέρας τῶν γενομένων· ὁ οὕτω τὰ τοῦ
θεοῦ γινώσκων, ὡς τὸ πνεῦμα τοῦ ἀνθρώπου τὰ ἐν αὐτῷ;
τί γὰρ ταύτης τῆς γνώσεως τελεώτερον; πῶς δὲ τὰ μὲν πρὸ
τῆς ὥρας ἀκριβῶς ἐπίσταται, καὶ τὰ οἷον ἐν χρῷ τοῦ
5 τέλους, αὐτὴν δὲ ἀγνοεῖ τὴν ὥραν; αἰνίγματι γὰρ τὸ
πρᾶγμα ὅμοιον, ὥσπερ ἂν εἴ τις τὰ μὲν πρὸ τοῦ τείχους
ἀκριβῶς ἐπίστασθαι λέγοι, αὐτὸ δὲ ἀγνοεῖν τὸ τεῖχος· ἢ τὸ
τῆς ἡμέρας τέλος εὖ ἐπιστάμενος, τὴν ἀρχὴν τῆς νυκτὸς
μὴ γινώσκειν· ἔνθα ἡ τοῦ ἑτέρου γνῶσις ἀναγκαίως συνεισ-
10 άγει τὸ ἕτερον. ἢ πᾶσιν εὔδηλον, ὅτι γινώσκει μέν, ὡς
θεός, ἀγνοεῖν δέ φησιν, ὡς ἄνθρωπος, ἄν τις τὸ φαινόμενον
χωρίσῃ τοῦ νοουμένου; τὸ γὰρ ἀπόλυτον εἶναι τὴν τοῦ

1 τα] μετα b ‖ 2 τα εν αυτω] το εν αυτω be 'Or. 1' ‖ 3 δε] δαι d ‖
4 χρω] χρονω abcdef¹g ‖ 5 αγνοει] αγνοειν b 'Coisl. 3' ‖ 11 αγνοειν]
αγνοει f ‖ 12 του υιου την προσηγ. bdf : om την g

(although the Speaker there is the Father) or Wisd. vii 27; in τὸ πέρας, to Rev. i 17 etc., or Col. i 16 (εἰς αὐτόν). The question only asks how such an one could be ignorant of *anything*; but the titles by which He is here spoken of have ref. to this *particular* thing.

2. ὡς τὸ πν. τοῦ ἀ.] 1 Cor. ii 11. St Paul is speaking of the Spirit, not of the Son.

4. ἀκριβῶς ἐπίσταται] as shewn, no doubt, by His prophecies.

ib. ἐν χρῷ] This seems to have been the reading of Elias; and it is found in the second hand of the Lincoln College MS. The expression is both idiomatic and forcible, to denote what happens right up to the very moment of the end; and, as Jahn points out, in his notes on Elias, the word οἷον would go more naturally with it than with the tamer ἐν χρόνῳ. The reading ἐν χρόνῳ may easily be attributed to an early copyist unfamiliar with the phrase ἐν χρῷ, who thought it an abbreviation for ἐν χρόνῳ.

9. συνεισάγει] '*implies*,' '*involves*'; cp. iii 16.

11. τὸ φαιν. χωρίσῃ τοῦ ν.] τὸ νοούμενον may so naturally be used in contrast with τὸ φαιν., as 'the unseen' to 'the seen,' that probably Gr. must be understood to mean by the first the Lord's human nature, and by τὸ νοούμ. the divine. So Elias takes it. But it might be possible to take τὸ φ.='*the look*' of the saying, and τὸ νοούμ.='*the meaning*.' A casual reader, looking only at τὸ φ., would think that an absolute ignorance was predicated; but attentive examination would shew that that is not τὸ νοούμενον.

12. τὸ γὰρ ἀπόλυτον κτλ.] The γὰρ justifies the assertion εὔδηλον. '*For the fact that the title of "the Son" stands absolutely and without conditions, nothing being added to say whose Son, suggests to us this interpretation; so that we put the more reverent construction upon the ignorance, and attribute it to the human nature, not to the divine.*' Ἄσχετον is used in a remarkable

υἱοῦ προσηγορίαν καὶ ἄσχετον, οὐ προσκειμένου τῷ υἱῷ τοῦ τίνος, ταύτην ἡμῖν δίδωσι τὴν ὑπόνοιαν, ὥστε τὴν ἄγνοιαν ὑπολαμβάνειν ἐπὶ τὸ εὐσεβέστερον, τῷ ἀνθρωπίνῳ, μὴ τῷ θείῳ, ταύτην λογιζομένους.

16. Εἰ μὲν οὖν οὗτος αὐτάρκης ὁ λόγος, ἐνταῦθα στησόμεθα, καὶ μηδὲν πλέον ἐπιζητείσθω· εἰ δὲ μή, τό γε δεύτερον, ὥσπερ τῶν ἄλλων ἕκαστον, οὕτω δὲ καὶ ἡ γνῶσις τῶν μεγίστων ἐπὶ τὴν αἰτίαν ἀναφερέσθω τιμῇ τοῦ γεννήτορος. δοκεῖ δέ μοί τις, μηδ' ἂν ἐκείνως ἀναγνούς, ὡς τῶν καθ' ἡμᾶς φιλολόγων τις, μικρὸν ἐννοῆσαι, ὅτι οὐδὲ ὁ υἱὸς ἄλλως οἶδε τὴν ἡμέραν ἢ τὴν ὥραν, ἢ ὡς ὅτι ὁ πατήρ. τὸ γὰρ συναγόμενον ὁποῖον; ἐπειδὴ ὁ πατὴρ γινώσκει, διὰ τοῦτο καὶ ὁ υἱός, ὡς δῆλον, ὅτι μηδενὶ

2 om του τινος 'Or. 1' **16.** ὁ στησωμεθα c² ‖ 7 δε] δη de²f ‖ 10 om οτι cdfg

way, as if from σχέσις, '*relation.*' In the light of later criticism, the fact which Gr. notices may be thought to tell in the opp. direction: the absolute title seems to denote the eternal relation, not the temporary condition. See Swete's note in his *St Mark* p. 297. Gr. takes the argument, as well as the illustrations of τεῖχος, νύξ, from Ath. *Or.* iii *c. Ar.* § 43, who says that if it had stood ὁ υἱὸς τοῦ θεοῦ, it would have implied that the Godhead did not know, but that ὁ υἱός allows us to suppose that the ignorance is that τοῦ ἐξ ἀνθρώπων γενομένου υἱοῦ.

16. *Or perhaps He only means to refer this knowledge, like everything else which the Son possesses, to its absolute source in the Father. All expressions about His obedience and the cost of it evidently apply only to the nature which He assumed. We pass to the consideration of His many titles.*

8. ἐπὶ τὴν αἰτίαν] '*referred back to the primary Cause,*' i.e. the Father. This has already been done in the case of the Son's power; it holds good of '*everything else*' which the Son possesses; they are not His, but the Father's, inasmuch as the Father alone is the source of them. So it may be, Gr. says, with our Lord's knowledge of great matters.

10. τῶν καθ' ἡμᾶς φ. τις] He means Basil, who tells Amphilochius (*Epist.* ccxxxvi) that this was the interpretation which he had heard ἐκ παιδὸς παρὰ τῶν πατέρων. The same is found in the *Disp. c. Arium* printed with the works of Athanasius (§ 27).

ib. μικρὸν ἐννοῆσαι] '*would see to some extent.*' The observation holds true, even if we do not accept Basil's account of the particular passage (μηδὲ ἐκείνως ἀναγνούς).

11. ἢ ὡς ὅτι ὁ π.] '*except in so far as He does so because the Father does.*'

12. τὸ συναγόμενον] Cp. § 12. The argument is not very clear; but the ὡς δῆλον appears to give the reason, not for the Son's knowing, but for the Son's knowing it from the Father. Nothing but the πρώτη φύσις can know, therefore the incarnate Son could not obtain the knowledge in any other way than from the Father.

γνωστὸν τοῦτο μηδὲ ληπτόν, πλὴν τῆς πρώτης φύσεως.
ἐλείπετο περὶ τοῦ ἐντετάλθαι, καὶ τετηρηκέναι τὰς ἐντο-
λάς, καὶ τὰ ἀρεστὰ αὐτῷ πάντοτε πεποιηκέναι, διαλαβεῖν
ἡμᾶς· ἔτι δὲ τελειώσεως, καὶ ὑψώσεως, καὶ τοῦ μαθεῖν ἐξ
5 ὧν ἔπαθε τὴν ὑπακοήν, ἀρχιερωσύνης τε καὶ προσφορᾶς,
καὶ παραδόσεως, καὶ δεήσεως τῆς πρὸς τὸν δυνάμενον
σώζειν αὐτὸν ἐκ θανάτου, καὶ ἀγωνίας, καὶ θρόμβων, καὶ
προσευχῆς, καὶ εἴ τι ἄλλο τοιοῦτον· εἰ μὴ πᾶσι πρόδηλον
ἦν, ὅτι περὶ τὸ πάσχον τὰ τοιαῦτα τῶν ὀνομάτων, οὐ
10 τὴν ἄτρεπτον φύσιν καὶ τοῦ πάσχειν ὑψηλοτέραν. ὁ μὲν
οὖν περὶ τῶν ἀντιθέτων λόγος τοσοῦτον, ὅσον ῥίζα τις
εἶναι καὶ ὑπόμνημα τοῖς ἐξεταστικωτέροις τῆς τελεωτέρας
ἐξεργασίας. ἄξιον δὲ ἴσως, καὶ τοῖς προειρημένοις ἀκό-
λουθον, μηδὲ τὰς προσηγορίας τοῦ υἱοῦ παρελθεῖν ἀθεω-
15 ρήτους, πολλάς τε οὔσας, καὶ κατὰ πολλῶν κειμένας τῶν
περὶ αὐτὸν νοουμένων, ἀλλ' ἑκάστην αὐτῶν ὅ τί ποτε
βούλεται παραστῆσαι, καὶ δεῖξαι τὸ τῶν ὀνομάτων μυ-
στήριον.

17. Ἀρκτέον δὲ ἡμῖν ἐντεῦθεν. τὸ θεῖον ἀκατονό-
20 μαστον· καὶ τοῦτο δηλοῦσιν, οὐχ οἱ λογισμοὶ μόνον, ἀλλὰ
καὶ Ἑβραίων οἱ σοφώτατοι καὶ παλαιότατοι, ὅσον εἰκάζειν

5 υπακοην]+και cdg ‖ 9 ου]+περι dfg ‖ 11 τοσουτον] τοσουτος d ‖ 16 περι αυτον] περι αυτων a

2. ἐλείπετο] supply ἄν.
ib. ἐντετάλθαι] e.g. John xii 49; τετηρ. τὰς ἐντ. xv 10; τὰ ἀρεστά viii 29.
3. διαλαβεῖν] 'to consider,' 'discuss.' Cp. v 5.
4. τελειώσεως] e.g. Heb. ii 10; ὑψώσεως Acts ii 33; μαθεῖν Heb. v 8; ἀρχιερωσ. Heb. ii 17; προσφορᾶς Heb. viii 3; παραδόσ. Gal. ii 20; δεήσεως Heb. v 7; ἀγωνίας κτλ. Luke xxii 44.
9. τὸ πάσχον] the part, or nature, that is subject to suffering.
11. τοσοῦτον] used with a backward glance; not to be taken too closely with ὅσον.

11. ὅσον ῥίζα τις] 'Brief as it is, it will serve as a basis and a rough draft for a more complete treatment.'
15. κατὰ πολλῶν κ.] 'and applying to many different aspects of His person.'
17. We must premise that God cannot be named. The reticence of the Hebrews testifies to this. No name that we can give can express all that God is.
19. ἀκατονόμαστον] 'can have no name.'
21. ὅσον εἰκ. ἔδοσαν] We are not directly informed what was the original purpose of the custom to which

ἔδοσαν. οἱ γὰρ χαρακτῆρσιν ἰδίοις τὸ θεῖον τιμήσαντες, καὶ οὐδὲ γράμμασιν ἀνασχόμενοι τοῖς αὐτοῖς ἄλλο τι γράφεσθαι τῶν μετὰ θεὸν καὶ θεόν, ὡς δέον ἀκοινώνητον εἶναι καὶ μέχρι τούτου τὸ θεῖον τοῖς ἡμετέροις, πότε ἂν δέξαιντο λυομένῃ φωνῇ δηλοῦσθαι τὴν ἄλυτον φύσιν καὶ ἰδιάζουσαν; οὔτε γὰρ ἀέρα τις ἔπνευσεν ὅλον πώποτε, οὔτε οὐσίαν θεοῦ παντελῶς ἢ νοῦς κεχώρηκεν, ἢ φωνὴ περιέλαβεν. ἀλλ' ἐκ τῶν περὶ αὐτὸν σκιαγραφοῦντες τὰ κατ' αὐτόν, ἀμυδράν τινα καὶ ἀσθενῆ καὶ ἄλλην ἀπ' ἄλλου φαντασίαν συλλέγομεν. καὶ οὗτος ἄριστος ἡμῖν θεολόγος, οὐχ ὃς εὗρε τὸ πᾶν, οὐδὲ γὰρ δέχεται τὸ πᾶν ὁ δεσμός, ἀλλ' ὃς ἂν ἄλλου φαντασθῇ πλέον, καὶ πλεῖον ἐν ἑαυτῷ συναγάγῃ τὸ τῆς ἀληθείας ἴνδαλμα, ἢ ἀποσκίασμα, ἢ ὅ τι καὶ ὀνομάσομεν.

18. Ὅσον δ' οὖν ἐκ τῶν ἡμῖν ἐφικτῶν, ὁ μὲν ὤν, καὶ

17. 1 εδοσαν] εδωκαν f ‖ 6 πωποτε ολον f ‖ 7 παντελως θεου eg ‖ 9 αλλου] αλλης b ‖ 12 εαν] αν def ‖ 14 ονομασωμεν ag 'tres Reg.'

Gr. is about to refer; we can only conjecture.

1. χαρακτῆρσιν ἰδίοις] '*with special and peculiar characters.*' Gr.'s account of the matter is somewhat confused. While it is well known that the Jews never pronounced the name, there seems to be no ground for saying that it was written in a peculiar script.

3. ἀκοινώνητον] '*not right that God should be put on a level with us.*'

5. λυομένῃ] Cp. ii 13. The sound is uttered and melts away and perishes; it is therefore unsuitable for expressing the indissoluble, imperishable nature of God.

6. ἰδιάζουσαν] This epithet is added in a not strictly logical position. The fact that God's nature is *unique* is no reason why it should not be expressed in fleeting sounds. The word is added in ref. to the custom mentioned, of using a special character.

8. περὶ αὐτόν] contrasted with κατ' αὐτόν. For Gr.'s use of περί with acc. see iii 10, 12. Certain facts in connexion with God are known to us, and from these we dimly and tentatively draw for ourselves pictures of what He actually is.

9. ἄλλην ἀπ' ἄλλου] We put our mental image together, deriving part of it from one quarter, part from another.

11. ὁ δεσμός] Elias is, no doubt, right in understanding the bond which binds the soul to the body. Cp. iii 8.

12. φαντασθῇ πλέον] Cp. ii 17.

13. ἴνδαλμα] Cp. ii 20.

18. *Two names come nearest to expressing His nature, I AM, and GOD. Of these, however, God, and Lord also, is after all a relative term. I AM is a less inadequate name, because it is positive and absolute.*

15. ἐκ τῶν ἡμ. ἐφικτῶν] sc. ὀνομάτων.

ὁ θεός, μᾶλλόν πως τῆς οὐσίας ὀνόματα· καὶ τούτων μᾶλλον ὁ ὤν· οὐ μόνον ὅτι τῷ Μωυσεῖ χρηματίζων ἐπὶ τοῦ ὄρους, καὶ τὴν κλῆσιν ἀπαιτούμενος, ἥ τίς ποτε εἴη, τοῦτο προσεῖπεν ἑαυτόν, Ὁ ὢν ἀπέσταλκέ με, τῷ λαῷ
5 κελεύσας εἰπεῖν· ἀλλ' ὅτι καὶ κυριωτέραν ταύτην εὑρίσκομεν. ἡ μὲν γὰρ τοῦ θεοῦ, κἂν ἀπὸ τοῦ θέειν, ἢ αἴθειν, ἠτυμολόγηται τοῖς περὶ ταῦτα κομψοῖς, διὰ τὸ ἀεικίνητον καὶ δαπανητικὸν τῶν μοχθηρῶν ἕξεων,—καὶ γὰρ πῦρ καταναλίσκον ἐντεῦθεν λέγεται,—ἀλλ' οὖν τῶν πρός τι λεγομένων
10 ἐστί, καὶ οὐκ ἄφετος· ὥσπερ καὶ ἡ Κύριος φωνή, ὄνομα εἶναι θεοῦ καὶ αὐτὴ λεγομένη· Ἐγὼ γάρ, φησι, κύριος ὁ θεός σου· τοῦτό μού ἐστιν ὄνομα. καί, Κύριος ὄνομα αὐτῷ. ἡμεῖς δὲ φύσιν ἐπιζητοῦμεν, ᾗ τὸ εἶναι καθ' ἑαυτό, καὶ οὐκ ἄλλῳ συνδεδεμένον· τὸ δὲ ὂν ἴδιον ὄντως θεοῦ,

18. 3 η] ει 'unus Reg.' ‖ 11 αυτη] αὕτη ac ‖ 12 μου] μοι b 'Reg. Cypr.' ‖ 13 η] ἢ f ‖ 14 αλλω] αλλο af ‖ ον] ων b

1. τῆς οὐσίας] as contrasted with τῆς ἐξουσίας etc. § 19.
2. χρηματίζων] 'dealing with'; or perh. 'delivering His oracles to.' Cp. Or. xxxviii 7.
4. ὁ ὢν ἀπέστ. με] Ex. iii 14.
5. κυριωτέραν] The word is used in the sense of 'proper,' 'literally correct,' as distinguished from τροπικός. Cp. κυρίως in iii 14.
6. ἀπὸ τοῦ θ. ἢ αἴθ.] The first is Plato's etymology (Crat. 397 C). It is not known whence Gr. took the second. The tract de Definitionibus, printed among the works of Athanasius from which it is quoted by Suicer, is of later date.
8. δαπανητικόν] Cp. § 6.
ib. πῦρ καταναλ.] Heb. xii 29; Deut. iv 24.
9. ἀλλ' οὖν τῶν πρός τι λ. ἐ.] 'is nevertheless a relative word, not an absolute one.' Cp. iii 12.
11. ἐγὼ γάρ...ὄνομα] A combination of Ex. xx 2 and Is. xlii 8.
12. κύριος ὄν. αὐτῷ] Ex. xv 3.
13. φύσιν ἐπιζ. κτλ.] 'are in quest of a nature (i.e. of a name which will properly denote a nature); and a nature is a thing apart, not dependent upon connexion with something else.' Gr. does not in these words mean to describe a property which distinguishes the divine nature from others. It is a common property of all natures. 'Man,' for ex., is not the name of a relationship, but of a substantive thing; while 'husband,' 'slave,' 'Cappadocian,' which express a relationship, are not the names of a nature.
14. ἴδιον ὄντως θεοῦ] sc. ἐστίν. What we are in quest of, we find in the name ὁ ὤν; for τὸ ὄν is the special property of God, and belongs to Him in its entirety, not partially, as it does to other beings, who only have a share in existence. It is a little surprising that Gr. does not say τὸ δὲ εἶναι, instead of τὸ δὲ ὄν. Perhaps it is because he has used τὸ εἶναι immediately before in a somewhat different sense (viz. of *what* a thing is, rather than *that* it is); and

καὶ ὅλον, μήτε τῷ πρὸ αὐτοῦ, μήτε τῷ μετ' αὐτόν, οὐ γὰρ ἦν, ἢ ἔσται, περατούμενον ἢ περικοπτόμενον.

19. Τῶν δ' ἄλλων προσηγοριῶν αἱ μὲν τῆς ἐξουσίας εἰσὶ προφανῶς, αἱ δὲ τῆς οἰκονομίας, καὶ ταύτης διττῆς· τῆς μὲν ὑπὲρ τὸ σῶμα, τῆς δὲ ἐν σώματι· οἷον ὁ μὲν παντοκράτωρ, καὶ ὁ βασιλεύς, ἢ τῆς δόξης, ἢ τῶν αἰώνων, ἢ τῶν δυνάμεων τοῦ ἀγαπητοῦ, ἢ τῶν βασιλευόντων· καὶ ὁ κύριος, ἢ σαβαώθ, ὅπερ ἐστὶ στρατιῶν, ἢ τῶν δυνάμεων, ἢ τῶν κυριευόντων. ταῦτα μὲν σαφῶς τῆς ἐξουσίας· ὁ δὲ θεός, ἢ τοῦ σώζειν, ἢ ἐκδικήσεων, ἢ εἰρήνης, ἢ δικαιοσύνης, ἢ Ἀβραὰμ καὶ Ἰσαὰκ καὶ Ἰακώβ, καὶ

1 τω προ] το πρό f 19. 7 των δυναμεων]+η ag || 8 η σαβαωθ] om η df

whereas τὸ εἶναι represents existence as a purely conceptual thing, τὸ ὂν represents it as actually existing, and so is better suited to denote the fulness of the divine nature.

1. οὐ γὰρ ἦν, ἢ ἔσται] *for there never was or will be such a thing.*

2. περικοπτόμενον] The meaning of the verb is illustrated by the subst. περικοπή, a passage in a book with its beginning and ending marked.

19. *Other titles signify His* power, *like Almighty, King, Lord; others belong to His revelation of Himself in history, such as God of vengeance, of salvation, of righteousness. All these are common to the Three Persons, each of whom has His special appellation. Those of the Son are as follows.*

4. οἰκονομίας] Cp. iii 18. They are 'dispensational' names, whether proper to the 'dispensation' of the Incarnation, or independent of it.

5. οἷον ὁ μὲν π.] Titles of ἐξουσία: '*the Almighty, and King,—whether of Glory, or of*' etc. Παντοκράτωρ, as is evident from the context, is correctly used as = '*Master of all.*'

6. τῆς δόξης] Ps. xxiii (xxiv) 7.
ib. τῶν αἰώνων] 1 Tim. i 17 (cp. Tobit xiii 6, 10).

7. τῶν δυν. τοῦ ἀγαπ.] Ps. lxvii 13 (lxviii 12) ὁ βασιλεὺς τῶν δυνάμεων τοῦ ἀγαπητοῦ, τοῦ ἀγαπητοῦ. The reading ἢ τοῦ ἀγαπητοῦ in the MSS. of Gr. may be a trace of a longer reading τῶν δυνάμεων τοῦ ἀγαπητοῦ, ἢ τοῦ ἀγαπητοῦ, which would treat the second τοῦ ἀγ. in the Ps. as parallel to τῶν δυν., not to the first τοῦ ἀγ.

ib. τῶν βασιλ.] 1 Tim. vi 15.

8. ὁ κύριος, ἢ σαβαώθ] '*and the Lord, of Sabaoth,* i.e. *of Hosts, or of*' etc. Σαβαώθ is used about fifty times in Isaiah (LXX.), four times in 1 Kings (1 Sam.), and once in Zech.; cp. Rom. ix 29, James v 4.

ib. ἢ τῶν δυν.] Ps. xxiii (xxiv) 10. The art. shews that Gr. is not offering δυν. as an alternative translation of σαβαώθ, but as a fresh title, depending directly upon κύριος. Needless to say that κ. τ. δυν. (and παντοκράτωρ) represent the same Heb. as κ. σαβαώθ.

9. τῶν κυρ.] 1 Tim. vi 15.

10. ὁ δὲ θεός, ἢ τοῦ σ.] Ps. lxvii 21 (lxviii 20). These are titles of 'dispensation.'

ib. ἐκδικήσεων] Ps. xciii (xciv) 1.
ib. εἰρήνης] Rom. xv 33 etc.

11. δικαιοσύνης] Mal. ii 17, cp. Ps. iv 1.

ib. ἢ Ἀβραὰμ κτλ.] Ex. iii 6.

παντὸς Ἰσραὴλ τοῦ πνευματικοῦ καὶ ὁρῶντος θεόν· ταῦτα δὲ τῆς οἰκονομίας. ἐπειδὴ γὰρ τρισὶ τούτοις διοικούμεθα, δέει τε τιμωρίας, καὶ σωτηρίας ἐλπίδι, πρὸς δὲ καὶ δόξης, καὶ ἀσκήσει τῶν ἀρετῶν, ἐξ ὧν ταῦτα· τὸ μὲν τῶν ἐκδική-
5 σεων ὄνομα οἰκονομεῖ τὸν φόβον· τὸ δὲ τῶν σωτηρίων τὴν ἐλπίδα· τὸ δὲ τῶν ἀρετῶν τὴν ἄσκησιν· ἵν' ὡς τὸν θεὸν ἐν ἑαυτῷ φέρων ὁ τούτων τι κατορθῶν μᾶλλον ἐπείγηται πρὸς τὸ τέλειον, καὶ τὴν ἐξ ἀρετῶν οἰκείωσιν. ταῦτα μὲν οὖν ἔτι κοινὰ θεότητος τὰ ὀνόματα. ἴδιον δὲ τοῦ μὲν
10 ἀνάρχου, πατήρ· τοῦ δὲ ἀνάρχως γεννηθέντος, υἱός· τοῦ δὲ ἀγεννήτως προελθόντος, ἢ προιόντος, τὸ πνεῦμα τὸ ἅγιον. ἀλλ' ἐπὶ τὰς τοῦ υἱοῦ κλήσεις ἔλθωμεν, ὅπερ ὡρμήθη λέγειν ὁ λόγος.

20. Δοκεῖ γάρ μοι λέγεσθαι υἱὸς μέν, ὅτι ταὐτόν ἐστι

1 θεον]+και b ‖ 2 επειδη] επει b ‖ 9 om ουν b

1. παντὸς Ἰσραήλ] Ps. lxvii 9, 36 (lxviii 8, 35). The epithets are Gr.'s own addition, intended to interpret the phrase. Ὁρῶντος θεόν seems to be introduced in ref. to the circumstances in which Jacob's name was changed (Gen. xxxii 30).

2. τρισὶ τούτοις] The three things are (1) fear of punishment, (2) hope of salvation and of glory, (3) practice of virtues. It might seem a more logical classification to make the third the 'hope of glory,' the 'practice of virtues' being added to shew how the motives which Gr. has mentioned act. But this is forbidden by the τὸ δὲ τῶν ἀρετῶν below. Διοικούμεθα therefore is used in a somewhat different sense with ἀσκήσει from what it is with δέει and ἐλπίδι. We are governed by two great prevailing motives, and on one great moral principle.

4. ἀσκ. τῶν ἀρ. ἐξ ὧν τ.] 'the practice of the virtues which result in these.' Ταῦτα sc. σωτηρία and δόξα.

5. τῶν σωτηρίων] Ps. xxvii (xxviii) 8, lxvii 20 (lxviii 19), lxxxiv 5 (lxxxv 4). It is prob. the plur. of σωτήριον, and not to be written σωτηριῶν.

6. τῶν ἀρετῶν] sc. δικαιοσύνης, εἰρήνης.

ib. ἵν' ὡς τὸν θεόν κτλ.] A comparison of what is said of Enos in ii 18 would suggest that τούτων τι means the φόβος and the ἐλπίς. A man who carries within him the presence of the God of vengeance and of salvation, and thus attains to some measure of fear and hope, is spurred on to seek moral perfection and the kinship with God which comes of it. This gives more point to the sentence than if ἄσκησις itself is included in τούτων τι.

8. οἰκείωσιν] Cp. ii 17 τῷ οἰκείῳ.

9. ἔτι] 'so far.'

13. ὡρμήθη λέγειν] 'meant at the outset to say.' Cp. ii 11.

20. He is the Son, Only begotten, Word, Wisdom, Power, Truth, Image, Light, Life, Righteousness, Sanctification, Redemption, Resurrection.

τῷ πατρὶ κατ' οὐσίαν· καὶ οὐκ ἐκεῖνο μόνον, ἀλλὰ κἀκεῖθεν. μονογενὴς δέ, οὐχ ὅτι μόνος ἐκ μόνου καὶ μόνον, ἀλλ' ὅτι καὶ μονοτρόπως, οὐχ ὡς τὰ σώματα. λόγος δέ, ὅτι οὕτως ἔχει πρὸς τὸν πατέρα, ὡς πρὸς νοῦν λόγος· οὐ μόνον διὰ τὸ ἀπαθὲς τῆς γεννήσεως, ἀλλὰ καὶ τὸ συναφές, καὶ τὸ ἐξαγγελτικόν. τάχα δ' ἂν εἴποι τις, ὅτι καὶ ὡς ὅρος πρὸς τὸ ὁριζόμενον, ἐπειδὴ καὶ τοῦτο λέγεται λόγος. ὁ γὰρ νενοηκώς, φησι, τὸν υἱόν, τοῦτο γάρ ἐστι τὸ ἑωρακώς, νενόηκε τὸν πατέρα· καὶ σύντομος ἀπόδειξις καὶ ῥᾳδία τῆς τοῦ πατρὸς φύσεως ὁ υἱός. γέννημα γὰρ ἅπαν τοῦ γεγεννηκότος σιωπῶν λόγος. εἰ δὲ καὶ διὰ τὸ ἐνυπάρχειν τοῖς οὖσι λέγοι τις, οὐχ ἁμαρτήσεται τοῦ λόγου. τί γάρ ἐστιν, ὃ μὴ λόγῳ συνέστηκεν; σοφία δέ, ὡς ἐπιστήμη θείων τε καὶ ἀνθρωπίνων πραγμάτων. πῶς γὰρ οἷόν τε τὸν πεποιηκότα τοὺς λόγους ἀγνοεῖν ὧν πεποίηκεν; δύναμις δέ, ὡς συντηρητικὸς τῶν γενομένων, καὶ τὴν τοῦ συνέχεσθαι ταῦτα χορηγῶν δύναμιν. ἀλήθεια δέ, ὡς ἕν, οὐ πολλὰ τῇ φύσει· τὸ μὲν γὰρ ἀληθὲς ἕν, τὸ δὲ ψεῦδος πολυσχιδές· καὶ ὡς καθαρὰ τοῦ πατρὸς σφραγίς, καὶ χαρακτὴρ ἀψευδέστατος. εἰκὼν δέ, ὡς ὁμοούσιον, καὶ

20. 2 μονον] μονος e² ∥ 13 συνεστηκεν] συνεστη και c

1. ἐκεῖνο] sc. ὅπερ ὁ πατήρ. Κἀκεῖθεν, sc. ἐκ τοῦ πατρός.
ib. μόνον] 'nothing but a Son.' Cp. iii 5.
3. μονοτρόπως] 'by a single process,' as distinguished from corporeal births, to which various processes contribute through a long space of time. Cp. iii 4.
4. πρὸς νοῦν λόγος] 'His relation to the Father is that of word to mind.'
ib. διὰ τὸ ἀπαθές] i.e. to indicate that when He is called Son, there is nothing of 'passion' in His generation. The title of 'Word' does more than this; it indicates the abiding connexion between the Word and God,—for mind and word are inseparable,—and also the fact that He gives expression to the mind of God.
6. ὅρος] 'definition, for λόγος is used in this sense also.' Cp. Or. xxxviii 13 ὁ τοῦ πατρὸς ὅρος καὶ λόγος.
7. ὁ γὰρ νεν....ἑωρακώς] John xiv 9.
13. λόγῳ συνέστηκεν] Here λόγος takes a fresh shade of meaning, that of 'law' or principle; as in τοὺς λόγους ἀγνοεῖν immediately below.
15. δύναμις] 1 Cor. i 24, where it occurs in conjunction with σοφία.
17. ἀλήθεια] John xiv 6.
19. σφραγίς] Cp. iii 17.
20. χαρακτήρ] Heb. i 3.
ib. εἰκών] 2 Cor. iv 4, Col. i 15.

ὅτι τοῦτο ἐκεῖθεν, ἀλλ' οὐκ ἐκ τούτου πατήρ. αὕτη γὰρ εἰκόνος φύσις, μίμημα εἶναι τοῦ ἀρχετύπου, καὶ οὗ λέγεται· πλὴν ὅτι καὶ πλεῖον ἐνταῦθα. ἐκεῖ μὲν γὰρ ἀκίνητος κινουμένου· ἐνταῦθα δὲ ζῶντος καὶ ζῶσα, καὶ πλεῖον
5 ἔχουσα τὸ ἀπαράλλακτον, ἢ τοῦ Ἀδὰμ ὁ Σήθ, καὶ τοῦ γεννῶντος παντὸς τὸ γεννώμενον. τοιαύτη γὰρ ἡ τῶν ἁπλῶν φύσις, μὴ τῷ μὲν ἐοικέναι, τῷ δὲ ἀπεοικέναι, ἀλλ' ὅλον ὅλου τύπον εἶναι, καὶ ταὐτὸν μᾶλλον, ἢ ἀφομοίωμα. φῶς δέ, ὡς λαμπρότης ψυχῶν καὶ λόγῳ καὶ βίῳ καθαιρο-
10 μένων. εἰ γὰρ σκότος ἡ ἄγνοια καὶ ἡ ἁμαρτία, φῶς ἂν εἴη ἡ γνῶσις, καὶ βίος ὁ ἔνθεος. ζωὴ δέ, ὅτι φῶς, καὶ πάσης λογικῆς φύσεως σύστασις καὶ οὐσίωσις. ἐν αὐτῷ γὰρ ζῶμεν, καὶ κινούμεθα, καὶ ἐσμέν, κατὰ τὴν διπλῆν τοῦ ἐμφυσήματος δύναμιν, καὶ πνοὴν ἐκεῖθεν ἐμφυσώμενοι
15 πάντες, καὶ πνεῦμα ἅγιον ὅσοι χωρητικοί, καὶ τοσοῦτον,

3 ακινητος κινουμενου ενταυθα] ακινητως νοουμενου εκει b ∥ 7 τω μεν...τω δε] το μεν...το δε c ∥ 11 βιος] ο βιος f 'plures Reg. et Colb.' ∥ οτι]+και e ∥ 14 om εκειθεν aceg

1. τοῦτο] instead of οὗτος.
2. καὶ οὗ λέγεται] 'and of the thing whose image it is called'; or perh. by 'Attic attraction,' 'and of the thing which it is called.'
3. ἐκεῖ] in the case of the material image; ἐνταῦθα, in the case of the Son. Κινουμένου suggests that Gr. understood εἰκών to apply only to pictures or effigies of persons.
5. τὸ ἀπαράλλακτον] Παραλλαγή would express the slight variations that occur in all cases of human copying, or in the course of generations. There is 'less' of such variation in the Son's representation of His Father, than there was when Adam begat Seth κατὰ τὴν ἰδέαν αὐτοῦ καὶ κατὰ τὴν εἰκόνα αὐτοῦ (Gen. v 3). By 'less' Gr. of course means that there is none.
6. τῶν ἁπλῶν] such as God's.
7. τῷ μέν...τῷ δέ] not here the dative of comparison, but 'in this particular, and in that.'
8. ταὐτὸν μ. ἢ ἀφομ.] 'identical rather than like.'
9. φῶς] John i 9 etc.
ib. λόγῳ] Gr. seems to mean rather the reasoning mind, which takes account of truth, than speech; 'cleansed in mind and life.' This is shewn by the parallels ἄγνοια, γνῶσις, which follow.
11. ζωή] John xi 25 etc. He is Life, just because, as has been shewn, He is Light.
12. οὐσίωσις] 'the giving of being.' He is that by virtue of which all reasonable creatures have permanence and substantive existence.
ib. ἐν αὐτῷ γάρ] Acts xvii 28. The words are not said of the Son.
14. καὶ πνοήν...καὶ πν. ἅγ.] Gen. ii 7, John xx 22. Ἐκεῖθεν in the same way as at the beginning of the §. All of us have received from Him the 'breath of life'; as many

καθ' ὅσον ἂν τὸ στόμα τῆς διανοίας ἀνοίξωμεν. δικαιοσύνη δέ, ὅτι τοῦ πρὸς ἀξίαν διαιρέτης, καὶ διαιτῶν δικαίως τοῖς ὑπὸ νόμον καὶ τοῖς ὑπὸ χάριν, ψυχῇ καὶ σώματι, ὥστε τὸ μὲν ἄρχειν, τὸ δὲ ἄρχεσθαι, καὶ τὴν ἡγεμονίαν ἔχειν· τὸ κρεῖττον κατὰ τοῦ χείρονος, ὡς μὴ τὸ χεῖρον ἐπανίστασθαι τῷ βελτίονι. ἁγιασμὸς δέ, ὡς καθαρότης, ἵνα χωρῆται τὸ καθαρὸν καθαρότητι. ἀπολύτρωσις δέ, ὡς ἐλευθερῶν ἡμᾶς ὑπὸ τῆς ἁμαρτίας κατεχομένους, καὶ λύτρον ἑαυτὸν ἀντιδιδοὺς ἡμῶν τῆς οἰκουμένης καθάρσιον. ἀνάστασις δέ, ὡς ἐντεῦθεν ἡμᾶς ἀπανιστάς, καὶ πρὸς τὴν ζωὴν ἐπανάγων νενεκρωμένους ὑπὸ τῆς ἁμαρτίας.

21. Ταῦτα μὲν οὖν ἔτι κοινὰ τοῦ τε ὑπὲρ ἡμᾶς καὶ

4 το μεν...το δε] τω μεν...τω δε f ‖ 10 απανιστας ημας ace ‖ απανιστας] απανιστων bf 'tres Reg.' ‖ 11 αμαρτιας] γευσεως b

as are capable of it have received the Holy Spirit, in measure proportioned to our receptivity.

1. τὸ στόμα] Ps. cxviii (cxix) 131. Cp. ii 6.
ib. δικαιοσύνη] 1 Cor. i 30. Gr. does not see in the passage any ref. to justification. Christ is 'righteousness' inasmuch as He awards in all cases what is meet and right. As examples of such award, He mentions the judging justly between those under the law and those under grace, and between soul and body. Διαιτᾶν with the dat. is '*to arbitrate for* or *between*.' By arbitrating between those under law and grace respectively, Gr. prob. meant that in the final settlement of rewards and punishments account will be taken of the opportunities which each man has enjoyed in life.

3. ψυχῇ κ. σώματι] Cp. i 7.
6. ἁγιασμός] 1 Cor. i 30. As being Himself all purity, He cannot but sanctify those to whom He comes, in order that that which is pure, i.e. the revelation of God, may be received by purity, i.e. by souls which are characterized by it.

7. ἀπολύτρωσις] 1 Cor. i 30.
9. λύτρον] Mark x 45; cp. 1 Tim. ii 6.
ib. τῆς οἰκ. καθ.] '*sufficient to cleanse the world.*'
10. ἀνάστασις] John xi 25. Ἐντεῦθεν = 'from this world.' Gr. does not seem to intend ἐντ. ἡμ. ἀπανιστάς to refer to the bodily resurrection, but to the spiritual and moral resurrection of which the next clause speaks.

21. *The foregoing belong to Him both as God and as Man; the following belong to Him as incarnate:—Man, Son of Man, Christ, Way, Door, Shepherd, Sheep, Lamb, High Priest, Melchizedek. He must be thought of as God and Man,—as God unchanged in assuming the manhood.*

12. ἔτι] as in § 19; '*thus far.*'
ib. τοῦ τε ὑπὲρ ἡμ.] It would be quite in keeping with Gr.'s usage to make the τοῦ masc., '*Him who is above us and Him who came to be what He is for our sakes*'; cp. § 7. But perhaps we may give Gr. the benefit of the doubt and take the word as neut., as it is below.

τοῦ δι' ἡμᾶς. ἃ δὲ ἰδίως ἡμέτερα καὶ τῆς ἐντεῦθεν προσ-
λήψεως· ἄνθρωπος μέν, οὐχ ἵνα χωρηθῇ μόνον διὰ
σώματος σώμασιν, ἄλλως οὐκ ἂν χωρηθεὶς διὰ τὸ τῆς
φύσεως ἄληπτον· ἀλλ' ἵνα καὶ ἁγιάσῃ δι' ἑαυτοῦ τὸν
5 ἄνθρωπον, ὥσπερ ζύμη γενόμενος τῷ παντὶ φυράματι, καὶ
πρὸς ἑαυτὸν ἑνώσας τὸ κατακριθὲν ὅλον λύσῃ τοῦ κατα-
κρίματος, πάντα ὑπὲρ πάντων γενόμενος, ὅσα ἡμεῖς, πλὴν
τῆς ἁμαρτίας, σῶμα, ψυχή, νοῦς, δι' ὅσων ὁ θάνατος· τὸ
κοινὸν ἐκ τούτων, ἄνθρωπος, θεὸς ὁρώμενος, διὰ τὸ νοού-
10 μενον. υἱὸς δὲ ἀνθρώπου, καὶ διὰ τὸν Ἀδάμ, καὶ διὰ τὴν
παρθένον, ἐξ ὧν ἐγένετο· τοῦ μέν, ὡς προπάτορος, τῆς δέ,
ὡς μητρός, νόμῳ καὶ οὐ νόμῳ γεννήσεως. Χριστὸς δέ, διὰ
τὴν θεότητα· χρίσις γὰρ αὕτη τῆς ἀνθρωπότητος, οὐκ
ἐνεργείᾳ κατὰ τοὺς ἄλλους χριστοὺς ἁγιάζουσα, παρουσίᾳ
15 δὲ ὅλου τοῦ χρίοντος· ἧς ἔργον ἄνθρωπον ἀκοῦσαι τὸ
χρῖον, καὶ ποιῆσαι θεὸν τὸ χριόμενον. ὁδὸς δέ, ὡς δι'
ἑαυτοῦ φέρων ἡμᾶς. θύρα δέ, ὡς εἰσαγωγεύς. ποιμὴν

21. 1 δι ημας] καθ ημας 'Reg. Cypr.' ‖ 6 τω κατακριθεν a ‖ 8 οσων]
οσον ef ‖ ο θανατος] om o e ‖ 9 το νοουμενον] τον νοουμενον ac

1. ἃ δέ] The antec. is ἄνθρω-
πος, υἱὸς ἀνθρ., etc.
2. ἄνθρωπος] John viii 40 etc.
He is Man, '*not only that by means
of the body He might come within the
compass of bodily creatures, which
would otherwise have been impossible
because His nature could not be ap-
prehended.*'
5. ζύμη] 1 Cor. v 6.
8. δι' ὅσων ὁ θάνατος] '*all that
death comes through*'; cp. i 7.
9. θεὸς ὁρ. διὰ τὸ ν.] '*God in
visible form, by reason of that in
Him which was invisible.*'
12. νόμῳ, καὶ οὐ νόμῳ, γ.] '*by,
and yet not by, the law of birth* (or
generation)'; as born by natural
descent from Adam, and by natural
birth from His Mother, though His
conception was miraculous.

13. χρίσις γὰρ αὕτη] repeated
from § 2.
ib. οὐκ ἐνεργείᾳ] In the case of
other 'anointed' ones the Godhead
sanctifies them by exerting energy
upon them; but in the case of
Christ's humanity the sanctification
was due to the indwelling of the
entire power which sanctifies. The
effect of this is that that anointing
power in Him bears the name of
God, while that which it anoints is
raised to Godhead. In this state-
ment we have the converse of that
inexactness which has been referred
to above. It is not really τὸ χρῖον,
strictly speaking, which is called
man, but ὁ χρίων.
16. ὁδός] John xiv 6.
17. θύρα] John x 9.
ib. ποιμήν] John x 11.

δέ, ὡς εἰς τόπον χλόης κατασκηνῶν, καὶ ἐκτρέφων ἐπὶ
ὕδατος ἀναπαύσεως, καὶ ἐντεῦθεν ὁδηγῶν, καὶ προπολεμῶν
κατὰ τῶν θηρίων· τὸ πλανώμενον ἐπιστρέφων, τὸ ἀπολω-
λὸς ἐπανάγων, τὸ συντετριμμένον καταδεσμῶν, τὸ ἰσχυρὸν
φυλάσσων, καὶ πρὸς τὴν ἐκεῖθεν μάνδραν συνάγων λόγοις 5
ποιμαντικῆς ἐπιστήμης. πρόβατον δέ, ὡς σφάγιον·
ἀμνὸς δέ, ὡς τέλειον. ἀρχιερεὺς δέ, ὡς προσαγωγεύς.
Μελχισεδὲκ δέ, ὡς ἀμήτωρ τὸ ὑπὲρ ἡμᾶς, καὶ ἀπάτωρ τὸ
καθ᾿ ἡμᾶς· καὶ ὡς ἀγενεαλόγητος τὸ ἄνω· Τὴν γὰρ γενεὰν
αὐτοῦ, φησί, τίς διηγήσεται; καὶ ὡς βασιλεὺς Σαλήμ, 10
εἰρήνη δὲ τοῦτο, καὶ ὡς βασιλεὺς δικαιοσύνης, καὶ ὡς
ἀποδεκατῶν πατριάρχας κατὰ τῶν πονηρῶν δυνάμεων
ἀριστεύοντας. ἔχεις τὰς τοῦ υἱοῦ προσηγορίας. βάδιζε
δι᾿ αὐτῶν, ὅσαι τε ὑψηλαί, θεικῶς, καὶ ὅσαι σωματικαί,
συμπαθῶς· μᾶλλον δὲ ὅλον θεικῶς, ἵνα γένῃ θεὸς κάτωθεν 15
ἀνελθών, διὰ τὸν κατελθόντα δι᾿ ἡμᾶς ἄνωθεν. ἐπὶ πᾶσι,
καὶ πρὸ πάντων, ἐκεῖνο τήρει, καὶ οὐκ ἂν σφαλείης ἐν τοῖς

7 αμνος] αμνον f || 8 μελχ. δε] om δε e

1. εἰς τ. χλόης...ὁδηγῶν] Ps. xxii (xxiii) 2, 3. Ἐντεῦθεν, from earth to heaven; or perh. it is used in contrast to ἐκεῖθεν below, and means 'here.'
3. τὸ πλανώμενον ... φυλάσσων] Ez. xxxiv 16.
6. πρόβατον...ἀμνός] Is. liii 7. The word τέλειον (not τέλειος) is evidently used in its Homeric sense, '*a thing without blemish.*' Possibly the neut. is used to make the word agree with σφάγιον.
8. Μελχισεδέκ] Heb. vii 1 foll.
9. ἀγεν. τὸ ἄνω] in His divine nature.
10. τίς διήγ.] Is. liii 8.
12. κατὰ τῶν π. δ. ἀρ.] in reference to Abram's triumph over the four kings.
14. θεικῶς] as is befitting to God.
17. ἐκεῖνο] viz. the text Ἰησοῦς X. κτλ.; Heb. xiii 8. Gr. ends with something of a 'riddle,' in order to fix his teaching in the memory. The words from Ἰησοῦς to σωματικῶς form the subject; ὁ αὐτὸς πν. is the predicate. The interpr. which Gr. has just put upon the title Χριστός must be borne in mind. He seems to take χθ. κ. σημ. closely together, in the sense of '*recently*,' 'during these last few days,'—not, of course, like πρώην τε καὶ χθές, *excluding* the present, but including it. With σωματικῶς cp. Col. ii 9; the adverbs have no verbs to qualify, unless ὤν or ὑπάρχων be supplied. For πνευματικῶς=νοουμένως see Westcott on Heb. ix 14. The sentence is therefore: 'Jesus, anointed with the whole indwelling Godhead, who now for a few days has been in bodily form, is, considered according to the inward

ὑψηλοτέροις ἢ ταπεινοτέροις ὀνόμασιν· Ἰησοῦς Χριστός, χθὲς καὶ σήμερον σωματικῶς, ὁ αὐτὸς πνευματικῶς, καὶ εἰς τοὺς αἰῶνας. Ἀμήν.

3 αιωνας] +των αιωνων df

principle of His being, the same unchanged personality that He was before His incarnation, and will be so for ever.'

ΘΕΟΛΟΓΙΚΟΣ ΠΕΜΠΤΟΣ.

ΠΕΡΙ ΤΟΥ ΑΓΙΟΥ ΠΝΕΥΜΑΤΟΣ.

1. Ὁ μὲν δὴ περὶ τοῦ υἱοῦ λόγος τοιοῦτος· καὶ οὕτω διαπέφευγε τοὺς λιθάζοντας, διελθὼν διὰ μέσου αὐτῶν. ὁ λόγος γὰρ οὐ λιθάζεται, λιθοβολεῖ δέ, ὅταν ἐθέλῃ, καὶ σφενδονᾷ θηρία, λόγους κακῶς τῷ ὄρει προσβαίνοντας. τί δ᾽ ἂν εἴποις, φασί, περὶ τοῦ ἁγίου πνεύματος; πόθεν ἡμῖν ἐπεισάγεις ξένον θεὸν καὶ ἄγραφον; τοῦτο ἤδη καὶ οἱ περὶ τὸν υἱὸν μετριάζοντες. ὅπερ γὰρ ἐπὶ τῶν ὁδῶν εὑρεῖν ἐστὶ καὶ τῶν ποταμῶν, σχίζονταί τε ἀπ᾽ ἀλλήλων, καὶ εἰς ἄλληλα συνάγονται· τοῦτο κἀνταῦθα συμβαίνει διὰ τὸν πλοῦτον τῆς ἀσεβείας, καὶ τοὺς τὰ ἄλλα διεστῶτας ἐν ἄλλοις συμφέρεσθαι, ὥστε μηδὲ γινώσκειν καθαρῶς δύνασθαι τὸ συμφέρον ἢ τὸ μαχόμενον.

Desunt omnia in a usque ad c. 6 medium
1. 1 τοιουτος] τοσουτος be 'Or. 1' ‖ 2 om διελθων δια μεσου αυτων d ‖ 6 επεισαξεις d

1. *So the Son has escaped your stoning; but even among those who shrink from extremes in their opposition to the Son, there are some who think there is no scriptural authority for calling the Holy Spirit God. They part company with the extreme men, and then rejoin them, like roads or rivers that divide and then meet again.*
2. διελθὼν διὰ μ.] St John viii 59. This ref. should be added to those given by Tischendorf *in loco*.
3. λιθοβολεῖ] cp. ii 2.
6. ἄγραφον] i.e. not so called in Scripture.

7. περὶ τ. υἱ. μετριάζοντες] Ath. *ad Serap.* i 1 makes the same complaint: ἐξελθόντων μὲν τινῶν ἀπὸ τῶν Ἀρειανῶν διὰ τὴν κατὰ τοῦ υἱοῦ τοῦ θεοῦ βλασφημίαν, φρονούντων δὲ κατὰ τοῦ ἁγίου πνεύματος. See Swete in *Dict. Chr. Biogr.*, s.v. 'Holy Ghost,' p. 121, 122.
ib. ἐπὶ τῶν ὁδῶν εὑρ. ἐ.] Roads and rivers sometimes divide, and then the divergent portions meet again lower down. So here, people differ on most points but agree on others, so that you never can be sure where they agree and where they are at issue.

2. Ἔχει μὲν οὖν τι καὶ δυσχερὲς ὁ περὶ τοῦ πνεύματος λόγος, οὐ μόνον ὅτι ἐν τοῖς περὶ τοῦ υἱοῦ λόγοις ἀποκαμόντες οἱ ἄνθρωποι θερμότερον τῷ πνεύματι προσπαλαίουσι· χρὴ γάρ τι πάντως αὐτοὺς ἀσεβεῖν, ἢ οὐδὲ βιωτός ἐστιν αὐτοῖς ὁ βίος· ἀλλ' ὅτι καὶ ἡμεῖς τῷ πλήθει τῶν ζητημάτων ἀποκναισθέντες ταὐτὸ πάσχομεν τοῖς κακοσίτοις, οἳ ἐπειδὰν πρός τι τῶν βρωμάτων ἀηδισθῶσι, πρὸς πάντα λόγον ὁμοίως, ὥσπερ ἐκεῖνοι πρὸς τροφήν, δυσχεραίνομεν. ὅμως διδότω τὸ πνεῦμα, καὶ ὁ λόγος δραμεῖται, καὶ ὁ θεὸς δοξασθήσεται. τὸ μὲν οὖν ἐπιμελῶς ἐξετάζειν καὶ διαιρεῖσθαι, ποσαχῶς ἢ τὸ πνεῦμα ἢ τὸ ἅγιον παρὰ τῇ θείᾳ γραφῇ νοεῖται καὶ λέγεται, μετὰ τῶν προσφόρων τῇ θεωρίᾳ μαρτυριῶν, καὶ ὅ τι παρὰ ταῦτα

2. 2 του υιου] om του cd ‖ 3 om οι e ‖ 5 αυτοις εστιν ce ‖ 7 βρωματων] ζητηματων b

2. *The enquiry about the Holy Ghost is difficult. Controversialists defeated over the Son attack the Holy Ghost the more eagerly. Good Christians, sick of argument, wish the enquiry left alone. But we must try. I shall not discuss the meaning of 'holy' and of 'Spirit,' or of the two words together. That has been done by others.*

3. οἱ ἄνθρωποι] The clause χρὴ γάρ τι κτλ., as well as the opposed ἀλλ' ὅτι καὶ ἡμεῖς, shows that Gr. does not mean 'men,' including good Christians who dislike controversy, but 'the men,' i.e. his opponents. Their very failure, and the exhaustion of their arguments about the Son (ἀποκαμόντες), make them the more keen in their attack upon the Spirit.

6. ἀποκναισθέντες] Cp. i 2.

7. κακοσίτοις] '*squeamish about their diet.*'

ib. οἳ ἐπειδὰν κτλ.] The MSS. appear to give no sign of any other reading, but the grammar is in hopeless confusion. The simplest remedy would be to strike out οἳ before ἐπειδάν, and to insert it before πρὸς πάντα. Otherwise we must suppose that some words have fallen out after ἀηδισθῶσι, such as πάντα ἀποστρέφονται, followed by ἡμεῖς οὖν to begin a new sentence. The required sense is plain, though it cannot be got out of the present text: that as people of delicate stomach, who have had something offered them which they dislike, turn against food in general, so we, disgusted with the Eunomian arguments about the Son, are disinclined to listen to arguments of any kind about the Spirit, or indeed on any religious subject.

9. ὁ λόγος δραμεῖται] 2 Thess. iii 1. As, however, ὁ λόγος is here 'the argument,' and not directly 'the word of God,' Gr. shrinks from making *it* the subject of δοξασθήσεται, as in St Paul.

11. ποσαχῶς] in how many different senses the words πνεῦμα and ἅγιος are used in Scripture.

13. μαρτυριῶν] '*the texts that bear upon the investigation.*'

ἰδιοτρόπως τὸ ἐξ ἀμφοῖν συνημμένον, λέγω δὲ τὸ πνεῦμα τὸ ἅγιον, ἑτέροις παρήσομεν, οἳ καὶ ἑαυτοῖς καὶ ἡμῖν ταῦτα πεφιλοσοφήκασιν, ἐπεὶ καὶ ἡμεῖς ταῦτα ἐκείνοις. αὐτοὶ δὲ πρὸς τὰ ἐξῆς τοῦ λόγου τρεψόμεθα.

3. Οἱ μὲν οὖν, ὡς ξένον τινὰ θεὸν καὶ παρέγγραπτον εἰσαγόντων ἡμῶν τὸ πνεῦμα τὸ ἅγιον, δυσχεραίνοντες, καὶ σφόδρα προπολεμοῦντες τοῦ γράμματος, ἴστωσαν ἐκεῖ φοβούμενοι φόβον, οὗ μὴ ἔστι φόβος, καὶ σαφῶς γινωσκέτωσαν ὅτι ἔνδυμα τῆς ἀσεβείας ἐστὶν αὐτοῖς ἡ φιλία τοῦ γράμματος, ὡς δειχθήσεται μικρὸν ὕστερον, ἐπειδὰν τὰς ἐνστάσεις αὐτῶν εἰς δύναμιν διελέγξωμεν. ἡμεῖς δὲ τοσοῦτον θαρροῦμεν τῇ θεότητι τοῦ πνεύματος, ὃ πρεσβεύομεν, ὥστε καὶ τῆς θεολογίας ἐντεῦθεν ἀρξόμεθα, τὰς αὐτὰς τῇ τριάδι φωνὰς ἐφαρμόζοντες, κἄν τισι δοκῇ

2 ταυτα...ταυτα] ταὐτά...ταὐτά ceg ‖ 4 τρεψώμεθα eg   **3.**   5 θεον τινα b ‖ 12 o] ω 'Reg. a, Or. 1'

3. ἐπεὶ καὶ ἡμεῖς] The use of ἐπεί, where perh. we might have expected ὡς, seems to be in favour of the reading ταὐτά, which would thus be taken to mean, 'since we agree with them.' But the MSS. are not of very great value in matters of this kind (and it must be remembered that the principal MS. fails us at this point); and it would be difficult to supply a verb that would suit ταὐτά, which the obvious φιλοσοφοῦμεν would not do. Ἐπεί will therefore indicate that the proposed division of labour is a fair one: the ἕτεροι (by whom Gr. prob. means, not Basil, but students who were still living to profit by his labours), have worked at that particular study for our advantage as well as their own, and we will leave it to them, *since* we are labouring at this other for theirs as well as ours.

3. *Zeal for the letter of Scripture is sometimes a cloak for sinful unbelief. My confidence in the God-head of the Holy Ghost is absolute. He is the Light that lighteneth every man, equally with the Father and the Son. I will fearlessly proclaim Him.*

5. παρέγγραπτον] wrongly entered on the list; cp. iii 18.

7. προπολεμοῦντες τ. γρ.] Gr. will not say τῆς γραφῆς; cp. iv 1 οἱ τοῦ γράμματος ἱερόσυλοι.

ib. ἐκεῖ φοβούμενοι φ.] Ps. lii 6 (liii 5).

11. εἰς δύναμιν] '*to the best of our power*.'

12. θαρροῦμεν τῇ θ.] '*have such confidence in*,' not merely in the sense of believing that the thing is so, but in that of resting upon it for support.

ib. πρεσβεύομεν] '*revere*'; cp. i 5.

13. τῆς θεολογίας] '*of our account of the Godhead*.' For numerous exx. of the use of the word, see Suicer s.v.

ib. ἐντεῦθεν] explained by the clause τὰς αὐτὰς...ἐφαρμόζοντες.

τολμηρότερον. ἦν τὸ φῶς τὸ ἀληθινόν, ὃ φωτίζει πάντα ἄνθρωπον ἐρχόμενον εἰς τὸν κόσμον, ὁ πατήρ. ἦν τὸ φῶς τὸ ἀληθινόν, ὃ φωτίζει πάντα ἄνθρωπον ἐρχόμενον εἰς τὸν κόσμον, ὁ υἱός. ἦν τὸ φῶς τὸ ἀληθινόν, ὃ φωτίζει πάντα 5 ἄνθρωπον ἐρχόμενον εἰς τὸν κόσμον, ὁ ἄλλος παράκλητος. ἦν, καὶ ἦν, καὶ ἦν· ἀλλ' ἓν ἦν. φῶς, καὶ φῶς, καὶ φῶς· ἀλλ' ἓν φῶς, εἷς θεός. τοῦτό ἐστιν ὃ καὶ Δαβὶδ ἐφαντάσθη πρότερον, λέγων· Ἐν τῷ φωτί σου ὀψόμεθα φῶς. καὶ νῦν ἡμεῖς καὶ τεθεάμεθα καὶ κηρύσσομεν, ἐκ φωτὸς τοῦ 10 πατρὸς φῶς καταλαμβάνοντες τὸν υἱὸν ἐν φωτὶ τῷ πνεύματι, σύντομον καὶ ἀπέριττον τῆς τριάδος θεολογίαν. ὁ ἀθετῶν ἀθετείτω, ὁ ἀνομῶν ἀνομείτω· ἡμεῖς ὃ νενοήκαμεν, καὶ κηρύσσομεν. ἐπ' ὄρος ὑψηλὸν ἀναβησόμεθα καὶ βοήσομεν, εἰ μὴ κάτωθεν ἀκουοίμεθα. ὑψώσομεν τὸ πνεῦμα, 15 οὐ φοβηθησόμεθα. εἰ δὲ καὶ φοβηθησόμεθα, ἡσυχάζοντες, οὐ κηρύσσοντες.

4. Εἰ ἦν ὅτε οὐκ ἦν ὁ πατήρ, ἦν ὅτε οὐκ ἦν ὁ υἱός.

7 προτερον εφαντασθη dg ‖ 11 θεολογιαν] ομολογιαν b ‖ 13 και κηρυσσομεν] om και f ‖ 15 ησυχαζοντες] ησυχασομεν f

1. ἦν τὸ φῶς] John i 9. There is no need to suppose that Gr. intends to make ἦν into a mere copula; 'the true light was the Father.' Ὁ πατὴρ would more naturally be in apposition to τὸ φῶς.

8. ἐν τῷ φωτί σου] Ps. xxxv 10 (xxxvi 9). Both parts of the verse are frequently quoted by the Fathers as containing the doctrine of the Trinity. For the first half cp. Ambr. de Sp. S. i 15.

9. τεθεάμεθα κτλ.] The passage is influenced by 1 John i 3, 5.

ib. ἐκ φωτὸς τοῦ πατρός] This is implied in the word 'Thy light'; the Holy Ghost is the Father's light, which implies that the Source from which He proceeds is light also.

12. ὁ ἀθετῶν κτλ.] Is. xxi 2; with possibly a reminiscence of Ez. iii 27.

13. ἐπ' ὄρος ὑψηλὸν κτλ.] Is. xl. 9 ἐπ' ὄρος ὑψ. ἀνάβηθι...ὑψώσατε, μὴ φοβεῖσθε· εἰπόν...Ἰδοὺ ὁ θεὸς ἡμῶν.

14. εἰ μὴ κάτωθεν ἀκ.] Gr. prob. thinks of his favourite reference to Moses on Sinai, and of the unprepared people who were forbidden to go up with him.

15. εἰ δὲ καὶ φοβ.] *and if we should be afraid at all, it will be for holding our peace, not for proclaiming Him.*

4. *There never was a time when He was not. No one person of the Trinity can be imagined to exist or to have ever existed without the others; for an imperfect Godhead is unthinkable; especially a Godhead without holiness. If He ever began to exist, He is on a level with us. How then could He raise us, as He does, to Godhead?*

εἰ ἦν ὅτε οὐκ ἦν ὁ υἱός, ἦν ὅτε οὐδὲ τὸ πνεῦμα τὸ ἅγιον. εἰ τὸ ἓν ἦν ἀπ' ἀρχῆς, καὶ τὰ τρία. εἰ τὸ ἓν κάτω βάλλεις, τολμῶ, καὶ λέγω, μηδὲ τὰ δύο θῇς ἄνω. τίς γὰρ ἀτελοῦς θεότητος ὄνησις; μᾶλλον δὲ τίς θεότης, εἰ μὴ τελεία; τελεία δὲ πῶς, ᾗ λείπει τι πρὸς τελείωσιν; λείπει δέ πως, μὴ ἐχούσῃ τὸ ἅγιον· ἔχοι δ' ἂν πῶς, μὴ τοῦτο ἔχουσα; ἢ γὰρ ἄλλη τις παρὰ τοῦτο ἡ ἁγιότης· καὶ ἥ τις αὕτη νοεῖται, λεγέτω τις· ἢ εἴπερ ἡ αὐτή, πῶς οὐκ ἀπ' ἀρχῆς; ὥσπερ ἄμεινον ὂν τῷ θεῷ εἶναί ποτε ἀτελεῖ, καὶ δίχα πνεύματος. εἰ μὴ ἀπ' ἀρχῆς ἦν, μετ' ἐμοῦ τέτακται, καὶ εἰ μικρὸν πρὸ ἐμοῦ. χρόνῳ γὰρ ἀπὸ θεοῦ τεμνόμεθα. εἰ τέτακται μετ' ἐμοῦ, πῶς ἐμὲ ποιεῖ θεόν, ἢ πῶς συνάπτει θεότητι;

5. Μᾶλλον δὲ φιλοσοφήσω σοι περὶ αὐτοῦ μικρὸν ἄνωθεν. περὶ τριάδος γὰρ καὶ πρότερον διειλήφαμεν. τὸ πνεῦμα τὸ ἅγιον Σαδδουκαῖοι μὲν οὐδὲ εἶναι τὸ παράπαν

4. 1 om το αγιον cef²g ‖ 2 τρια] +ην f ‖ 4 θεοτης ει μη τελεια] θεοτητος ημιτελεια b: θεοτητος ει μη τελεια d: θεοτης ἤ (ει suprascr.) μη τελεια c ‖ 6 δ' αν] δε c ‖ 7 η γαρ] ει γαρ dfg ‖ η αγιοτης] om η e ‖ 8 η αυτη] αυτη ceg ‖ 10 διχα]+του dfg ‖ 11 απο]+του 'duo Colb.'

3. μηδὲ τὰ δύο θῇς ἄνω] 'I venture to tell you not to set the other two up either,' because it is useless and illogical to attempt it.

4. εἰ μὴ τελεία] I retain this reading in the text, as it has most authority and makes good sense; but I have little doubt that the true reading, which would account for the variants, is ἡ μὴ τελεία.

6. μὴ τοῦτο ἔχουσα] By τοῦτο Gr. means the Holy Ghost.

7. ἢ γὰρ ἄλλη τις] Besides the superior MS. authority for ἤ, it accords better with the καί before ἥ τις, which would be unintelligible with εἰ. It is quite in Gr.'s style to interpose the question with καί before passing on to the second horn of the dilemma. 'Either the holiness of the Godhead is independent of the Holy Spirit,—and in that case I should like to be informed what it is supposed to be; or if' etc.

10. μετ' ἐμοῦ] in company with creatures like us.

5. The Sadducees denied His existence. Some of the best Greek thinkers had glimpses of Him, but there was no agreement among them on the point. Christians likewise are divided. While some believe Him to be God, some think Him a Divine operation, or even a creature; some make nice distinctions between His nature and those of the Father and Son.

14. μικρὸν ἄνωθεν] 'a little farther back'; the same comparative use which we observed in πόρρωθεν ii 2.

15. διειλήφαμεν] 'have discussed'; cp. iv 16.

ἐνόμισαν· οὐδὲ γὰρ ἀγγέλους, οὐδὲ ἀνάστασιν· οὐκ οἶδ᾽
ὅθεν τὰς τοσαύτας περὶ αὐτοῦ μαρτυρίας ἐν τῇ παλαιᾷ
διαπτύσαντες. Ἑλλήνων δὲ οἱ θεολογικώτεροι, καὶ μᾶλλον
ἡμῖν προσεγγίσαντες, ἐφαντάσθησαν μέν, ὡς ἐμοὶ δοκεῖ·
5 περὶ δὲ τὴν κλῆσιν διηνέχθησαν, νοῦν τοῦ παντός, καὶ τὸν
θύραθεν νοῦν, καὶ τὰ τοιαῦτα προσαγορεύσαντες. τῶν δὲ
καθ᾽ ἡμᾶς σοφῶν οἱ μὲν ἐνέργειαν τοῦτο ὑπέλαβον, οἱ δὲ
κτίσμα, οἱ δὲ θεόν, οἱ δὲ οὐκ ἔγνωσαν ὁπότερον τούτων,
αἰδοῖ τῆς γραφῆς, ὥς φασιν, ὡς οὐδέτερον σαφῶς δηλω-
10 σάσης. καὶ διὰ τοῦτο οὔτε σέβουσιν, οὔτε ἀτιμάζουσι,
μέσως πως περὶ αὐτοῦ διακείμενοι, μᾶλλον δὲ καὶ λίαν
ἀθλίως. καὶ τῶν θεὸν ὑπειληφότων οἱ μὲν ἄχρι διανοίας
εἰσὶν εὐσεβεῖς, οἱ δὲ τολμῶσιν εὐσεβεῖν καὶ τοῖς χείλεσιν.
ἄλλων δὲ ἤκουσα μετρούντων θεότητα σοφωτέρων, οἳ τρία
15 μὲν εἶναι καθ᾽ ἡμᾶς ὁμολογοῦσι τὰ νοούμενα, τοσοῦτον δὲ
ἀλλήλων διέστησαν, ὡς τὸ μὲν καὶ οὐσίᾳ καὶ δυνάμει

5. 9 ουδετερον] ουδεν ετερον f ‖ 11 περι αυτου] περι αυτο c² ‖ 14 σοφωτερων] σοφωτερον 'in nonnull.'

1. οὐδὲ γὰρ ἀγγ.] Acts xxiii 8. Gr.'s remark is not exactly logical (γάρ); the denial of angels would not involve the denial of the Holy Spirit. It looks as if he had carelessly taken πνεῦμα in that passage to = ἅγιον πν.

3. διαπτύσαντες] Cp. i 2. By τὰς τοσαύτας Gr. prob. means, as De Billy interprets, *tot ac tanta*.

ib. Ἑλλήνων δὲ οἱ θ.] no doubt esp. Plato and Aristotle. If the actual expression νοῦς τοῦ παντός does not occur in Plato, the thought is frequently there, and prob. the expression itself in some of the NeoPlatonists. The phrase τὸν θύραθεν νοῦν comes from Arist. *de Gen. An.* ii 3.

5. διηνέχθησαν] 'they differed,' i.e. from one another.

6. τῶν δὲ καθ᾽ ἡμ. σ.] '*of our own clever people*,' as opp. to Ἑλλήνων. There is an ironical tone in σοφῶν,
because, although orthodox divines are included in the phrase, Gr. is thinking most of the heretical doctors.

11. μέσως πως...διακ.] '*hold a kind of neutral position with regard to Him.*'

12. ἄχρι διανοίας] Like the μέχρι which has occurred several times in these Orations, ἄχρι means '*in thought and no farther.*' They have not the courage to express it.

14. ἄλλων δὲ ἤκουσα] '*I have heard others, still cleverer, meting out Godhead.*' It is not known whom he means.

15. τὰ νοούμενα] '*that our notion is that of three existences.*' The neut. is used throughout to avoid undue handling of personal language.

16. διέστησαν] 1st aor., '*they put them at such a distance from each other, as to make the first*' etc.

ποιεῖν ἀόριστον· τὸ δὲ δυνάμει μέν, οὐκ οὐσίᾳ δέ· τὸ δὲ ἀμφοτέροις περιγραπτόν· ἄλλον τρόπον μιμούμενοι τοὺς δημιουργόν, καὶ συνεργόν, καὶ λειτουργὸν ὀνομάζοντας, καὶ τὴν ἐν τοῖς ὀνόμασι τάξιν καὶ χάριν τῶν πραγμάτων ἀκολουθίαν εἶναι νομίζοντας. 5

6. Ἡμῖν δὲ πρὸς μὲν τοὺς οὐδὲ εἶναι ὑπειληφότας οὐδεὶς λόγος, ἢ τοὺς ληροῦντας ἐν Ἕλλησιν. μηδὲ γὰρ ἁμαρτωλῶν ἐλαίῳ πιανθείημεν εἰς τὸν λόγον. πρὸς δὲ τοὺς ἄλλους οὕτω διαλεξόμεθα. τὸ πνεῦμα τὸ ἅγιον ἢ τῶν καθ᾽ ἑαυτὸ ὑφεστηκότων πάντως ὑποθετέον, ἢ τῶν ἐν 10 ἑτέρῳ θεωρουμένων· ὧν τὸ μὲν οὐσίαν καλοῦσιν οἱ περὶ ταῦτα δεινοί, τὸ δὲ συμβεβηκός. εἰ μὲν οὖν συμβέβηκεν, ἐνέργεια τοῦτο ἂν εἴη θεοῦ. τί γὰρ ἕτερον, ἢ τίνος; τοῦτο

5 νομίζοντας] -τες b 6. 7 ουδεις] ουδεις o b : ουδε εις ce 'duo Reg.' ‖ 9 διαλεξωμεθα b

2. ἄλλον τρόπον μιμ.] 'imitating, though in a somewhat different form, those,' etc. He seems to mean Arius.

4. τάξιν καὶ χάριν] The word χάρις appears to be used in the sense which Lidd. and Scott put as IV 2, viz. 'homage due,' 'majesty'; and τάξις accordingly will be, not exactly the *order* in which the names stand in the Bible, but the *rank* which is inherent in each. 'Who think that the rank and dignity of the respective names denotes a gradation of the *realities* which they represent.' The πράγματα, of course, are the three Blessed Persons themselves.

6. *Against Sadducee and Greek I shall not indulge myself to argue, but only against the others. The Holy Ghost is either a contingent or a substantive existence. If contingent, He must be a Divine operation or influence; but this does not agree with the personal language of Scripture. If He is a substantive existence, He is either God or a creature; there is no betwixt and between. If* He is a creature, how can we 'believe in' Him? He must be God.

8. ἁμαρτ. ἐλαίῳ] Ps. cxl (cxli) 5. It may be asked, why it would be an anointing of himself with the oil of sinners for his oration to enter into controversy with such persons, while he feels himself at liberty to argue with the Macedonians. The answer is, that the ἁμαρτωλοί are not opponents (as the Donatists might have said) too bad even to be argued with. He means that, although it might add a richness and profusion to his discourse, there would be a kind of sinful self-indulgence in demolishing opinions with which he was not practically confronted.

9. τῶν καθ᾽ ἑαυτὸ ὑφ.] '*either an independent subsistence, or a thing observed in something else.*'

12. συμβεβηκός] something contingent, '*a contingency*'; a thing which happens to be so, but might have been otherwise.

13. ἐνέργεια τοῦτο ἂν εἴη θ.] '*it* (the Holy Spirit so conceived of) *will be an operation of God*'—an influence, an inspiration, or the like—'*for*

γάρ πως μᾶλλον καὶ φεύγει σύνθεσιν. καὶ εἰ ἐνέργεια, ἐνεργηθήσεται δῆλον ὅτι, οὐκ ἐνεργήσει, καὶ ὁμοῦ τῷ ἐνεργηθῆναι παύσεται. τοιοῦτον γὰρ ἡ ἐνέργεια. πῶς οὖν ἐνεργεῖ, καὶ τάδε λέγει, καὶ ἀφορίζει, καὶ λυπεῖται, καὶ
5 παροξύνεται, καὶ ὅσα κινουμένου σαφῶς ἐστίν, οὐ κινήσεως; εἰ δὲ οὐσία τις, οὐ τῶν περὶ τὴν οὐσίαν, ἤτοι κτίσμα ὑποληφθήσεται, ἢ θεός. μέσον γάρ τι τούτων, ἤτοι μηδετέρου μετέχον, ἢ ἐξ ἀμφοῖν σύνθετον, οὐδ' ἂν οἱ τοὺς τραγελάφους πλάττοντες ἐννοήσαιεν. ἀλλ' εἰ μὲν κτίσμα,
10 πῶς εἰς αὐτὸ πιστεύομεν, ἢ ἐν αὐτῷ τελειούμεθα; οὐ γὰρ ταὐτόν ἐστι πιστεύειν εἴς τι, καὶ περὶ αὐτοῦ πιστεύειν. τὸ μὲν γάρ ἐστι θεότητος, τὸ δὲ παντὸς πράγματος. εἰ δὲ θεός, ἀλλ' οὐ κτίσμα, οὐδὲ ποίημα, οὐδὲ σύνδουλον, οὐδ' ὅλως τι τῶν ταπεινῶν ὀνομάτων.

1 και ει] om ει b || 2 τω] το b || 7 υπολειφθησεται 'Or. 1'

what else could it be, or from whom besides could it come?'

1. *φεύγει σύνθεσιν*] It is assumed that all will agree that the simpler the account, the better.

2. *ἐνεργηθήσεται...παύσεται*] The fut. is logical, not temporal. It is of the very nature of an 'operation' to be incapable of independent action, or to continue when the operator stops.

3. *πῶς οὖν ἐνεργεῖ*] The Bible, however, attributes to the Holy Spirit operations of His own, such as 'saying' this and that (τάδε), 'separating' (an inexact reminiscence of Acts xiii 2).

4. *λυπεῖται*] Eph. iv 30.

5. *παροξύνεται*] Is. lxiii 10.
ib. *κινουμένου*] middle voice. These are notes, Gr. says, not of a motion in the abstract (such as an *ἐνέργεια* is), but of the thing which is in motion.

6. *τῶν περὶ τὴν οὐ.*] 'an existence, and not an attribute of existence.'

9. *τραγελάφους*] the typical fabulous compound.

10. *τελειούμεθα*] in baptism; cp. § 29.
ib. *οὐ γὰρ ταὐτόν*] '*it is not the same thing to believe in anything, and to believe statements about it; the first is peculiar to God, the second can be done with any thing.*' See Pearson on the Creed *I believe in God*; who rightly says that the distinction is more characteristic of Western than of Eastern theology.

13. *οὐδὲ ποίημα*] sc. *ἐστί*. The apodosis begins at this point, not at *ἀλλ' οὐ κτίσμα*.

7. *Now it is your turn.* '*Is He begotten, or unbegotten? If begotten, of whom? If of the Father, there are two Sons; if of the Son, He is a grandson.*' *Your names do not terrify me. Because we are obliged to speak of 'Sonship' in the Godhead, it does not follow that all earthly nomenclature would apply; or at that rate you will have to say all manner of strange things.*

7. Ἐνταῦθα σὸς ὁ λόγος· αἱ σφενδόναι πεμπέσθωσαν, οἱ συλλογισμοὶ πλεκέσθωσαν. ἢ ἀγέννητον πάντως, ἢ γεννητόν. καὶ εἰ μὲν ἀγέννητον, δύο τὰ ἄναρχα. εἰ δὲ γεννητόν, ὑποδιαίρει πάλιν· ἢ ἐκ τοῦ πατρὸς τοῦτο, ἢ ἐκ τοῦ υἱοῦ. καὶ εἰ μὲν ἐκ τοῦ πατρός, υἱοὶ δύο καὶ ἀδελφοί. σὺ δέ μοι πλάττε καὶ διδύμους, εἰ βούλει, ἢ τὸν μὲν πρεσβύτερον, τὸν δὲ νεώτερον· ἐπειδὴ λίαν εἶ φιλοσώματος. εἰ δὲ ἐκ τοῦ υἱοῦ, πέφηνέ, φησι, καὶ υἱωνὸς ἡμῖν θεός· οὗ τί ἂν γένοιτο παραδοξότερον; ταῦτα μὲν οὖν οἱ σοφοὶ τοῦ κακοποιῆσαι, τὰ δὲ ἀγαθὰ γράφειν οὐ θέλοντες. ἐγὼ δὲ εἰ μὲν ἑώρων ἀναγκαίαν τὴν διαίρεσιν, ἐδεξάμην ἂν τὰ πράγματα, οὐ φοβηθεὶς τὰ ὀνόματα. οὐ γάρ, ἐπειδὴ κατά τινα σχέσιν ὑψηλοτέραν υἱὸς ὁ υἱός, οὐ δυνηθέντων ἡμῶν ἄλλως ἢ οὕτως ἐνδείξασθαι τὸ ἐκ τοῦ θεοῦ καὶ ὁμοούσιον, ἤδη καὶ πάσας οἰητέον ἀναγκαῖον εἶναι τὰς κάτω κλήσεις, καὶ τῆς ἡμετέρας συγγενείας, μεταφέρειν ἐπὶ τὸ θεῖον. ἢ τάχα ἂν σύ γε καὶ ἄρρενα τὸν θεὸν ἡμῖν ὑπολάβοις, κατὰ τὸν λόγον τοῦτον, ὅτι θεὸς ὀνομάζεται, καὶ πατήρ; καὶ θῆλύ τι τὴν θεότητα, ὅσον ἐπὶ ταῖς κλήσεσι; καὶ τὸ πνεῦμα οὐδέτερον, ὅτι μὴ γεννητικόν; εἰ δέ σοι καὶ τοῦτο παιχθείη, τῇ ἑαυτοῦ

7. 4 υποδιαιρησει 'Reg. Cypr.' ‖ 15 της] τας b ‖ 18 om τι 'Reg. a'

1. ἐνταῦθα σὸς ὁ λ.] '*now for your say.*' It begins at ἢ ἀγέννητον.
3. δύο τὰ ἄναρχα] viz. the Father and the Spirit.
6. σὺ δέ μοι πλ.] This is Gr.'s interpolation into his adversary's argument.
7. φιλοσώματος] i.e. determined to refer everything to material standards.
9. σοφοὶ τοῦ κακ.] Jer. iv 22. It is hard to see why Gr. balances this clause by 'and will not *write* what is good.' It is not a reference to anything in Scripture. No doubt the Eunomian literature was as extensive as its oral polemic.
11. τὰ πράγματα] much as at the end of § 5. The 'names' which he says would not scare him off are such as that of υἱωνός. Not that he admits that such a name would necessarily be applicable, even if the 'facts' were as suggested. This is shewn in the next sentence.
12. κατά τινα σχ. ὑψ.] '*according to some relationship too lofty for us to understand*' the Son is Son. No other language would express at once His derivation from the Father and His being of one substance with Him. It does not follow, however, that all the nomenclature of our earthly relationships is to be transferred straightway to the Godhead.
20. εἰ δέ σοι κ. τοῦτο π.] '*and if you like to carry the game farther*'; cp. iii 7 προσπαίξω τὸν π.

θελήσει τὸν θεὸν συγγενόμενον, κατὰ τοὺς παλαιοὺς λήρους καὶ μύθους, γεννήσασθαι τὸν υἱόν, εἰσήχθη τις ἡμῖν καὶ Μαρκίωνος καὶ Οὐαλεντίνου θεὸς ἀρρενόθηλυς, τοῦ τοὺς καινοὺς αἰῶνας ἀνατυπώσαντος.

8. Ἐπεὶ δέ σου τὴν πρώτην διαίρεσιν οὐ δεχόμεθα, τὴν μηδὲν ἀγεννήτου καὶ γεννητοῦ μέσον ὑπολαμβάνουσαν, αὐτίκα οἰχήσονταί σοι μετὰ τῆς σεμνῆς διαιρέσεως οἱ ἀδελφοὶ καὶ οἱ υἱωνοί, ὥσπερ τινὸς δεσμοῦ πολυπλόκου τῆς πρώτης ἀρχῆς λυθείσης συνδιαλυθέντες, καὶ τῆς θεολογίας ὑποχωρήσαντες. ποῦ γὰρ θήσεις τὸ ἐκπορευτόν, εἰπέ μοι, μέσον ἀναφανὲν τῆς σῆς διαιρέσεως, καὶ παρὰ κρείσσονος ἢ κατὰ σὲ θεολόγου, τοῦ σωτῆρος ἡμῶν, εἰσαγόμενον; εἰ μὴ τὴν φωνὴν ἐκείνην τῶν σῶν ἐξεῖλες εὐαγγελίων, διὰ τὴν τρίτην σου διαθήκην, Τὸ πνεῦμα τὸ ἅγιον, ὃ παρὰ τοῦ πατρὸς ἐκπορεύεται· ὃ καθ' ὅσον μὲν ἐκεῖθεν ἐκπορεύεται, οὐ κτίσμα· καθ' ὅσον δὲ οὐ γεννητόν, οὐχ

3 om και Ουαλεντινου aceg   **8.** 8 οι υιωνοι] om οι df   ‖   9 λυθεισης] διαλυθεισης bdf   ‖   16 om εκπορευεται f

1. συγγενόμενον] '*by intercourse with His own will*'; cp. iii 6. The 'ancient fables' are prob. those of heathen mythology, not of Gnosticism.

3. Μαρκίωνος] Marcion's system has really nothing to do with Gnosticism and its fantastic inventions, although he is usually reckoned among the Gnostics. Perh. therefore Gr. uses his name with that of Valentinus to denote in contemptuous indifference Gnosticism in general; or perh. he confuses Marcion with Marcus, the disciple of Val., from whom the Marcosians take their name.

ib. θεὸς ἀρρενόθηλυς] Gr. does not mean that Val. taught that God was ἀρρ., but only compares the God who has just been imagined with the bisexual beings of the Valentinian system. See Iren. I i 1 εἶναι γὰρ αὐτῶν ἕκαστον ἀρρενόθηλυν, οὕτως· πρῶτον τὸν Προπάτορα ἡνῶσθαι κατὰ συζυγίαν τῇ ἑαυτοῦ Ἐννοίᾳ κτλ.

4. αἰῶνας] '*who devised those strange Aeons.*'

8. *I do not admit that He must be either begotten or unbegotten. Christ says that He 'proceeds.' You ask what that means. Our powers are insufficient to explain.*

9. ἀρχῆς] as in ii 25, an '*end.*' Δεσμός seems to be used in the sense of a *knot.*

ib. τῆς θ. ὑποχωρήσαντες] '*retiring from your account of the Godhead.*'

14. διὰ τὴν τρίτην σ. δ.] ' *to suit your Third Testament,*' or, as we might say, '*your Newest Testament.*'

ib. τὸ πν....ἐκπορεύεται] John xv 26.

15. ἐκεῖθεν] from such a source as the Father.

υἱός· καθ' ὅσον δὲ ἀγεννήτου καὶ γεννητοῦ μέσον, θεός. καὶ οὕτω σου τὰς τῶν συλλογισμῶν ἄρκυς διαφυγὸν θεὸς ἀναπέφηνε, τῶν σῶν διαιρέσεων ἰσχυρότερος. τίς οὖν ἡ ἐκπόρευσις; εἰπὲ σὺ τὴν ἀγεννησίαν τοῦ πατρός, κἀγὼ τὴν γέννησιν τοῦ υἱοῦ φυσιολογήσω, καὶ τὴν ἐκπόρευσιν τοῦ πνεύματος, καὶ παραπληκτίσωμεν ἄμφω εἰς θεοῦ μυστήρια παρακύπτοντες· καὶ ταῦτα τίνες; οἱ μηδὲ τὰ ἐν ποσὶν εἰδέναι δυνάμενοι, μηδὲ ψάμμον θαλασσῶν, καὶ σταγόνας ὑετοῦ, καὶ ἡμέρας αἰῶνος ἐξαριθμεῖσθαι, μὴ ὅτι γε θεοῦ βάθεσιν ἐμβατεύειν, καὶ λόγον ὑπέχειν τῆς οὕτως ἀρρήτου καὶ ὑπὲρ λόγον φύσεως.

9. Τί οὖν ἐστί, φησιν, ὃ λείπει τῷ πνεύματι, πρὸς τὸ εἶναι υἱόν; εἰ γὰρ μὴ λεῖπόν τι ἦν, υἱὸς ἂν ἦν. οὐ λείπειν φαμέν· οὐδὲ γὰρ ἐλλειπὴς θεός· τὸ δὲ τῆς ἐκφάνσεως, ἵν' οὕτως εἴπω, ἢ τῆς πρὸς ἄλληλα σχέσεως διάφορον διάφορον αὐτῶν καὶ τὴν κλῆσιν πεποίηκεν. οὐδὲ γὰρ τῷ υἱῷ λείπει τι πρὸς τὸ εἶναι πατέρα, οὐδὲ γὰρ ἔλλειψις ἡ υἱότης, ἀλλ' οὐ παρὰ τοῦτο πατήρ. ἢ οὕτω γε καὶ τῷ πατρὶ λείψει τι πρὸς τὸ εἶναι υἱόν· οὐ γὰρ υἱὸς ὁ πατήρ. ἀλλ' οὐκ

2 διαφυγων d || 3 ισχυροτερος] υψηλοτερος 'tres Colb.' || 6 παραπληκτισομεν bcdf **9.** 13 υιον] υιω b || 14 ελλιπης cd²f² || 15 om διαφορον sec. loco e || 17 om τι b || ουδε] ου c || 18 λειψει] λειπει c || 19 υιον] υιω b

1. ἀγενν. κ. γενν. μέσον] The term ἐκπορεύεσθαι denotes a relationship to the Unbegotten Father which is at least not more distant than that of Generation, and therefore implies the essential Deity of Him who so proceeds.
5. φυσιολογήσω] 'will tell you the natural history of.'
6. παραπληκτίσωμεν] 'and let us both go mad for prying into the secrets of God'; a well-known superstition.
7. καὶ ταῦτα τίνες] 'and who are we that we should pry into them?'
8. ψάμμον θαλασσῶν κτλ.] Ecclus. i 2.
10. θεοῦ βάθεσιν] 1 Cor. ii 10.

ib. λόγον ὑπέχειν] 'to submit,' 'present an account.'
9. 'Where does He come short of being a Son?' you ask. In nothing. It is no defect, any more than it is a defect in the Son not to be Father, or in the Father not to be Son. The names denote unalterable relationships within a single nature.
14. ἐκφάνσεως] The difference of designation corresponds to a real difference in the mode of Their coming forth into existence, and of Their mutual relation. Ἔκφανσις does not mean Their manifestation to us, but Their eternal issuing forth from the First Source.
19. ἀλλ' οὐκ ἐλλ. τ. ποθεν] 'but

ἐλλείψεως ταυτά ποθεν, οὐδὲ τῆς κατὰ τὴν οὐσίαν ὑφέσεως·
αὐτὸ δὲ τὸ μὴ γεγεννῆσθαι, καὶ τὸ γεγεννῆσθαι, καὶ τὸ
ἐκπορεύεσθαι, τὸν μὲν πατέρα, τὸν δὲ υἱόν, τὸ δὲ τοῦθ᾽
ὅπερ λέγεται πνεῦμα ἅγιον προσηγόρευσεν, ἵνα τὸ ἀσύγ-
5 χυτον σώζηται τῶν τριῶν ὑποστάσεων ἐν τῇ μιᾷ φύσει τε
καὶ ἀξίᾳ τῆς θεότητος. οὔτε γὰρ ὁ υἱὸς πατήρ, εἷς γὰρ
πατήρ, ἀλλ᾽ ὅπερ ὁ πατήρ· οὔτε τὸ πνεῦμα υἱὸς ὅτι ἐκ
τοῦ θεοῦ, εἷς γὰρ ὁ μονογενής, ἀλλ᾽ ὅπερ ὁ υἱός· ἐν τὰ τρία
τῇ θεότητι, καὶ τὸ ἐν τρία ταῖς ἰδιότησιν. ἵνα μήτε τὸ ἐν
10 Σαβέλλιον ᾖ, μήτε τὰ τρία τῆς πονηρᾶς νῦν διαιρέσεως.

10. Τί οὖν; θεὸς τὸ πνεῦμα; πάνυ γε. τί οὖν,
ὁμοούσιον; εἴπερ θεός. δὸς οὖν μοί, φησιν, ἐκ τοῦ αὐτοῦ

2 το γεγεννῆσθαι] το γεγενῆσθαι a: om και το γεγεννῆσθαι f ‖ 3 εκ-
πεπορευσθαι 'Reg. Cypr.' ‖ 6 αξια] εξουσια e ‖ 7 υιος] ο υιος a ‖ 8 ο
υιος] om o d ‖ om τα f ‖ 9 om τη bcd ‖ 10 νυν] σου νυν b 'Reg.
Cypr.': om νυν c: νυνι e

this language does not indicate a deficiency in any direction, nor the inferiority of essence.' The ταῦτα does not refer only to what has immediately preceded, viz. that the Father is not Son;—this would not suggest any thought of ὕφεσις. It refers also to the Son's not being Father, nor the Spirit Son.

4. προσηγόρευσεν] The above-mentioned facts '*proclaim Them*' respectively Father, Son, and Holy Spirit. The aor. takes us back to the moment when these titles were first assigned in Scripture.

5. ὑποστάσεων] here used in the recognised 'personal' sense.

7. ὅπερ ὁ πατήρ] He is not the Father, but He is all that the Father is.

ib. ὅτι ἐκ τοῦ θ.] The fact that He is of the Father's essence (1 Cor. ii 12) does not make Him Son.

8. ἐν τὰ τρία τῇ θ.] The Three (Gr. again avoids the masc.) are One—an undivided unit—in their nature; the One is Three—a Trinity —in the ineffaceable distinction between the persons. The latter observation removes the Sabellian conception of the unity; the former removes the Eunomian division of the natures. In the construction of the last clause, τῆς π. ν. διαιρέσεως is the predicate after ᾖ understood, like οὐκ ἐλλείψεως above.

10. *You are surprised at our calling Him God, consubstantial with the Father. He must be so if there is only one God and one Godhead. I am ashamed to use earthly illustrations; but even in natural history there are very different modes of reproduction which it might help you to consider.*

12. δὸς οὖν μοι] The word διδόναι is not used here in its frequent sense of a logical concession; for it would be no concession to the Eunomians to 'give' what is here required. It means rather, '*shew me,*' '*convince me that it is so.*' The Eunomian offers, if convinced that two consubstantial persons issue from the same Divine Source, to acknowledge each of them to be a God.

τὸ μὲν υἱόν, τὸ δὲ οὐχ υἱόν, εἶτα ὁμοούσια, καὶ δέχομαι θεὸν καὶ θεόν. δός μοι καὶ σὺ θεὸν ἄλλον, καὶ φύσιν θεοῦ, καὶ δώσω σοι τὴν αὐτὴν τριάδα μετὰ τῶν αὐτῶν ὀνομάτων τε καὶ πραγμάτων. εἰ δὲ εἷς θεὸς μία φύσις ἡ ἀνωτάτω, πόθεν παραστήσω σοι τὴν ὁμοίωσιν; ἢ ζητεῖς πάλιν ἐκ τῶν κάτω καὶ τῶν περὶ σέ; λίαν μὲν αἰσχρόν, καὶ οὐκ αἰσχρὸν μόνον, ἀλλὰ καὶ μάταιον ἐπιεικῶς, ἐκ τῶν κάτω τῶν ἄνω τὴν εἰκασίαν λαμβάνειν, καὶ τῶν ἀκινήτων ἐκ τῆς ῥευστῆς φύσεως, καί, ὅ φησιν Ἡσαΐας, ἐκζητεῖσθαι τὰ ζῶντα ἐν τοῖς νεκροῖς· ὅμως δὲ πειράσομαι, σὴν χάριν, κἀντεῦθεν δοῦναί τινα τῷ λόγῳ βοήθειαν. τὰ μὲν οὖν ἄλλα παρήσειν μοι δοκῶ, πολλὰ ἂν ἔχων ἐκ τῆς περὶ ζώων ἱστορίας εἰπεῖν, τὰ μὲν ἡμῖν γνώριμα, τὰ δὲ τοῖς ὀλίγοις, ὅσα περὶ τὰς τῶν ζώων γενέσεις ἡ φύσις ἐφιλοτεχνήσατο. γεννᾶσθαι γὰρ λέγεται, οὐκ ἐκ τῶν αὐτῶν τὰ αὐτὰ μόνον, οὐδὲ ἐξ ἑτέρων ἕτερα, ἀλλὰ καὶ ἐξ ἑτέρων τὰ αὐτά, καὶ ἐκ τῶν αὐτῶν ἕτερα. εἰ δέ τῳ πιστὸς ὁ λόγος, καὶ ἄλλος ἐστὶ τρόπος γεννήσεως, αὐτό τι ὑφ' ἑαυτοῦ δαπανώμενον καὶ τικτόμενον. ἔστι δὲ ἃ καὶ

10. 1 δεχομαι]+και c ‖ 2 αλλον θεον dfg ‖ 4 εις θεος μια φυσις] εις ο θεος και μια φυσις b 'Reg. Cypr.': εις θεος και μια φυσις f 'plures Reg. et Colb.': εις θεος τε και μια φυσις de ‖ 6 η] ει δε 'Reg. Cypr.' ‖ 10 τα ζωντα] τον οντα 'Or. 1'

Gr. illustrates the illogical character of the offer by a counter-paralogism. 'Shew me,' he says, 'that there is more than one sort of God, and I will shew you the same Trinity that we now believe in, name and thing.' It is as unreasonable to deduce ditheism or tritheism from the Catholic doctrine of the relation of the Son and Spirit to the Father, as it would be to deduce the Catholic doctrine of the Trinity from a belief in Godheads of varying quality.

9. ῥευστῆς] 'changeable,' 'transitory'; cp. ii 22 πῶς κάτω ῥέω.

10. ἐκζητεῖσθαι τὰ ζ.] Is. viii 19; cp. Luke xxiv 5.

13. ἡμῖν γνώριμα] known to us all by direct observation; opp. to what only few have had the opportunity of noting. Gr.'s lore on the subject is derived from Aristotle.

16. ἐξ ἑτέρων τὰ αὐτά κτλ.] The instance given by Elias is that of frogs, some of which are the offspring of frogs, and others the spontaneous product of the marsh, and yet equally frogs. His instance of the converse is more true to nature, but a less exact illustration of his subject.

19. δαπανώμενον] 'consumed,' cp. iv 6. The ref. of course is to the phoenix (Herod. ii 73); see

ἐξίσταταί πως ἑαυτῶν, ἐξ ἄλλων ζώων εἰς ἄλλα μεθιστά-
μενά τε καὶ μεταποιούμενα, φιλοτιμίᾳ φύσεως. ἤδη δὲ
καὶ τοῦ αὐτοῦ, τὸ μὲν οὐ γέννημα, τὸ δὲ γέννημα, πλὴν
ὁμοούσια· ὃ καὶ τῷ παρόντι πως μᾶλλον προσέοικεν. ἐν
5 δέ τι τῶν ἡμετέρων εἰπών, ὃ καὶ πᾶσι γνώριμον, ἐφ᾽
ἕτερον μεταβήσομαι λόγον.

11. Ὁ Ἀδὰμ τί ποτε ἦν; πλάσμα θεοῦ. τί δὲ ἡ
Εὔα; τμῆμα τοῦ πλάσματος. τί δὲ ὁ Σήθ; ἀμφοτέρων
γέννημα. ἆρ᾽ οὖν ταὐτόν σοι φαίνεται πλάσμα, καὶ τμῆμα,
10 καὶ γέννημα; πῶς οὔ; ὁμοούσια δὲ ταῦτα, ἢ τί; πῶς δ᾽ οὔ;
ὡμολόγηται οὖν καὶ τὰ διαφόρως ὑποστάντα τῆς αὐτῆς
εἶναι οὐσίας ἐνδέχεσθαι. λέγω δὲ ταῦτα, οὐκ ἐπὶ τὴν
θεότητα φέρων τὴν πλάσιν, ἢ τὴν τομήν, ἤ τι τῶν ὅσα
σώματος, μή μοί τις ἐπιφυέσθω πάλιν τῶν λογομάχων,
15 ἐπὶ δὲ τούτων θεωρῶν, ὡς ἐπὶ σκηνῆς, τὰ νοούμενα. οὐδὲ
γὰρ οἷόν τε τῶν εἰκαζομένων οὐδὲν πρὸς πᾶσαν ἐξικνεῖσθαι
καθαρῶς τὴν ἀλήθειαν. καὶ τί ταῦτα, φασίν; οὐ γὰρ τοῦ
ἑνὸς τὸ μὲν γέννημα, τὸ δὲ ἄλλο τι. τί οὖν; ἡ Εὔα καὶ ὁ
Σήθ, οὐχὶ τοῦ αὐτοῦ τοῦ Ἀδάμ; τίνος γὰρ ἄλλου; ἢ καὶ

11. 9 ταυτον] ταυτα acg ‖ 11 τα] το e ‖ 17 φασιν] φησιν c

Lightfoot's note on Clem. *ad Cor.* § 25. Gr. himself evidently does not quite believe the fable.

1. εἰς ἄλλα μεθιστάμενα] Elias very properly instances gnats, as developed out of larvae. It was prob. not known that such larvae invariably developed into gnats, or that all gnats had been such larvae.

2. φιλοτιμίᾳ φ.] '*in nature's eagerness to excel*'; cp. ἡ φ. ἐφιλοτεχνήσατο above.

ib. ἤδη δὲ καὶ τοῦ αὐ.] The same creature produces offspring in more than one way, by generation and otherwise; and both kinds of off-spring have the same nature as the parent. Gr. is prob. thinking of the way in which some low forms of animal life appear (like plants) to be propagated by 'cuttings' as well as by 'seed.'

4. τῷ παρόντι] '*the case in point*,' i.e. of the Holy Spirit.

11. *Human history, however, presents a better, if still an incomplete, illustration. Adam, Eve, and Seth came into being in very different ways; yet they are consubstantial.*

9. ταὐτόν σοι φ.] '*to have the same nature.*'

14. ἐπιφυέσθω] Cp. i 4.

15. θεωρῶν ὡς ἐπὶ σκ.] These earthly illustrations form a kind of stage upon which the higher things are represented for our study.

17. οὐ γὰρ τοῦ ἑνός] This is part of the objection, not of Gr.'s reply. From the one person of the Father, they say, there cannot issue two others, one by generation, the other in some other way.

ἀμφότεροι γεννήματα; οὐδαμῶς. ἀλλὰ τί; τὸ μὲν τμῆμα, τὸ δὲ γέννημα. καὶ μὴν ἀμφότεροι ταὐτὸν ἀλλήλοις· ἄνθρωποι γάρ· οὐδεὶς ἀντερεῖ. παύσῃ οὖν ἀπομαχόμενος πρὸς τὸ πνεῦμα, ὡς ἢ γέννημα πάντως, ἢ μὴ ὁμοούσιον, μηδὲ θεόν, καὶ ἐκ τῶν ἀνθρωπίνων τὸ δυνατὸν λαβὼν τῆς ἡμετέρας ὑπολήψεως; ἐγὼ μὲν οἶμαί σοι καλῶς ἔχειν, εἰ μὴ λίαν ἔγνωκας φιλονεικεῖν, καὶ πρὸς τὰ δῆλα μάχεσθαι.

12. Ἀλλὰ τίς προσεκύνησε τῷ πνεύματι, φησιν; τίς ἡ τῶν παλαιῶν, ἢ τῶν νέων; τίς δὲ προσηύξατο; ποῦ δὲ τὸ χρῆναι προσκυνεῖν ἢ προσεύχεσθαι γέγραπται; καὶ πόθεν τοῦτο ἔχεις λαβών; τὴν μὲν τελεωτέραν αἰτίαν ἀποδώσομεν ὕστερον, ἡνίκα ἂν περὶ τοῦ ἀγράφου διαλεγώμεθα. νῦν δὲ τοσοῦτον εἰπεῖν ἐξαρκέσει· τὸ πνεῦμά ἐστιν, ἐν ᾧ προσκυνοῦμεν, καὶ δι' οὗ προσευχόμεθα. Πνεῦμα γάρ, φησιν, ὁ θεός, καὶ τοὺς προσκυνοῦντας αὐτὸν ἐν πνεύματι καὶ ἀληθείᾳ προσκυνεῖν δεῖ. καὶ πάλιν· Τὸ γὰρ τί προσευξώμεθα, καθ' ὃ δεῖ, οὐκ οἴδαμεν, ἀλλ' αὐτὸ τὸ πνεῦμα ὑπερεντυγχάνει ὑπὲρ ἡμῶν στεναγμοῖς ἀλαλήτοις. καί, Προσεύξομαι τῷ πνεύματι, προσεύξομαι δὲ καὶ τῷ νοΐ,

3 παυσῃ] παυσαι b 'Or. 1' ‖ 6 σοι] σε ace 'quinque Reg.' ‖ 7 τα δηλα] αδηλα e¹. 12. 11 λαβων εχεις df ‖ 16 δει προσκυνειν bdf ‖ 17 προσευξομεθα acdefg ‖ 18 υπερεντυγχανει] εντυγχ. c ‖ 19 προσευξομαι *primo loco*]+δε b: -ξωμαι (*et in secundo*) a

5. καὶ ἐκ τῶν ἀνθρωπ.] '*even human experience has shewn you the possibility of what we hold.*'
6. καλῶς ἔχειν] '*that you had better*,' i.e. leave off contending.
7. ἔγνωκας] '*have made up your mind.*'
12. *You say that the Spirit is not, in Scripture, an object of worship. It is at least 'in the spirit' that we worship, and that which we worship 'is Spirit.' He is so entirely one with the object of worship, that worship addressed to the Father is equally addressed to the Holy Ghost. Again, you object that 'all things were made through the Son,' and therefore the Holy Ghost among them. No more, I answer, than the Father was. He was not made at all. Accept humbly the doctrine of the unity of the Divine persons.*
12. ἀποδώσομεν ὕστερον] in the whole argument, beginning with § 21 and culminating in § 28.
14. πνεῦμα γάρ, φησιν] John iv 24.
16. τὸ γὰρ τί προσευξ.] Rom. viii 26.
19. προσεύξ. τῷ πν.] 1 Cor. xiv 15.

τοῦτ' ἐστίν, ἐν νοὶ καὶ πνεύματι. τὸ οὖν προσκυνεῖν τῷ πνεύματι, ἢ προσεύχεσθαι, οὐδὲν ἄλλο εἶναί μοι φαίνεται, ἢ αὐτὸ ἑαυτῷ τὴν εὐχὴν προσάγειν καὶ τὴν προσκύνησιν. ὁ τίς οὐκ ἂν ἐπαινέσειε τῶν ἐνθέων, καὶ τῶν εὖ εἰδότων
5 ὅτι καὶ ἡ τοῦ ἑνὸς προσκύνησις τῶν τριῶν ἐστι προσκύνησις, διὰ τὸ ἐν τοῖς τρισὶν ὁμότιμον τῆς ἀξίας καὶ τῆς θεότητος; καὶ μὴν οὐδὲ ἐκεῖνο φοβηθήσομαι τὸ πάντα διὰ τοῦ υἱοῦ γεγονέναι λέγεσθαι, ὡς ἑνὸς τῶν πάντων ὄντος καὶ τοῦ ἁγίου πνεύματος. πάντα γὰρ ὅσα γέγονεν, εἴρηται, οὐχ
10 ἁπλῶς ἅπαντα· οὐδὲ γὰρ ὁ πατήρ, οὐδ' ὅσα μὴ γέγονεν. δείξας οὖν ὅτι γέγονε, τότε τῷ υἱῷ δός, καὶ τοῖς κτίσμασι συναρίθμησον. ἕως δ' ἂν μὴ τοῦτο δεικνύῃς, οὐδὲν τῷ περιληπτικῷ βοηθῇ πρὸς ἀσέβειαν. εἰ μὲν γὰρ γέγονε, διὰ Χριστοῦ πάντως· οὐδὲ αὐτὸς ἀρνήσομαι. εἰ δὲ οὐ
15 γέγονε, πῶς ἢ τῶν πάντων ἕν, ἢ διὰ Χριστοῦ; παῦσαι οὖν καὶ τὸν πατέρα κακῶς τιμῶν κατὰ τοῦ μονογενοῦς,—κακὴ δὲ τιμὴ κτίσμα διδόντα τὸ τιμιώτερον υἱὸν ἀποστερεῖν,—καὶ τὸν υἱὸν κατὰ τοῦ πνεύματος. οὐ γὰρ ὁμοδούλου δημιουργός, ἀλλ' ὁμοτίμῳ συνδοξαζόμενος. μηδὲν μετὰ σεαυτοῦ
20 θῇς τῆς τριάδος, μὴ τῆς τριάδος ἐκπέσῃς. μηδενὶ περικόψῃς τὴν μίαν φύσιν καὶ ὁμοίως σεβάσμιον, ὡς ὅ τι ἂν

6 om τοις c ‖ 7 φοβησομαι a ‖ 11 δειξας] δειξον df ‖ τοτε] και τοτε cdf ‖ 14 αρνησωμαι d ‖ 17 αποστερειν υιον de²f

1. τὸ προσκ. τῷ πν.] Gr. thinks that 'worshipping or praying in or by the Spirit,' which are clearly commanded, are in fact the bringing of prayer and worship by the Spirit to Himself. This is based upon the text first quoted, in which the object of the worship πνεῦμά ἐστιν. Not that Gr. definitely takes the first πνεῦμα in that text to be the Holy Ghost; but on the principle that worship offered to one person of the Trinity is offered to all, his reasoning is correct, if his premisses are accepted. It must be owned, however, that he somewhat begs the question.

7. πάντα διὰ τοῦ υἱ.] John i 3.

11. τῷ υἱῷ δός] '*assign Him to the Son*' as one of the things which were made through Him.

12. τῷ περιληπτικῷ] '*your comprehensive phrase will not help you.*'

16. κακῶς τιμῶν κατὰ] '*wrongly honouring the Father at the expense of the Only-begotten.*'

18. οὐ γὰρ ὁμ. δημ.] sc. τοῦ πνεύματος ὁ υἱός.

19. μετὰ σεαυτοῦ] Cp. § 4 μετ' ἐμοῦ.

τῶν τριῶν καθέλῃς, τὸ πᾶν ἔσῃ καθῃρηκώς, μᾶλλον δὲ τοῦ παντὸς ἐκπεπτωκώς. βέλτιον μικρὰν τῆς ἑνώσεως φαντασίαν λαβεῖν, ἢ παντελῆ τολμῆσαι δυσσέβειαν.

13. "Ἥκει δὲ ἡμῖν ὁ λόγος ἐπ' αὐτὸ τὸ κεφάλαιον· καὶ στένω μέν, ὅτι πάλαι τεθνηκὸς ζήτημα, καὶ τῇ πίστει παραχωρῆσαν, νῦν ἀνακαινίζεται· στῆναι δὲ ὅμως ἀναγκαῖον πρὸς τοὺς λογολέσχας, καὶ μὴ ἐρήμην ἁλῶναι, λόγον ἔχοντας, καὶ συνηγοροῦντας πνεύματι. εἰ θεός, φησι, καὶ θεός, καὶ θεός, πῶς οὐχὶ τρεῖς θεοί; ἢ πῶς οὐ πολυαρχία τὸ δοξαζόμενον; ταῦτα τίνες; οἱ τελεώτεροι τὴν ἀσέβειαν, ἢ καὶ οἱ τῆς δευτέρας μερίδος, λέγω δὲ τοὺς περὶ τὸν υἱόν πως εὐγνώμονας; ὁ μὲν γὰρ κοινός μοι πρὸς ἀμφοτέρους λόγος, ὁ δὲ πρὸς τούτους ἴδιος. ὁ μὲν οὖν πρὸς τούτους τοιοῦτος. τί φατε τοῖς τριθείταις ἡμῖν οἱ τὸν υἱὸν σέβοντες,

13. 8 φησι] φασι cdf

1. τὸ πᾶν ἔσῃ καθ.] Cp. § 4.
2. βέλτιον μικράν] '*Better to have a notion of the union, however incomplete, than to venture upon such thorough-going ungodliness.*'
13. *It is painful to revive a long-dead controversy; but I must defend myself against the charge of Tritheism. It is brought against us both by those who go all lengths in unbelief, and by some who are fairly orthodox with regard to the Son. To the latter I would say that they are equally open to the charge of Ditheism.*
4. ἐπ' αὐτὸ τὸ κεφ.] '*to the fundamental question itself,*' viz. how to reconcile the Godhead of the Three Persons with the unity of God.
5. τῇ πίστει παραχ.] '*that had yielded to faith.*'
7. λογολέσχας] like ἀδολέσχας, '*praters.*'
ib. μὴ ἐρ. ἁλῶναι] a law term, freq. in Demosth., '*to have judgment given against us by default.*' Ἐρ. agrees with δίκην understood, which is a kind of cognate acc. after

ἁλῶναι.
ib. λόγον ἔχ.] used in a kind of double sense, which after all is but one; 'to have the Word,' and 'to have reason.'
9. πολυαρχία τὸ δ.] '*how can the object which you glorify not be polytheistic?*' Cp. iii 2.
10. ταῦτα τίνες;] '*Who is it that says this? Is it those who go the whole length of ungodliness?*' i.e. the Arians and the Eunomians? '*or is it, as may well be the case* (καί), *those who belong to the second division, and are more or less right-minded with regard to the Son?*' Cp. § 1 περὶ τὸν υἱὸν μετριάζοντες. Gr. asks, because part of his argument will apply to both sections, and part—that which comes next—only to the latter.
14. τί φατε] '*What do you say to us Tritheists?*' i.e. What argument can you urge against us, whom you call Tritheists, which will not equally apply to yourselves, who worship the Son, even if you have departed from the Spirit?

εἰ καὶ τοῦ πνεύματος ἀφεστήκατε; ὑμεῖς δὲ οὐ διθεῖται; εἰ μὲν γὰρ ἀρνεῖσθε καὶ τοῦ μονογενοῦς τὴν προσκύνησιν, σαφῶς τέταχθε μετὰ τῶν ἐναντίων· καὶ τί φιλανθρωπευόμεθα πρὸς ὑμᾶς ὡς οὐ πάντῃ νενεκρωμένους; εἰ δὲ σέβεσθε, καὶ μέχρι τούτου διάκεισθε σωτηρίως, ὑμᾶς ἐρωτήσομεν· τίς ὁ λόγος τῆς διθείας ὑμῖν, ἂν τοῦτο ἐγκαλῆσθε; εἰ ἔστι λόγος συνέσεως, ἀποκρίθητε, δότε καὶ ἡμῖν ὁδὸν ἀποκρίσεως. οἷς γὰρ ἂν ὑμεῖς τὴν διθείαν ἀποκρούσησθε λόγοις, οὗτοι καὶ ἡμῖν κατὰ τῆς τριθείας ἀρκέσουσι. καὶ οὕτω νικῶμεν, ὑμῖν τοῖς κατηγόροις συνηγόροις χρώμενοι· οὐ τί γενναιότερον;

14. Ὁ δὲ κοινὸς ἡμῖν πρὸς ἀμφοτέρους τίς ἀγών τε καὶ λόγος; ἡμῖν εἷς θεός, ὅτι μία θεότης· καὶ πρὸς ἓν τὰ ἐξ αὐτοῦ τὴν ἀναφορὰν ἔχει, κἂν τρία πιστεύηται. οὐ γὰρ τὸ μὲν μᾶλλον, τὸ δὲ ἧττον θεός· οὐδὲ τὸ μὲν πρότερον, τὸ δὲ ὕστερον· οὐδὲ βουλήσει τέμνεται, οὐδὲ δυνάμει μερίζεται,

4 νενεκρωμενων b ‖ 5 ερωτησωμεν ab   14. 13 λογος]+εστιν b ‖ 14 πιστευητε a

3. φιλανθρωπ.] 'deal tenderly with you.'
6. ὁ λόγος τῆς διθ. ὑμῖν] 'what defence do you offer for your ditheism, if you are charged with it?'
7. λόγος συνέσεως] an expression formed on the model of λόγος σοφίας, γνώσεως, 1 Cor. xii 8.
10. ὑμῖν τοῖς κ. σ. χρ.] 'by the advocacy of you our accusers.'
14. To both parties I answer thus. There is but one God, and one Godhead; and though there are three Persons, there is but one Source from which all that belongs to the Godhead issues. Between these three Persons there is no kind of division or inequality, as there is between the specimens of a limited class.
13. εἷς θεός, ὅτι μ. θ.] 'There is but one God, because there is only one thing that can be called Godhead.' If there could be different kinds of Godhead, we might imagine many Gods; but as the thing is necessarily unique, we cannot conceive of it as the possession of several personages independent of each other. This argument, of course, is based on philosophical grounds, not on divine revelation; but it bears witness to the reasonableness of that revelation.
ib. πρὸς ἓν τὰ ἐξ αὐτοῦ] Cp. iii 2 πρὸς τὸ ἓν τῶν ἐξ αὐτοῦ σύννευσις. The personalities issuing from a single source are referred back to that source so as to be but one with it, although we recognise that they are three. The αὐτοῦ is neuter. It refers to ἕν.
15. τὸ μὲν μᾶλλον] The Benedictine editors compare Leo Serm. viii in Nat. Chr. 'gradus in uera diuinitate esse non possunt. quidquid deo minus est, deus non est.'

οὐδέ τι τῶν ὅσα τοῖς μεριστοῖς ὑπάρχει, κἀνταῦθα λαβεῖν ἐστίν· ἀλλὰ ἀμέριστος ἐν μεμερισμένοις, εἰ δεῖ συντόμως εἰπεῖν, ἡ θεότης· καὶ οἷον ἐν ἡλίοις τρισὶν ἐχομένοις ἀλλήλων, μία τοῦ φωτὸς σύγκρασις. ὅταν μὲν οὖν πρὸς τὴν θεότητα βλέψωμεν, καὶ τὴν πρώτην αἰτίαν, καὶ τὴν μοναρχίαν, ἐν ἡμῖν τὸ φανταζόμενον· ὅταν δὲ πρὸς τὰ ἐν οἷς ἡ θεότης, καὶ τὰ ἐκ τῆς πρώτης αἰτίας ἀχρόνως ἐκεῖθεν ὄντα καὶ ὁμοδόξως, τρία τὰ προσκυνούμενα.

15. Τί δέ, οὐχὶ καὶ παρ' Ἕλλησι, φαῖεν ἄν, μία θεότης, ὡς οἱ τὰ τελεώτερα παρ' ἐκείνοις φιλοσοφοῦντες, καὶ παρ' ἡμῖν ἀνθρωπότης μία, τὸ γένος ἅπαν; ἀλλ' ὅμως πολλοὶ θεοί, καὶ οὐχ εἷς, ὡς δὲ καὶ ἄνθρωποι; ἀλλ' ἐκεῖ μὲν ἡ κοινότης τὸ ἓν ἔχει μόνον ἐπινοίᾳ θεωρητόν· τὰ δὲ

1 μεριστοῖς] μερισταῖς b   15. 12 θεοι πολλοι df ‖ δε] δη df

1. οὐδέ τι τῶν ὅσα] 'nor are any of the distinguishing marks of separate individualities to be found there,' i.e. in the Godhead.

2. ἀμέριστος ἐν μεμ.] 'but divided as the Persons are, the entire and undivided Godhead is in each.' The passage is incorporated without comment by Jo. Damasc. *de Fide Orth.* viii.

3. ἐν ἡλίοις τρίσιν] The illustration only shews the impossibility of illustration. 'Three suns joined to each other' might appear to us as one, but their relation to each other would be very different from that of the Three Divine Persons.

6. τὸ φανταζόμενον] The word does not imply that our observation is untrue, but only that it is (necessarily) inadequate. Cp. e.g. ii 6, 18, 19.

ib. πρὸς τὰ ἐν οἷς ἡ θ.] 'at the Persons in which the Divine nature resides, and which issue from the First Cause, deriving from it Their existence above all time and with an equality of glory, there are Three objects for our adoration.' Gr. avoids saying τρεῖς οἱ προσκ., not only, as so freq., for the sake of reverence, but because it sounds at first as if the three were 'separate individualities' like ourselves. Τρία also has its dangers, as possibly suggesting differences of nature; but in the context this danger is removed. It is possible that Gr. here means to speak of the Father Himself as ἐκ τῆς πρώτης αἰτίας; but, if so, that πρώτη αἰτία is within Himself. He is the source of His own being.

15. *The Greeks, it is true, spoke of a single Divine nature, compatible with plurality; as is the case also with human nature. But in these cases, each individual has but a fragment of the whole nature, and varies, not only from all other partakers of it, but from himself also, by change. This holds true even of angels.*

13. μόνον ἐπινοίᾳ θ.] In the case of the heathen polytheism, the common Godhead exists only as a conception or generalisation of the philosopher; it has no existence in fact. Each individual deity differs greatly from the other in history, and character, and capacities. The

καθ' ἕκαστον πλεῖστον ἀλλήλων καὶ τῷ χρόνῳ καὶ τοῖς πάθεσι καὶ τῇ δυνάμει μεμερισμένα. ἡμεῖς τε γὰρ οὐ σύνθετοι μόνον, ἀλλὰ καὶ ἀντίθετοι καὶ ἀλλήλοις καὶ ἡμῖν αὐτοῖς, οὐδὲ ἐπὶ μιᾶς ἡμέρας οἱ αὐτοὶ καθαρῶς μένοντες,
5 μὴ ὅτι τὸν ἅπαντα βίον, ἀλλὰ καὶ σώμασι καὶ ψυχαῖς ἀεὶ ῥέοντές τε καὶ μεταπίπτοντες. οὐκ οἶδα δέ, εἰ μὴ καὶ ἄγγελοι καὶ πᾶσα φύσις ἡ ἄνω μετὰ τὴν τριάδα, κἂν ἁπλοῖ τινὲς ὦσι, καὶ πρὸς τὸ καλὸν παγιώτεροι τῇ πρὸς τὸ ἄκρον καλὸν ἐγγύτητι.

10 16. Οἵ τε παρ' Ἑλλήνων σεβόμενοι θεοί τε καὶ δαίμονες, ὡς αὐτοὶ λέγουσιν, οὐδὲν ἡμῶν δέονται κατηγόρων, ἀλλὰ τοῖς σφῶν αὐτῶν ἁλίσκονται θεολόγοις, ὡς μὲν ἐμπαθεῖς, ὡς δὲ στασιώδεις, ὅσων δὲ κακῶν γέμοντες καὶ μεταβολῶν, καὶ οὐ πρὸς ἀλλήλους μόνον ἀλλὰ καὶ
15 πρὸς τὰς πρώτας αἰτίας ἀντιθέτως ἔχοντες, οὓς δὴ Ὠκεανούς, καὶ Τηθύας, καὶ Φάνητας, καὶ οὐκ οἶδα οὓς

4 καθαρως μενοντες οι αυτοι df ‖ 7 ανω] + και bdf   **16.** 15 ους] + και e ‖ 16 ωκεανους] + τε b

same holds true of the specimen man in relation to the human genus.
2. *οὐ σύνθετοι μόνον*] We are not only *composite* beings, made up of body and soul, and each of these factors again resoluble into different component parts; we are beings of *opposite* characteristics,—not only as compared with each other, but as compared with our own fluctuating and inconstant selves.
5. *μὴ ὅτι*] Cp. i 4.
6. *ῥέοντες*] Cp. § 10 *ῥευστῆς*.
ib. καὶ ἄγγελοι] They, though comparatively ἁπλοῖ, not σύνθετοι, and though less liable than we are to change and inconsistency, are yet not one, like the Persons of the Godhead. They are independent of each other, and vary in powers and in character.
7. *φύσις ἡ ἄνω μετὰ τ. τ.*] Cp. ii 31 *ταῖς πρώταις μετὰ θεὸν φύσεσι*. The whole section should be compared with this passage.
16. *The divisions among the many 'Gods' of the Greeks are notorious. They are at shameful variance. Their empire is partitioned out. Not so with our God. Each of the three Persons is absolutely one with Himself, and no less absolutely one with the others.*
12. *ἁλίσκονται*] Cp. § 13 *ἁλῶναι*, 'to be convicted.'
ib. θεολόγοις] Cp. ii 4. The ref. is, no doubt, esp. to Plato's denuntiation of the poets in *Rep.* ii, iii.
15. *οὓς δὴ Ὠκ.*] The 'First Causes,' i.e. the original Gods, against which the others turn, are called Oceanus, and Tethys, and so on. See Hom. *Il.* xiv 201.
16. *Φάνητας*] "A mystic Divinity in the Orphic rites, representing the first principle of the world, cf. Orph. *Arg.* 15" (Lidd. and Sc.).

τινας ὀνομάζουσι· καὶ τελευταῖόν τινα θεὸν μισότεκνον διὰ φιλαρχίαν, πάντας καταπίνοντα τοὺς ἄλλους ἐξ ἀπληστίας, ἵνα γένηται πάντων ἀνδρῶν τε θεῶν τε πατήρ, δυστυχῶς ἐσθιομένων καὶ ἐμουμένων. εἰ δὲ ταῦτα μῦθοι καὶ ὑπόνοιαί τινες, ὡς αὐτοί φασι, τὸ αἰσχρὸν τοῦ λόγου διαδιδράσκοντες, τί φήσουσι πρὸς τό, Τριχθὰ δὲ πάντα δέδασται, καὶ τὸ ἄλλον ἄλλῳ τινὶ τῶν ὄντων ἐπιστατεῖν, διῃρημένους καὶ ταῖς ὕλαις καὶ τοῖς ἀξιώμασι; τὸ δὲ ἡμέτερον οὐ τοιοῦτον· οὐδὲ αὕτη μερὶς τῷ Ἰακώβ, φησιν ὁ ἐμὸς θεολόγος· ἀλλὰ τὸ ἓν ἕκαστον αὐτῶν ἔχει πρὸς τὸ συγκείμενον οὐχ ἧττον ἢ πρὸς ἑαυτό, τῷ ταὐτῷ τῆς οὐσίας καὶ τῆς δυνάμεως. καὶ οὗτος ὁ τῆς ἑνώσεως λόγος, ὅσον ἐφ' οἷς ἡμεῖς κατειλήφαμεν. εἰ μὲν οὖν οὗτος ἰσχυρὸς ὁ λόγος, τῷ θεῷ χάρις τῆς θεωρίας· εἰ δὲ μή, ζητῶμεν τὸν ἰσχυρότερον.

17. Τοὺς δὲ σοὺς λόγους οὐκ οἶδα πότερον παίζοντος εἶναι φήσομεν, ἢ σπουδάζοντος, οἷς ἀναιρεῖς ἡμῶν τὴν ἕνωσιν. τίς γὰρ δὴ καὶ ὁ λόγος; τὰ ὁμοούσια συναριθμεῖταί, φησι· συναρίθμησιν λέγων τὴν εἰς ἀριθμὸν ἕνα

---

4 υπονοια (sic) και μυθοι τινες df ‖ 13 εφ οις] εν οις d ‖ ισχυρος ουτος df
17. 17 φησομεν] φησαιμεν b ‖ 19 φησι] φης f

---

1. θεὸν μισότεκνον] Saturn.
5. ὑπόνοιαί τινες] 'a sort of allegories.'
6. τριχθὰ δὲ πάντα δ.] Hom. Il. xv 189.
8. ταῖς ὕλαις κ. τ. ἀξ.] 'having separate elements under them, and holding different ranks.'
ib. τὸ ἡμέτερον] 'what we believe.'
9. μερὶς τῷ Ἰακώβ] Jer. x 16.
10. τὸ ἓν ἕκαστον κτλ.] 'but each of the Three Persons is as entirely one with Those with whom He is connected, as He is with Himself, because of the identity of essence and of power that is between Them.'
14. χάρις τῆς θεωρίας] 'thanks be to God for the line of thought.'

17. *It is said that things of the same nature are numbered together, so that if the three Persons are consubstantial they must be three Gods. For fear of saying this, you deny the Godhead of two of them, which is like cutting your throat for fear of dying.*
18. τὰ ὁμ. συναριθμεῖται] Things of the same nature, like men, trees, or horses, come under a number which sums them up, as three trees, four horses, five men; you cannot, acc. to the disputant, apply them to heterogeneous things, and class a tree, a horse, and a man together as being three. Cp. Bas. *de Sp. S.* 17.

συναίρεσιν· οὐ συναριθμεῖται δὲ τὰ μὴ ὁμοούσια· ὥστε ὑμεῖς μὲν οὐ φεύξεσθε τὸ τρεῖς λέγειν θεοὺς κατὰ τὸν λόγον τοῦτον· ἡμῖν δὲ οὐδὲ εἷς κίνδυνος· οὐ γὰρ ὁμοούσια λέγομεν. σὺ μὲν οὖν ἀπήλλαξας σεαυτὸν πραγμάτων μιᾷ
5 φωνῇ, καὶ τὴν κακὴν νίκην νενίκηκας· ὅμοιόν τι ποιήσας τοῖς διὰ θανάτου φόβον ἀπαγχομένοις. ἵνα γὰρ μὴ κάμῃς τῇ μοναρχίᾳ συνιστάμενος, ἠρνήσω θεότητα, καὶ προδέδωκας τοῖς ἐχθροῖς τὸ ζητούμενον. ἐγὼ δὲ κἂν τι δέῃ καμεῖν, οὐ προήσομαι τὸ προσκυνούμενον. ἐνταῦθα δὲ οὐδὲ ὁρῶ τίς
10 ὁ πόνος.

18. Συναριθμεῖται, φής, τὰ ὁμοούσια· τὰ δὲ μὴ οὕτως ἔχοντα μοναδικὴν ἔχει τὴν δήλωσιν. πόθεν σοι τοῦτο, καὶ παρὰ τίνων δογματιστῶν καὶ μυθολόγων; ἢ ἀγνοεῖς, ὅτι πᾶς ἀριθμὸς τῆς ποσότητος τῶν ὑποκειμένων ἐστὶ δηλω-
15 τικός, οὐ τῆς φύσεως τῶν πραγμάτων; ἐγὼ δὲ οὕτως ἀρχαίως ἔχω, μᾶλλον δὲ ἀμαθῶς, ὥστε τρία μὲν ὀνομάζω τὰ τοσαῦτα τῷ ἀριθμῷ, κἂν διέστηκε τὴν φύσιν· ἓν δέ, καὶ ἕν, καὶ ἕν, ἄλλως τὰς τοσαύτας μονάδας, κἂν τῇ οὐσίᾳ

2 λεγειν τρεις df.   18.   11 μη] ουχ bdf ‖ 13 και] η b

1. ὥστε ὑμεῖς μέν] These are still the words of the opponent, down to λέγομεν. On the principle just laid down, he says, if the Father, the Son, and the Spirit can be called three at all, it can only be as three Gods; that is, your doctrine is incurably tritheistic. Ours is not, he adds; for we deny the identity of essence, and make no attempt at bringing those beings together under a number.

4. πραγμάτων] 'of trouble'; not τῶν πρ., 'the facts.'

7. τῇ μ. συνισταμενος] 'to save yourself labour in maintaining monotheism you have denied the Godhead, and abandoned to the enemy the very thing which you are seeking to establish.'

18. I do not know where you get your rule from. To me, a number only says how many things there are, and tells nothing about their nature. Certainly in the Bible, things of different natures are summed up under a common number.

12. μοναδικὴν ἔχει τ. δ.] 'can only be designated singly'; e.g. a horse, and a man, and a tree.

13. δογμ. καὶ μυθ.] a kind of hendiadys, 'makers of fabulous decrees.'

14. τῆς ποσ. τῶν ὑποκ.] 'denotes the quantity, or sum, of the objects, and not their nature.'

15. οὕτως ἀρχ. ἔχω] 'am old-fashioned enough' to say 'three' when there are three things, even when they are not of the same kind, and to name them singly, if I choose, even when they are, thinking only of their number and not of their nature.

18. ἄλλως] carries on the irony of

συνάπτωνται, οὐ πρὸς τὰ πράγματα μᾶλλον ἀφορῶν, ἢ τὸ πόσον τῶν πραγμάτων, καθ' ὧν ἡ ἀρίθμησις. ἐπεὶ δὲ λίαν περιέχῃ τοῦ γράμματος, καίτοι γε πολεμῶν τῷ γράμματι, ἐκεῖθέν μοι λάβε τὰς ἀποδείξεις. τρία ἐν ταῖς παροιμίαις ἐστίν, ἃ εὐόδως πορεύεται, λέων, καὶ τράγος, καὶ ἀλεκτρυών· καὶ βασιλεὺς δημηγορῶν ἐν ἔθνει τὸ τέταρτον· ἵνα μὴ λέγω τὰς ἄλλας ἐκεῖ τετράδας ἀριθμουμένας, τῇ φύσει δὲ διῃρημένας. καὶ δύο τῷ Μωυσεῖ χερουβὶμ εὑρίσκω μοναδικῶς ἀριθμούμενα. πῶς οὖν ἢ ἐκεῖνα τρία, κατὰ τὴν σὴν τεχνολογίαν, τοσοῦτον ἀλλήλων ἀπερρηγμένα ταῖς φύσεσιν· ἢ ταῦτα μοναδικά, τοσοῦτον ἀλλήλοις ὁμοφυῆ καὶ συγκείμενα; εἰ γὰρ λέγοιμι θεὸν καὶ μαμωνᾶν δύο κυρίους εἰς ἓν ἀριθμουμένους, τοσούτῳ μακρὰν ὄντας ἀλλήλων, τάχα ἂν καὶ μᾶλλον γελασθείην τῆς συναριθμήσεως.

19. Ἀλλ' ἐμοί, φησιν, ἐκεῖνα συναριθμούμενα λέγεται, καὶ τῆς αὐτῆς οὐσίας, οἷς συνεκφωνεῖται καταλλήλως καὶ

3 γραμματι] πραγματι b ‖ 5 λεων και] om και g ‖ 6 ενδημηγορων e ‖ 7 τη δε φυσει bdf

ἀρχαίως, ἀμαθῶς. It is used in the idiomatic sense of '*idly*,' '*vainly*.'

3. περιέχῃ τοῦ γρ.] '*you are so attached to the letter of Scripture*.' The emendation τῷ πράγματι in the next clause is ingenious and tempting; but τῷ γράμματι will mean that in this instance they have the very letter of Scripture against them,—as he proceeds to shew.

4. λάβε] seems to be an ironical invitation to prove the point, not = δέξαι i.e. 'listen to my proofs.'

5. εὐόδως πορεύεται] Prov. xxx 29.

8. δύο χερουβίμ] Ex. xxv 18, 19. If τῷ M.= '*by Moses*,' perh. the ref. is rather to Ex. xxxvii 7; but it may be the strict dat., '*reckoned up singly to Moses*.'

10. ἀπερρηγμένα] 'so completely severed.'

14. καὶ μᾶλλον γελ.] The same irony continued; '*I should be still more laughed at for my mode of numbering things together*.' Matt. vi 24. Gr. does not observe that God and Mammon are not actually described as two masters, and that if they were, it would be *as masters* that they would be numbered together, in which respect they are alike.

19. *If you tell me that numbers denote things of one nature and those only, then I will deny that you can say 'three men,' unless each of the three is an exact repetition of the others. St John was certainly not bound by your rule when he spoke of the three witnesses; nor will it hold when you come to speak of things of different natures but bearing the same name.*

16. οἷς συνεκφ. καταλλ. κ. τ. δ.] The opponent explains that by things ranged under a number, because they are of the same nature,

τὰ ὀνόματα· οἷον, ἄνθρωποι τρεῖς, καὶ θεοὶ τρεῖς, οὐχὶ τρία
τάδε καὶ τάδε. τίς γὰρ ἡ ἀντίδοσις; τοῦτο νομοθετοῦντός
ἐστι τοῖς ὀνόμασιν, οὐκ ἀληθεύοντος. ἐπεὶ κἀμοὶ Πέτρος,
καὶ Παῦλος, καὶ Ἰωάννης, οὐ τρεῖς, οὐδὲ ὁμοούσιοι, ἕως ἂν
5 μὴ τρεῖς Παῦλοι, καὶ τρεῖς Πέτροι, καὶ Ἰωάνναι τοσοῦτοι
λέγωνται. ὃ γὰρ σὺ τετήρηκας ἐπὶ τῶν γενικωτέρων ὀνο-
μάτων, τοῦτο καὶ ἡμεῖς ἀπαιτήσομεν ἐπὶ τῶν εἰδικωτέρων
κατὰ τὴν σὴν ἀνάπλασιν. ἢ ἀδικήσεις, μὴ διδοὺς ὅπερ
εἴληφας; τί δὲ ὁ Ἰωάννης, τρεῖς εἶναι τοὺς μαρτυροῦντας
10 λέγων ἐν ταῖς καθολικαῖς, τὸ πνεῦμα, τὸ ὕδωρ, τὸ αἷμα;
ἆρά σοι ληρεῖν φαίνεται, πρῶτον μὲν ὅτι τὰ μὴ ὁμοούσια
συναριθμῆσαι τετόλμηκεν, ὃ τοῖς ὁμοουσίοις σὺ δίδως,—τίς
γὰρ ἂν εἴποι ταῦτα μιᾶς οὐσίας;—δεύτερον δὲ ὅτι μὴ
καταλλήλως ἔχων ἀπήντησεν, ἀλλὰ τὸ τρεῖς ἀρρενικῶς
15 προθείς, τὰ τρία οὐδετέρως ἐπήνεγκε, παρὰ τοὺς σοὺς καὶ
τῆς σῆς γραμματικῆς ὅρους καὶ νόμους; καίτοι τί διαφέρει,
ἢ τρεῖς προθέντα ἓν καὶ ἓν καὶ ἓν ἐπενεγκεῖν, ἢ ἕνα καὶ

19. 1 και θεοι] om και b ∥ 5 παυλοι...πετροι transp. def ∥ 6 λεγονται ace ∥ 7 απαιτησωμεν a ∥ 10 εν] επι f ∥ πνευμα]+και b ∥ υδωρ]+και b ∥ 15 προθεις] προσθεις e ∥ 16 om σης aeg

he means cases where the noun is expressed and the numeral agrees with it (οἷς i.e. συναριθμουμένοις practically = '*the numeral*'), like 'three men,' 'three Gods.' He does not mean that you can never lump together under a neuter numeral heterogeneous objects as so many 'things.' This, he says, is not a connumeration.

2. τίς γὰρ ἡ ἀντίδοσις;] This is explained by the words below, ἀδικήσεις, μὴ διδοὺς ὅπερ εἴληφας; It is Gr.'s reply to the objector. 'What,' he asks, 'shall I make you give me in return?' The γὰρ implies a suppressed 'Take care!'

ib. τοῦτο νομοθ. ἐστι] 'This,' Gr. retorts, 'is to legislate for language, not to state the facts with regard to it.' At that rate, he can refuse to admit that Peter and Paul and John are three beings of the same nature; he may say that unless all the peculiarities of Peter are exactly reproduced, so that there are three Peters, there is not sufficient correspondence between Peter and the others to warrant their being brought under a single number as three men.

6. γενικωτέρων] '*generic*' as opposed to εἰδικός '*specific.*' Gr. puts both words in the comp., because he does not use them in a quite strict sense.

9. τρεῖς εἶναι τοὺς μ.] 1 John v 8.

13. μὴ καταλλ. ἔχων ἀπ.] '*because he comes forward without putting his words in grammatical agreement.*' Ἀρρενικῶς, '*in the masc.*'; οὐδετέρως, '*in the neut.*'

ἕνα καὶ ἕνα λέγοντα μὴ τρεῖς ἀλλὰ τρία προσαγορεύειν;
ὅπερ αὐτὸς ἀπαξιοῖς ἐπὶ τῆς θεότητος. τί δέ σοι ὁ καρ-
κίνος, τό τε ζῷον, τό τε ὄργανον, ὅ τε ἀστήρ; τί δὲ ὁ κύων,
ὅ τε χερσαῖος, καὶ ὁ ἔνυδρος, καὶ ὁ οὐράνιος; οὐ τρεῖς
λέγεσθαί σοι δοκοῦσι καρκίνοι καὶ κύνες; πάντως γε. ἆρα 5
οὖν παρὰ τοῦτο καὶ ὁμοούσιοι; τίς φήσει τῶν νοῦν ἐχόντων;
ὁρᾷς ὅπως σοι διαπέπτωκεν ὁ περὶ τῆς συναριθμήσεως
λόγος, τοσούτοις ἐληλεγμένος; εἰ γὰρ μήτε τὰ ὁμοούσια
πάντως συναριθμεῖται, καὶ συναριθμεῖται τὰ μὴ ὁμοούσια,
ἥ τε τῶν ὀνομάτων συνεκφώνησις ἐπ' ἀμφοῖν, τί σοι πλέον 10
ὧν ἐδογμάτισας;

20. Σκοπῶ δὲ κἀκεῖνο, καὶ ἴσως οὐκ ἔξω λόγου. τὸ
ἓν καὶ τὸ ἓν οὐκ εἰς δύο συντίθεται; τὰ δύο δὲ οὐκ εἰς ἓν
καὶ ἓν ἀναλύεται; δῆλον ὅτι. εἰ οὖν ὁμοούσια μὲν τὰ συν-
τιθέμενα κατὰ τὸν σὸν λόγον, ἑτεροούσια δὲ τὰ τεμνόμενα, 15
τί συμβαίνει; τὰ αὐτὰ ὁμοούσιά τε εἶναι καὶ ἑτεροούσια.
γελῶ σου καὶ τὰς προαριθμήσεις, καὶ τὰς ὑπαριθμήσεις,

20. 16 om τε f

3. τό τε ὄργανον] a pair of tongs.
8. ἐληλεγμένος] from ἐλέγχω.
10. ἥ τε τῶν ὀ. συνεκφ.] 'and the nouns are expressed in both cases, along with the numeral,' i.e. not merely 'understood.' Gr. means both in the case of ὁμοούσια which are not numbered together, and in that of οὐχ ὁμοούσια which are.

20. It will not bear the simplest test of addition or division. Your rules about the order of enumeration, and about the use of prepositions, are just as ridiculous. We will now proceed to give you the coup de grace.

13. οὐκ εἰς δύο συντ.] 'one and one make two,' although acc. to the heretic's logic 'one and one' would only be said of things of different nature, such as could never be united under a common numeral. Conversely '*two is divided into one and one,*' although 'two' can only be said of things of the same nature, which it would be unnatural to describe in that single fashion. The upshot is that the same things are proved to be of the same nature and of different natures. Of course the argument is more or less of a piece of banter.

17. προαριθμ. κ. ὑπαριθμ.] Elias says, probably without historical grounds, that this system of numbering (δεύτερος θεός, τρίτος θεός) was derived from the way in which the Neoplatonic writers arranged existences according to a scale, from the First Cause to the lowest. The phraseology is fully discussed by Basil *l. c.* (*de Sp. S.* 17). Ὑπαριθμεῖν, as distinguished from συναριθμ., is to reckon in a secondary position.

αἷς σὺ μέγα φρονεῖς, ὥσπερ ἐν τῇ τάξει τῶν ὀνομάτων κειμένων τῶν πραγμάτων. εἰ γὰρ τοῦτο, τί κωλύει κατὰ τὸν αὐτὸν λόγον, ἐπειδὴ τὰ αὐτὰ καὶ προαριθμεῖται καὶ ὑπαριθμεῖται παρὰ τῇ γραφῇ διὰ τὴν ἰσοτιμίαν τῆς
5 φύσεως, αὐτὰ ἑαυτῶν εἶναι τιμιώτερά τε καὶ ἀτιμότερα; ὁ δὲ αὐτός μοι καὶ περὶ τῆς Θεὸς φωνῆς καὶ Κύριος λόγος· ἔτι δὲ τῶν προθέσεων, τῆς ἐξ οὗ, καὶ δι' οὗ, καὶ ἐν ᾧ, αἷς σὺ κατατεχνολογεῖς ἡμῖν τὸ θεῖον, τὴν μὲν τῷ πατρὶ διδούς, τὴν δὲ τῷ υἱῷ, τὴν δὲ τῷ ἁγίῳ πνεύματι. τί γὰρ ἂν
10 ἐποίησας, παγίως ἑκάστου τούτων ἑκάστῳ νενεμημένου· ὁπότε πάντων πᾶσι συντεταγμένων, ὡς δῆλον τοῖς φιλοπόνοις, τοσαύτην σὺ διὰ τούτων εἰσάγεις καὶ τῆς ἀξίας καὶ τῆς φύσεως ἀνισότητα; ἀπόχρη καὶ ταῦτα τοῖς μὴ λίαν ἀγνώμοσιν. ἐπεὶ δέ σε τῶν χαλεπῶν ἐστίν, ἅπαξ
15 ἐπιπηδήσαντα τῷ πνεύματι, τῆς φορᾶς σχεθῆναι, ἀλλὰ μή, καθάπερ τῶν συῶν τοὺς θρασυτέρους, εἰς τέλος φιλονεικεῖν, καὶ πρὸς τὸ ξίφος ὠθίζεσθαι, μέχρις ἂν πᾶσαν εἴσω τὴν πληγὴν ὑπολάβῃς, φέρε, σκεψώμεθα τίς ἔτι σοι λείπεται λόγος.

4 τη]+θεια bdf ‖ 14 επει] επειδη df ‖ 18 υπολαβοις c

1. ὥσπερ...πραγμάτων] 'as if the realities themselves (i.e. the Persons of the Trinity) depended upon the order in which they are named.'

3. καὶ προαριθμ. καὶ ὑπαριθμ.] 'are sometimes enumerated in one order and sometimes in another'; e.g. 2 Cor. xiii 14.

6. π. τῆς Θεὸς φ. καὶ κύριος] 'The same observation holds good' of these, not in regard to the order in which they are placed, but to the way in which they are applied to the Divine Persons as it were indiscriminately.

7. τῶν προθέσεων] 'the prepositions.'

8. κατατεχνολογεῖς ἡμ. τὸ θ.] 'tie down the Godhead with your canons.' Basil de Sp. S. 2 ascribes the canon to Aetius.

9. τί γὰρ ἂν ἐποίησας] A very ironical argument. If, when these prepositions are used interchangeably, you contrive to get such inequality out of them, what would you not have done if the use of them had been constant and invariable? 'Ὁπότε is used here like ὅστις with an inferential shade of meaning.

13. καὶ ταῦτα] 'even these things,' i.e. without going further.

14. τῶν χαλεπῶν ἐστίν] 'is a difficulty.'

15. τῆς φορᾶς σχεθῆναι] 'to stop short in your impetus.'

21. You speak of the silence of Scripture on the Godhead of the Holy Ghost. Scholars have often shown how false this is; but I too will do my best to help you out of your difficulty.

21. Πάλιν καὶ πολλάκις ἀνακυκλεῖς ἡμῖν τὸ ἄγραφον. ὅτι μὲν οὖν οὐ ξένον τοῦτο, οὐδὲ παρείσακτον, ἀλλὰ καὶ τοῖς πάλαι καὶ τοῖς νῦν γνωριζόμενον καὶ παραγυμνούμενον, δέδεικται μὲν ἤδη πολλοῖς τῶν περὶ τούτου διειληφότων, ὅσοι μὴ ῥαθύμως μηδὲ παρέργως ταῖς θείαις γραφαῖς ἐντυ- 5 χόντες, ἀλλὰ διασχόντες τὸ γράμμα καὶ εἴσω παρακύψαντες, τὸ ἀπόθετον κάλλος ἰδεῖν ἠξιώθησαν, καὶ τῷ φωτισμῷ τῆς γνώσεως κατηυγάσθησαν. δηλώσομεν δὲ καὶ ἡμεῖς ἐξ ἐπιδρομῆς, ὅσον ἐνδέχεται, τοῦ μὴ δοκεῖν εἶναι περιττοί τινες, μηδὲ φιλοτιμότεροι τοῦ δέοντος, ἐποικοδο- 10 μοῦντες ἐπὶ θεμέλιον ἀλλότριον. εἰ δὲ τὸ μὴ λίαν σαφῶς γεγράφθαι θεὸν μηδὲ πολλάκις ὀνομαστί, ὥσπερ τὸν πατέρα πρότερον καὶ τὸν υἱὸν ὕστερον, αἴτιόν σοι γίνεται βλασφημίας, καὶ τῆς περιττῆς ταύτης γλωσσαλγίας καὶ ἀσεβείας, ἡμεῖς σοι λύσομεν ταύτην τὴν βλάβην, μικρὰ 15 περὶ πραγμάτων καὶ ὀνομάτων καὶ μάλιστα παρὰ τῇ τῆς γραφῆς συνηθείᾳ φιλοσοφήσαντες.

21. 1 ανακυκλοις b 'Reg. b' ‖ 5 εντυχοντες] εντυγχανοντες b 'Colb. 3' ‖ 8 δηλωσωμεν aef ‖ 10 εποικοδομουντες] οικοδομουντες acg

1. τὸ ἄγραφον] Cp. § 1.
2. οὐ ξένον τοῦτο] Τοῦτο seems by comparison with § 1 to mean the Holy Spirit Himself, not the doctrine of His Godhead. So also περὶ τούτου below.
3. τοῖς πάλαι] the O.T. writers; τοῖς νῦν, the Christian Church.
ib. παραγυμνούμενον] 'revealed,' 'disclosed.'
4. διειληφότων] 'have discussed.' Cp. iv 16, v 5.
5. ἐντυχόντες] to 'meet with,' 'come across'; so to 'read.' The word does not necessarily imply a casual, hasty perusal; cp. § 26.
6. διασχόντες] Cp. ii 3, 31, 'have penetrated beyond the letter.'
7. ἀπόθετον] 'put away,' so 'hidden' like a treasure, = ἀπόκρυφον. See Thompson's note on Plat. Phaedr. 252 B.

9. ἐξ ἐπιδρομῆς] lit. 'at a rush,' i.e. 'hastily.'
ib. τοῦ μὴ δοκεῖν] explains why Gr. will not attempt to go into the question at greater length.
11. ἐπὶ θεμ. ἀλλ.] Rom. xv 20. Because Basil and others had gone over the ground before.
12. ὀνομαστί] The word appears to belong to both σαφῶς and πολλάκις, and to qualify the word θεόν, not τὸ ἄγ. πνεῦμα understood; 'the fact that He is not very clearly, nor often, described in Scripture by the title of "God".' But the expression is somewhat redundant.
13. πρότερον] under the earlier dispensation; ὕστ., under the later.
15. λύσομεν...βλάβην] 'will remove this disadvantage'; said with a kind of irony, as if the opponent would recognise that it was a βλάβη.

22. Τῶν πραγμάτων τὰ μὲν οὐκ ἔστι, λέγεται δέ· τὰ δὲ ὄντα οὐ λέγεται· τὰ δὲ οὔτε ἔστιν, οὔτε λέγεται· τὰ δὲ ἄμφω, καὶ ἔστι, καὶ λέγεται. τούτων ἀπαιτεῖς με τὰς ἀποδείξεις; παρασχεῖν ἕτοιμος. ὑπνοῖ τῇ γραφῇ θεός, καὶ γρηγορεῖ, καὶ ὀργίζεται, καὶ βαδίζει, καὶ θρόνον ἔχει τὰ χερουβίμ· καίτοι πότε γέγονεν ἐμπαθής; πότε δὲ σῶμα θεὸν ἀκήκοας; τοῦτο οὐκ ὂν ἀνεπλάσθη. ὠνομάσαμεν γάρ, ὡς ἡμῖν ἐφικτόν, ἐκ τῶν ἡμετέρων τὰ τοῦ θεοῦ. τὸ μὲν ἠρεμεῖν αὐτὸν ἀφ' ἡμῶν, καὶ οἷον ἀμελεῖν, δι' ἃς αὐτὸς οἶδεν αἰτίας, ὑπνοῦν. τὸ γὰρ ἡμέτερον ὑπνοῦν τοιοῦτον, ἀνενέργητόν τε καὶ ἄπρακτον. τὸ δὲ ἀθρόως εὖ ποιεῖν ἐκ μεταβολῆς, γρηγορεῖν. ὕπνου γὰρ λύσις ἐγρήγορσις, ὥσπερ ἀποστροφῆς ἐπίσκεψις. τὸ δὲ κολάζειν ὀργίζεσθαι πεποιήκαμεν· οὕτω γὰρ ἡμῖν ἐξ ὀργῆς ἡ κόλασις. τὸ δὲ νῦν μὲν τῇδε, νῦν δὲ τῇδε ἐνεργεῖν, βαδίζειν. ἡ γὰρ ἀπ' ἄλλου πρὸς ἄλλο μετάβασις, βαδισμός. τὸ δὲ ἐναναπαύεσθαι ταῖς ἁγίαις δυνάμεσι, καὶ οἷον ἐμφιλοχωρεῖν, καθέζεσθαι καὶ θρονίζεσθαι. καὶ τοῦτο ἡμέτερον. οὐδενὶ γὰρ οὕτως ὡς τοῖς ἁγίοις τὸ θεῖον ἐναναπαύεται. τὸ δὲ

22. 9 αυτος αιτιας οιδεν c: οιδεν αυτος αιτιας e ‖ 10 om υπνουν secundo loco b ‖ 16 εναναπαυεσθαι] εναπαυεσθαι (sic) c: αναπαυεσθαι df ‖ 19 εναναπαυεται] επαναπαυεται bc² 'Or. 1'

22. There are four heads under which we may arrange the phenomena of Scripture language. (1) There are things said which are not literally true. Of this kind are all the anthropomorphic expressions concerning God.
1. λέγεται δέ] sc. in Scripture.
4. ὑπνοῖ] Ps. xliii 24 (xliv 23).
5. γρηγορεῖ] Jer. xxxi 28.
ib. ὀργίζεται] e.g. Ps. lxxviii (lxxix) 5.
ib. βαδίζει] The word does not seem to be used of God in LXX. The ref. is doubtless to passages like Gen. iii 8.
ib. θρόνον ἔχει] Ps. lxxix 2 (lxxx 1); Ezek. i 26.
6. ἐμπαθής] in ref. to ὑπνοῖ, γρηγορεῖ, ὀργίζεται; σῶμα, to βαδίζει, θρόνον.
9. ἠρεμεῖν...ἀφ' ἡμ.] 'letting us alone' (lit. 'keeping quiet from us').
11. ἀθρόως] 'suddenly'; cp. ii 2.
15. τῇδε...τῇδε] 'in this direction and in that.'
17. ταῖς ἁγ. δυνάμεσι] sc. τοῖς χερουβίμ. 'Resting in those holy Powers and, as it were, being fond of the place, is "sitting" and "being enthroned".'
18. οὐδενὶ γάρ] The γάρ explains, not the καὶ τοῦτο ἡμ., but the choice of the expression 'resting' etc. God is in everything; but there is nothing in which He 'rests' as He does in the saints (and angelic beings).
19. τὸ δὲ ὀξυκ.] more instances of

ὀξυκίνητον, πτῆσιν· τὴν δὲ ἐπισκοπήν, πρόσωπον· τὸ διδόναι δὲ καὶ προσίεσθαι, χεῖρα· καὶ ἄλλη τις ὅλως τῶν τοῦ θεοῦ δυνάμεων ἢ ἐνεργειῶν ἄλλο τι τῶν σωματικῶν ἡμῖν ἀνεζωγράφησεν.

23. Πάλιν σὺ πόθεν τὸ ἀγέννητον λαβὼν ἔχεις, ἢ τὸ ἄναρχον, τὰς σὰς ἀκροπόλεις, ἢ καὶ ἡμεῖς τὸ ἀθάνατον; δεῖξον ταῦτα ὀνομαστί, ἢ διαγράψομεν, καὶ τέθνηκας ἐκ τῶν σῶν ὑποθέσεων, καθαιρεθέντων σοι τῶν ὀνομάτων, καὶ τοῦ τείχους τῆς καταφυγῆς ἐφ᾽ ᾧ ἐπεποίθεις.

23. 6 om η e² ‖ 7 ονομαστι]+και η αθετησομεν επειδη ου γεγραπται bcd, nisi quod om και cd ‖ 9 εφ ω] εφ ο ac²

metaphorical language. God 'flies,' Ps. xvii 11 (xviii 10); we speak of His 'face,' *e.g.* Ps. iv 7 (6); His 'hand,' *e.g.* Ps. cxliv (cxlv) 16.
2. προσίεσθαι] '*to welcome*'; cp. ii 19.
ib. ὅλως] '*in short.*'
4. ἀνεζωγράφησεν] '*has depicted,*' i.e. '*has suggested the form of.*' We should almost have expected the inversion of the sentence,—that bodily things depict the powers and operations of God; but either way is intelligible.
23. (2) *There are things not said which are nevertheless true,—among them facts of which you make a great deal.* (3) *Things neither said nor true.* (4) *Things both true and said.*
5. πάλιν] Instances of true things not found in Scripture.
6. τὰς σὰς ἀκροπ.] '*those fortresses of yours*'; cp. below τοῦ τείχους τῆς καταφυγῆς.
7. ἢ διαγράψομεν] Cp. iii 8. The words ἢ ἀθετήσομεν, ἐπειδὴ οὐ γέγραπται seem to be an ancient gloss to explain ἢ διαγράψομεν. They offer no real alternative to it; and the variation of the MSS. which contain them between ἢ and καὶ ἢ indicates the uncertainty of their footing. If they are to be retained, the only sense that can be got out of them would be this:—Shew us the words ἀγέννητον, ἄναρχον in the Bible, and we will either reject the Holy Ghost's Divinity for not being found there, or (if we can prove that it *is* there) we will erase both it and your two words together. But this would be very cumbrous. Omitting the words, the sense is plain. Gr. retaliates ;—Shew us ἀγένν., ἄναρχ. in the Bible, or we will discard them, and you will die by your own rules. The perf. τέθνηκας gives vividness to the argument. Probably the gloss was introduced because Gr.'s word διαγράψομεν seemed itself to imply that the words ἀγέννητον etc. were to be found written in Scripture. How can that be erased which was never written? The scribe wished to substitute for διαγρ. the more general word ἀθετήσομεν, 'because the expressions in question are *not* written.' It may be suggested that the correction might be due to Gr. himself; but (1) its place in the MSS. is against it; it ought to have followed διαγρ.; (2) by διαγρ. Gr. intended no reference to being found in *Scripture*; he meant, if conscious of the metaphor at all, an erasure from the theological writings in which the expressions occurred.
8. τῶν ὀνομάτων] sc. ἀγέννητον, ἄναρχον.

ἢ δῆλον ὅτι ἐκ τῶν ταῦτα συναγόντων, κἂν μὴ ταῦτα
λέγηται; τίνων τούτων; Ἐγώ εἰμι πρῶτος, καὶ ἐγὼ μετὰ
ταῦτα. καί, Πρὸ ἐμοῦ οὐκ ἔστιν ἄλλος θεός, καὶ μετ' ἐμὲ
οὐκ ἔσται. ὅλον γὰρ τὸ ἔστιν ἐμόν· οὔτε ἠργμένον, οὔτε
5 παυσόμενον. ταῦτα λαβών, τὸ μὲν μὴ εἶναί τι πρὸ αὐτοῦ,
μηδὲ πρεσβυτέραν αἰτίαν ἔχειν, ἄναρχον προσηγόρευσας,
καὶ ἀγέννητον· τὸ δὲ μὴ στήσεσθαι τοῦ εἶναι, ἀθάνατον
καὶ ἀνώλεθρον. αἱ μὲν δὴ πρῶται συζυγίαι τοιαῦται,
καὶ οὕτως ἔχουσαι. τίνα δὲ οὔτε ἔστιν, οὔτε λέγεται;
10 πονηρὸν τὸ θεῖον, ἡ σφαῖρα τετράγωνος, τὸ παρελθὸν
ἐνέστηκεν, οὐ σύνθετον ὁ ἄνθρωπος. τίνα γὰρ εἰς το-
σοῦτόν ποτε ἐμπληξίας ἀφικόμενον ἔγνως, ὥστε τι τοιοῦ-
τον ἢ ἐννοῆσαι τολμῆσαι, ἢ ἀποφήνασθαι; λείπεται δεῖξαι
τίνα καὶ ἔστι καὶ λέγεται· θεός, ἄνθρωπος, ἄγγελος, κρίσις·
15 ματαιότης οἱ τοιοῦτοι συλλογισμοί, καὶ τῆς πίστεως ἀνα-
τροπή, καὶ τοῦ μυστηρίου κένωσις.

3 μετ εμε] μετ εμου a ‖ 11 συνθετον] συνθετος b ‖ 12 εμπληξιας ποτε df ‖ 15 ματαιοτης] ανταποδοσις 'Reg. Cypr.'

1. ἢ δῆλον] The ellipsis is, (Have you any other interpretation) or is it evident?
ib. ἐκ τῶν τ. συναγ.] Supply ἐστίν, or λαμβάνεται: 'that they are deduced from passages which imply them.'
2. ἐγώ εἰμι πρῶτος] Is. xliv 6.
3. πρὸ ἐμοῦ] Is. xliii 10.
4. ὅλον γὰρ τὸ ἔστιν ἐμόν] God is represented as still speaking; 'all that is included in the word Is is Mine, without beginning and without end.'
5. ταῦτα λαβών] You have taken these facts, and have (rightly) deduced from them the appellations which you give to God, of ἀγέννητον, ἀθάνατον, and the rest.
8. αἱ...πρῶται συζ.] viz. things that are said and are not, and things that are and are not said.

10. τὸ παρελθὸν ἐνέστ.] 'past is present.'
12. ἐμπληξίας] 'so daft.'
13. ἀποφήνασθαι] 'to declare his opinion that it is so.' The ἢ will mean 'or at any rate.'
14. θεός, ἄνθρ., κτλ.] Gr. first names four substantives, and then certain propositions; 'such syllogisms are vanity, and a subversion of faith, and an emptying of the mystery.' See 1 Cor. i 17 foll.
24. This being so, we must not make too much of the reticence of Scripture. When you hear of twice five, you are justified in saying ten; so whatever is clearly implied in Scripture may rightly be affirmed, even if it is not explicitly stated there. I will give you the reason for the reticence of Scripture.

24.

Τοσαύτης οὖν οὔσης διαφορᾶς ἐν τοῖς ὀνόμασι καὶ τοῖς πράγμασι, πῶς οὕτω σὺ λίαν δουλεύεις τῷ γράμματι, καὶ γίνῃ μετὰ τῆς Ἰουδαικῆς σοφίας, καὶ συλλαβαῖς ἀκολουθεῖς, ἀφεὶς τὰ πράγματα; εἰ δὲ σοῦ τὰ δὶς πέντε λέγοντος, ἢ τὰ δὶς ἑπτά, τὰ δέκα συνῆγον, ἢ τέσσαρες καὶ δέκα ἐκ τῶν λεγομένων· ἢ ἐκ τοῦ ζῶον λογικόν, θνητόν, τὸν ἄνθρωπον, ἆρα ἄν σοι ληρεῖν ἐνομίσθην; καὶ πῶς, τὰ σὰ λέγων; οὐ γὰρ τοῦ λέγοντος μᾶλλον οἱ λόγοι, ἢ τοῦ λέγειν συναναγκάζοντος. ὥσπερ οὖν ἐνταῦθα οὐκ ἂν τὰ λεγόμενα μᾶλλον ἐσκόπουν, ἢ τὰ νοούμενα· οὕτως οὐδὲ εἴ τι ἄλλο τῶν μὴ λεγομένων, ἢ μὴ σαφῶς, ἐκ τῆς γραφῆς νοούμενον ηὕρισκον, ἔφυγον ἂν τὴν ἐκφώνησιν, φοβούμενος σὲ τὸν συκοφάντην τῶν ὀνομάτων. οὕτω μὲν οὖν στησόμεθα πρὸς τοὺς ἐξ ἡμισείας εὐγνώμονας. σοὶ γὰρ οὐδὲ τοῦτο ἔξεστι λέγειν. ὁ γὰρ τὰς τοῦ υἱοῦ προσηγορίας οὕτως ἐναργεῖς οὔσας καὶ τοσαύτας ἀρνούμενος, οὐδ' ἂν ταύτας ᾐδέσθης δῆλον ὅτι, καὶ εἰ πολλῷ σαφεστέρας καὶ πλείους ἐγίνωσκες. ἤδη δὲ καὶ τὴν αἰτίαν δηλώσω τῆς

24. 3 συλλαβαις] ταις συλλ. c ‖ 4 ακολουθης f ‖ 5 τεσσαρες] τα τεσσαρες cdf ‖ 10 ει]+μη 'Or. 1' ‖ 12 νοουμενων bcde.

1. ἐν τοῖς ὀν. καὶ τοῖς πρ.] '*diversity in names and things.*'
3. τῆς Ἰουδ. σοφίας] because the Jews were 'slaves to the letter.'
ib. συλλαβαῖς] Basil, on the other hand, *de Sp. S.* 1, points out the extreme importance of noticing 'syllables.'
8. τὰ σὰ λέγων] '*for saying what you said? For words belong as much to him who forces them to be said* (i.e. in this case to you who gave me the data for my conclusion) *as to him who said them*' (i.e. to me who concluded that you meant 'ten,' 'man').
9. ἐνταῦθα] in the case just supposed.
10. οὐδὲ εἴ τι ἄλλο κτλ.] '*if I found anything else intended in Scripture* (lit. *found out of Scripture anything else intended*), *though not stated, or not stated clearly, I should not have shrunk from expressing it for fear*' etc.
13. συκοφ. τῶν ὀν.] The word denotes one who is on the watch for words to denounce them.
ib. στησόμεθα πρός] '*will take our stand against.*' The οὕτω refers to the argument from the beginning of § 21 to this point.
14. σοὶ γάρ] i.e. the Eunomian; οὐδὲ τοῦτο means the foregoing argument, which he says would for them be without force. This seems to have more point than to suppose it to mean ἐξ ἡμ. εὐγν. εἶναι.
17. ταύτας] the προσηγορίαι of the Spirit.

πάσης ἐπικρύψεως, καίπερ σοφοῖς οὖσιν ὑμῖν, βραχύ τι τὸν λόγον ἀναγαγών.

25. Δύο γεγόνασι μεταθέσεις βίων ἐπιφανεῖς ἐκ τοῦ παντὸς αἰῶνος, αἳ καὶ δύο διαθῆκαι καλοῦνται, καὶ σεισμοὶ γῆς, διὰ τὸ τοῦ πράγματος περιβόητον· ἡ μὲν ἀπὸ τῶν εἰδώλων ἐπὶ τὸν νόμον, ἡ δὲ ἀπὸ τοῦ νόμου πρὸς τὸ εὐαγγέλιον. καὶ τρίτον σεισμὸν εὐαγγελιζόμεθα, τὴν ἐντεῦθεν ἐπὶ τὰ ἐκεῖσε μετάστασιν, τὰ μηκέτι κινούμενα, μηδὲ σαλευόμενα. ταὐτὸν δὲ αἱ δύο διαθῆκαι πεπόνθασι. τί τοῦτο; οὐκ ἀθρόως μετεκινήθησαν, οὐδὲ ὁμοῦ τῇ πρώτῃ κινήσει τῆς ἐγχειρήσεως. τίνος ἕνεκεν; εἰδέναι γὰρ ἀναγκαῖον. ἵνα μὴ βιασθῶμεν, ἀλλὰ πεισθῶμεν. τὸ μὲν γὰρ ἀκούσιον οὐδὲ μόνιμον· ὥσπερ ἃ βίᾳ κατέχεται τῶν ῥευμάτων ἢ τῶν φυτῶν· τὸ δὲ ἑκούσιον μονιμώτερόν τε καὶ ἀσφαλέστερον. καὶ τὸ μὲν τοῦ βιασαμένου, τὸ δὲ ἡμέτερον· καὶ τὸ μὲν ἐπιεικείας θεοῦ, τὸ δὲ τυραννικῆς

25. 9 μηδε] μητε ag 'duo Reg.' ‖ 11 ενεκεν] ενεκα df

1. ἐπικρύψεως] the reticence of the Bible on the subject of the Spirit's Godhead.
ib. σοφοῖς] of course ironical, 'although you are so wise as to need no instruction.'
2. ἀναγαγών] '*going some distance back*'; not back over the previous argument, but to principles somewhat remote from the conclusion.
25. *Two great changes have occurred in the history of religion, when men passed under the first and second Covenants respectively. In neither case was the change violently made. Like a skilled teacher or physician, God made the new order agreeable by permitting for a while something from the old, until men were ready to give it up of themselves.*
3. μεταθέσεις βίων] He calls the two dispensations by this title, because he is about to dwell on the *practical* difficulties attending such transitions.
4. σεισμοὶ γῆς] The ref. is to Heb. xii 26.
5. διὰ τὸ...περιβόητον] '*because of the celebrity of the thing*,' i.e. because the change was so great and on such a scale as to compel worldwide attention.
7. ἐντεῦθεν...ἐκεῖσε] from the present order to that which is beyond.
9. μηδὲ σαλευόμενα] Heb. xii 28.
10. ἀθρόως] Cp. § 22.
12. τὸ μὲν γὰρ ἀκ. οὐδὲ μόνιμον] '*for what is not voluntary is not lasting either.*'
15. τὸ μὲν τοῦ βιασ.] In the one instance, the change would be only the work of him who forced it on; in the other, it is our own. The one kind of change is in keeping with the considerateness of God; the other would be a mark of tyrannical power.

ἐξουσίας. οὔκουν ᾤετο δεῖν ἄκοντας εὖ ποιεῖν, ἀλλ' ἑκόντας εὐεργετεῖν. διὰ τοῦτο παιδαγωγικῶς τε καὶ ἰατρικῶς τὸ μὲν ὑφαιρεῖ τῶν πατρίων, τὸ δὲ συγχωρεῖ, μικρόν τι τῶν πρὸς ἡδονὴν ἐνδιδούς· ὥσπερ οἱ ἰατροὶ τοῖς ἀρρωστοῦσιν, ἵνα ἡ φαρμακεία παραδεχθῇ διὰ τῆς τέχνης φαρματτο- 5
μένη τοῖς χρηστοτέροις. οὐ γὰρ ῥᾴστη τῶν ἐν ἔθει καὶ μακρῷ χρόνῳ τετιμημένων ἡ μετάθεσις. λέγω δὲ τί; ἡ πρώτη τὰ εἴδωλα περικόψασα τὰς θυσίας συνεχώρησεν· ἡ δευτέρα τὰς θυσίας περιελοῦσα τὴν περιτομὴν οὐκ ἐκώλυσεν· εἶτα ὡς ἅπαξ ἐδέξαντο τὴν ὑφαίρεσιν, καὶ τὸ 10
συγχωρηθὲν συνεχώρησαν· οἱ μὲν τὰς θυσίας, οἱ δὲ τὴν περιτομήν· καὶ γεγόνασιν, ἀντὶ μὲν ἐθνῶν, Ἰουδαῖοι· ἀντὶ δὲ τούτων, Χριστιανοί, ταῖς κατὰ μέρος μεταθέσεσι κλαπέντες ἐπὶ τὸ εὐαγγέλιον. πειθέτω σε τοῦτο Παῦλος, ἐκ τοῦ περιτέμνειν καὶ ἁγνίζεσθαι προελθὼν ἐπὶ τὸ λέγειν· 15
Ἐγὼ δέ, ἀδελφοί, εἰ περιτομὴν κηρύσσω, τί ἔτι διώκομαι; ἐκεῖνο τῆς οἰκονομίας, τοῦτο τῆς τελειότητος.

7 μακρῷ] των μακρω b: τω μακρω def

2. τὸ μὲν ὑφαιρεῖ] 'like a schoolmaster or physician, He withdraws some parts of the hereditary system, and leaves others as a concession, giving in upon some small points which tend to keep men happy.'

5. φαρματτ. τοῖς χρηστ.] 'being seasoned with something nicer' than itself. The rhythm of the sentence is in favour of joining διὰ τῆς τέχνης to παραδεχθῇ rather than to φαρμ.

6. ῥᾴστη] used as an equivalent to the simple ῥᾳδία.

7. μακρῷ χρόνῳ] Cp. ii 14.

8. τὰς θυσίας συνεχ.] This, which is the usual patristic view of the legal sacrifices, is well expressed by Cyr. Al. c. Iul. iv p. 126 (Aubert); and by Greg. the Great in his letter to Mellitus (Bede Hist. Eccl. i 30).

10. ἐδέξαντο τὴν ὑφ.] 'as soon as they were reconciled to the withdrawal, they conceded the concession that had been made to them.' It is not clear at what point Gr. means that the Jews 'conceded' the sacrifices. It ought, acc. to the parallelism, to mean when 'they became Jews instead of heathens,' as they gave up circumcision when they 'became Christians instead of Jews.' This, however, would only be true of special representatives of the race, like Samuel and other prophets and psalmists, who taught that obedience was better than sacrifice. If Gr. is not thinking of these, we must suppose that the time when they gave up the sacrifices was practically the same as when they gave up circumcision, i.e. *not* when they first became 'Jews,' but when they became Christians.

13. κλαπέντες] For the use of κλέπτειν cp. i 2.

14. ἐκ τοῦ περιτ. καὶ ἁγν.] Acts xvi 3, xxi 26.

16. ἐγὼ δέ, ἀδελφοί] Gal. v. 11.

26. Τούτῳ τὸ τῆς θεολογίας εἰκάζειν ἔχω, πλὴν ὅσον ἐκ τῶν ἐναντίων. ἐκεῖ μὲν γὰρ ἐκ τῶν ὑφαιρέσεων ἡ μετάθεσις· ἐνταῦθα δὲ διὰ τῶν προσθηκῶν ἡ τελείωσις. ἔχει γὰρ οὕτως. ἐκήρυσσε φανερῶς ἡ παλαιὰ τὸν πατέρα, τὸν υἱὸν ἀμυδρότερον. ἐφανέρωσεν ἡ καινὴ τὸν υἱόν, ὑπέδειξε τοῦ πνεύματος τὴν θεότητα. ἐμπολιτεύεται νῦν τὸ πνεῦμα, σαφεστέραν ἡμῖν παρέχον τὴν ἑαυτοῦ δήλωσιν. οὐ γὰρ ἦν ἀσφαλές, μήπω τῆς τοῦ πατρὸς θεότητος ὁμολογηθείσης, τὸν υἱὸν ἐκδήλως κηρύττεσθαι· μηδὲ τῆς τοῦ υἱοῦ παραδεχθείσης, τὸ πνεῦμα τὸ ἅγιον, ἵν' εἴπω τι καὶ τολμηρότερον, ἐπιφορτίζεσθαι· μὴ καθάπερ τροφῇ τῇ ὑπὲρ δύναμιν βαρηθέντες, καὶ ἡλιακῷ φωτὶ σαθροτέραν ἔτι προσβαλόντες τὴν ὄψιν, καὶ εἰς τὸ κατὰ δύναμιν κινδυνεύσωσι· ταῖς δὲ κατὰ μέρος προσθήκαις, καί, ὡς εἶπε Δαβίδ, ἀναβάσεσι, καὶ ἐκ δόξης εἰς δόξαν προόδοις καὶ προκοπαῖς,

26. 13 προσβαλοντες] προσβαλλοντες be: προβαλοντες 'Or. 1'

Probably Gr. does not mean that this was an advance in St Paul's own views. He can hardly have failed to know that the Ep. to the Gal. was written before the incident in Acts xxi 26. He only means that we see St Paul sometimes acting on the principle of οἰκονομία, i.e. departure from what is absolutely best, out of consideration for the circumstances of others, and sometimes on the principle of τελειότης.

26. *So it was with the doctrine of God, except that the successive changes have been in the direction of believing more truths, not fewer. When the doctrine of the Father was well established, that of the Son was revealed, and when that was accepted, then the doctrine of the Spirit. The Spirit Himself came by degrees. Christ Himself revealed Him only by slow advances.*

1. τῆς θεολογίας] '*the doctrine of God.*'

ib. πλὴν ὅσον ἐκ τῶν ἐν.] '*except that it follows the opposite order.*' The change of practical system consists in dropping things; the doctrinal change consists in learning additional truths.

6. ἐμπολιτεύεται] '*is resident and active among us.*' Gr. considers that the Church learns by experience how to interpret the slight indications of the Holy Ghost's Divinity given by the N.T. It does not follow that he thought doctrinal advance possible in other directions also.

11. ἐπιφορτίζεσθαι] '*to be piled on the top of it,*' as an additional load to be carried.

ib. καθάπερ τροφῇ κτλ.] Cp. i 3.

15. ἀναβάσεσι] Ps. lxxxiii 6 (lxxxiv 5). It is prob. that the words ἐκ δυνάμεως εἰς δύναμιν in v. 8 (7) suggested the ἐκ δόξης εἰς δόξαν which follows (2 Cor. iii 18).

ib. προόδοις] Cp. ii 20.

τὸ τῆς τριάδος φῶς ἐκλάμψῃ τοῖς λαμπροτέροις. διὰ ταύτην, οἶμαι, τὴν αἰτίαν καὶ τοῖς μαθηταῖς κατὰ μέρος ἐπιδημεῖ, τῇ τῶν δεχομένων δυνάμει παραμετρούμενον, ἐν ἀρχῇ τοῦ εὐαγγελίου, μετὰ τὸ πάθος, μετὰ τὴν ἄνοδον, τὰς δυνάμεις ἐπιτελοῦν, ἐμφυσώμενον, ἐν γλώσσαις πυρίναις 5 φαινόμενον. καὶ ὑπὸ Ἰησοῦ κατ᾽ ὀλίγον ἐκφαίνεται, ὡς ἐπιστήσεις καὶ αὐτὸς ἐντυγχάνων ἐπιμελέστερον· Ἐρωτήσω, φησί, τὸν πατέρα, καὶ ἄλλον παράκλητον πέμψει ὑμῖν, τὸ πνεῦμα τῆς ἀληθείας· ἵνα μὴ ἀντίθεος εἶναι δόξῃ τις, καὶ ὡς ἀπ᾽ ἄλλης τινὸς ἐξουσίας ποιεῖσθαι τοὺς λόγους. εἶτα, 10 Πέμψει μέν, ἐν δὲ τῷ ὀνόματί μου. τὸ Ἐρωτήσω παρείς, τὸ Πέμψει τετήρηκεν. εἶτα, Πέμψω, τὸ οἰκεῖον ἀξίωμα· εἶτα, Ἥξει, ἡ τοῦ πνεύματος ἐξουσία.

27. Ὁρᾷς φωτισμοὺς κατὰ μέρος ἡμῖν ἐλλάμποντας,

1 εκλαμψη] εκλαμψει ab: σαφως εκλαμπειν 'Reg. Cypr.' ‖ 3 παραμετρουμενον] μετρουμενον df ‖ 5 εμφυσωμενον] εκφ. cd ‖ 6 ιησου] υιον 'Coisl. 2 et sex Colb.': χριστου 'Reg. Cypr.' ‖ 7 επιστηση b   **27.** 14 ημιν κατα μερος b

1. ἐκλάμψῃ τοῖς λ.] On the principle that 'he that hath, to him shall be given.' The subjunctive must be explained as depending upon the ἵνα implied in μή.

2. κ. τοῖς μαθηταῖς κ. μ. ἐπ.] '*why the Spirit sojourns with the disciples by degrees, dealing Himself out to them in proportion to the capacity of the recipients.*'

3. ἐν ἀρχῇ τοῦ εὐ.] The two series, of three members each, correspond. 'In the beginning of the Gospel,' He 'performs miracles' through the disciples (Luke ix 1); 'after the Passion,' He is 'breathed upon' the disciples (John xx 22); 'after the going up,' He 'revealed Himself in fiery tongues' (Acts ii 3). The same *profectus apostolicus* is traced in *Or.* xli 11, and by Gr.'s secretary Jerome *ad Hedib.*

7. ἐντυγχάνων] 'perusing'; cp. § 21. The progress in our Lord's statements about the Holy Ghost is traced in four sayings.

ib. ἐρωτήσω] John xiv 16.

9. ἀντίθεος] Cp. iv 5. Jesus might have seemed to be setting Himself up as a kind of rival God, and to speak as if by some independent authority, if He had not in the first instance referred the mission of the Holy Ghost entirely to the Father.

10. εἶτα, Πέμψει μέν] John xiv 26. Here, though the 'mission' is still referred to the Father, the Son's request is dropped, and the Spirit is said to be sent 'in His name.'

12. εἶτα, Πέμψω] John xv 26. Here the Son's personal dignity is revealed, as Himself the sender of the Spirit. Gr. of course is not directly speaking of the Eternal Procession.

ib. εἶτα, Ἥξει] John xvi 7 (ἔλθῃ). Here the Spirit's own freedom is brought out. It is a correct and useful observation.

καὶ τάξιν θεολογίας, ἣν καὶ ἡμᾶς τηρεῖν ἄμεινον, μήτε
ἀθρόως ἐκφαίνοντας, μήτε εἰς τέλος κρύπτοντας. τὸ μὲν
γὰρ ἄτεχνον, τὸ δὲ ἄθεον· καὶ τὸ μὲν τοὺς ἀλλοτρίους
πλῆξαι δυνάμενον, τὸ δὲ ἀλλοτριῶσαι τοὺς ἡμετέρους. ὃ
5 δὲ ἴσως μὲν ἤδη τισὶν ἦλθεν ἐπὶ νοῦν καὶ τῶν ἄλλων, ἐγὼ
δὲ τῆς ἐμαυτοῦ διανοίας ὑπολαμβάνω καρπόν, προσθήσω
τοῖς εἰρημένοις. ἦν τινὰ τῷ σωτῆρι, καὶ εἰ πολλῶν ἐνεπίμ-
πλαντο μαθημάτων, ἃ μὴ δύνασθαι τότε βασταχθῆναι τοῖς
μαθηταῖς ἐλέγετο, δι' ἃς εἶπον ἴσως αἰτίας, καὶ διὰ τοῦτο
10 παρεκαλύπτετο· καὶ πάλιν πάντα διδαχθήσεσθαι ἡμᾶς
ὑπὸ τοῦ πνεύματος ἐνδημήσαντος. τούτων ἓν εἶναι νομίζω
καὶ αὐτὴν τοῦ πνεύματος τὴν θεότητα, τρανουμένην εἰς
ὕστερον, ὡς τηνικαῦτα ὡρίμου καὶ χωρητῆς ἤδη τυγχανού-
σης τῆς γνώσεως, μετὰ τὴν τοῦ σωτῆρος ἀποκατάστασιν,
15 οὐκέτι ἀπιστουμένου τῷ θαύματι. τί γὰρ ἂν τούτου μεῖζον
ἢ ἐκεῖνος ὑπέσχετο, ἢ τὸ πνεῦμα ἐδίδαξεν; εἴπερ τι μέγα

2 om το μεν γαρ ατεχνον το δε αθεον και b ‖ 5 ηλθε τισιν επι νουν ηδη d : ηλθεν ηδη τισιν επι νουν f ‖ 6 εμαυτου] εμης b 'in nonnull.' ‖ 9 αιτιας] αιτιαις a ‖ 11 τουτων] τουτον a ‖ 12 εις]+τοις 'Reg. Cypr.' ‖ 15 απιστουμενου] απιστομενην 'Reg. a' ‖ τουτου] τουτο f¹

27. *That is still the right method,—not to keep things back, but not to teach them till people are prepared. Perhaps one of the things which the disciples could not bear while Christ was with them, but were to learn afterwards from the Spirit, was this very doctrine of the Spirit's Godhead.*

1. καὶ ἡμᾶς] as well as our Saviour. Τάξιν is acc. after ὁρᾷς, and ἐκφαίνοντας, κρύπτοντας, agree with ἡμᾶς, not with φωτισμούς, '*you see light shining upon us by degrees, and an order in the revelation of God.*'

2. ἀθρόως] Cp. § 22.
3. ἄτεχνον] '*unworkmanlike.*'
4. πλῆξαι] to astonish, and so keep them away from us; ἀλλοτρι-ῶσαι, because they naturally expect to hear the doctrine taught at the proper time.

ib. ὃ δὲ ἴσως μὲν κτλ.] '*I will add, what may perhaps have occurred to others also before now, but what I take to be the result of my independent thought.*'

8. μὴ δύνασθαι βαστ.] John xvi 12.

9. δι' ἃς εἶπον ἴ. αἰτ.] in § 26.

10. πάντα διδαχθ.] John xiv 26.

12. τρανουμένην] Cp. ii 4. The pres. part. combines the thought of the revelation as then in the future with the fact of its subsequent accomplishment.

13. ὡρίμου] Cp. iii 1. '*The knowledge then being timely and capable of being received, after our Saviour's restoration, when He was no longer disbelieved in for wonder.*' Luke xxiv 41.

16. εἴπερ τι μέγα οἱ. χρή] '*if we*

οἴεσθαι χρή, καὶ θεοῦ μεγαλοπρεπείας ἄξιον, τὸ ὑπισχνούμενον, ἢ τὸ διδασκόμενον.

28. Ἔχω μὲν οὕτω περὶ τούτων, καὶ ἔχοιμι, καὶ ὅς τις ἐμοὶ φίλος,—σέβειν θεὸν τὸν πατέρα, θεὸν τὸν υἱόν, θεὸν τὸ πνεῦμα τὸ ἅγιον, τρεῖς ἰδιότητας, θεότητα μίαν, δόξῃ, καὶ τιμῇ, καὶ οὐσίᾳ, καὶ βασιλείᾳ μὴ μεριζομένην, ὥς τις τῶν μικρῷ πρόσθεν θεοφόρων ἐφιλοσόφησεν· ἢ μὴ ἴδοι ἑωσφόρον ἀνατέλλοντα, ὥς φησιν ἡ γραφή, μηδὲ δόξαν τῆς ἐκεῖθεν λαμπρότητος, ὅς τις οὐχ οὕτως ἔχει, ἢ συμφέρεται τοῖς καιροῖς, ἄλλοτε ἄλλος γινόμενος, καὶ περὶ τῶν μεγίστων σαθρῶς βουλευόμενος. εἰ μὲν γὰρ οὐδὲ προσκυνητόν, πῶς ἐμὲ θεοῖ διὰ τοῦ βαπτίσματος; εἰ δὲ προσκυνητόν, πῶς οὐ σεπτόν; εἰ δὲ σεπτόν, πῶς οὐ θεός; ἓν ἤρτηται τοῦ ἑνός, ἡ χρυσῆ τις ὄντως σειρὰ καὶ σωτήριος. καὶ παρὰ μὲν τοῦ

28. 7 μικρῳ προσθεν] μικρων εμπροσθεν b : μικρον εμπροσθεν 'tres Colb.' ‖ 14 χρυσῆ τις] χρυσῖτις a

may call anything which is promised or taught great.' It implies a power of appreciation, greater than we perhaps possess, to determine the degrees of greatness in what God promises or reveals.

28. *Let this be our position then, to worship in one Godhead three undivided Persons. Woe to him who does not hold it, or who shifts with the public opinion of the times. If the Holy Ghost gives us the divine nature, He must needs be an object of worship, and in the full sense divine.*

3. ἔχω μὲν οὕτω] '*That is how I stand*': explained, with no grammatical construction, by σέβειν.

4. θεὸν τὸν πατέρα] '*the Father as God.*' Our familiar 'God the Father, God the Son,' is a turn of expression peculiar to English Christianity.

6. τῶν μικρῷ πρ. θεοφόρων] Acc. to Elias, the ref. is to Greg. Thaumaturgus, who, he says, uses these words in his 'Apocalypse.' The work is not now extant. Θεοφόρων, '*inspired*' (2 Pet. i 21).

7. μὴ ἴδοι ἑωσφ. ἀν.] Job iii 9. The imprecation must be considered in the same sense as the anathemas of the Councils.

8. ἐκεῖθεν] of heaven.

9. συμφ. τοῖς καιροῖς] '*goes with the current of the times.*'

11. σαθρῶς] prob. means (in accordance with συμφ. τοῖς καιροῖς) '*weakly,*' not '*corruptly.*' Cp. i 3. The timeserver '*has but weak resolution in regard to the things of most importance.*'

12. θεοῖ] '*make a God of me*'; cp. iii 19.

ib. εἰ δὲ προσκ., πῶς οὐ σεπτόν] Evidently Gr. feels σέβειν to be a higher word than the mere external προσκ.; it is already implied in οὐδὲ προσκ. in the line above; but the distinction is not always observed.

14. ἡ χρυσῆ τις] in rough apposition to ἕν. It is difficult to decide between this reading and χρυσῖτις, which has the authority of the best

πνεύματος ἡμῖν ἡ ἀναγέννησις· παρὰ δὲ τῆς ἀναγεννήσεως ἡ ἀνάπλασις· παρὰ δὲ τῆς ἀναπλάσεως ἡ ἐπίγνωσις τῆς ἀξίας τοῦ ἀναπλάσαντος.

29. Ταῦτα μὲν οὖν εἴποι τις ἂν τὸ ἄγραφον ὑποθέμενος· ἤδη δὲ ἥξει σοι καὶ ὁ τῶν μαρτυριῶν ἐσμός, ἐξ ὧν, ὅτι καὶ λίαν ἔγγραφος, ἡ τοῦ πνεύματος θεότης ἐπιδειχθήσεται τοῖς μὴ λίαν σκαιοῖς, μηδὲ ἀλλοτρίοις τοῦ πνεύματος. σκόπει δὲ οὕτως· γεννᾶται Χριστός, προτρέχει· βαπτίζεται, μαρτυρεῖ· πειράζεται, ἀνάγει· δυνάμεις ἐπιτελεῖ, συμπαρομαρτεῖ· ἀνέρχεται, διαδέχεται. τί γὰρ οὐ δύναται τῶν μεγάλων, καὶ ὧν θεός; τί δὲ οὐ προσαγορεύεται ὧν θεός, πλὴν ἀγεννησίας καὶ γεννήσεως; ἔδει γὰρ τὰς ἰδιότητας μεῖναι πατρὶ καὶ υἱῷ, ἵνα μὴ σύγχυσις ᾖ παρὰ θεότητι, τῇ καὶ τἆλλα εἰς τάξιν ἀγούσῃ καὶ εὐκοσμίαν. ἐγὼ μὲν

29. 4 ὑποτιθέμενος 'Reg. a' ‖ 13 παρα]+τη df

MS. The pronuntiation being identical, it seems natural to choose the rarer word; but on the other hand the scribe of 'a' may have been thrown out by the somewhat unusual combination of ἡ with τις. Cp. ii 19 ἡ αὔρα τις ὀλίγη.

2. ἀνάπλασις] that work of reconstruction of the character, in which ἀναγέννησις is the initial movement. It is only by deepening experience of the Spirit's power upon ourselves that we become convinced of the greatness of the Spirit Himself.

29. *Turn to the direct testimony of Scripture. What things are said of the Holy Ghost!*

4. ὑποθέμενος] 'assuming,' 'taking as the basis of discussion'; it does not in itself imply 'admitting.'

5. μαρτυριῶν] 'Scripture testimonies'; cp. § 2.

7. μὴ λ. σκαιοῖς] 'to those who are not too dense, or altogether strangers to the Spirit.'

8. γεννᾶται Χρ., προτρέχει] In the series which follows, the subject of the first verb of each pair is Christ, the subject of the second is the Holy Ghost. Προτρέχει, Luke i 35, Matt. i 20.

9. μαρτυρεῖ] John i 32 foll.
ib. ἀνάγει] Matt. iv 1.
ib. συμπαρομαρτεῖ] 'accompanies Him,' Luke iv 14 foll., Matt. xii 28. Cp. *Or.* xli 11 ᾧ παρῆν, οὐχ ὡς ἐνεργοῦν, ἀλλ' ὡς ὁμοτίμῳ συμπαρομαρτοῦν.

10. διαδέχεται] John xiv 16 etc.
ib. τί γὰρ οὐ δύν. κτλ.] *'What mighty thing, peculiar to God, is there that He cannot do? What title, peculiar to God, is there which is not applied to Him, except those of Unbegotten and Begotten?'* The phrase ὧν θεός means, *'which go to make up our conception of God.'* It seems strange to add καὶ γεννήσεως as one of those things ὧν θεός, as those with whom Gr. is arguing would not admit it. Gr. means, no doubt, that to orthodox Christians the Godhead cannot be conceived of without it.

12. ἰδιότητας] as in § 28.

φρίττω τὸν πλοῦτον ἐννοῶν τῶν κλήσεων, καὶ καθ' ὅσων ὀνομάτων ἀναισχυντοῦσιν οἱ τῷ πνεύματι ἀντιπίπτοντες. πνεῦμα θεοῦ λέγεται, πνεῦμα Χριστοῦ, νοῦς Χριστοῦ, πνεῦμα κυρίου, αὐτὸ κύριος· πνεῦμα υἱοθεσίας, ἀληθείας, ἐλευθερίας· πνεῦμα σοφίας, συνέσεως, βουλῆς, ἰσχύος, γνώσεως, εὐσεβείας, φόβου θεοῦ· καὶ γὰρ ποιητικὸν τούτων ἁπάντων· πάντα τῇ οὐσίᾳ πληροῦν, πάντα συνέχον· πληρωτικὸν κόσμου κατὰ τὴν οὐσίαν, ἀχώρητον κόσμῳ κατὰ τὴν δύναμιν· ἀγαθόν, εὐθές, ἡγεμονικόν, φύσει οὐ θέσει· ἁγιάζον, οὐχ ἁγιαζόμενον, μετροῦν, οὐ μετρούμενον, μετεχόμενον, οὐ μετέχον, πληροῦν, οὐ πληρούμενον, συνέχον, οὐ συνεχόμενον· κληρονομούμενον, δοξαζόμενον, συναριθμούμενον, ἐπαπειλούμενον· δάκτυλος θεοῦ, πῦρ ὡς θεός, εἰς

1 οσων] οσον e²

1. καθ' ὅσων ὀν. ἀναισχ.] 'and how many names they outrage,' lit. 'against how many names they are impudent.'

3. πνεῦμα θεοῦ] e.g. 1 Cor. ii 11; Χριστοῦ, Rom. viii 9; νοῦς Χρ., 1 Cor. ii 16; πν. κυρίου, 2 Cor. iii 17; αὐτὸ κ., ibid.

4. πν. υἱοθεσίας] Rom. viii 15; ἀληθείας, John xiv 17, xv 26, xvi 13, 1 John iv 6; ἐλευθερίας (by implication), 2 Cor. iii 17.

5. πν. σοφίας κτλ.] Is. xi 2 foll.

7. πάντα τῇ οὐσ. πλ.] Wisd. i 7. Πληρωτικὸν κόσμου κ. τ. οὐσ. is scarcely more than a repetition, but is introduced as an antithesis to ἀχώρητον κτλ., which is Gr.'s interpretation of the συνέχον τὰ πάντα of Wisdom.

9. ἀγαθόν] Doubtless Gr.'s reading in Ps. cxlii (cxliii) 10; εὐθές, Ps. l 12 (li 10); ἡγεμ., ibid. 14 (12).

ib. φύσει οὐ θέσει] These words qualify the preceding adjectives, and esp. ἡγεμ. The Holy Spirit is 'good, right, sovereign,' by nature, and not by an act that involved a change in Him. Θέσις seems to be used in the sense of 'agreement,' 'arrangement,' in which sense it is contrasted with φύσις by other writers. From this general sense of 'agreement,' it comes to be used of 'adoption' into a family, or 'admission' to the citizenship of a city.

10. ἁγιάζον] e.g. Rom. xv 16; μετροῦν, 1 Cor. xii 11 (for οὐ μετρούμενον cp. iv 12); μετεχόμενον, e.g. Phil. ii 1; πληροῦν, συνέχον, Wisd. i 7.

12. κληρονομούμενον] not a scriptural phrase, but perh. derived from more general expressions, like 1 Pet. iii 9 εὐλογίαν κλ., or Gal. iii 14 compared with 18; or from the usual language of Scripture about 'having,' 'receiving,' the Spirit. Δοξαζόμενον, perh. 1 Pet. iv 14; συναριθμ., e.g. Matt. xxviii 19, 2 Cor. xiii 14; ἐπαπειλούμενον, 'used as a threat,' Matt. xii 31 (cp. 2 Thess. ii 8).

13. δάκτυλος θ.] Luke xi 20 compared with Matt. xii 28; πῦρ, Acts ii 3 (cp. 1 Thess. v 19, 2 Tim. i 6); ὡς θεός, Heb. xii 29.

ἔμφασιν, οἶμαι, τοῦ ὁμοουσίου· πνεῦμα τὸ ποιῆσαν, τὸ
ἀνακτίζον διὰ βαπτίσματος, δι' ἀναστάσεως· πνεῦμα τὸ
γινῶσκον ἅπαντα, τὸ διδάσκον, τὸ πνέον ὅπου θέλει καὶ
ὅσον, ὁδηγοῦν, λαλοῦν, ἀποστέλλον, ἀφορίζον, παροξυνό-
5 μενον, πειραζόμενον· ἀποκαλυπτικόν, φωτιστικόν, ζωτικόν,
μᾶλλον δὲ αὐτοφῶς καὶ ζωή· ναοποιοῦν, θεοποιοῦν, τελειοῦν,
ὥστε καὶ προλαμβάνειν τὸ βάπτισμα, καὶ ἐπιζητεῖσθαι μετὰ
τὸ βάπτισμα· ἐνεργοῦν ὅσα θεός, μεριζόμενον ἐν γλώσσαις
πυρίναις, διαιροῦν χαρίσματα, ποιοῦν ἀποστόλους, προ-
10 φήτας, εὐαγγελιστάς, ποιμένας, καὶ διδασκάλους· νοερόν,
πολυμερές, σαφές, τρανόν, ἀκώλυτον, ἀμόλυντον· ᾧπερ ἴσον
δύναται τὸ σοφώτατον καὶ πολύτροπον ταῖς ἐνεργείαις,

4 πειραζομενον παροξυνομενον e² || 11 αμολυντον ακωλυτον df || ωπερ]
οπερ abceg 'plures Reg. etc.' || 12 το] τω acg 'duo Reg.'

1. τὸ ποιῆσαν] Prob. a ref. to Gen. i 2; ἀνακτ. διὰ β., John iii 5 (2 Cor. v 17); δι' ἀναστ., Rom. viii 11.

2. τὸ γινῶσκον ἅπ.] 1 Cor. ii 10 (cp. Ps. cxxxviii (cxxxix) 7); διδάσκον, John xiv 26, 1 John ii 27; πνέον, John iii 8; ὁδηγοῦν, John xvi 13; λαλοῦν, ἀποστ., ἀφορ., Acts xiii 2 foll. (cp. Acts xx 23, 1 Tim. iv 1; Is. xlviii 16).

4. παροξυνόμενον] Is. lxiii 10; πειραζ., Acts v 9.

5. ἀποκαλυπτικόν] 1 Cor. ii 10; φωτιστ., ζωτ., perh. Ps. xxxv 10 (xxxvi 9) as in § 3 (cp. John vi 63, Rom. viii 10).

6. ναοποιοῦν] 1 Cor. iii 16, vi 19; θεοποιοῦν, constructively deduced from the Spirit's action in baptism; τελειοῦν, in the 'mystical' sense of 'initiating.' All three words have ref. to 'baptism,' in the larger sense of the word; and the ὥστε prob. belongs to all three. It is more difficult to say what Gr. means by this use of ὥστε. Prob. it is intended to shew that the Spirit's part in baptism is an active, and not a passive part, so as to justify Gr.'s attribution to Him of the work of 'making' us temples etc. His independence with respect to the sacrament is a proof of this. He is able to 'anticipate baptism' (Acts x 44); and 'baptism' may be received and His indwelling be yet to seek (Acts viii 16).

8. ἐνεργοῦν] 1 Cor. xii 11; μεριζόμενον, Acts ii 3; διαιροῦν, 1 Cor. xii 11; ποιοῦν ἀπ. κτλ., Eph. iv 11 compared with 1 Cor. xii 4 foll., Rom. xii 6, Acts xx 28.

10. νοερὸν κτλ.] The following list is taken from Wisd. vii 22 foll., which describes the 'spirit' which 'is in Wisdom.' Gr. does not quote all the epithets there used, some of which, esp. μονογενές, would have been troublesome for him to expound. Each epithet from νοερὸν to ἀμόλυντον is explained. Νοερὸν = σοφώτατον; πολυμερές = πολύτρ. ταῖς ἐνεργ.; σαφές = σαφηνιστικὸν πάντων (neut.); τρανὸν = τρανωτικὸν; ἀκώλυτον = αὐτεξούσιον (this shews the order of df to be wrong); ἀμόλυντον = ἀναλλοίωτον (since any change in the Holy Ghost must be a change for the worse).

καὶ σαφηνιστικὸν πάντων, καὶ τρανωτικόν, καὶ αὐτεξούσιον, καὶ ἀναλλοίωτον· παντοδύναμον, παντεπίσκοπον, διὰ πάντων χωροῦν πνευμάτων νοερῶν, καθαρῶν, λεπτοτάτων, ἀγγελικῶν, οἶμαι, δυνάμεων, ὥσπερ καὶ προφητικῶν καὶ ἀποστολικῶν, κατὰ ταυτό, καὶ οὐκ ἐν τοῖς αὐτοῖς τόποις, ἄλλων δὲ ἀλλαχοῦ νενεμημένων, ᾧ δηλοῦται τὸ ἀπερίγραπτον.

30. Οἱ ταῦτα λέγοντες καὶ διδάσκοντες, καὶ πρός γε ἄλλον παράκλητον, οἷον ἄλλον θεόν, ὀνομάζοντες, οἱ τὴν εἰς αὐτὸ βλασφημίαν μόνην εἰδότες ἀσυγχώρητον, οἱ τὸν Ἀνανίαν καὶ τὴν Σάπφειραν οὕτω φοβερῶς στηλιτεύσαντες, ἐπειδὴ ἐψεύσαντο τὸ πνεῦμα τὸ ἅγιον, ὡς θεὸν ψευσαμένους, οὐκ ἄνθρωπον· οὗτοι τί σοι δοκοῦσι, πότερον θεὸν τὸ πνεῦμα κηρύσσειν, ἢ ἄλλο τι; ὡς λίαν ὄντως παχύς τις εἶ, καὶ πόρρω τοῦ πνεύματος, εἰ τοῦτο ἀπορεῖς, καὶ δέῃ τοῦ διδάξοντος. αἱ μὲν οὖν κλήσεις τοσαῦται καὶ οὕτως

---

5 ταυτο] ταυτον cdef: τουτο 'Or. 1' 30. 8 προς γε] προσετι γε b: προσετι 'Reg. a' ‖ 10 αυτο] αυτον def ‖ 14 κηρυσσειν] κηρυττουσι b 'Reg. a' ‖ 16 διδαξοντος] δικαζοντος 'Reg. Cypr.'

---

2. παντοδύναμον ... λεπτοτάτων] Wisd. vii 23. The 'understanding, pure, and most subtle spirits' in Wisd. 'through' which the Spirit 'goes,' are, in Gr.'s opinion (no doubt correct), not only 'the angelic Powers,' but also the spirits of prophets and apostles. These the Holy Spirit penetrates κατὰ ταυτό, '*simultaneously*,' although they are distributed in many different places, which is a proof that He is infinite.

30. *Such sayings involve His Godhead. All language of a different kind is explained by the principle of referring all to the Father as the First Cause.*

8. οἱ ταῦτα λέγοντες] viz. the sacred writers who used such language about the Holy Spirit.

ib. πρός γε] adv. 'besides.'

9. οἷον ἄλλον θ.] The words have a dangerous sound; '*as it were another God.*' But Gr. does not mean to call Him so. He only means that to call Him a Paraclete at all, in the same sense as Christ, is equivalent to calling Him God.

10. μόνην εἰδότες ἀσυγχ.] Matt. xii 31 foll.

11. στηλιτεύσαντες] The Greek method of proclaiming something to the honour or infamy of a person was to 'post' it on a στήλη or post in some public place. Hence a person subjected to such infamy is described in class. Greek as στηλίτης; from whence comes the verb στηλιτεύειν.

12. ἐψεύσ....ὡς θεόν] Acts v 3 foll.

14. ὡς λίαν] '*since you really are a very stupid person.*'

15. πόρρω τοῦ πν.] like ἀλλότριοι τοῦ πν. in § 29, '*unspiritual.*'

ἔμψυχοι. τί γὰρ δεῖ σοι τὰς ἐπὶ τῶν ῥημάτων μαρτυρίας παρατίθεσθαι; ὅσα δὲ κἀνταῦθα λέγεται ταπεινότερον, τὸ δίδοσθαι, τὸ ἀποστέλλεσθαι, τὸ μερίζεσθαι, τὸ χάρισμα, τὸ δώρημα, τὸ ἐμφύσημα, ἡ ἐπαγγελία, ἡ ὑπερέντευξις, εἴτε
5 τι ἄλλο τοιοῦτον, ἵνα μὴ καθ' ἕκαστον λέγω, ἐπὶ τὴν πρώτην αἰτίαν ἀνενεκτέον, ἵνα τὸ ἐξ οὗ δειχθῇ, καὶ μὴ τρεῖς ἀρχαὶ μεμερισμέναι πολυθέως παραδεχθῶσιν. ἴσον γὰρ εἰς ἀσέβειαν, καὶ Σαβελλίως συνάψαι, καὶ Ἀρειανῶς διαστῆσαι, τὸ μὲν τῷ προσώπῳ, τὸ δὲ ταῖς φύσεσιν.

10   31. Ὡς ἔγωγε πολλὰ διασκεψάμενος πρὸς ἐμαυτὸν τῇ φιλοπραγμοσύνῃ τοῦ νοῦ, καὶ πανταχόθεν τὸν λόγον εὐθύνας, καὶ ζητῶν εἰκόνα τινὰ τοῦ τοσούτου πράγματος, οὐκ ἔσχον ᾧ τινι χρὴ τῶν κάτω τὴν θείαν φύσιν παραβαλεῖν. κἂν γὰρ μικρά τις ὁμοίωσις εὑρεθῇ, φεύγει τὸ
15 πλεῖον, ἀφέν με κάτω μετὰ τοῦ ὑποδείγματος. ὀφθαλμὸν

1 επι] εκ 'Reg. Cypr.' ‖ 5 μη]+τα be² ‖ 7 παραδειχθωσιν 'Reg. Cypr.' ‖ 9 το μεν...το δε] τω μεν...τω δε 'tres Colb.'   **31.** 10 om προς εμαυτον 'Reg. a' ‖ 12 om του d ‖ 13 παραβαλειν] παραλαβειν b ‖ 14 om γαρ b ‖ φευγει]+με cdfg ‖ 15 πλειον] πλεον cde²f ‖ om με df

1. ἔμψυχοι] 'vivid,' 'striking.'
ib. τὰς ἐπὶ τῶν ῥ. μ.] 'the texts in so many words.' In § 29 they are for the most part only given allusively. What Gr. means by ἐπὶ τῶν ῥ. may be seen in iii 17.
2. ὅσα δὲ κἀνταῦθα] i.e. as well as in the case of the Son. See iii 18.
3. δίδοσθαι] e.g. Luke xi 13; ἀποστ., Luke xxiv 49, Gal. iv 6; μερίζ., Heb. ii 4; χάρισμα, 2 Tim. i 6; δώρημα (δωρεά), John iv 10, Acts viii 20; ἐμφύσ., John xx 22; ἐπαγγ. Luke xxiv 49, Acts i 4; ὑπερέντευξις (cp. iv 14), Rom. viii 26.
6. ἀνενεκτέον] from ἀναφέρω, 'must be referred to the primal Cause, in order that it may be shewn from whom He proceeds.'
7. παραδεχθῶσιν] the correlative to παραδίδοσθαι; 'that men might not receive the polytheistic doctrine of three separate Sources, or First Principles.'

9. τὸ μὲν τῷ προσώπῳ] lit. 'it counts for the same in impiety, whether you join like Sabellius, or disjoin like the Arians,—the former in the person, the latter in the natures.' Gr. seems instinctively to say τῷ προσώπῳ, not τοῖς προσώποις, because Sabellianism reduces the persons to one,—if indeed any personality can be said to remain.
31. Illustrations of the doctrine of the Trinity are wholly inadequate; like mouth, spring, and stream.
10. ὡς ἔγ. π.] 'How many things!'
11. φιλοπραγμ.] Cp. πολυπρ. ii 9.
ib. πανταχόθεν] where the English mode of thought would have expected πανταχόσε.
13. ᾧ τινι χρὴ τῶν κ.] 'to what earthly thing I might compare.'
14. τὸ πλεῖον] 'the most important part escapes me, leaving me below with my illustration.'
15. ὀφθαλμόν] The context makes

τινα, καὶ πηγήν, καὶ ποταμὸν ἐνενόησα, καὶ γὰρ καὶ ἄλλοι, μὴ τῷ μὲν ὁ πατήρ, τῇ δὲ ὁ υἱός, τῷ δὲ τὸ πνεῦμα τὸ ἅγιον ἀναλόγως ἔχῃ. ταῦτα γὰρ οὔτε χρόνῳ διέστηκεν, οὔτε ἀλλήλων ἀπέρρηκται τῇ συνεχείᾳ· κἂν δοκεῖ πως τρισὶν ἰδιότησι τέμνεσθαι. ἀλλ᾽ ἔδεισα, πρῶτον μὲν ῥύσιν 5 τινὰ θεότητος παραδέξασθαι στάσιν οὐκ ἔχουσαν· δεύτερον δὲ μὴ τὸ ἓν τῷ ἀριθμῷ διὰ τῆς εἰκασίας ταύτης εἰσάγηται. ὀφθαλμὸς γάρ, καὶ πηγή, καὶ ποταμὸς ἕν ἐστιν ἀριθμῷ, διαφόρως σχηματιζόμενα.

32. Πάλιν ἥλιον ἐνεθυμήθην, καὶ ἀκτῖνα, καὶ φῶς. 10 ἀλλὰ κἀνταῦθα δέος, πρῶτον μὲν μὴ σύνθεσίς τις ἐπινοῆται τῆς ἀσυνθέτου φύσεως, ὥσπερ ἡλίου καὶ τῶν ἐν ἡλίῳ·

1 και αλλοι] om και d¹ 'Or. 1' ‖ 2 τη δε] τω δε de ‖ 3 εχη] εχει b 'Reg. a et b' ‖ 4 καν] και g ‖ δοκει] δοκη b 'Reg. a' ‖ 5 τρισιν] τισιν g ‖ 8 αριθμω] τω αριθμω e² **32.** 10 παλιν] η παλιν 'tres Reg.'

it unquestionable that Elias is right in interpreting the word to mean what is called ὀπή in James iii 11,—the 'mouth' out of which the spring issues. No other example of this usage seems to be known; but Gr.'s own language in his poem about the Holy Ghost (iii 60) leaves no room for doubt. He there rejects the same comparison of πόρος, πηγή, ποταμὸς μέγας, ἕν τε ῥέεθρον. It is just possible that Gr. was aware that an 'eye' is the ordinary word in Hebrew for a spring; but in any case the metaphor is so natural that it is prob. an accident that we do not find it oftener.

1. καὶ γὰρ καὶ ἄλλοι] Elias suggests the Clementine passage which is given by Cotelier p. 528 (ed. 1672). Cp. Tert. *adv. Prax.* 8.

2. μὴ τῷ μέν] '*to see whether.*'

3. ταῦτα γὰρ κτλ.] The mouth, the spring, and the stream are not divided by time, nor is their continuity with each other severed; and yet the three have each their special characteristics.

5. ῥύσιν] '*an incessant waste,* or *dissipation, of Godhead.*' Παρα-δέξασθαι as in § 30.

8. ἕν ἐστιν ἀριθμῷ] They are not really three distinct things, Gr. thinks; they are only various forms or phases of the same thing, and therefore they are inadequate to express the Trinity, which is essentially three in number.

32. *So with sun, ray, and light; or with the flickering sunshine reflected from water upon a wall.*

10. ἥλιον κτλ.] Cp. Tert. *adv. Prax.* 8.

11. κἀνταῦθα δέος] This illustration likewise had its dangers. It might have suggested that the Trinity is a Trinity by some kind of composition or combination, such as the science of Gr.'s time discerned between the sun itself and the ray and the light which were 'in' the sun. Cp. *Or.* xliv 4. And secondly there was the opposite danger of suggesting that the Father alone has true positive being, while the Son and Spirit are but faculties of His, without personal subsistence, such being in Gr.'s view the character of the ray and the light.

δεύτερον δὲ μὴ τὸν πατέρα μὲν οὐσιώσωμεν, τἆλλα δὲ μὴ ὑποστήσωμεν, ἀλλὰ δυνάμεις θεοῦ ποιήσωμεν ἐνυπαρχούσας, οὐχ ὑφεστώσας,—οὔτε γὰρ ἀκτίς, οὔτε φῶς, ἄλλος ἥλιος, ἀλλ' ἡλιακαί τινες ἀπόρροιαι, καὶ ποιότητες οὐσιώ-
5 δεις,—καὶ ἅμα τὸ εἶναι καὶ τὸ μὴ εἶναι τῷ θεῷ δῶμεν ἐν τούτοις, ὅσον ἐκ τοῦ ὑποδείγματος, ὃ καὶ τῶν εἰρημένων ἀτοπώτερον. ἤκουσα δέ τινος καὶ τοιοῦτον ὑπογράφοντος λόγον,—μαρμαρυγήν τινα ἡλιακὴν τοίχῳ προσαστράπτουσαν, καὶ περιτρέμουσαν ἐξ ὑδάτων κινήσεως, ἣν ἡ ἀκτὶς

5 θεω]+μονω τω πατρι b 'Reg. a': +μονω 'duo Coisl.' ‖ 6 ειρημενων] προειρημενων 'duo Coisl.' ‖ 9 η ακτις] om η cd¹f

2. ἐνυπαρχούσας] Existing only in Him, as attributes of His. The word is freq. in this sense in Aristotle.

3. ἄλλος ἥλιος] This, acc. to Gr., would be necessary to make the illustration complete. Cp. § 14, and § 30 ἄλλον θεόν. The ray is not the equal of the luminous body which gives it off; whereas in the Trinity there is, as it were, a sun giving off a sun.

4. ἡλιακαί τ. ἀπόρρ.] 'solar effluences'; Gr. will not even say ἡλίου ἀπόρρ., because it might suggest that, once flowing forth, the effluence has some kind of independent existence, whereas his point is that the ray and the light are but properties of the sun. This is further brought out by the addition καὶ ποιότ. οὐσ. 'and essential qualities.' By οὐσιώδεις Gr. seems from the context to mean 'belonging to the nature of the sun.' Elsewhere, however, the word is used in a way that would give an almost opposite meaning; e.g. Or. xli 11 οὐκέτι ἐνεργείᾳ παρὸν ὡς πρότερον, οὐσιωδῶς δέ, ὡς ἂν εἴποι τις, συγγινόμενον; Cyr. Hier. Cat. Myst. iii 1 πνεύματος ἁγίου οὐσιώδης ἐπιφοίτησις. Acc. to these examples, ποιότητες οὐσιώδεις would rather mean 'real, substantive qualities.' In order to suit the context, we should then have to understand οὐσιώδεις to have something of a concessive force, 'qualities after all, however real and substantive.'

5. καὶ ἅμα τὸ εἶναι κτλ.] The gloss μόνῳ τῷ πατρί gives the right direction for understanding the passage: it means that if we are content with the illustration, we attribute τὸ εἶναι only to the Father, and withhold it from the Son and Spirit. Ἐν τούτοις = in the Persons so conceived of. Thus to 'God' (in the sense of ὅλος θεός iv 6) we should 'attribute at the same time existence and non-existence.'

7. ἤκουσα δέ τινος] '*I once heard a man offering the following account.*' It is unknown who the man was.

8. μαρμαρυγήν τινα] The illustration, though attractive to the poetical imagination of Gr., is not immediately clear. It seems at first as if the trinity were the sunbeam, the water, and the wall, which combine to produce the παλμός, the dancing and quivering reflexion. The point, however, appears to lie rather in the junction of unity with multiplicity (the number three being for the moment lost sight of) displayed in the vibrations of the sunbeam.

THEOLOGICAL ORATION V

ὑπολαβοῦσα διὰ τοῦ ἐν μέσῳ ἀέρος, εἶτα σχεθεῖσα τῷ ἀντιτύπῳ, παλμὸς ἐγένετο καὶ παράδοξος. ἄττει γὰρ πολλαῖς καὶ πυκναῖς ταῖς κινήσεσιν, οὐχ ἓν οὖσα μᾶλλον ἢ πολλά, οὐδὲ πολλὰ μᾶλλον ἢ ἕν, τῷ τάχει τῆς συνόδου καὶ τῆς διαστάσεως, πρὶν ὄψει κρατηθῆναι, διαδιδράσκουσα. 5

33. Ἀλλ' οὐδὲ τοῦτο θέσθαι δυνατὸν ἐμοί, δι' ἓν μέν, ὅτι τὴν μὲν τὸ κινῆσαν καὶ πάνυ δῆλον· θεοῦ δὲ οὐδὲν πρεσβύτερον, ἵν' ᾖ τι τὸ τοῦτον κεκινηκός. αὐτὸς μὲν γὰρ πάντων αἰτία, αἰτίαν δὲ πρεσβυτέραν οὐκ ἔχει. δεύτερον δέ, ὅτι κἀνταῦθα τῶν αὐτῶν ὑπόνοια, συνθέσεως, χύσεως, 10 ἀστάτου καὶ οὐ παγίας φύσεως, ὧν οὐδὲν ἐννοητέον περὶ θεότητος. καὶ ὅλως οὐδέν ἐστιν ὅ μοι τὴν διάνοιαν ἵστησιν ἐπὶ τῶν ὑποδειγμάτων θεωροῦντι τὸ φανταζόμενον, πλὴν

1 σχεθεῖσα] χεθεισα 'El.' 33. 6 τοῦτο] τουτω ag 'tres Colb.' ||
11 ἐννοητέον] cetera desunt in a

1. ὑπολαβοῦσα] 'assuming,' 'catching.'
ib. διὰ τοῦ ἐν μ. ἀέρος] 'by means of the intervening air.' Acc. to Gr.'s theory, it is the air between the water and the wall which communicates to the sunbeam the motion of the water. Cp. ii 12, 13, 22.
ib. σχεθεῖσα τῷ ἀντ.] 'arrested by the resisting substance.' Cp. ii 26 ἀντιτυπούμεναι.
2. παλμὸς ἐγ. καὶ παράδ.] 'becomes (gnom. aor.) a quivering that quite surprises you.'
ib. ἄττει]=ἄσσει, 'vibrates.'
33. It is a misleading comparison. We do best to content ourselves with the few words given us by revelation for our guidance, and so to press on through life, endeavouring to bring all to join in worshipping Father, Son, and Holy Ghost, in one Godhead.
6. θέσθαι] 'to lay down as my own,' 'accept.'
7. τὴν μὲν τὸ κ.] 'it is very clear what moves the sunbeam.' The contrasted phrase would strictly have run θεὸν δὲ οὐδὲν κινεῖ (οὐδέν ἐστι τὸ κινοῦν).
10. τῶν αὐτῶν ὑπ.] 'there is a suspicion (or perh. a notion) of the same things' as in the case of the former illustrations.
ib. χύσεως] might seem to be in favour of Elias' reading χεθεῖσα above. But the point of the illustration there does not lie in that word, whether χεθ. be read, or σχεθ. Χύσις represents the 'shedding,' whether of light or of water, which implies dissipation.
11. ἀστάτου] repeats the στάσιν οὐκ ἔχουσαν of § 31. Cp. Poem. iii 64 οὔτε τις ἐξ ὑδάτων κινήμασιν ἡλιακοῖσι μαρμαρυγή, τοίχοισι περίτρομος, ἀστατέουσα, πρὶν πελάσαι φεύγουσα, πάρος φυγέειν πελάουσα. οὐδὲ γὰρ ἀστατός ἐστι θεοῦ φύσις, ἠὲ ῥέουσα ἠὲ πάλιν συνιοῦσα· τὸ δ' ἔμπεδόν ἐστι θεοῖο.
12. τὴν διάνοιαν ἵστησιν] 'nothing to satisfy my mind (lit. which brings it to a stop) when I contemplate in illustrations the image which I form.'

εἴ τις ἕν τι λαβὼν τῆς εἰκόνος, ὑπ' εὐγνωμοσύνης τὰ λοιπὰ
ῥίψειε. τέλος οὖν ἔδοξέ μοι κράτιστον εἶναι τὰς μὲν
εἰκόνας χαίρειν ἐᾶσαι καὶ τὰς σκιάς, ὡς ἀπατηλὰς καὶ
τῆς ἀληθείας πλεῖστον ἀποδεούσας, αὐτὸν δὲ τῆς εὐσεβε-
5 στέρας ἐννοίας ἐχόμενον, ἐπ' ὀλίγων ῥημάτων ἱστάμενον,
ὁδηγῷ τῷ πνεύματι χρώμενον, ἣν ἐντεῦθεν ἔλλαμψιν
ἐδεξάμην, ταύτην εἰς τέλος διαφυλάσσοντα, ὡς γνησίαν
κοινωνὸν καὶ συνόμιλον, τὸν αἰῶνα τοῦτον διαπορεύεσθαι
διατέμνοντα, καὶ τοὺς ἄλλους πείθειν εἰς δύναμιν προσ-
10 κυνεῖν πατέρα, καὶ υἱόν, καὶ πνεῦμα ἅγιον, τὴν μίαν
θεότητά τε καὶ δύναμιν· ὅτι αὐτῷ πᾶσα δόξα, τιμή, κράτος,
εἰς τοὺς αἰῶνας τῶν αἰώνων· Ἀμήν.

8 διαπορευεσθαι] διαπορθμευεσθαι e ∥ 9 om διατεμνοντα 'tres Colb.': τεμ-
νοντα d¹ (ut videtur) ∥ 11 και]+βασιλειαν και 'Reg. a' ∥ 12 om των αιωνων ce

1. ὑπ' εὐγνωμοσύνης] The rhythm is in favour of joining these words to those which follow; '*have the good sense to throw the rest away.*' For the use of the prep. cp. iv 7.
4. τῆς ἀλ. πλ. ἀποδεούσας] '*quite inadequate to express the truth.*'
ib. τῆς εὐσ. ἐνν. ἐχόμενον] '*clinging to the most reverent of views.*' Cp. iv 15 *sub fin.*
5. ἐπ' ὀλίγων ῥ. ἱστ.] '*satisfied with a few* (not *with few*) *words.*'
The clause is contrasted with ἵστησιν ἐπὶ τῶν ὑποδειγμάτων θ. above. 'A few words' of Scripture are all that we have to go upon.
6. ἐντεῦθεν]=ἀπὸ τοῦ πνεύματος.
8. διαπ. διατέμνοντα] '*to journey through this world, cleaving my way as I go.*' There is a ref. to the usual expression τέμνειν ὁδόν. Gr. alludes to the difficulties that beset a faith which will not acquiesce in poor substitutes for knowledge.

INDEX I.

SUBJECTS.

A

Aaron, 22
Abraham, 48, 85, 137
Adam, 89, 108, 140, 142, 158
Air, and its phenomena, 65
Ananias and Sapphira, 185
Angels, their nature, limitations and ministry, 26, 27, 34, 70, 84, 92, 164
Animals, their variety, 57; their sagacity, 59 foll.
Anthropomorphic language, 172
Aristotle, 19; quoted or referred to, 31, 33, 56, 64, 65, 66, 150, 157
Arius referred to, 151
Assyrians, 8
Astrology, 20, 44, 69
Athanasius referred to, 110, 133
Atheism, 74

B

Babylon, 8
Basil referred to, 62, 110, 133
Beasts, in allegorical sense, 23, 145
Bees, 59
Belief in, and belief concerning, 152
Benevolence of GOD in Nature, 61 foll., 64
Birds, their habits and nature, 58
Body, the, an encumbrance to thought, 27, 40, 41, 89, 135
Brevity, its advantages, 1, 74

C

CHRIST, His sufferings, 20; His virgin birth, 78; His divine titles in Scripture, 99 foll.; His humanity in Scripture, 100 foll.; its relation to His divinity, 102 foll.; His Incarnation, 109; His unction, 111, 142; as a Servant, 111; His kingdom, 112; how He speaks as our representative, 115; His obedience, 116; His names, 142; His Person, ambiguous language concerning, 101, 103, 108, 111, 112, 119, 121, 122, 125, 126, 129, 141, 142. Cp. GOD the Son; Logos
Christians, strife amongst, 11; their inconsistency, 12; their duty to refute heathen philosophies and superstitions, 17
Church life of Gregory's time, 12
Clementine literature, referred to, 187
Controversy deprecated, 7 foll., 15
Councils, Gregory's opinion of, 16
Covenants, the two, 176
Creation, difficulty of understanding, 83
Cretan labyrinth, the, 60
Criticism easier than construction, 73
Cynics, 19

D

Dædalus, 60
David, 25, 54, 129
Day and night, 68
Deification of man through Christ, 103, 113, 131, 143, 149, 181, 184
Dereliction on the Cross, 115
Devil, his use of idolatry, 45

Discussions, religious, carried to excess, 3; proper conditions of, 4; dangers of, 106; weariness produced by, 146
Docetism, 115

E

Earth, variety of its surface a proof of divine benevolence, 61 foll., 64; its stability, 62
Egypt, 8; our Lord's flight into, 104
Elijah, 16, 49, 66
Enoch, 48
Enos, 48
Enumeration, arbitrary rules concerning, 169
Epicureans, 33
Epicurus, 18
'Equivocal' words, 93
Euclid, 60
Eunomians, their argumentativeness, 3; their pride attacked, 15 foll.; their obscurity, 38; their hasty theology, 16, 73; their systematic propaganda, 74; their materialism, 84, 92, 153; their objections to Catholic doctrine, 76 foll.
Eve, 158
Ezekiel, 50

F

Faith and Reason, 66, 106
First Fair, the, 129
Fish, their habits and nature, 58
Flood, the, 48, 65
Freedom, GOD's respect for human, 176

G

Generation of the Son, 77, 153; the transmission of an identical nature, 88, 138; the glory of it, 90, 119
GOD, not always suitable to discourse of, 6; has made nothing in vain, 13; what is meant by His 'back,' 25; anthropomorphic language used of Him, 172; incomprehensible to us, 26, 39, 48; and to higher beings than we, 27; His works beyond our comprehension, 28; His existence inferred from the order of Nature, 29, 47; incorporeal, 31 foll.; how related to space, 37; three reasons given for His incomprehensibility, 40; allegorically expressed, 41; to be known from His benevolence, 61; One, but in Three Persons, 75, 156, 162 foll., 181; 'God' a relative term, 93, 135; used in different senses according to the Eunomians, 93; the term does not always denote the Father, 117, 129; GOD cannot be adequately named, 134; Hebrew reverence for the Name of, 135; derivation of the word θεός, 136; an imperfect Godhead impossible, 149; the Persons inseparable, 149, 161, 165, 187; this Trinity how illustrated, 163, 187 foll.; gradual revelation of, 178 foll.
GOD the Father, the cause and origin of the other two Persons, 75, 95, 119, 121, 123, 133, 139, 140, 148, 162, 163, 186; 'properly' Father, 78 foll.; whether Father because He wills to be so or not, 80; in what sense 'Father,' 98; eternally Father, 100; how greater than the Son, 119
GOD the Son, generation of, 75 foll.; eternal, 85; His divinity demonstrated in Scripture, 99 foll.; His humiliation, how described in the words of Scripture, 103 foll.; these words balanced by others indicating His divinity, 103, 104 foll.; His subjection, 114; His equality with the Father, 118 foll.; in what sense life, &c. given to Him, 121; in what sense His power limited, 121 foll.; His inability to act independently, 123; in what sense He does the same things that He sees the Father do, 124; His will how related to His Father's, 125; His two wills, 126; His Oneness with the Father, 128 foll.; our Mediator, 130; in what sense ignorant of the Last Day, 131 foll.; His names, both as GOD and Man, 139 foll.; the

'definition' of the Father, 139; His names as incarnate, 142. Cp. CHRIST; Logos
GOD the Spirit, procession of, 75; given by the Son, 140; His divinity denied by some, 145; and why, 146; equally with the Father and the Son the 'Light,' 148; His eternity, 149; differences of belief among Christians in reference to, 150; not a creature, 152, 160; neither 'begotten' nor 'unbegotten,' but 'proceeding,' 138, 154; the term 'procession' inexplicable, 155; His relation to the Son, 155; His consubstantial Godhead with the Father, 156 foll.; 'not an object of worship in Scripture': reply, 159, 181: 'Scripture silent on His Godhead': reply, 171, 182 foll.; bestowed by three successive advances, 179; gradually revealed, 180; His work in man's renewal, 182; His share in Christ's miracles, 182; His titles, 183
Gradual revelation of GOD, 178 foll.
Greeks, 26, 76, 150, 151, 163
Gregory's fatherly heart, 3; compares himself to Moses on the mount, 22; his former efforts, 73; prays for his opponents, 107
Gregory Thaumaturgus referred to, 181

H

Heathen philosophy, schools of, 17 foll.
Human knowledge, its limits, 48, 52, 83

I

Idolatry, origin of, 44
'Image,' in what sense used of Christ, 140
Immortality, of soul, 92; of angelic nature, 92
Incarnation, the, 25, 102 foll., 109 foll.; concealed our Lord's real personality from the Tempter, 117; produced no fusion of two natures, 120
Insects, their habits and nature, 59

Isaac, 137
Isaiah, 50
Israel, 112

J

Jacob, 49, 137, 165
John, St, 168; the Baptist confused with the Evangelist, 52

K

Knowledge, human, limits of, 48, 52, 83

L

Labyrinth, the Cretan, 60
Language of Scripture, various ways in which it may be understood, 172 foll.; limits of, to express abstract conceptions, 41
Lazarus, our Lord's question about, 105
Levi, 85
Liar, logical puzzle of the, 86
Light, theory of, 41, 56, 189
Logos, the, 11, 25, 39, 119, 139

M

Macedonian heretics, 145; their inconsistency, 161
Man, his wonderful nature, 54; a microcosm, 56; 'the god beneath,' 103
Manichees, 89
Manna, 65
Manoah, 50
Mansions, Gregory's conception of the many, 14
Marcion, 154
Melchizedek, 143
Microcosm, man a, 56
Monotheism, 75
Moon, the, 69
Moses, 6, 16, 22, 26, 69, 136, 167
Mysteries, the heathen, well observed, 9

N

Nadab and Abihu, 22
Night and day, 68
Noah, 48, 65

Numbers, Aetius' canon on the use of, 166 foll.

O

Oppian referred to, 46
Orphic asceticism, 18

P

Palamedes, 60
Paul, St, 2, 15, 16, 26, 51, 107, 118, 168
Peter, St, 50, 104, 168
Pharaoh, 26
Philosophy, schools of heathen, 17 foll.
Plants, their variety and virtues, 61
Plato, 18; quoted or referred to, 5, 11, 21, 26, 46, 56, 68, 76, 150
Platonists, 88
Polytheism, 74 foll.; how it differs from the doctrine of the Trinity, 163 foll.
Precious stones, 61
Prepositions, how used of the Divine Persons, 170
Prophetic visions, their nature, 51
Pythagoras, 17

Q

'Quintessence,' theory of a, 33

R

Reason and Faith, 66, 106
Regeneration and renewal, 182
Reticence of Scripture, 175
Revelation of GOD, gradual, 178 foll.
Rock, the cleft, 24

S

Sacrifices, a concession to human weakness, 177
Sadducees, 149
Saul, 129
Scripture, abuse of, 108; mistaken insistence upon, 147, 167, 175; various ways in which its language may be understood, 172 foll.
Seasons, the, 69
Seth, 140, 158
Solomon, 7, 53, 109
Soul, immortality of, 92
Springs, theory of hot, 62
Stars, the, 67
Stoics, 19
Sun, the, 67 foll.
Sun-worship, 43

T

Tabernacle of Moses, the, a type of the world, 69
Teleological argument, the, 29 foll.; 61
Temptation, how possible to Christ, 117
Tenses, variously used in the Bible, 79
Theology, conditions of discussion of, 4 foll., 23; not to be discussed before the heathen, 8 foll.
Trinity, the Holy, 7, 22, 71, 75, 138, 148, 149, 156, 162, 165, 181 *et passim* (cp. GOD)
Tritheism refuted, 161 foll.

V

Valentine, 154

W

Wisdom, the divine, 109, 124, 131
Woman, her skill, 59

INDEX II.

SCRIPTURE TEXTS.

GENESIS
i. 2	184, 1
16, 18	69, 7
ii. 7	12, 7; 140, 14
9	105, 14
iii. 8	172, 5
iv. 26 (LXX.)	48, 9
v. 24	48, 11
vi. 9 (LXX.)	48, 13
vii. 11	66, 3
viii. 2	66, 3
ix. 12	65, 19
xv. 6	48, 15
xviii. 8, 17	48, 18
xix. 24	99, 17
xxii. 13	48, 16
xxviii. 12	49, 1
xxxii. 30	138, 1
30 (31)	49, 4
31 (32)	49, 8
xxxv. 1, 9	49, 4

EXODUS
iii. 6	137, 11
14	136, 4
vii. 1	26, 3
xiv. 20	40, 19
xv. 3	136, 12
25	105, 17
xvi. 18	65, 3
xix. 3 foll.	22, 6
13	22, 20
14, 15	22, 16
22	22, 13
24	22, 10
xx. 2	136, 11
xxiv. 1	22, 12
12	24, 4
18	22, 9
xxv. 18, 19	167, 8
20 (19)	25, 4
xxxii. 15	24, 5
xxxiii. 23	24, 13
xxxiv. 6	16, 2

LEVITICUS
xi.	24, 2

DEUTERONOMY
iv. 12	22, 18
24	136, 8
vi. 7 (xi. 19)	6, 14
xiv.	24, 1
xxxii. 8 (LXX.)	71, 8

JOSHUA
i. 8	6, 11

JUDGES
xiii. 22	50, 4, 6

I SAMUEL
xv. 28	129, 11

I KINGS
iii. 12	53, 6
iv. 29	53, 7
31	53, 5
xviii. 45	66, 1
xix. 12	49, 16

II KINGS
ii. 11	16, 1

JOB
iii. 9	181, 7
xii. 14	66, 2
xv. 25	40, 13
xxvi. 8	65, 13
10	63, 21
xxviii. 14	109, 13
25	66, 5
xxxviii. 3	13, 8
16 (LXX.)	40, 4
22	65, 11

xxxviii. 28, 29 .... 65, 11
31 .... 69, 11
36 (LXX.) 59, 8
xl 3 (8) 13, 9

PSALMS

i. 2 .... 6, 11
ii. 1 .... 79, 14
    8 .... 121, 1
    9 .... 105, 10
iv. 1 .... 137, 11
    7 (6) 173, 1
viii. 2 (1) 25, 8
    4 (3) 28, 6
xvii. 11 (xviii. 10) 173, 1
xvii. (xviii.) 12 .... 40, 20
xviii. 2 (xix. 1) 109, 14
    6 (xix. 5) 67, 19
    7 (xix. 6) 68, 2
xxi. 2 (xxii. 1) 115, 1
xxii. (xxiii.) 2, 3 .... 143, 1
xxiii. (xxiv.) 7 .... 137, 6
    10 .... 137, 8
xxxiii. 2 (xxxiv. 1) 6, 13
xxxv. 10 (xxxvi. 9) ... 148, 8; 184, 5
xxxvi. 6 (xxxv. 7) 54, 3
xliii. 24 (xliv. 23) 172, 4
xliv. 3 (xlv. 2) 104, 2
    7 (xlv. 6) 100, 1
xlv. (xlvi.) 10 .... 5, 6
l. 12, 14 (li. 10, 12) 183, 9
liii. 6 (liii. 5) 147, 7
liv. 18 (lv. 17) 6, 12
lviii. 4 (lix. 3) 127, 4
lxv. (lxvi.) 6 .... 80, 1
lxvii. 9, 36 (lxviii. 8, 35) 138, 1
    13 (lxviii. 12) 137, 7
    20 (lxviii. 19) 138, 5
    21 (lxviii. 20) 137, 10
lxxiv. 3 (lxxv. 2) 5, 7
lxxviii. (lxxix.) 5 .... 172, 5
lxxix. 2 (lxxx. 1) 105, 9; 172, 5
lxxxi. (lxxxii.) 1 .... 113, 16
    8 .... 113, 15
lxxxiii. 6 (lxxxiv. 5) 178, 15
xciii. (xciv.) 1 .... 137, 10
cii. (ciii.) 20 .... 71, 5
ciii. (civ.) 1 .... 25, 8
    4 .... 70, 5; 125, 2
    5 .... 125, 3
cix. (cx.) 1 .... 112, 13
    3 .... 99, 7
cx. (cxi.) 7 .... 110, 15

cxiii. (cxiv.) 6 .... 110, 2
cxviii. (cxix.) 131 ...... 30, 8; 141, 1
cxxiv. (cxxv.) 4 .... 129, 13
cxxxvi. (cxxxvii.) 4 .... 8, 4
cxxxviii. (cxxxix.) 6 .... 54, 5
cxl. (cxli.) 5 .... 151, 8
cxlii. (cxliii.) 10 .... 183, 9
cxliv. (cxlv.) 16 .... 173, 2
cxlvi. (cxlvii.) 4 .... 69, 12

PROVERBS

viii. 22 .... 100, 12; 109, 7
    23 .... 111, 1
    25 .... 92, 6; 110, 10
xxv. 16 .... 7, 4
xxx. 29 .... 167, 5

ECCLESIASTES

i. 7 .... 63, 15
iii. 1 .... 7, 5
vii. 23 f.; viii. 17; xii. 12 f. ... 53, 9

CANTICLES

ii. 15 .... 23, 16
v. 16 .... 105, 18

ISAIAH

i. 11 .... 39, 14; 71, 14
vi. 1 .... 50, 15
viii. 19 .... 157, 10
xi. 2 foll. 183, 5
xiv. 12 .... 40, 12
xix. 16 foll. 104, 1
xxi. 2 .... 148, 12
xxiii. 4 .... 109, 13
xxviii. 16 .... 49, 3
    25 .... 21, 10
xl. 9 .... 148, 13
xli. 4 .... 99, 8
xlii. 8 .... 136, 11
xliii. 10 .... 174, 3
xliv. 6 .... 174, 2
xlviii. 16 .... 184, 4
xlix. 6 .... 111, 6
liii. 2 .... 104, 1
    5 .... 105, 12
    7 .... 105, 8, 10; 143, 6, 7
    8 .... 143, 9
    11 .... 111, 6

lviii. 6 .... 107, 6
lxi. 1 .... 49, 3
lxiii. 10 .... 152, 5 ; 184, 4

JEREMIAH

iv. 3 .... 21, 8
   19 .... 3, 15
   22 .... 153, 9
v. 22 .... 63, 16
ix. 21 .... 12, 15
x. 16 .... 165, 9
xiii. 23 .... 23, 9
xxiii. 18 .... 51, 8
    24 .... 32, 8
xxxi. 28 .... 172, 5
xlvi. 25 .... 104, 1
xlvii. 6 .... 110, 1
l. 31 (LXX. xxvii. 31) 1, 2

LAMENTATIONS

iii. 34 .... 41, 4

EZEKIEL

i. 4 .... 50, 18
  19 foll. 51, 1
  24, 28 .... 51, 1
  26 .... 172, 5
ii. 9 .... 51, 1
iii. 27 .... 148, 12
xxxiv. 16 .... 143, 3

DANIEL

iii. 23 (LXX.) 8, 10
v. 12 .... 39, 4
  16 .... 107, 4
ix. 18 .... 127, 5
x. 13, 20, 21 .... 71, 8

HOSEA

ix. 3 .... 8, 3

AMOS

iv. 13 .... 125, 4

HABAKKUK

i. 8 (LXX.) 23, 12
ii. 4 .... 74, 1
iii. 9 .... 64, 8

ZEPHANIAH

iii. 3 .... 23, 12

ZECHARIAH

xiii. 7 .... 110, 1

MALACHI

ii. 17 .... 137, 11

TOBIT

xiii. 6, 10 .... 137, 6

WISDOM

i. 7 .... 32, 9 ; 183, 7, 10
vii. 20 .... 61, 9
  22 foll. 184, 10
  23 .... 185, 2
  26 .... 99, 15
  27 .... 132, 1
ix. 8 .... 69, 17
  15 .... 26, 10
xi. 15 (16) 45, 10
xiii. 3 .... 43, 17
  5 .... 25, 9
xiv. 16 .... 44, 12

ECCLESIASTICUS

i. 2 .... 155, 8
vii. 23 foll. 53, 9
viii. 17 .... 53, 9
xix. 30 .... 9, 11
xxv. 9 .... 4, 3

BARUCH

iii. 35 foll. 129, 19

MATTHEW

i. 20 .... 182, 8
iv. 1 .... 182, 9
v. 14 .... 121, 15
  45 .... 65, 1, 16
vi. 24 .... 167, 12
vii. 6 .... 9, 6 ; 23, 11
  13 .... 14, 12
  20 .... 39, 1

viii. 24	101, 2
26	104, 15
ix. 2	104, 6
35	105, 12
xi. 28	104, 14
xii. 28	182, 9; 183, 13
31	183, 12
31 foll.	185, 10
34	122, 13
35	129, 10
xiii. 58	122, 5
xiv. 25 foll.	104, 15
xvi. 17	50, 11
xvii. 2	104, 3
27	104, 17
xix. 24, 26	122, 17
xx. 23	100, 15
xxi. 18	101, 2
xxv. 31	50, 15
xxvi. 39	126, 5
xxvii. 45	105, 15
46	115, 1
51	106, 1
52	106, 2
xxviii. 19	183, 12
20	113, 5

MARK

i. 24, 34	104, 19
ii. 19	121, 17
iv. 14	4, 5
19	21, 4
v. 9	11, 8
9 etc.	105, 1
vi. 5	122, 5
x. 18	128, 10
45	141, 9
xiii. 32	100, 16; 131, 12

LUKE

i. 33	113, 1
35	112, 3; 182, 8
41	103, 7
78	112, 2
ii. 9 foll.	103, 11
51	100, 16
52	101, 1
iii. 21	100, 16
iv. 14 foll.	182, 9
v. 8	50, 9
vii. 13	105, 4

viii. 31	11, 8
ix. 1	179, 5
29	104, 3
x. 18	105, 2
30	104, 18
xi. 13	186, 3
20	183, 13
xiii. 32	101, 1
xxii. 42	126, 5
44	101, 3; 134, 7
xxiii. 43	105, 15
xxiv. 5	157, 10
12	103, 9
41	180, 15
49	186, 4

JOHN

i. 1	99, 6; 105, 10
3	160, 7
5	21, 3; 116, 14; 117, 4
9	140, 9; 148, 1
18	99, 9
23	52, 10; 105, 10
29	114, 6
32 foll.	182, 9
ii. 9	105, 17
iii. 3	12, 10
4	122, 17
5	184, 2
8	184, 3
34	127, 1
35	100, 13
iv. 6	101, 2
10	186, 4
24	159, 14
v. 17	124, 20
19	100, 14; 121, 6; 124, 18
21	106, 3
22, 27	121, 1
26	120, 13
30	100, 15
36	100, 14
vi. 27	99, 15
38 foll.	125, 7; 127, 7
51	104, 10
57	123, 10
63	184, 5
vii. 7	122, 12
37	104, 11
38	104, 12
viii. 12	99, 11
15	100, 15

viii. 28	100, 14
29	134, 3
40	142, 2
48	104, 17
59	105, 3; 145, 2
x. 9	142, 17
11	142, 17
18	105, 19
36	100, 12
39	101, 3
xi. 25	140, 11; 141, 10
34	100, 16; 105, 5
35	101, 3
xii. 47	100, 15
49	100, 14; 134, 2
xiv. 2	13, 9
6	99, 10; 139, 17; 142, 16
9	139, 8
16	179, 7; 182, 10
17	183, 4
24	128, 1
26	179, 11; 180, 10; 184, 3
28	100, 11; 118, 12
xv. 3	122, 4
10	100, 13; 134, 2
18	122, 12
26	76, 9; 154, 14; 179, 12; 183, 4
xvi. 7	179, 13
12	52, 6; 180, 8
13	183, 4; 184, 4
15	123, 7
33	104, 9
xvii. 1, 5	121, 2
2	121, 1
3	128, 8
6	121, 2
10	123, 8
xviii. 11	100, 13
xx. 6 foll.	103, 9
17	100, 11; 118, 12
21	100, 14
22	140, 14; 179, 5; 186, 4
xxi. 25	52, 8

ACTS

i. 4	186, 4
ii. 3	179, 5; 183, 13; 184, 8
33	134, 4
36	100, 12; 112, 7
iii. 21	112, 12; 117, 9
v. 3 foll.	185, 11
9	184, 5
viii. 16	184, 7
x. 44	184, 7
xiii. 2	152, 4
2 foll.	184, 4
xvi. 3	177, 15
xvii. 28	140, 12
xx. 23	184, 4
xxi. 26	177, 15
xxiii. 8	150, 1

ROMANS

i. 23	45, 10
30	11, 1
viii. 9	183, 3
10	184, 5
11	184, 2
15	183, 4
26	159, 16; 186, 4
ix. 29	137, 8
xi. 33	53, 13
xii. 6	14, 6
xv. 16	183, 10
20	171, 10
33	137, 10
xvi. 27	128, 13

I CORINTHIANS

i. 17	107, 2
24	99, 12; 139, 15
30	141, 1, 6, 7
ii. 9	28, 3
10	31, 1; 155, 10; 184, 3, 5
11	132, 2; 183, 3
12	156, 7
16	183, 3
iii. 16	184, 6
v. 6	142, 5
vi. 19	184, 6
20	105, 7
vii. 23	105, 7
xii. 11	184, 8, 9
29	15, 8
xiii. 9	51, 16
12	48, 1; 52, 3; 89, 15
xiv. 15	159, 19
xv. 14, 17	28, 11
25	112, 12
28	100, 16; 117, 9
41	69, 13
45	114, 6

II CORINTHIANS

iii. 17 .... 183, 4
    18 .... 178, 15
iv. 4 .... 139, 20
v. 6 foll. 12, 6
   16 .... 131, 2
   17 .... 184, 2
   20 .... 107, 9
   21 .... 114, 6
xi. 6 .... 51, 17
xii. 2 .... 26, 4; 51, 11
    4 .... 16, 1
xiii. 3 .... 51, 18
    14 .... 183, 12

GALATIANS

ii. 20 .... 134, 6
iii. 13 .... 114, 5
iv. 6 .... 186, 3
   14 .... 183, 12
v. 11 .... 177, 16

EPHESIANS

i. 10 .... 131, 15
  17 .... 120, 8
  22 .... 114, 8
iv. 11 .... 184, 9
   30 .... 152, 4
v. 8 .... 117, 3

PHILIPPIANS

i. 10 .... 107, 14
ii. 1 .... 183, 10
  7 .... 100, 12; 112, 6; 116, 2
  8 .... 100, 13
  9 .... 112, 4
  10 .... 112, 6
iv. 7 .... 28, 1

COLOSSIANS

i. 15 .... 139, 20
  16 .... 132, 1
ii. 9 .... 144, 2
iii. 9, 10 .... 114, 6
   11 .... 118, 8

I THESSALONIANS

v. 19 .... 107, 10

II THESSALONIANS

ii. 8 .... 183, 12
iii. 1 .... 146, 9

I TIMOTHY

i. 17 .... 128, 14; 137, 6
ii. 5 .... 130, 14
  6 .... 141, 9
iii. 16 .... 3, 13
vi. 3 .... 23, 4
  15 .... 137, 7, 9
  16 .... 128, 13
  20 .... 1, 5

II TIMOTHY

i. 6 .... 183, 13; 186, 3
  10 .... 106, 3
  13 .... 23, 4
ii. 16 .... 1, 5
iv. 3 .... 1, 3

TITUS

i. 2 .... 89, 15
iii. 4 .... 116, 11
   5 .... 127, 5

HEBREWS

i. 2 .... 131, 15
  3 .... 99, 14; 139, 20
  7 .... 70, 5
  8 .... 100, 1
ii. 4 .... 186, 3
  10 .... 101, 1; 134, 4
  14 .... 106, 3
  17 .... 134, 5
  18 .... 117, 7
iii. 2 .... 100, 12
iv. 15 .... 131, 3
v. 7 .... 134, 6
  8 .... 100, 13; 115, 13; 134, 4
  12 .... 6, 4
vi. 1 .... 118, 6
vii. 1 foll. 143, 8
   10 .... 85, 3
   25 .... 130, 8
viii. 3 .... 134, 5
ix. 8 .... 106, 1

x. 19 foll. 106, 1
„ 38, 39 .... 74, 1
xii. 19 .... 22, 18
   26 .... 176, 4
   28 .... 176, 9
   29 .... 136, 8; 183, 13
xiii. 8 .... 144, 1

I PETER

i. 19 .... 105, 8
„ 21 .... 121, 2
iii. 9 .... 183, 12
iv. 14 .... 183, 12
v. 8 .... 23, 9

JAMES

i. 19 .... 3, 11

I JOHN

i. 3, 5 .... 148, 9
ii. 1 .... 131, 4
   27 .... 184, 3
iv. 6 .... 183, 4
v. 8 .... 168, 9

REVELATION

i. 4, 8 .... 100, 1
   17 .... 132, 1
iv. 8 .... 100, 1
xi. 17 .... 100, 1
xii. 5 .... 105, 10
xvi. 5 .... 100, 1
xxi. 5 .... 132, 1
xxii. 2 .... 105, 14

INDEX III.

GREEK WORDS.

ἀβασίλευτος 112, 17
ἀβούλητος 122, 5, 14
ἄβυσσος 40, 4; 54, 3; 109, 14
ἀγαθύνειν 129, 13
ἀγενεαλόγητος 143, 9
ἀγένητος 85, 6
ἀγεννησία 88, 5; 155, 4; 182, 12
ἀγέννητος 87, 7 foll.; 90, 7 foll.; 153, 2 foll.
ἀγεννήτως 138, 11
ἀγνωμοσύνη 100, 10
ἀγνώμων 8, 6; 30, 2; 170, 14
ἄγονος 21, 4, 5
ἄγραφος 145, 6; 159, 12; 171, 1; 182, 4
ἄγχειν 8, 1
ἀγωνιᾶν 22, 7; 101, 3
ἀδολεσχία 15, 7; 106, 10
ἀζυγής 57, 18
ἀηδία 3, 7
ἀηδίζειν 146, 7
ἀήθεια 69, 5
ἀθεία 18, 5; 28, 13
ἄθεος 180, 3
ἀθετεῖν 109, 9; 148, 12
ἀθεώρητος 134, 14
ἀθρόως, 23, 4; 53, 3; 172, 11; 176, 10; 180, 2
αἴθειν 136, 6
αἰνιγματιστής 106, 9
αἱρετικός 120, 4
ἀκαλλώπιστος 57, 18
ἀκάμας 68, 14
ἀκατάληπτος 54, 2
ἀκατονόμαστος 134, 19
ἀκήρατος 25, 2
ἀκλινής 62, 13
ἀκοινώνητος 135, 3
ἀκραιφνής 26, 2
ἄκρον καλόν 164, 9
ἀκρόπολις 173, 6
ἀκυβέρνητος 46, 6

ἀλάλητος 159, 18
ἄληκτος 47, 1
ἄληπτος 28, 10; 84, 6; 111, 5; 142, 4
ἁλιεύς 2, 2
ἄλκιμος 57, 13
ἀλλοτριοῦν 98, 12; 180, 4
ἀλλόφυλος 23, 13
ἄλυτος 135, 5
ἀμβλυωπία 84, 20
ἄμβλωσις 78, 5
ἀμέριστος 163, 2
ἄμμα 80, 8
ἀμόλυντος 184, 11
ἀμυδρός 135, 9
ἀμυδρῶς 27, 1; 108, 7; 178, 5
ἀμύητος 9, 10
ἀμυντικός 57, 13
ἀμφίκρημνος 85, 8
ἀνάβασις 51, 12; 53, 14; 70, 14; 178, 15
ἀναγέννησις 182, 1
ἀνάδοσις 16, 8
ἀναζωγραφεῖν 173, 4
ἀναίνεσθαι 113, 4
ἀναιρετικός 91, 10
ἀναίτιος 90, 2, 3; 110, 6, 12; 119, 6
ἀναιτίως 102, 9; 123, 13
ἀνακαθαίρειν 21, 1; 101, 11
ἀνακτίζειν 184, 2
ἀνακυκλεῖν 171, 1
ἀνάληψις 51, 13; 101, 5
ἀναλόγως 187, 3
ἀνάμνησις, 18, 4; 56, 14; 83, 17
ἀνάπλασις 33, 9; 56, 13; 168, 8; 182, 2
ἀναπλάττειν 80, 12; 85, 6; 172, 7; 182, 3
ἀναρριπίζειν 8, 8
ἀναρχία 74, 12
ἄναρχος 119, 6 foll.; 138, 10; 153, 3; 173, 6

INDEX III. GREEK WORDS

ἀνάρχως 138, 10
ἀνατροφή 57, 3
ἀνατυποῦν 30, 5; 154, 4
ἀνατύπωσις 78, 1
ἀναφής 31, 10
ἀνεγχώρητος 123, 6
ἀνείκαστος 43, 3
ἀνεκλάλητος 78, 8
ἀνέκφραστος 26, 16
ἀνενέργητος 172, 11
ἀνεξιχνίαστος 40, 2
ἀνέορτος 3, 8
ἀνεπίδεκτος 23, 1; 123, 2
ἀνέφικτος 39, 14; 55, 10
ἀνηγεμόνευτος 46, 5
ἀνθρωπίζεσθαι 102, 1
ἀνθρωποκτονία 45, 8
ἀνθρωπότης 89, 5; 110, 8, 12; 111, 1; 121, 2; 142, 13; 163, 11
ἀνθυποφέρειν 93, 9
ἀνθυφαίρεσις 68, 19
ἀνισότιμος 95, 7
ἄνοδος 49, 2; 179, 4
ἀντεισάγειν 73, 6
ἀντεισέρχεσθαι 55, 13
ἀντεισφέρειν 126, 8
ἀντεξέτασις 49, 7
ἀντιδιαιρεῖν 113, 3; 129, 5
ἀντίδοσις 168, 2
ἀντίθεος 114, 4; 179, 9
ἀντίθεσις 1, 6; 5, 12; 62, 6; 106, 10; 108, 3
ἀντίθετος 134, 11; 164, 3
ἀντιθέτως 164, 15
ἀντιλάμπειν 67, 18
ἀντίληψις 52, 20
ἀντιπαλαίειν 126, 4
ἀντίπαλος 42, 8; 74, 4
ἀντιπαρατιθέναι 32, 14
ἀντιπίπτειν 126, 3; 183, 2
ἀντίστροφος 59, 18
ἀντιτυπεῖν 62, 5
ἀντίτυπος 48, 17; 69, 18; 189, 2
ἀνυπότακτος 114, 7, 9, 10
ἀνωτάτω 74, 12; 157, 5
ἀξιάγαστος 97, 10
ἀπαθής 39, 10; 115, 9; 139, 5
ἀπαθῶς 75, 10
ἀπαράλλακτος 140, 5
ἀπαύγασμα 48, 4; 99, 13, 14
ἀπερίγραπτος 185, 6
ἀπερίληπτος 28, 10
ἀπέριττος 148, 11
ἀποδεκατοῦν 143, 12

ἀπόθετος 171, 7
ἀποκατάστασις 112, 13; 117, 10; 127, 9; 180, 14
ἀποκαλυπτικός 184, 5
ἀποκναίειν 3, 6; 146, 6
ἀποκρούειν 162, 8
ἀποκρυφή 40, 20
ἀπόλυτος 132, 12
ἀποπτύειν 8, 1; 40, 9
ἀπόρρητος 51, 5
ἀπορροή 48, 3
ἀπόρροια 129, 15; 188, 4
ἀποσεμνύνειν 67, 7; 68, 1
ἀποσκίασμα 135, 13
ἀποσπαργανοῦν 103, 9
ἀποσυλᾶν 3, 11
ἀποτυχία 78, 2
ἀπρόσιτος 128, 14
ἀπρόσκοπος 107, 14
ἀπωθεῖν 112, 16
ἀράχνιος 16, 5
ἄρδειν 64, 12
Ἀρειανῶς 186, 8
ἀριστεύειν 143, 13
ἄρκυς 155, 2
ἁρπαγή 51, 14
ἀρρενικῶς 168, 14
ἀρρενόθηλυς 154, 3
ἀρχαγγελικός 26, 6
ἀρχάγγελος 70, 12
ἀρχέγονος 85, 5
ἀρχέτυπον 47, 20; 124, 3; 140, 2
ἀρχή (end) 60, 4; 154, 9; (beginning) 99, 6 foll.; 186, 7
ἀρχιερωσύνη 134, 5
ἀσκεῖν 29, 11
ἄστατος 189, 11
ἀσύμβατος 118, 16
ἀσύγχυτος 156, 4
ἀσυγχώρητος 185, 10
ἀσύνθετος 43, 3; 102, 8; 187, 12
ἀσυνθέτως 88, 12
ἄσχετος 3, 12; 65, 18; 133, 1
ἀσχημάτιστος 31, 10
ἀσχολεῖσθαι 2, 6
ἀσώματος 35, 3; 37, 1; 43, 5; 70, 4, 10; 77, 13; 84, 13
ἀσωμάτως 70, 3; 75, 10
ἄτεχνος 180, 3
ἀτέχνως 26, 14
ἀτίθασσος 57, 6
ἄτομος 19, 1; 33, 3
ἄτοπος 2, 7; 33, 3; 86, 5; 98, 15; 121, 3; 188, 7

ἄτρεπτος 134, 10
ἄττειν 189, 2
ἀτύχημα 9, 1
ἄυλος 33, 5, 7
αὐτάρκεια 65, 3
αὐτάρκης 133, 5
αὐτεξούσιος 185, 1
αὐτοαλήθεια 128, 13
αὐτόματος 47, 5 foll.; 62, 9
αὐτομάτως 55, 6
αὐτονομία 45, 5
αὐτόνομος 33, 8
αὐτοφῶς 184, 6
ἄφετος 41, 21; 136, 10
ἀφομοίωμα 140, 8
ἄχρι 150, 12
ἄχρονος 77, 1; 86, 12
ἀχρόνως 75, 10; 76, 17; 123, 12; 163, 7
ἀχώρητος 183, 8
ἄωρος 7, 8

βαπτίζειν 104, 6, 16; 182, 8
βάπτισμα 181, 12; 184, 2, 7, 8
βεβαιωτής 2, 2
βλασφημία 171, 14; 185, 10
βουνός 92, 6; 110, 2
βρωματίζεσθαι 105, 16
βυθίζειν 105, 2
βῶλος 65, 11

γεγονέναι (=γενέσθαι) 102, 10; 103, 2; 112, 9; 177, 12
γέμειν 164, 13
γενητός 49, 9; 75, 6
γενικός 168, 6
γεννάδας 118, 15
γεννητικός 153, 20
γεννητός 27, 6; 87, 8 foll.; 153, 3 foll.
γεννητοαγέννητος 90, 9
γερουσία 22, 12
γεωμετρία 7, 9
γλυκασμός 105, 18
γλωσσαλγία 11, 12; 171, 14
γόνιμος 4, 6
γραμματική 168, 16
γραφὴν ἀποφέρειν 79, 9
γραώδης 33, 3
γριφοειδής 38, 14
γυναικωνῖτις 3, 10
γυροῦν 64, 1

δαπανᾶν 116, 4; 157, 19
δαπανητικός 136, 8
δαψιλής 53, 8; 62, 2
δεκαδικός 36, 14
δεξιός 39, 17
δηλωτικός 166, 14
δημιουργός 66, 9; 68, 17; 151, 3; 160, 18
δημιουργεῖν 52, 13; 71, 11
δημοσιεύειν 3, 2
διαβεβηκέναι 4, 17
διαγράφειν 50, 19; 84, 8; 173, 7
διάδοσις 55, 4
διάζευξις 87, 1
διάθεσις 116, 7, 9
διαθήκη 65, 19; 154, 14; 176, 4, 9
διαιρεῖν 59, 4
διαίρεσις 10, 2; 84, 12; 98, 4; 153, 11; 154, 5 foll.; 156, 10
διαιρέτης 141, 2
διαιτᾶν 141, 2
διακόπτειν 21, 7
διακύπτειν 25, 1; 41, 1
διαλαμβάνειν 71, 9; 134, 3; 149, 15; 171, 4
διαλεκτικός 13, 7; 16, 8; 86, 7
διανίστασθαι 6, 14
διαπτύειν 4, 7; 150, 3
διασείειν 108, 2
διάσκεψις 41, 3
διασπείρειν 46, 2
διατειχίζειν 81, 15
διατείχισμα 59, 19
διαυγεία 61, 13
διαυγής 23, 12
διαχέειν 74, 9
διεξάγειν 47, 3; 66, 5
διέξοδος 53, 13; 66, 12
διευθύνειν 87, 5
διέχειν 24, 11; 70, 1; 171, 6
διθεία 162, 6, 8
διθεΐτης 162, 1
διοικεῖν 25, 7; 56, 16; 138, 2
διολισθαίνειν 41, 10; 58, 4
διοχλεῖν 3, 9
δόγμα 8, 11; 19, 3; 23, 3; 39, 2; 102, 2; 107, 6
δογματίζειν 28, 13; 169, 11
δογματιστής 166, 13
δόκιμος 2, 5
δραματουργεῖν 115, 16
δυάς 75, 7
δυναστεία 44, 13; 65, 9; 69, 8
δυσδιέξοδος 60. 15

δυσέλικτος 60, 15
δύσερις 80, 6
δυσέφικτος 52, 19
δυσθεώρητος 52, 12
δυσκάθεκτος 7, 14
δυστέκμαρτος 52, 11; 84, 5
δυσχεραίνειν 84, 15; 146, 9; 147, 6
δυσχερής 146, 1

ἔγγραφος 182, 6
ἔγερσις 101, 4
ἐγκαταλείπειν 115, 1 foll.
ἐγρήγορσις 172, 12
ἐδράξειν 125, 4
εἰδικός 168, 7
εἰκών 99, 13, 15; 112, 7; 139, 20; 140, 2; 186, 12; 190, 1, 3
εἰλικρινής 107, 14
εἰσαγωγικός 74, 8
ἐκδίκησις 130, 11; 137, 10; 138, 4
ἐκεῖθεν 13, 14; 40, 15; 103, 6; 143, 5; 181, 8
ἐκεῖσε 86, 16; 176, 8
ἐκκαρποῦσθαι 17, 5
ἐκπόρευσις 155, 4
ἐκπορευτός 154, 10
ἐκπυροῦν 62, 5
ἔκτοπος 12, 14
ἔκτυπος 27, 12
ἔκφανσις 155, 14
ἐκφέρειν 91, 4
ἔκφορος 9, 7; 51, 11
ἐκφώνησις 82, 4; 175, 12
ἐλλάμπειν 48, 6; 70, 17; 179, 14
ἔλλαμψις 22, 3; 71, 1; 190, 6
ἐμπαθής 44, 17; 77, 13, 14; 164, 13; 172, 6
ἐμπίπτειν 106, 12
ἐμπνεῖν 16, 4; 22, 2
ἐμπολιτεύεσθαι 178, 6
ἔμφασις 76, 19; 184, 1
ἐμφιλοσοφεῖν 60, 7
ἐμφιλοχωρεῖν 172, 17
ἐμφυσᾶν 140, 14; 179, 5
ἐμφύσημα 140, 14; 186, 4
ἐμφωλεύειν 23, 2
ἔμψυχος 186, 1
ἐναλλαγή 63, 3
ἐνανθρώπησις 131, 2
ἐναρμόνιος 60, 13
ἐναπομένειν 102, 4
ἐνδεσμεῖν 16, 6
ἐνδημεῖν 180, 11
ἔνδυμα 147, 9

ἐνέργεια 97, 11 foll.; 112, 9; 125, 6; 150, 7; 151, 13 foll.; 173, 3; 184, 12
ἐνεργεῖν 39, 1; 51, 7; 98, 1; 113, 10, 14; 114, 16; 172, 15; 184, 8
ἐνηλλαγμένως 79, 11
ἔνθεος 140, 11; 160, 4
ἐνικῶς 22, 4
ἐνοῦν 56, 2; 142, 6
ἐνσημαίνεσθαι 124, 14
ἔνστασις 79, 8; 108, 3; 147, 11
ἐνσώματος 36, 3; 77, 14
ἔντεχνος 19, 2
ἐντυγχάνειν 20, 9; 46, 7; 52, 17; 130, 9, 10, 13; 171, 5; 179, 7
ἐνυπάρχειν 188, 2
ἕνωσις 161, 2; 165, 12, 18
ἐξαγγελτικός 139, 6
ἐξαγοράζειν 105, 7
ἐξαπτέρυγος 50, 16
ἐξασκεῖν 59, 15
ἐξεργασία 134, 13
ἐξεταστικός 37, 3; 134, 12
ἕξις 91, 7 foll.
ἐξοιδεῖν 12, 10
ἐξομοίωσις 83, 16
ἐξουσία 31, 11; 45, 5; 177, 1
ἐπεξιέναι 64, 10; 101, 10
ἐπέχειν 4, 1; 53, 2
ἐπηρεάζειν 10, 12
ἐπήρεια 23, 5
ἐπιβάτης 7, 15
ἐπίβουλος 57, 14
ἐπίγειος ἢ περίγειος 66, 18
ἐπιδημεῖν 179, 3
ἐπίζευξις 120, 5
ἐπίκλυσις 48, 15
ἐπικόπτειν 73, 1
ἐπίκουρος 44, 16
ἐπίκρυψις 176, 1
ἐπίκτητος 71, 6; 100, 4; 121, 4
ἐπιμιξία 64, 5
ἐπίνοια 93, 1; 120, 7; 163, 13
ἐπιπηδᾶν 170, 15
ἐπιπλέκειν 59, 20
ἐπιπροσθεῖν 27, 7; 121, 16
ἐπιτελεῖν 124, 15; 179, 5; 182, 9
ἐπιτήρησις 67, 8
ἐπιτολὴ καὶ ἀνατολή 67, 5
ἐπιφημίζειν 45, 5
ἐπιφορτίζειν 178, 11
ἐπιφύεσθαι 6, 8; 158, 14
ἐργαστήριον (τὸ τῆς φύσεως) 55, 3
ἐργώδης 52, 20

ἐρείδειν 36, 15; 62, 15
ἐρεσχελία 5, 12
ἐρήμην ἁλῶναι 161, 7
ἐσμός 34, 10; 182, 5
ἑτεροούσιος 97, 12; 169, 15, 16
ἑτέρωθι 129, 18
ἐτυμολογεῖν 136, 7
εὐαρέστησις 48, 13
εὐαρμοστία 29, 12; 55, 15
εὐγνωμοσύνη 28, 13; 119, 3; 190, 1
εὐγνώμων 8, 6; 108, 7; 116, 1; 128, 7; 161, 12; 175, 14
εὐδοκεῖν 22, 2; 74, 2; 114, 17
εὐδοκία 112, 10
εὔκολος 6, 8
εὔλογος 121, 17; 122, 10, 11
εὐμνημόνευτος 109, 5
εὐόδως 167, 5
εὔστροφος 2, 4
εὐσύνοπτος 74, 7
εὐχερῶς 81, 2
εὐώνως 105, 6
ἐφαρμόζειν 147, 14
ἔφεσις 46, 1; 47, 20; 55, 4; 56, 15; 78, 1
ἐφοδεύειν 54, 14
ἔφοδος 31, 7
ἑωσφόρος 40, 12; 181, 7

ζύμη 142, 5
ζωτικός 104, 10; 184, 5

ἡγεμονικόν 5, 3; 51, 4
ἡγεμονικός 183, 9
ἡλιακός 5, 2; 178, 12; 188, 4, 8
ἠλίθιος 86, 17
ἠρεμεῖν 42, 2; 172, 9

θαυμαστοῦν 54, 5
θεαγωγία 19, 7
θεατρίζειν 59, 6
θεϊκῶς 143, 14, 15
θεμελιοῦν 125, 3
θεοειδής 43, 12; 47, 18; 118, 5
θεολογεῖν 7, 2; 26, 3
θεολογία 5, 7; 7, 2; 10, 11; 21, 11; 23, 2; 147, 13; 148, 11; 154, 10; 180, 1
θεολογικός 31, 8; 150, 3
θεολόγος 11, 11; 16, 4; 21, 1; 26, 14; 87, 13; 135, 10; 154, 12; 164, 12; 165, 10
θεόπνευστος 35, 2
θεοποιεῖν 184, 6

θεός 91, 1; 131, 1 foll.
θεότης 22, 3; 71, 17; 73, 9; 76, 7; 87, 9; 94, 13, 16; 95, 9; 99, 4; 101, 13; 102, 4, 12; 108, 9; 126, 15; 156, 6, 9; 158, 13; 160, 6; 162, 13; 163, 3, 5, 7, 10; 169, 2; 178, 6, 8; 180, 12; 181, 5; 182, 6, 13; 187, 6; 189, 12; 190, 11
θεοτόκος 78, 11
θεοῦν 126, 1; 181, 12
θεοφάνεια 16, 2
θεόφορος 181, 7
θέρειν 68, 5
θερμός 7, 14; 50, 10; 146, 3
θέσις 183, 9
θετικῶς 127, 1
θεωρητός 51, 3; 163, 13
θρονίζεσθαι 172, 18
θρόνος 70, 13
θύραθεν 150, 6

ἰατρικῶς 177, 2
ἰδέα 18, 2; 89, 1
ἰδιάζειν 135, 6
ἰδιότης 55, 10; 58, 10, 11; 90, 12; 156, 9; 181, 5; 182, 12; 187, 5
ἰδιοτρόπως 147, 1
ἱερόσυλος 108, 4
ἰλιγγιᾶν 53, 9; 70, 11
ἰλύς 5, 3
ἵνα (not final) 31, 1; 55, 8; 69, 13; 189, 8
ἴνδαλμα 52, 4; 135, 13
ἵπτασθαι 58, 5
ἰσομοιρία 65, 3
ἰσοτιμία 170, 4
ἰσότιμος 95, 6, 7
ἵστασθαι with dative 86, 4
ἱστορεῖν 61, 3
ἱστορία 49, 16; 157, 13

καθολικός 168, 10
κακομαχεῖν 98, 17
κακόσιτος 146, 7
κακουργεῖν 101, 12
κακοῦργως 94, 17
καλιά 59, 13
καλλωπίζεσθαι 59, 4
καρκίνος 169, 2
καρποφορεῖν 4, 6
καταβλακεύεσθαι 27, 4
καταδεσμεῖν 143, 4
καταδέχεσθαι 102, 12
κατακρημνίζειν 46, 2

INDEX III. GREEK WORDS

καταληπτός 38, 9
κατάληψις 52, 18; 67, 7
καταλλήλως 167, 16; 168, 14
καταλύειν 2, 9; 9, 4
καταλυτής 105, 18
καταναλίσκειν 136, 8
καταπιέζειν 6, 5
κατάρα 114, 5
καταράκτης 66, 3
κατασκηνοῦν 143, 1
κατάσκοπος 3, 14
κατασπουδάζειν 130, 6
κατάστερος 59, 5
κατατεχνολογεῖν 170, 8
κατατρυφᾶν 64, 14
καταυγάζειν 171, 8
καταφωνεῖν 58, 17
καταχρῆσθαι 45, 18
κατεπαίρεσθαι 28, 14
κατορθοῦν 48, 10; 138, 7
κατήφεια 3, 8
κενοῦν 101, 15; 106, 14; 112, 6
κενοφωνία 1, 5
κένωσις 107, 2; 174, 16
κλέπτειν 3, 4; 177, 13
κληροδοσία 45, 3
κνώδαλον 45, 10
κομπάζειν 119, 12
κομψεία 5, 12
κομψός 1, 1; 107, 3; 136, 7
κόσμος (plural) 20, 5
κουφίζειν 64, 16; 104, 15, 16
κρᾶμα 12, 7; 26, 11
κραταιοῦσθαι 54, 6
κρατεῖν 38, 13; 39, 5
κυβιστής 2, 7
κυοφορεῖσθαι 103, 7, 8
κύριος (adj.) 39, 10; 136, 5
κύριος 48, 10; 50, 14; 99, 16, 17; 109, 7; 112, 8; 120, 8; 136, 10, 11, 12; 137, 8; 183, 4
κυριότης 70, 13
κυρίως 78, 18, 19; 92, 16 foll.; 93, 10 foll.; 119, 14 foll.

λαβύρινθος 60, 14
λαμπρότης 70, 13
λεγεών 11, 9; 105, 1
λειτουργία 71, 7
λειτουργός 34, 9; 70, 6 71, 5; 151, 3
λεπτότης 67, 6
λιθάζειν 105, 3; 145, 2, 3
λιθοβολεῖν 23, 6; 145, 3

λίχνος 19, 4
λογολέσχης 161, 7
λογομαχία 1, 7
λογομάχος 158, 14
λόγος 9, 13; 11, 3; 39, 12; 52, 7, 9; 76, 10; 99, 5 foll.; 105, 10; 119, 13 foll.; 122, 3; 139, 3 foll.; 145, 3
λόγος 9, 12; 15, 4; 28, 8; 46, 4, 8; 47, 2, 8, 10; 52, 11; 56, 3; 58, 14; 59, 13; 67, 10; 70, 7; 83, 15; 84, 1; 92, 15, 16; 102, 6; 125, 5; 139, 7
λοιδορία 4, 8
λύειν 2, 10; 32, 1; 42, 4; 63, 10; 74, 11; 85, 10; 86, 18; 104, 7; 106, 8, 16; 107, 5; 108, 6; 114, 5; 135, 5; 142, 6; 154, 9; 171, 15
λύσις 32, 2; 74, 17; 109, 3; 128, 11; 172, 12
λύτρον 141, 9

μαγάς 58, 15
μαμωνᾶς 167, 12
μάνδρα 143, 5
μάννα 65, 3
μανός 66, 9
μαρμαρυγή 188, 8
μαρτυρία 93, 7; 146, 13; 150, 2; 182, 5; 186, 1
μεγαλειότης 25, 7; 71, 12
μεγαλοπρέπεια 25, 8; 43, 16; 181, 1
μεγαλουργία 63, 7
μεθέλκειν 53, 4
μερικός 42, 12
μεριστής 69, 1
μεριστός 163, 1
μεσιτεία 130, 13
μεσίτης 130, 14
μετά (instrumental) 43, 5; 52, 14; 62, 8; 65, 7
μεταβατικός 57, 10
μετάθεσις 177, 7, 13; 178, 3
μεταποιεῖν 158, 2
μεταποίησις 114, 12
μεταποιητής 132, 1
μετάρσιος 16, 1
μετενσωμάτωσις 18, 3
μετέωρος 67, 1
μέχρι 36, 4; 46, 7; 75, 8
μετριάζειν 145, 7
μὴ ὅτι 27, 4; 39, 16; 50, 8; 72, 1; 164, 5

μικρολόγος 19, 2
μικρὸς κόσμος 56, 15
μίξις 54, 10; 112, 2
μνήμη 56, 14; 83, 17
μοῖρα 67, 5
μοναδικός 57, 4; 166, 12; 167, 11
μοναδικῶς 167, 8
μοναρχία 74, 13; 75, 1; 166, 7
μονάς 75, 7; 166, 18
μονή 13, 9
μονογενής 99, 9; 139, 2; 156, 8; 160, 16; 162, 2
μονοτρόπως 139, 3
μορμολύττεσθαι 77, 10
μορφοῦν 71, 2; 116, 3
μόρφωσις 83, 14
μουσουργεῖν 58, 17
μυσταγωγεῖν 104, 5
μυστήριον 3, 13; 51, 14; 107, 1; 134, 17; 155, 7; 174, 16
μύστης 24, 8
μυστικός 9, 5
μυστικῶς 9, 5; 49, 3; 130, 9

ναοποιεῖν 184, 6
ναυτίλος 64, 2
νεανικός 73, 12
νεανικῶς 4, 11; 76, 12
νεύειν 13, 4; 27, 5
νεκροῦν 141, 11; 162, 4
νοερός 27, 9; 70, 14; 184, 10; 185, 3
νομικός 129, 8
νόμος φυσικός 29, 5
νοῦς τοῦ παντός 150, 5
νύσσα 8, 1

οἰκείωσις 138, 8
οἰκονομεῖν 138, 5
οἰκονομία 102, 6; 125, 1; 137, 4; 138, 2; 177, 17
ὁλκή 55, 7
ὁλκός 55, 13
ὅλος θεός 118, 2
ὁμιλεῖν 103, 1; 130, 3
ὁμοδόξως 163, 8
ὁμοίωσις 157, 5; 186, 14
ὁμοούσιος 98, 15; 139, 20; 153, 14; 156, 12; 157, 1; 158, 4, 10; 159, 4; 165, 18; 166, 1, 3, 11; 168, 11, 12; 169 (passim); 184, 1
ὁμοτιμία 75, 3; 95, 3; 124, 20
ὁμότιμος 94, 10; 101, 8; 123, 9; 160, 6, 19

ὁμοτίμως 65, 16
ὁμοφυής 167, 11
ὁμοφυΐα 98, 11
ὁμώνυμος 93, 7 foll.; 101, 7
ὀξυκίνητος 173, 1
ὀπίσθιος 24, 13; 25, 9
ὀρεκτός 31, 4
ὅρος 139, 6
οὐδετέρως 168, 15
οὐσιοῦν 29, 10
οὐσιώδης 188, 4
οὐσίωσις 140, 12
ὀφθαλμός (=ὀπή) 186, 15; 187, 8
ὀφρύς 19, 4

πάγιος, 28, 8; 62, 12; 164, 8; 189, 11
παγίως 170, 10
πάθημα 20, 7; 67, 11
παθητός 108, 10
πάθος 44, 17; 69, 6; 80, 14, 15; 111, 9; 115, 9; 116, 11; 164, 2; 179, 4
παιδαγωγικῶς 177, 2
παίζειν 74, 14; 153, 20; 165, 16
παῖς θεοῦ 111, 8
παλμός 189, 2
πανδαισία 61, 13
πάννυχος στάσις 12, 4
παντεπίσκοπος 185, 2
παντοδύναμος 185, 2
παντοκράτωρ 99, 17; 100, 2; 113, 9; 137, 6
παραγυμνοῦν 171, 3
παράδοξος 2, 8; 4, 9; 22, 5; 39, 3; 68, 20; 153, 9; 189, 2
παράδοσις 134, 6
παραδοχή 56, 11
παραζευγνύναι 94, 11
παραινέτης 131, 10
παράκλησις 131, 11
παράκλητος 131, 4; 148, 5; 179, 8; 185, 9
παρακύπτειν 70, 2; 155, 7; 171, 6
παραμετρεῖν 179, 3
παραμυθεῖσθαι 3, 8
παραπέμπειν 58, 18
παραπληκτίζειν 155, 6
παράπτωσις 109, 9
παραστατικός 35, 5
παρασύρειν 109, 3
παραφθείρειν 118, 2
παραχαράττειν 79, 9
παρέγγραπτος 101, 8; 147, 5

INDEX III. GREEK WORDS

παρείσακτος 171, 2
παρεκτείνειν 77, 2
παρεμπίπτειν 41, 12
παρέργως 171, 5
παρθενία 12, 3
πατρικός 3, 14; 114, 15
πατρικῶς 124, 17
παχύτης 31, 13; 41, 1; 89, 15; 102, 12
πειραστής 117, 2
περατοῦν 35, 9; 38, 6; 137, 2
περί (with gen. and with acc.) 35, 7; (with acc.) 88, 7 foll.; 90, 9
περιβόητος 176, 5
περιβομβεῖν 3, 5
περίγειος 66, 18
περιγραπτός 31, 14; 38, 8; 54, 13; 151, 2
περιγράφειν 32, 10; 37, 8; 53, 17; 54, 12; 75, 2
περιγραφή 37, 11; 38, 9
περιδέξιος 82, 11
περίδραξις 54, 7
περιεῖναι 46, 10
περιεκτικός 35, 5
περίεργος 2, 1; 38, 11; 52, 5; 79, 8
περικόπτειν 94, 17; 137, 2; 160, 20; 177, 8
περιληπτικός 160, 13
περίνοια 30, 6
περίοδος 18, 3; 67, 4
περιορίζειν 118, 8
περιουσία 60, 14; 63, 16
περιπαθής 44, 8
περισπᾶν 45, 21
περιτρέμειν 188, 9
περιττός 2, 1; 39, 3; 52, 5; 53, 5; 59, 11; 84, 11; 86, 11; 106, 13; 171, 10, 14
περίττωμα 76, 6
περιφορά 21, 6
περιωθεῖν 11, 6
πηγάζειν 104, 12
πῇ καὶ ἁπλῶς 97, 3
πιαίνειν, 151, 8
πιστεύειν εἰς 152, 11
πλέκειν 32, 14; 39, 4; 59, 17; 69, 14; 112, 1; 115, 16; 153, 2
πλημμελής 115, 10
πλήρης 39, 14; 71, 14
πληρωτικός 183, 7
πλοκή 108, 2
πλοῦς δεύτερος 43, 9
ποηφάγος 57, 5

ποικιλτικός 59, 10
ποιμαντικός 143, 6
ποιότης 61, 12; 188, 4
πολιτεία 14, 5; 31, 4; 57, 3
πολυαρχία 74, 13; 161, 9
πολύαρχος 74, 15
πολυειδῶς 60, 3; 63, 2
πολυθέως 186, 7
πολυμερής 184, 11
πολυπραγμονεῖν 36, 5; 67, 2; 87, 3; 89, 13
πολυπραγμοσύνη 53, 14
πολύσημος 121, 9
πολυσχιδής 139, 19
πολύτροπος 184, 12
ποσότης 166, 14
ποτίζειν 64, 13; 105, 16
πραγματεύεσθαι 59, 20
πρεσβεύειν 9, 13; 130, 12 foll.; 147, 12
προαγωνιστής 52, 1
προαίρεσις 14, 6
προαριθμεῖν 170, 3
προαρίθμησις 169, 17
προβάλλειν 3, 1; 25, 7; 42, 2; 106, 15; 129, 11
πρόβλημα 75, 11; 83, 2; 117, 1
προβολεύς 75, 10
πρόδρομος 52, 9
προεγείρειν 106, 2
προενεργεῖν 124, 13
πρόθεσις 170, 7
προΐστασθαι 21, 12; 44, 6; 45, 17
προκαθέζεσθαι 69, 8
προκαλινδεῖσθαι 131, 5
προκοπή 101, 1; 178, 15
προξενεῖν 14, 4
πρόοδος 51, 12; 178, 15
προσαγωγεύς 143, 7
προσαστράπτειν 188, 8
προσβάλλειν 29, 5; 41, 14; 46, 6; 52, 14; 178, 13
προσεγγίζειν 150, 4
προσίεσθαι 50, 9; 173, 2
προσκιρτᾶν 103, 8
προσκνᾶσθαι 1, 3
πρόσκομμα 101, 11
προσλαμβάνειν 95, 11; 96, 7; 126, 9; 131, 1
πρόσλημμα 126, 10
πρόσληψις 68, 18; 142, 1
προσπαίζειν 82, 9
προσπηγνύναι 105, 14
προσφιλονεικεῖν 119, 4

προσφιλοσοφεῖν 35, 11
πρόσωπον 75, 2; 186, 9
προσωποποιεῖν 109, 12
πρότασις 96, 1, 5
προτρέχειν 182, 8
προυφιστάναι 124, 6
προφέρειν 79, 11
πρόχειρος 40, 10; 109, 6
πρωτεῖον 39, 18
πρώτη αἰτία 43, 7; 163, 5, 7; 186, 6
πρώτη οὐσία 70, 9
πρώτη φύσις 25, 2; 32, 3; 41, 18; 44, 10; 72, 1; 134, 1
πρῶτον αἴτιον 70, 16; 76, 4
πρῶτον καλόν 129, 15
πρῶτον φῶς 71, 4
πρῶτος νόμος 47, 11
πτωχοτροφία 12, 3
πύκνωσις 66, 9

ῥᾶστος (for ῥᾴδιος) 177, 6
ῥαφίς 122, 17
ῥεῖν 54, 11; 164, 6
ῥεῦσις 54, 14; 84, 11
ῥευστός 157, 9
ῥίζα 134, 11
ῥύσις 187, 5
ῥυτήρ 53, 3

σαβαώθ 50, 14; 137, 8
Σαβέλλιος 118, 1; 156, 10
Σαβελλίως 186, 8
σαθρός 5, 1; 8, 12; 25, 10; 80, 8; 178, 12
σαθρῶς 181, 11
σαρκίον 27, 7; 41, 5
σαρκοῦν 25, 1; 101, 15
σαφηνιστικός 185, 1
σεβάζεσθαι 44, 5; 48, 18
σεβάσμιος 39, 15; 90, 4; 94, 12; 119, 8; 160, 21
σέβειν 150, 10; 161, 14; 162, 4; 181, 4 foll.
σειρά 181, 14
σεπτός 31, 14; 181, 13
σεραφίμ 50, 16
σῆραγξ 62, 4
σίμβλος 60, 1
σκαιός 182, 7
σκεπάζειν 24, 13
σκιά 28, 6; 41, 6
σκιαγραφεῖν 50, 2; 135, 8
σκίρτησις 110, 2
σοβαρός 59, 6

σοφία 109, 10 foll.; 124, 4; 131, 15; 139, 13
σοφίζεσθαι 53, 5; 81, 14
σόφισμα 23, 13; 45, 18; 60, 16
σοφιστής 2, 7
σοφιστικός 39, 15
σπερμολογεῖν 101, 7
στάσις 26, 6; 53, 13; 187, 6
στάσις πάννυχος 12, 4
στασιώδης 114, 9; 164, 13
στενοχωρεῖν 66, 12
στερεοῦν 125, 4
στερέωμα 50, 20
στηλιτεύειν 185, 11
στοιχεῖον 63, 17
στραγγαλιά 107, 6
στροφή 98, 17, 18; 108, 1
συγκαταβαίνειν 116, 2
συγκεραννύειν 54, 11; 112, 7
σύγκρασις 116, 6; 120, 6; 163, 4
συγχέειν 5, 4
σύγχυσις 182, 13
συζυγής 57, 18
συζυγία 174, 8
συλλαβή 81, 7; 94, 16; 175, 3
συλλήβδην 108, 6
συμβεβηκός 151, 12 foll.
συμπαρομαρτεῖν 182, 9
σύμπηξις 54, 9; 83, 14
συμπλέκειν 81, 1
σύμπνοια 46, 14; 75, 4
συμφέρειν 145, 11, 12; 181, 9
συμφυΐα 46, 14
σύμφυτος 47, 10
συνάγειν 96, 1 foll.; 126, 13; 133, 12; 135, 13; 143, 5; 145, 9; 174, 1, 11; 175, 5
συναΐδιος 77, 5
συναίρεσις 166, 1
συναναγκάζειν 175, 9
συνανακεραννύειν 103, 2
συνάναρχος 77, 5
συναναστρέφεσθαι 130, 1
συνανιέναι 102, 3
συνανίσχειν 67, 19
συναριθμεῖν 165, 18 foll.; 183, 12
συναρίθμησις 165, 19; 167, 14 foll.
συναρπάζειν 3, 4
συναφής 139, 5
συνδιαιρεῖν 93, 1; 120, 7
συνδιαλύειν 154, 9
συνδοξάζειν 160, 19
σύνδρομος 85, 6
συνδυασμός 78, 4

INDEX III. GREEK WORDS

συνέδριον 16, 5
συνεισάγειν 98, 12; 132, 9
συνεκτικός 29, 4
συνεκφωνεῖν 167, 16
συνεκφώνησις 169, 10
συνεραστής 24, 9
συνεργεῖν 22, 2
σύνθεσις 32, 1; 152, 1; 187, 11; 189, 10
σύνθετος 26, 10; 88, 11; 101, 15; 152, 8; 164, 3; 174, 11
σύννευσις 71, 11; 75, 5
σύνοδος 120, 11; 189, 4
συνόμιλος 190, 8
συντελεστής 131, 15
συντέμνειν 2, 2
συντηρεῖν 70, 7
συντήρησις 65, 6; 125, 1
συντημητικός 139, 16
σύντροφος 3, 10; 57, 6
συνυφαίνειν 58, 19
σύριγμα 58, 20
σύριγξ 59, 18
σύρρηξις 66, 10
συρφετός 17, 2
συσσεισμός 49, 16
σύστασις 54, 6; 55, 2; 140, 12
συσταυροῦσθαι 105, 15
συστέλλεσθαι 115, 4
σύστημα 69, 19
συστρέφειν 24, 12
σφαδάζειν 43, 8
σφετερίζεσθαι 108, 5
σφηκιά 16, 7
σφίγγειν 74, 10
σχεδιάζειν 16, 8
σχέσις 55, 7; 62, 11; 79, 4; 98, 7; 153, 13; 155, 15
σωλήν 74, 10

τακτικά 60, 8
τερατεία 15, 7
τερατεύεσθαι 20, 1
τερέτισμα 58, 16
τετράς 167, 7
τεχνολογεῖν 97, 4
τεχνολογία 167, 10
τεχνολόγος 107, 7
τεχνύδριον 3, 12
τηρεῖν 80, 4
τιθασσεύειν 12, 10
τιναγμός 53, 4
τομή 10, 2; 84, 12; 158, 13
τρανός 184, 11

τρανοῦν 27, 11; 52, 8; 180, 12
τρανωτικός 185, 1
τραχηλιᾶν 40, 13
τριάς 25, 3; 71, 17; 75, 8; 107, 13; 147, 14; 148, 11; 157, 3; 160, 20; 164, 7; 179, 1
τριθεία 162, 9
τριθείτης 161, 14
τύπος 5, 4; 38, 13; 124, 14; 140, 8
τυποῦν 7, 1; 21, 10, 11; 52, 18; 71, 3; 115, 6; 125, 11
τύπωσις 51, 4; 56, 6
τυραννεῖν 80, 9 foll.

ὑβρίστρια 1, 2
υἱότης 155, 17
υἱωνός 153, 8
ὑλικός 24, 11; 90, 5
ὑλικῶς 10, 9
ὑμνῳδός 71, 12
ὑπαινίσσεσθαι 52, 7
ὑπαριθμεῖν 170, 4
ὑπαρίθμησις 169, 17
ὑπεναντίος 126, 1
ὑπεραίρειν 26, 10; 38, 4
ὑπερείδειν 62, 14
ὑπερέντευξις 186, 4
ὑπερεντυγχάνειν 159, 18
ὑπερλάμπειν 67, 18
ὑπερρεῖν 76, 3
ὑπέρχυσις 76, 1
ὑπέχειν 155, 10
ὑπογράφειν 188, 7
ὑποδιαιρεῖν 153, 4
ὑποδύεσθαι 101, 3
ὑποπιέζειν 12, 5
ὕποπτος 57, 14
ὑπόστασις 35, 8; 99, 14; 156, 5
ὑπόστημα 51, 8
ὑποστολή 74, 1
ὑφαίρεσις 177, 10; 178, 2
ὕφασμα 62, 11
ὕφεσις 156, 1
ὑφιστάναι 39, 12; 124, 7, 8; 125, 5; 188, 2 foll.

φανέρωσις 83, 14
φαντάζεσθαι 30, 4; 39, 8; 49, 1; 50, 6; 51, 1; 135, 12; 148, 7; 150, 4; 163, 6; 189, 13
φαντασία 42, 12; 50, 8; 135, 10; 161, 2
φερέσβιος 68, 14

φθάνειν 24, 7; 25, 5; 26, 4; 41, 7; 48, 3; 129, 16
φιλαγέννητος 89, 8
φιλανθρωπεύεσθαι 162, 3
φιλαρχία 165, 2
φιλόθεος 27, 6
φιλόκαλος 57, 18; 59, 2
φιλόλογος 133, 10
φιλονεικεῖν 159, 7; 170, 16
φιλόνεικος 9, 14
φιλονείκως 107, 12
φιλόπονος 80, 4; 170, 11
φιλοπραγμοσύνη 186, 11
φιλοσοφεῖν 4, 13; 8, 2; 10, 13; 26, 14; 41, 2; 47, 16; 48, 1; 55, 14; 63, 20; 66, 6; 76, 2, 4; 84, 2; 147, 3; 149, 14; 163, 10; 171, 17; 181, 7
φιλοσοφητέον 5, 13; 21, 2
φιλοσώματος 153, 7
φιλοτεχνεῖν 157, 15
φιλοτεχνία 61, 6
φιλότεχνος 59, 17
φιλοτιμία 158, 2
φιλότιμος 17, 9; 20, 3; 59, 2; 171, 10
φιλόχρονος 79, 8
φιλοχωρία 58, 8
φιλόχωρος 57, 17
φίλτρον 55, 8
φλυαρεῖν 5, 9
φλυαρία 3, 6; 34, 11
φορά 33, 6, 9; 41, 19, 20; 47, 1; 53, 2; 54, 14; 68, 16; 77, 4; 170, 15
φορτίζειν 104, 14
φραγμός 69, 11
φρυάττειν 80, 1
φρυκτωρεῖν 67, 15
φυσίζωος 68, 14

φυσικός 63, 17
φυσιολογεῖν 155, 5
φύσις 41, 9; 46, 13; 57, 2; 58, 4; 64, 1; 65, 4, 15; 88, 2; 94, 2
φωτιστικός 184, 5
φωτοειδής 48, 6; 104, 4

χαίνειν 67, 3
χαμαιπετής 90, 4; 102, 2
χαράδρα 17, 2
χαρακτήρ 55, 9; 99, 13, 14; 135, 1; 139, 20
χάρις 45, 16
χέειν 42, 4; 64, 20; 74, 11
χειροτονεῖν 16, 3
χερουβίμ 25, 4; 50, 19; 167, 8; 172, 6
χθὲς καὶ πρώην 10, 8
χορηγεῖν 139, 17
χρειώδης 44, 3
χρηματίζειν 13, 9; 136, 2
χρίειν 111, 1; 142, 15, 16
χρίσις 111, 1; 142, 13
χριστός 142, 14
χρονικῶς 79, 11
χρυσαυγής 59, 5
χρώς 132, 4
χύσις 41, 19; 53, 8; 189, 10
χωρεῖν 21, 7; 40, 13; 49, 14; 52, 9; 135, 7; 141, 7; 142, 2, 3
χωρητικός 118, 5; 140, 15

ψαλμῳδία 12, 4
ψυχαγωγία 19, 7
ψύχωσις 65, 5

ᾠδικός 58, 14
ὠθίζειν 170, 17
ὠμοβόρος 24, 1
ὥριμος 73, 10; 180, 13

CAMBRIDGE: PRINTED BY J. AND C. F. CLAY, AT THE UNIVERSITY PRESS.